LA TRADUCTION EN CITATIONS

DU MÊME AUTEUR

Aux Presses de l'Université d'Ottawa

La traduction en citations, 2007.

L'enseignement pratique de la traduction (coéd. ETIB, Beyrouth), 2005.

Portraits de traductrices (dir. ; coéd. Artois Presses Université, Arras), 2002. Traduit en coréen.

Portraits de traducteurs (dir. ; coéd. Artois Presses Université, Arras), 1999. Traduit en coréen.

Enseignement de la traduction et traduction dans l'enseignement (codir.), 1997. Traduit en coréen.

Les traducteurs dans l'histoire (codir.), 1995 (2e éd. française, 2007 ; anglaise, 2012). Traduit en anglais, arabe, chinois, espagnol, portugais et roumain.

La traduction raisonnée et *Livre du maître*, 1993 (2e éd., 2003 ; 3e éd., 2013).

Les alchimistes des langues, 1990. Traduit en anglais.

La traduction au Canada/Translation in Canada (1534-1984), 1987.

L'enseignement de l'interprétation et de la traduction : de la théorie à la pédagogie (dir.), 1981.

L'analyse du discours comme méthode de traduction et *Livre du maître*, 1980 Traduit en anglais, chinois, espagnol, persan et turc.

Guide bibliographique du traducteur, rédacteur et terminologue (coauteur), 1979.

Chez d'autres éditeurs

La terminologie au Canada. Histoire d'une profession, Montréal, Linguatech, 2008.

Traduction : la formation, les spécialisations et la profession (codir.), Beyrouth, ETIB, 2004.

Terminologie de la traduction (codir.), Amsterdam, J. Benjamins/Paris, Éditions UNESCO, 1999. Traduit en afrikaans, allemand, anglais, arabe, chinois, espagnol, finnois, galicien, grec, italien, néerlandais, polonais, roumain, russe et turc.

Iniciación a la traducción. Enfoque Interpretativo. Teoría y Práctica (coauteur), Caracas, Universidad Central de Venezuela, 1997 (2e éd., 2006).

Au cœur du trialogue canadien. Croissance et évolution du Bureau des traductions du gouvernement canadien (1934-1984), Ottawa, Secrétariat d'État, 1984. Traduit en anglais et en chinois.

Les obsédés textuels, Hull, Asticou, 1983. Roman.

Chez l'auteur

Histoire de la traduction (s.d.), DVD pour PC (avec la collaboration de Gilbert Lafond). Mise à jour continue. Distribution : jdelisle@uOttawa.ca.

LA TRADUCTION EN CITATIONS
FLORILÈGE

Jean Delisle

Préface par
Henri Meschonnic

2e édition

Les Presses de l'Université d'Ottawa
2017

uOttawa

Les Presses de l'Université d'Ottawa (PUO) sont fières d'être la plus ancienne maison d'édition universitaire francophone au Canada et le seul éditeur universitaire bilingue en Amérique du Nord. Fidèles à leur mandat original, qui vise à « enrichir la vie intellectuelle et culturelle », les PUO proposent des livres de qualité pour le lecteur érudit. Les PUO publient des ouvrages en français et en anglais dans les domaines des arts et lettres et des sciences sociales.

Les PUO reconnaissent l'aide financière du gouvernement du Canada par l'entremise du Fonds du livre du Canada pour leurs activités d'édition. Elles reconnaissent également l'appui du Conseil des arts du Canada, du Conseil des arts de l'Ontario et de la Fédération canadienne des sciences humaines par l'intermédiaire des Prix d'auteurs pour l'édition savante. Nous reconnaissons également avec gratitude le soutien de la Faculté des arts de l'Université d'Ottawa.

Correction d'épreuves : Nadine Elsliger
Mise en page : Édiscript enr.
Maquette de la couverture : Édiscript enr.
Illustration de la couverture : Marcel Côté, *Fragile instant*, acrylique et collage, 2015, 76 cm × 152 cm. Collection privée de Rolande Thériault et de l'auteur.

Catalogage avant publication de Bibliothèque et Archives Canada

Delisle, Jean, compilateur
La traduction en citations : florilège / Jean Delisle. – [Deuxième édition]

(Regards sur la traduction, 1480-7734)
Comprend des références bibliographiques et un index.
Publié en formats imprimé(s) et électronique(s).
ISBN 978-2-7603-2459-6 (couverture souple).
ISBN 978-2-7603-2460-2 (PDF).
ISBN 978-2-7603-2461-9 (EPUB).
ISBN 978-2-7603-2462-6 (Kindle)

1. Traduction – Citations, maximes, etc. 2. Traducteurs – Citations. I. Titre. II. Collection : Collection Regards sur la traduction

PN6278.T7D45 2017 418'.02 C2017-902214-8
C2017-902215-6

Dépôt légal :
Bibliothèque et Archives Canada
Bibliothèque et Archives nationales du Québec

Canadä

Table des matières

PRÉFACE À LA PREMIÈRE ÉDITION ix

AVANT-PROPOS xv

FLORILÈGE

Adaptation 3
Ambition, intention du traducteur 3
Anonymat 4
Appropriation 6
Art de traduire 7
Art difficile 12
Art ingrat 17
Baromètre du changement 21
Belles infidèles 22
Bible, textes religieux 23
Bilinguisme 26
Bonnes traductions 27
Bons traducteurs 32
Catégories de traducteurs 33
Catégories de traductions 34
Censure 35
Cibliste/Sourcier 36
Clarté 37
Conditions de travail 38
Culture, humanisme, civilisation 40
Dangers des traductions 45
Définitions du traducteur 46
Dénigrement du traducteur 49
Dictionnaires 54
École de style, atelier d'écriture 56
Écriture, création, rédaction 59
Effacement du traducteur 67
Éloge et respect de l'original 69

Éloge du traducteur 71
Embellissement des traductions 77
Enrichissement des langues, des littératures 79
Épreuve de l'étranger 84
Équivalences 87
Esthétique 89
Éthique 90
Évaluation, critique des traductions 93
Fidélité 99
Fond/forme 104
Formation, enseignement 106
Glose, commentaire 107
Histoire de la traduction 108
Historicité 113
Humour 116
Imitation, pastiche, parodie 121
Infidélité 123
Intraduisibilité 124
Joie, plaisir de traduire 129
Langue française 131
Langue, linguistique 133
Lecture, lecteurs 140
Liberté du traducteur 143
Limites de la traduction 145
Littéralité 148
Mal nécessaire 148
Manières de traduire 149
Mauvais traducteurs, amateurisme 158
Mauvaises traductions 162
Métaphores de la traduction 170
Métaphores du traducteur 188
Métier de traducteur 200
Métier d'interprète 205
Modestie du traducteur 208
Nature de la traduction 209
Notes du traducteur (NdT) 214
Objet, enjeu de la traduction 217
Paradoxe de la traduction 219
Paraphrase 220
Perte, entropie 223

Plaire aux lecteurs 225
Poésie 227
Poétique du traduire 236
Problèmes de traduction 237
Processus de traduction 239
Promotion, valorisation de la traduction 240
Qualités d'une traduction 242
Qualités du traducteur 244
Rapport auteur/traducteur 251
Règles, lois, principes de traduction 259
Religion, liturgie 261
Retraduction 262
Rythme, musicalité, sonorités, ton 264
Sens 267
Style 269
Sujet traduisant 272
Tâche du traducteur 276
Texte 280
Texte original 281
Théorie de la traduction 283
Traducteur 290
Traduction au Canada, au Québec 290
Traduction automatique 295
Traduction dépaysante 296
Traduction ethnocentrique 297
Traduction idéale 298
Traduction libre 299
Traduction littéraire 301
Traduction littérale 305
Traduction mot à mot 313
Traduction poétique 317
Traduction théâtrale 317
Traduction transparente 320
Traduire au féminin 322
Traduisibilité 324
Traître, trahison 327
Universalité, littérature mondiale 328
Utilité, rôles, fonctions des traductions 330
Vanité du traducteur 335
Vers/prose 336

Version/thème 338
Vieillissement des traductions 339

BIBLIOGRAPHIE 343

INDEX DES AUTEURS DES CITATIONS 381

PRÉFACE À LA PREMIÈRE ÉDITION

Je le dis tout de suite : ce dictionnaire de citations sur la traduction est un régal. Le jeu du classement par thèmes, avec souvent leur « inévitable binarité », dit Jean Delisle – comme entre le dénigrement et l'éloge – et ce que permettent les index, cela fait qu'on circule avec toute l'excitation de la découverte même dans ce qu'on croyait connaître. Ce qui met à découvert cette situation habituellement masquée par les traducteurs eux-mêmes, et à leur insu, que la traduction concerne l'ensemble de toutes les représentations du langage et de la littérature, et donc demande une théorie d'ensemble. Elle est là, quelque part, dans ce dictionnaire. Cherchez. Imaginez que c'est un jeu.

Ici, la citation a pleinement son sens juridique, d'incitation à comparaître. Et ce qu'on voit apparaître aussi, c'est l'historicité du traduire : les effets d'époque. Avec l'interaction constante entre la pensée et les pratiques. Coup de pied dans les chevilles de ceux qui opposent la théorie et la pratique.

Traduire est à la fois un tourment et un plaisir. Jean Delisle parle des traducteurs comme des « hédonistes de la traduction ». Ce dictionnaire est un dictionnaire pour hédonistes : pour se faire plaisir.

L'idée d'avoir fait un tel dictionnaire, sur ce que c'est que traduire, est une grande première. Généralement, les dictionnaires, je veux dire les dictionnaires de langue, sont des collections d'idées reçues par le culturel et que le public prend pour du savoir. Et c'est du savoir. Mais les définitions ne se donnent pas pour des idées reçues, ce qui inciterait à la méfiance. Elles se donnent pour la vérité, pour la nature des choses. Prenez par exemple l'article « poésie » dans *Littré* : exemple remarquable d'absurdité généralement inaperçue : c'est d'abord ce qui est écrit en vers, et aussitôt après ce qui est beau même si ce n'est pas en vers. Mais alors où est la nécessité du vers, et quel est le rapport entre le vers et la poésie ? Déjà Aristote savait, pour Empédocle, que ce qui est écrit en vers n'est pas nécessairement de la poésie. Et ce n'est qu'un petit bout du problème propre à cet exemple. Sans compter les problèmes de la traduction. Traduire en vers ou traduire en prose.

Il y en a bien d'autres, des problèmes, on s'en doute. Pour ce qui est du langage, toutes les notions sont en procès, ou en difficulté. En quoi justement elles sont passionnantes. Mais cette observation – qu'il ne faudrait pas prendre seulement pour des réserves, plutôt des mises en garde – tient à l'historicité même des dictionnaires : les dictionnaires sont des témoins. D'un lieu et d'un moment. C'est ce qui les rend précieux : Richelet, Furetière, les diverses éditions du dictionnaire de l'Académie française. Tous. Et les encyclopédies. Qu'on voie l'article « ponctuation » dans l'*Encyclopédie* de Diderot et d'Alembert, et on comprendra pourquoi c'est une aberration de moderniser la ponctuation des textes anciens.

Dictionnaire de citations sur la traduction, à travers les âges et les langues, ce dictionnaire ne peut pas avoir les défauts ni les curiosités des dictionnaires courants (qui ont parfois été étudiés comme quand on compare certains articles sur des notions sensibles culturellement : juif, femme, noir). Il n'a rien de commun non plus avec les dictionnaires de citations en général, qui sont des trésors de beaux passages littéraires et de vers célèbres, faits surtout pour la facilité de les retrouver, et de les savourer : des condensés de la culture, d'une culture, et du culturel. Encore moins de rapports avec les dictionnaires de proverbes, ou les listes de locutions des pages roses du vieux *Petit Larousse*.

Rien de tout cela dans ce dictionnaire de citations sur la traduction, et sur ce que tant de gens en ont pensé, et en pensent aujourd'hui encore. L'actualité, je veux dire les contemporains, est très présente ici. Ce qui ajoute à l'intérêt. À la gourmandise. Et surtout ce dictionnaire montre les idées reçues justement comme des idées reçues, avec leur historicité.

C'est donc à la fois un dictionnaire de clichés, un jeu de massacre des clichés, et une collection d'intuitions géniales. Ce dictionnaire s'adresse à la liberté de qui va le lire, en même temps qu'il va vous rendre plus intelligent. Le contraire même du dictionnaire courant qui vous rend idiot sans même que vous vous en aperceviez. Quand, en plus, des clichés culturels brouillent encore davantage le rapport qu'on a au dictionnaire. Le cas typique est celui du *Littré*, quand il est pris pour le meilleur dictionnaire de la langue française, et donc réédité avec des mots nouveaux pour l'actualiser, alors que c'est seulement, essentiellement, le dictionnaire de la beauté de la langue française aux XVIIe et XVIIIe siècles, qui l'académise et tend à la fixer à son passé, donc à en faire une langue morte, sans le savoir.

Ici, on a, par la multiplication des contraires, un outil magistral contre les clichés. Chose encore jamais faite, à ma connaissance. C'est un dictionnaire d'anti-clichés. Par la réflexion qu'il suscite, qu'il stimule, je dirais même que ce dictionnaire contient, virtuellement, des poncifs de l'avenir, au sens que disait Baudelaire : créer un poncif c'est le génie. Dans la lutte elle-même des poncifs opposés entre eux. Comme pour la notion courante de rythme, Benveniste a montré que c'était un poncif créé par Platon, en pleine opposition avec la notion d'Aristote, que les mètres sont des parties des rythmes.

Un bel exemple, pour ce qui est du traduire, est la notion que les traductions vieillissent, alors que les textes ne vieillissent pas. Et toute la discussion peut partir et indéfiniment repartir des citations de ce dictionnaire.

Une contradiction entre toutes ces affirmations ? Alors il faudrait la « dépasser ». Et aussitôt montre son nez le piège, le cliché. C'est que le « dépassement », à l'hégélienne, implique une théologie de la résolution des contraires. Le bon infini. Non, vous ne vous en sortirez pas comme ça.

L'ordonnancement par thèmes fait beaucoup pour qu'au lieu de s'y perdre on s'y trouve, et retrouve. C'est à la fois un dictionnaire du pensé et de l'impensé sur la traduction, de l'avouable et de l'inavouable.

Mais ce dictionnaire n'entre pas dans la discussion. Ce n'est pas son rôle. Il la permet, il la favorise, même il y pousse.

Des clichés, en veux-tu en voilà. Comme de postuler que traduire, c'est écrire. Oui, dans le meilleur des cas. Pour la plupart, traduire, c'est désécrire. Ou qu'un texte est la somme de ses traductions, ce qui confond la diffusion culturelle et la chose littéraire dans sa valeur. Et l'opposition entre pratique et théorie. Ou la notion même de langue, quand elle empêche de penser le discours.

Tenez, prenez la notion de répétition. Petit détail noyé dans la masse des problèmes. Et regardez les citations. Le débat, apparemment absent, y est en germe. Ainsi tel traducteur de l'italien pose que la langue française ne supporterait pas les répétitions d'un texte (littéraire) italien. Ce que montre cette attitude, qui défait toute la poétique du texte italien, c'est que son présupposé sur la langue française détruit la chose littéraire elle-même et ne le sait pas. Ce qui apparaît ainsi involontairement c'est que traduire met en jeu, et en scène, l'ignorance du langage dans et malgré le savoir de la langue. D'où le rebondissement vers toutes les questions canoniques : qu'est-ce que c'est, traduire bien, et traduire mal ; qu'est-ce que c'est, le rapport entre identité et altérité, langue et discours, système et destruction du système, et le rapport entre dire et faire – ce que fait un texte, et comment, pas seulement ce qu'il dit.

Il y a ici, comme dit Jean Delisle, autant des « choses pertinentes » que des « lieux communs ». Où le fameux *traduttore, traditore* montre et cache toute son ambiguïté : un constat de résignation ou une incitation à transformer la situation ? C'est beaucoup plus un dédain, une passivité, et cet adage, avec son air cynique et supérieur, confirme une infériorité pas seulement empirique, mais d'essence de la « tâche du traducteur ». Par rapport aux œuvres dites originales. Son jugement présuppose la croyance dominante que le signe, avec son dualisme, fait à la fois le langage et la condition du traducteur. Comme ajoute Jean Delisle, ce dictionnaire même « prouve qu'il y a beaucoup plus à dire sur le sujet ».

Quant à la notion de fidélité, qui semble faire tout pour s'opposer au *traduttore, traditore*, elle participe de la même statique, de la même représentation du langage. Elle ne dit pas à quoi il faut être fidèle : au signe ou au poème, à ce qui est dit ou à ce que le texte fait, à la langue ou au discours.

Rien n'est innocent, ou sans effets de théorie et de pratique, en matière de traduction, comme d'appeler *traductologie* la réflexion sur ce que c'est que traduire. Immédiatement, c'est la théorie traditionnelle au sens de Horkheimer, c'est-à-dire une théorie régionale, autonome, qui laisse en place les concepts dominants et académiques sur le langage, autrement dit le dualisme du signe, et qui met tout le traduire dans l'herméneutique : le sens, c'est-à-dire la forme et le sens.

Quant à la « tâche du traducteur », formule si souvent reprise à Walter Benjamin, je n'ai pas vu qu'on ait relevé combien chez lui elle suppose de théologie – la « langue pure ».

Qu'il y ait depuis toujours des contradictions dans ce qui s'est dit sur la traduction montre aussi qu'il n'y a que des points de vue. Les propos sont impressionnistes d'autant plus qu'ils n'ont pas de théorie d'ensemble, tout en croyant en avoir une.

Où il ne faut pas confondre les désignations de la traduction qui tentent de la qualifier tout entière, comme *interprétation, translation* ou *version*, termes qui ont leurs limites d'emploi, avec des termes péjoratifs ou qui désignent un défaut reconnu comme tel : *calque, sous-traduction* ou *surtraduction*.

C'est un dictionnaire de points de vue. En quoi il porte une grande leçon, fortement saussurienne : que sur le langage, et donc aussi sur la traduction, il n'y a que des points de vue. Que des représentations. Avec leur systématicité interne. Qu'on n'a jamais fini de découvrir. Ce qui détache radicalement Saussure du structuralisme, qui s'est fait passer pour la continuation de Saussure, alors qu'il accumule les contresens sur Saussure. Immédiatement, il apparaît que tout point de vue qui se fait passer pour la vérité et la nature des choses est une imposture. Ce qui est exactement le cas du signe linguistique, avec son dualisme, la forme et le sens, la lettre et l'esprit, le langage poétique et le langage ordinaire. Et la stylistique de l'écart.

Or le signe a un effet classique sur la traduction, par l'opposition entre la traduction courante et la traduction dite littérale, où le regard vers la langue de départ louche vers la forme, et le regard vers la langue d'arrivée tourne son strabisme vers le sens. Pour être pragmatique. Pour être naturel. Sans savoir qu'il n'y a pas plus culturel que cette illusion du naturel.

Mais le signe n'est pas la nature du langage. Il n'en est qu'une représentation. Et ce dictionnaire expose à tous les yeux qu'il n'y a que des points de vue, que tout point de vue sur la traduction est un point de vue sur le langage, et sur la littérature. Quand c'est ce qu'on appelle de la littérature qu'il y a à traduire. L'éternel combat du signe et du poème.

Ainsi ce dictionnaire est un révélateur. On a dit beaucoup de choses sur la traduction, des choses intelligentes et des choses moins intelligentes. La traduction, tout autant que ce qu'on en dit, à la fois les montre et les cache. La mise en intelligence est due à la multiplicité des citations, où on ne cesse de faire des découvertes, et aux confrontations sans fin que les index invitent à faire. Ce qui en ressort est la mise à découvert de la théorie d'ensemble du langage qui est à l'œuvre dans le traduire, et qui est justement à découvrir.

Une traduction, au sens du produit fini, apparaît, à travers la lecture de toutes ces citations, comme l'effet de théorie des idées qu'on a sans savoir qu'on les a, sur le langage, sur sa propre langue et sur la langue qu'on traduit, sur les rapports entre langue et discours. Rapports tels que croire qu'on traduit seulement d'une langue dans une autre langue empêche, ou peut empêcher de savoir, que traduire un texte, c'est traduire un discours.

Tout cela fait désormais la nécessité, le caractère indispensable de ce dictionnaire de citations sur la traduction. La circulation des idées, leur confrontation illimitée que permet *La traduction en citations* expose aussi une histoire. Ce dictionnaire nous invite, et même il nous pousse à nous situer.

Henri Meschonnic,
Paris, 2007

AVANT-PROPOS

> Il nous manque encore un « florilège » des métaphores de la traduction ; ce florilège nous en apprendrait plus sur l'acte de traduire que bien des traités spécialisés.
>
> ANTOINE BERMAN[1]

Les rayons des bibliothèques sont bien garnis en recueils de citations, y compris, depuis 2007, d'un dictionnaire de citations sur la traduction. *La traduction en citations* réunissait sur ce thème plus de trois mille aphorismes, définitions, bons mots, conseils, éloges, épigrammes, injonctions, jugements, opinions, règles, témoignages personnels ou traits d'esprit.

Nous présentons ici la deuxième édition de ce florilège de réflexions glanées chez plus de huit cents auteurs, de l'Antiquité gréco-romaine à nos jours.

La traduction occupe une portion congrue dans les dictionnaires de citations familières. Nous avons voulu, quant à nous, donner un tableau plus complet et plus fidèle de cette activité multiséculaire en présentant un échantillon représentatif, à défaut d'être exhaustif, de ce que les traducteurs, théoriciens, écrivains, philosophes, critiques, éditeurs, universitaires ou journalistes ont écrit sur la traduction.

La pertinence et la fréquence d'une citation ne tiennent pas forcément à l'autorité de son auteur. L'adage le plus souvent cité, « *traduttore, traditore* » (n° 2631), est anonyme et figure depuis longtemps dans les pages roses du *Petit Larousse*. La faveur dont jouit l'aphorisme italien s'expliquerait en partie par le fait qu'il se révèle souvent un moyen commode pour suppléer à un manque d'idées originales sur la traduction. Le présent ouvrage prouve qu'il y a beaucoup plus à dire sur le sujet.

---

1. *La traduction et la lettre ou l'auberge du lointain*, Paris, Seuil, 1999, p. 45. Sauf indication contraire, les citations numérotées dans cet avant-propos figurent dans le corps de l'ouvrage et y sont dûment référencées.

Un traducteur inconnu peut avoir des choses pertinentes à révéler sur les arcanes de son métier, alors qu'un écrivain réputé peut rabâcher des lieux communs. Tous les auteurs cités ont librement exprimé un point de vue sur la traduction. Cela a suffi pour nous autoriser à les inclure dans notre corpus. Cette opinion peut être positive, négative, juste, fausse, sexiste ou excessive. À chacun d'en juger. Ces citations-témoignages ont été retenues sans parti pris et ne font l'objet d'aucun jugement de valeur. Les auteurs « cités », au sens étymologique du mot, c'est-à-dire sommés de comparaître, sont garants de leurs opinions. Notre rôle a été celui d'un greffier ou, plus précisément, d'un prospecteur qui prélève des échantillons dans le sol en vue d'une analyse ultérieure.

Nous sommes bien conscients aussi qu'isoler des citations de leur contexte, c'est en quelque sorte proposer un livret d'opéra sans la musique. C'est pourquoi nous avons accordé une attention toute particulière aux sources, sans lesquelles la mise en contexte des fragments aurait été difficile, voire impossible. Le contexte limite le risque de citer à « contre sens ». Nous reviendrons plus loin sur les exigences que nous nous sommes imposées à cet égard.

Ces sources sont très diversifiées : actes de congrès, articles de presse ou de revues spécialisées, autobiographies, carnets littéraires, comptes rendus d'assises littéraires, encyclopédies, enquêtes, essais, interviews, journaux intimes, manuels de traduction, monographies, romans, préfaces, traités sur la traduction, pour ne citer que les principales.

Certains auteurs, maîtres du style aphoristique, ont su faire preuve d'imagination et de créativité. Leurs pensées, cristallisées en peu de mots et frappées comme des médailles, ont la force d'une maxime. Leurs réflexions ciselées avec art font voir la traduction sous un jour différent. Elles sont l'antidote du ronron des formules éculées, vidées de leur substance à force d'être répétées.

Faire réfléchir à la signification profonde de l'acte de traduire est un des buts que nous nous sommes fixés en entreprenant la rédaction de cet ouvrage. En traduction, il y a, certes, quelques vérités, mais le genre se nourrit surtout de nuances et de subtilités. Les « jamais » et les « toujours » taillés dans le marbre des certitudes dogmatiques, les jugements à l'emporte-pièce y sont risqués. Une affirmation pourra être reçue comme vérité incontestable, demi-vérité ou fausseté. Tout est affaire d'interprétation, de contexte, de point de vue. Notre recueil témoigne de cette réalité complexe. Les assertions les plus péremptoires y côtoient les plus pondérées.

Un dictionnaire de citations sur la traduction diffère d'un dictionnaire de mots célèbres abondamment repris par les écrivains, les journalistes ou les rédacteurs. Les personnes cultivées reconnaissent d'emblée les auteurs des citations ou des allusions dites « prestigieuses » et les œuvres d'où elles sont tirées. Ces phrases célèbres évoquent des faits historiques, culturels, sociaux ou religieux, des titres de romans ou de films, des vers, des dictons, des proverbes ou des aphorismes de la sagesse populaire et forment le terreau de la langue, l'humus de la culture. Elles sont facilement reconnaissables. « Ô temps, suspends ton vol », « La substantifique moelle », « Il faut cultiver notre jardin », « Se battre contre des moulins à vent », « Un roseau pensant », « Il y a quelque chose de pourri au royaume de Danemark » sont autant de réminiscences littéraires connues. Les dictionnaires de citations familières sont en quelque sorte des inventaires de déjà-vu, de déjà-cité.

Il en va autrement d'un dictionnaire comme celui que nous présentons ici. Si nous n'avions retenu que les passages les plus connus qui circulent sur la traduction, notre dictionnaire n'aurait pas eu trois pages. Tous les extraits qui le composent n'appartiennent pas à une tradition littéraire particulière ni à un système de référence culturelle, mais à une activité intellectuelle devenue profession et matière d'enseignement à l'université.

La citation disciplinaire fonctionne plus ou moins comme la citation d'auteurs classiques : elle s'adresse principalement à un public qui connaît le domaine ou qui y porte un intérêt particulier. De même que « la citation classique est le mot de passe des lettrés du monde entier[2] », la citation disciplinaire est le mot de passe des « initiés » qui partagent un savoir commun, ou tout au moins un intérêt commun, en l'occurrence la traduction et son étude. Ce sont eux qui, en reproduisant ces extraits dans leurs écrits et en les faisant circuler, leur donneront une valeur ajoutée.

L'UTILITÉ DU DICTIONNAIRE

Ce recueil vise donc à faire connaître la riche réflexion sur la traduction qui a eu lieu au cours des siècles. Les anciennes conceptions se mêlent aux modernes. Les préoccupations fondamentales des

2. Samuel Johnson, cité dans James Boswell, *Boswell's Life of Johnson* [c1791], publ. sous la dir. de George Birkbeck Hill, Oxford, Clarendon Press, 1971, vol. IV, p. 102.

traducteurs ressurgissent à toutes les époques. Ainsi, au XVIe siècle, Estienne Pasquier pose déjà le problème du vieillissement des traductions (nº 2738). Joachim du Bellay est sans doute le premier à énoncer le procédé dit de la « compensation » :

> Il me semble, veu la contrainte de la ryme, & la difference de la proprieté, & structure d'une langue à l'autre, que le son devoir, qui sans corrompre le sens de son aucteur, ce qu'il n'a peu rendre d'assez bonne grace en un endroit s'efforce de le recompenser en l'autre (nº 1205).

Quatre siècles plus tard, les comparatistes Jean-Paul Vinay et Jean Darbelnet ont donné de la compensation une définition formelle : « Procédé stylistique qui vise à garder la tonalité de l'ensemble en rétablissant sur un autre point de l'énoncé la nuance qui n'a pu être rendue au même endroit que dans l'original[3]. » Mais en traduction, rien n'est simple. La pertinence du concept de compensation est contestée par au moins un auteur contemporain, Henri Meschonnic, qui conçoit la traduction sous un angle moins « linguistique », moins « comparatif » que beaucoup de théoriciens :

> Tant que le traducteur et le théoricien de la traduction seront dans le signe, dans l'esthétique, cette stratégie de compensation, ils ne pourront ni produire ni analyser ce que font les œuvres et les traductions qui travaillent dans leur signifiance, et dans leur poétique (nº 681).

Cet exemple illustre deux des nombreuses possibilités d'exploitation de ce corpus de citations : retracer la genèse du métalangage de la traduction, suivre l'évolution des concepts de la discipline. On peut également penser la traduction à partir de topos tels que la balance, la copie, le corps, la créativité, la fidélité, le miroir, la musique, le verre, les vêtements ou le voyage. Le recueil renferme plusieurs axiomes propres au domaine, dont celui-ci de Laure Bataillon : « Si, et seulement si, l'auteur a décidé de rompre avec sa langue, le traducteur se doit d'en faire autant » (nº 1050).

3. *Stylistique comparée du français et de l'anglais*, Paris, Didier/Montréal, Beauchemin, 1958, p. 6.

UN DISCOURS CONTRADICTOIRE

En parcourant cet inventaire, le lecteur sera frappé de constater à quel point le discours que l'on tient depuis deux mille ans sur le sujet est éminemment *contradictoire*. La réflexion sur la traduction y apparaît comme un univers dont le centre est partout et la circonférence nulle part. « Les traducteurs se sont librement contredits les uns les autres sur presque tous les aspects de leur art » (n° 2290), a observé Theodore Savory.

Ernest Stuart Bates est du même avis : « On peut décrire les opinions qui circulent sur la traduction comme un chaos de malentendus » (n° 2328). Edmond Cary écrit, pour sa part, non sans ironie : « La notion de traduction s'est graduellement précisée dans l'esprit des hommes au cours des siècles et chacun de ceux qui se mêlent d'en parler s'en fait une notion fort claire. Le malheur est qu'il existe autant d'idées claires que d'hommes et que ces notions sont contradictoires entre elles » (n° 1686). Les extraits réunis dans ces pages confirment la véracité de ces constatations et il est tentant de leur appliquer ces vers de la comédie de Delphine de Girardin :

> Chaque objet aux regards présente deux côtés,
> Monsieur ; chaque principe a ses deux vérités
> Dont l'obligation tour à tour se démontre.
> Si vous plaidez le pour, je plaiderai le contre[4].

Nombreux, en effet, sont les points de vue diamétralement opposés ayant scandé l'histoire de la traduction. Il ne serait pas sans intérêt de tenter de découvrir les motifs sous-jacents à toutes ces opinions divergentes. En voici quelques exemples :

> La traduction est probablement l'activité la plus complexe qu'a produite l'évolution du cosmos. (Ivor A. Richards, n° 1666)
>
> Où sont art et science dans la traduction de *horse* par « cheval » ? Toute traduction se ramène à cet enfantillage. (Albert Beaudet, n° 1743)
>
> En matière de traduction, plus on est littéral, plus on est littéraire. (Alexandre Beljame, n° 2517)

4. *L'école des journalistes*, Paris, Dumont, 1839, p. 15.

Une traduction littérale n'est pas littéraire. (Jorge Luis Borges, nº 2478)

Traduire n'est pas écrire. (Claude Tatilon, nº 498)

Traduire n'est rien d'autre qu'écrire. (Frédéric Boyer, nº 499)

La note en bas de page est la honte du traducteur… (Dominique Aury, nº 1700)

Que les traductions soient accompagnées de copieuses notes de bas de page. (Vladimir Nabokov, nº 1711)

La théorie de la traduction a toujours été une branche de la linguistique appliquée. (Louis G. Kelly, nº 2312)

La théorie de la traduction n'est pas une linguistique appliquée. (Henri Meschonnic, nº 2303)

La poésie est intraduisible. (Samuel Johnson, nº 1862)

Rien ne se traduit mieux que la poésie. (Étienne Barilier, nº 2629)

La personne qui profite le plus d'une traduction est le traducteur. (Ernest Stuart Bates, nº 2702)

Le traducteur est le dernier à avoir besoin d'une traduction. (George Steiner, nº 2227)

On naît traducteur, on ne le devient pas. (Eugene A. Nida, nº 1972)

Le métier de traducteur, ça s'apprend. (Boris Vian, nº 808)

La traduction est peut-être la forme la plus directe du commentaire. (Dante Gabriel Rossetti, nº 820)

Une traduction ne peut ni ne doit être un commentaire. (Wilhelm von Humboldt, nº 821)

J'ai toujours regardé les traductions comme un des meilleurs moyens d'enrichir une langue. (Jacques Delille, nº 609)

Il seroit facile de prouver que la traduction proprement dite n'a guere enrichi la langue. (Paul-Jérémie Bitaubé, nº 610)

L'exercice de la traduction n'a rien de commun avec la création littéraire. (Brigitte Lépinette, nº 496)

La traduction et la création sont des processus identiques. (Octavio Paz, nº 449)

> Un bon traducteur doit servir l'auteur jusqu'à le corriger au besoin. (Jean-Jacques Villard, n° 697)
>
> Que le traducteur ne s'avise pas de corriger les erreurs ou d'estomper le mauvais goût. (François Vermeulen, n° 699)

Les auteurs divergent d'opinion sur absolument tout : un tel croit que l'on traduit des mots, car, prétend-il, « il n'y a rien d'autre à traduire sur la page blanche » (n° 1727), tel autre soutient, au contraire, que ce sont des œuvres, des discours, des textes que l'on traduit, non des mots. De quelle marge de liberté dispose le traducteur ? Aucune, affirment les tenants des traductions-copies ; très grande, allèguent ceux qui, comme Sylvie Durastanti, conçoivent la traduction comme un acte d'écriture créatif. Une œuvre est-elle « la somme de toutes les traductions à venir » (n° 1111), comme le pense Claire Malroux ? « Un texte n'est pas la somme de ses traductions » (n° 1114), déclare Henri Meschonnic.

Toutes ces questions, et de nombreuses autres, sont soulevées dans le présent ouvrage qui, de ce point de vue, est une sorte de catalogue des grandes problématiques de la traduction. On y décèle même des dialogues entre auteurs par citations interposées. À Jean Chapelain qui prétend que traduire présuppose une « bassesse de courage » (n° 380), Michel de Marolles réplique que « traduire n'est point une chose vile » et qu'elle « ne présuppose point une bassesse de courage » (n° 567). À tous ceux qui prétendent qu'il est toujours possible de dire la même chose autrement, Umberto Eco répond qu'« en traduisant, *on ne dit jamais la même chose* » (n° 1658).

Il ne s'agit pas de déterminer qui a raison, qui a tort, et encore moins de lancer des anathèmes, mais de chercher à savoir pourquoi tel auteur a exprimé telle opinion dans telles circonstances, à propos de tel texte, traduit de telle manière. « L'histoire de la traduction est faite de la coexistence de contraires qui semblent s'alimenter réciproquement » (n° 858). Il ressort clairement des pages qui suivent que l'édifice de la réflexion sur la traduction repose sur une charpente faite de divergences de vue et de contradictions.

À travers ce discours contradictoire transparaissent les professions de foi des traducteurs, leurs conceptions de la langue et de la traduction, leurs craintes, leurs scrupules, leurs ambitions, leurs frustrations. *La traduction en citations* offre, croyons-nous, un bon point de départ pour lancer divers travaux de recherche.

On ne manquera pas de constater qu'il y a très souvent conformité de vue entre les traducteurs contemporains et ceux d'autrefois. Lorsque Maurice-Edgar Coindreau déclare : « Le traducteur est le singe du romancier. Il doit faire les mêmes grimaces, que cela lui plaise ou non » (nº 1558), il formule par cette métaphore animalière la même règle énoncée en 1748 par l'abbé Charles Batteux : « Le traducteur n'est maître de rien ; il est obligé de suivre partout son auteur, et de se plier à toutes ses variations avec une souplesse infinie » (nº 1134). Lorsque le traducteur suisse Peter Schwaar écrit en 1998 : « Une bonne traduction est aussi littérale et aussi libre que possible » (nº 206), sait-il que, deux cent cinquante ans plus tôt, l'abbé Desfontaines avait dit la même chose : « L'unique devoir du traducteur est de suivre toujours son Maître, mais quelquefois un peu loin » (nº 1139) ? Les mots changent, la maxime est la même.

Ce condensé de citations fait voir la réalité complexe de la traduction sous un jour inédit, propre à ébranler les certitudes. Quand on lit sous la plume de Dominique Grandmont que traduire, ce n'est pas passer d'une langue à une autre, mais « écrire dans sa langue à l'écoute d'une autre » (nº 37), ou encore sous celle de Felix Philipp Ingold que « le texte traduit est un texte que l'on a continué à écrire » (nº 448), on ne voit plus la « tâche du traducteur » de la même manière. Et sa place dans la République des lettres n'est plus celle d'un « gratte-papier insipide » (nº 730). Ces dernières considérations nous amènent à évoquer l'image du traducteur.

L'IMAGE DU TRADUCTEUR

Le traducteur souffre d'un grave problème d'identité. Il est invisible, ou presque, et ceux qui ont fait l'effort de l'imaginer l'ont incarné sous les traits de personnages, d'animaux ou d'objets les plus variés. Le traducteur est un être métaphorisable à souhait.

Les nombreuses comparaisons, métaphores et métonymies par lesquelles on a désigné le traducteur au cours des siècles témoignent de l'indétermination de son statut littéraire et social. De l'imprécision entourant la nature exacte de son travail, également. Si l'on semble incapable de dire avec exactitude qui il est et ce qu'il fait réellement, c'est sans doute parce que les manipulations textuelles auxquelles il s'adonne en sous-main dans des circonstances variant à l'infini peuvent revêtir d'innombrables formes.

Autant de traducteurs, autant de partis pris sur la traduction. Autant de conceptions personnelles du langage, autant de versions distinctes d'une même œuvre. Autant de contextes sociaux, autant d'interprétations différentes des originaux. Modelé par son époque, son milieu et une foule de facteurs contingents, le traducteur est une anguille.

D'où son problème d'image, de représentation et d'identité. Comment décrire un ouvrier de l'ombre ? Qu'on en juge par les nombreuses désignations ayant servi à le décrire. Les descriptions poétiques (« bâtisseur de cathédrales de mots ») et valorisantes (« courant vivant de la culture ») côtoient les plus dénigrantes (« enculeur de mouches », « paillasson », « tâcheron besogneux », « fossoyeur », « préparateur de momies »). Comment ne pas être un « névrosé obsessionnel » lorsqu'on voit en vous, d'un côté, la « fleur de sel de l'édition », de l'autre, un « apache de l'édition », tantôt le « frère du poète », tantôt un « voyou de la littérature » ? Ce sujet protéiforme, énigmatique, on l'a photographié au fil des siècles sous tous les angles et sous tous les éclairages. Parfois à son avantage, le plus souvent sous un jour peu flatteur. Faut-il y voir les séquelles de l'infamant *traduttore, traditore*, qui le stigmatise à tout jamais ? Quoi qu'il en soit, voici son album photo[5].

DÉSIGNATIONS IMAGÉES DU TRADUCTEUR

A

accoucheur, accoucheur de verbe adamantin, acrobate du verbe, acteur de théâtre (de l'évolution de la langue, de soutien), activiste, adaptateur, agent culturel (de change, d'échange, de mutation culturelle, des contre-pouvoirs, des pouvoirs établis, de transmission, d'évolution, double), alchimiste, alter ego, amant aveuglé (impérieux), amateur de travestissement, ambassadeur, amoureux, amphibien, anomalie à forme humaine, archéologue du texte, anthropophage, anti-babélien, apache de l'édition, apôtre de la communication, arpenteur des bibliothèques (du monde), arrangeur, artisan (de la communication, de mots, discipliné, du double, du verbe, fonctionnel du changement), artiste (de concert, de la langue, échevelé), assistant du poète, auteur (a posteriori, de l'ombre, de substitution, muselé), auteur-interprète sans guitare, automate, autre moi, aveugle tâtonnant

5. Ne figurent pas dans cet album les insultes dont il a été l'objet, telles qu'« abruti », « moche » et « maboul ».

B

bâcleur, barbier, bâtisseur de cathédrales de mots, berger des mots, besogneux, bilingue, boucheur de trou, bourreau, braconnier, bricoleur, brouillon

C

calomniateur de l'auteur, cambiste, caméléon de la littérature, caravanier, carmélite, casseur de pierres, celui qui élimine les frontières, celui qui livre, celui qui tient un flambeau le long des tapisseries, censeur, chaînon dans la chaîne des connaissances, champion du mot, chanteur de l'écriture, chartreux, chef d'orchestre, chef sans recettes, chercheur de sens, cheval de poste, cheval de trait, cheville ouvrière du texte, chiffonnier, chirurgien, chirurgien esthétique, ciseleur d'aphorismes, citoyen, clandestin, cleptomane, coauteur, cocréateur, collaborateur fraternel, collectionneur de mots, colonisateur qui s'installe dans le texte, combattant de la nuit, comédien de l'écriture, compagnon de voyage (d'infortune de Sisyphe), confident absolu, conspirateur, contrebandier, contrebandier de la culture, copieur, copiste, corsaire, coupeur de cheveux en quatre ou tétracapilosectomiste, courant vivant de la culture, créateur de langage (de l'ombre, modeste), critique, cuisinier, curieux, curieux ouvert à l'Autre

D

dame qui reçoit la semence de monsieur l'original, danseur de corde, découvreur, découvreur de nouveaux mondes, défricheur, déménageur indélicat (maladroit), démiurge aux petits pieds, déstabilisateur du mot, détective, déviant, devin en psychologie sociale, diamantaire, diplomate, docker, docteur de la loi, dompteur, douanier des langues, double, double attentif et aimant, doubleur de l'auteur, doublure (interchangeable)

E

éclaircisseur de texte, écolier perpétuel, écorcheur, écrivain de l'ombre (de la sorte la plus rare, frustré, invisible, sans livres, masqué), écrivant, écuyer, éducateur, émissaire, enculeur de mouches, ennemi de Dieu, enquêteur, entrepreneur libre, équilibriste, errant aux frontières, esclave, esclave d'un écrivain, éternel méconnu, étouffeur, étrange plumitif, être à corps siamois et bicéphale (bisexué, cultivé, diabolique, hybride, incompris, insatisfait, instable, mimétique) privilégié (sensible et cultivé), exégète, expert en obligés trucages, explorateur, extralucide aveugle

F

fainéant monté en grade, faiseur de feuilles (de sens), fantôme, faussaire, faussaire qui signe, faux-monnayeur, figure double, fil conducteur, fil-de-fériste culturel, fine mouche douée d'empathie, fleur de sel de l'édition, fou, fournisseur, frère (d'armes de l'auteur, du poète), frontalier, funambule

G

gardien des équivalences (des métamorphoses, des passages), géologue du texte, *go-between*, grammairien, grand dadais méprisé, grand prêtre, gratte-papier sans visage, greffier

H

héraut muet de la culture, historien, homme aux allégeances partagées (de cabinet, de goût, de lettres, de métier, de peine, étrange, invisible, nostalgique, qui n'a aucun droit), *homo traducens*, hôte de passage

I

imitateur créatif, importateur de problématiques, imposteur, incompris, infidèle invétéré, informaticien, initiateur, insecte, intermédiaire, interprète, interprète intelligent, introducteur, introducteur bienveillant

J

jeteur de ponts, jongleur, Judas

L

laboureur, laissé-pour-compte (de la littérature, de l'édition), laquais, lecteur d'élection, lettré discret, libertin, lieu vivant d'échange, linguicide, lutteur

M

magicien, main au service d'une tête, maître absent, maître caché de notre culture, maître de son radeau, maître passeur aventureux, maître secret de la différence des langues, malade, mal-aimé de la République des lettres, manieur de mots, manieur expert de deux langues, manipulateur, manœuvre, marcheur, marieur, marin sans rames, martien, mauvais truqueur, médecin, médecin légiste du texte, médiateur culturel, médium, mendiant, menteur, mercenaire, mercurien, mineur (de fond), miroir aux alouettes (déformant), misentrope[6], misérable anonyme, missionnaire de la communication, monte-charge, moteur, mouleur, mouleur de style, musicien barbare, mutant, mystique de la langue

N

nautonier, navigateur, nègre de la littérature, névrosé obsessionnel, niveleur

O

obsédé textuel, ombre, ombre mystérieuse, orchestrateur, oreille qui parle, outrepasseur de mots, ouvrier culturel à tout faire (de la langue, du langage cultivé)

P

paillasson, paraphraseur, paraphraseur aimable et nécessaire, parasite, paresseux, parfait inconnu, paria, parodiste, passage obligé (entre deux univers culturels), passe-palabre, passe-plats, passeur

6. Homme qui hait l'*entropie*. Terme emprunté à la thermodynamique par certains théoriciens de la traduction pour désigner une déperdition de sens inhérente au processus de transfert interlinguistique et interculturel. Le degré d'entropie – le déficit du sens par rapport au texte source – varie selon la nature des textes.

(culturel, de frontières, de mots, dénigré, d'imaginaire, invisible, isolé, littéraire, mal payé, méprisé, nocturne, oublié, qui travaille des deux côtés du miroir, refoulé), passeur-rameur, pêcheur, peintre, peintre en portraits, pèlerin, personnage clé, personnage secondaire, personne cultivée, peseur (d'acceptions, d'âme, d'équivalents), philosophe, photocopieur intelligent, pianiste, Pic de la Mirandole, pie, piétaille, pirate, plagiaire, plénipotentiaire, plongeur téméraire, plume (creuse, traduisante), plumitif, poète (de mansarde, de salon), point de contact entre deux univers culturels, polisseur de doutes, pont, pontife, portefaix, porteur d'écriture, porteur de sens, porte-voix, pauvre bougre de la création littéraire, préparateur de momies, prestidigitateur, prêtre d'un huitième art, prisonnier de la traduction, producteur de texte, prophète, prospecteur, Protée, psychanalyste, psychologue

Q

quelqu'un derrière le rideau, quelqu'un qui fait sa valise

R

raboteur, rafistoleur de phrases, rapiéceur, récepteur endetté, recycleur de style, redécouvreur, refondateur du discours, relais, représentant de l'auteur, resquilleur, révolutionnaire, rimeur sans inspiration

S

sacrilège, sacristain blasé, sage, sangsue amoureuse, savetier, scoliaste, scribe de l'ombre, scribe de truchement, sculpteur verbal, séducteur, semeur de rêves, serrurier, serviteur (de la clarté, de la vérité, muet, qui ouvre les portes, qui passe les plats), singe du romancier, sirène, skieur qui suit les traces du moniteur-auteur, sans-grade, sans-grade de la littérature, séducteur sans conquêtes, sel dans l'eau, simulateur, soldat, soldat inconnu de la culture (méconnu des lettres), sourcier (du langage), sous-espèce d'expert, soutier, souverain, spécialiste, spectre, sphinx, spirite, statuaire, sujet traduisant, surdoué limité

T

tâcheron (besogneux), tatillonneur (de seconde main), taupe, taxidermiste, technicien (du langage), témoin à la barre, terroriste qui prend en otage une langue étrangère, tisserand, tourier, touriste, tourneur, tradaptateur, tradécrivain, traductopathe, trafiquant louche, trahisseur, trait d'union, traître, transfuge, translateur, translittérateur, transmetteur, transporteur indélicat, trapéziste, traqueur de tournures, travailleur clandestin de la culture, travailleur intellectuel, truchement (diaphane), truqueur

U

ultramarin de verbe

V

valet (de deux maîtres), vampire jouisseur, ventriloque, verre transparent, violoncelliste, virelangue, virtuose (du déjà-dit), visiteur attentif d'un texte, voix de l'Autre (de passage, du souffleur), voleur (d'écriture, d'étalage), voix de passage, voyageur, voyant myope, voyou de la littérature

Problème d'image et d'identité, disions-nous ? Cette indétermination identitaire ne lui est pas propre, cependant. Qui, par exemple, saurait définir le poète autrement que par métaphores ? N'est-il pas tout à la fois « âme de cristal » (Hugo), « prince des nuées » (Baudelaire), « Parnassien » (Rimbaud), « magicien de l'insécurité » (René Char), « musicien du langage », « sismographe », « caméléon » ? Et ce n'est pas le seul rapprochement qu'il est possible d'établir entre traducteurs et poètes. Comme on pourra le constater, les poètes ont dit des choses très pénétrantes sur la traduction. N'y aurait-il au fond que la poésie et les poètes qui puissent exprimer l'essence de la traduction et définir le traducteur ?

LA TRADUCTION, UN CONCEPT ÉVANESCENT

Ce qui vient d'être dit du traducteur s'applique aussi à la traduction. Il est frappant, en effet, de constater à quel point le discours sur la traduction est *définitoire*, *impressionniste* et *métaphorique*. Praticiens et théoriciens, admirateurs et détracteurs, tous sans exception éprouvent le besoin de recourir à des images ou à des descriptions subjectives pour décrire cette activité intellectuelle. D'où la constellation de définitions métaphoriques auxquelles elle donne lieu.

Antoine Berman avait bien vu que parler de traduction « c'est être pris dans un enivrant tourbillon réflexif où le mot "traduction" lui-même ne cesse de se métaphoriser » (nº 1335). Georges Mounin avait écrit pour sa part : « Presque tous les détracteurs de la traduction, certains de ses défenseurs aussi, sont tentés de la définir, et de l'accabler, par une comparaison : les comparaisons sont boiteuses, elles se dérobent à la preuve, mais elles frappent, et restent dans l'esprit[7]. »

On a écrit, par exemple, que traduire c'est « comme danser », « comme transplanter », que c'est « trafiquer des mots », « se promener en pays étranger », « embrasser le corps d'une femme à travers un drap », « entrer dans l'autre », « un accouplement et une copulation », « un passe-temps hygiénique », « contempler un texte à travers des lunettes », « partir à l'aventure », « tenir la balance égale ». Traduire serait l'art « de l'équivoque et de l'ambivalence », « de la variation infinie », « de la mise en scène », « de l'approximation », la traduction « un vêtement trop large ».

Comparaison n'est pas raison. C'est aussi un piètre instrument d'analyse. Mais toutes ces métaphores sont autant d'essais de définitions qui, bien que réductrices, ont leur intérêt et leur utilité. Elles sont pour ainsi dire des éclats de lumière qui percent la zone d'ombre entourant ce concept difficile à saisir. Et, comme si cela ne suffisait pas, la notion de traduction se présente elle-même sous divers masques, dont *adaptation, calque, conversion, correspondance, équivalence, interprétation, modulation, paraphrase, recréation, réexpression, sous-traduction, surtraduction, thème, transcodage, translation, translittération, transposition, version* et *vulgarisation*.

Un sphinx, le traducteur ? Une hydre, la traduction ? Leur figuration métaphorique est en tout cas une constante dans l'histoire de la traduction. Il faut reconnaître aussi avec Claire Placial que « les mots par lesquels les traducteurs parlent de leur travail sont sans doute de bons indicateurs de leur caractère ou de leur identité[8] ». Kaléidoscope de métaphores positives ou négatives du traducteur et de la traduction, le présent dictionnaire est à la fois un manifeste pour leur « défense et illustration » et un pamphlet où fusent critiques et dénigrements. La citation est piédestal ou pilori. Laudateurs et contempteurs trouveront donc dans ces pages ample matière pour étayer leurs points de vue divergents.

7. *Les belles infidèles* [c1955], Lille, Presses universitaires de Lille, 1994, p. 24.
8. « Car la traduction est un miroir », dans *Espaces réflexifs*, 18 août 2012. En ligne.

Il ne saurait être question d'analyser ici cette « orgie » de métaphores. Il serait pourtant fort instructif de s'attarder sur chacune de ses représentations afin d'en débusquer les sous-entendus, les implicites, les non-dits et les jugements de valeur qu'elles cachent. Ce n'est pas notre propos. D'autres démêleront les fils de cet écheveau. Peut-être donneront-ils raison à Antoine Berman qui pensait qu'un tel florilège peut nous en apprendre « plus sur l'acte de traduire que bien des traités spécialisés[9] ».

LES SOURCES

La mention des sources fait trop souvent l'objet de l'indifférence ou de la négligence des rédacteurs de dictionnaires de citations. C'est pourtant dans le corps vivant du texte d'où elle est extraite qu'une citation est irriguée de tout son sens. Nous n'avons donc inclus aucune citation sans source, à l'exception de quelques « anonymes ». Cela s'imposait d'autant plus que cette collection de fragments ne s'appuie pas sur un corpus de phrases largement connues et souvent reprises.

Par définition, citer c'est se reporter à un écrit antérieur. L'absence de source rend toute citation suspecte. Nous aurions aimé ne retenir que des citations extraites de documents de première main, mais cela n'a pas toujours été possible. Nous avons cherché la source exacte des citations non référencées recueillies au cours de nos recherches, mais parfois en vain. Nous nous sommes donc résigné à inclure dans notre corpus, sous toutes réserves, un certain nombre de citations de seconde main auxquelles il nous a été impossible de délivrer un certificat d'authenticité. Pour chacune de ces citations « orphelines », nous indiquons, néanmoins, la publication d'où elle est extraite.

Les renseignements de nature bibliographique placés entre parenthèses après chaque citation renvoient, sous une forme abrégée, aux références complètes fournies en fin de volume : (Jean d'Alembert, « Observations sur l'art de traduire » [c1763], 1967, IV : 35-36). Lorsqu'un fragment n'est pas tiré d'une édition princeps, nous précisons entre crochets l'année de sa première publication : [c1763], dans l'exemple cité (« c » pour copyright [©]). Un chiffre romain suivant une année indique un volume ou un tome : IV, dans le même exemple.

Les précisions chronologiques sont importantes, voire indispensables, car la réflexion d'un traducteur ou d'un théoricien évolue, et sa

9. V. l'épigraphe, p. xvii.

pensée est souvent moins monolithique qu'on a tendance à le croire. Ainsi, au début des années 1970, Philippe Jaccottet, traducteur notamment de Hölderlin, Musil, Rilke et Ungaretti, aspirait à disparaître, à s'effacer totalement pour laisser toute la place à la voix de l'auteur traduit et à son poème : « L'effacement soit ma façon de resplendir » (n° 521), écrivait-il dans un poème.

Or, vingt-cinq ans plus tard, le poète-traducteur reconnaît que cette esthétique de l'effacement était une utopie : « Ma prétention à la "transparence", à servir le texte original sans interférer, est, en grande partie, une illusion, sinon une sottise » (n° 532). Qu'il le veuille ou non, réalisa-t-il, un traducteur est toujours présent dans ses traductions, la transparence totale étant une illusion. Déjà en 1983, il avait formulé des réserves à ce propos : « "L'effacement soit ma façon de resplendir". Vœu terriblement orgueilleux, malgré les apparences. Il ne faut pas que cela reste une formule à citer par les critiques[10]. » Un auteur, parvenu à un stade plus avancé de sa réflexion, peut changer d'avis, nuancer un point de vue antérieur.

La datation d'une citation est aussi nécessaire à sa pleine compréhension et prémunit contre les risques d'une lecture anachronique. Ainsi, Joseph Joubert affirme dans son journal : « Toutes les autres langues peuvent traduire l'hébreu, mais l'hébreu ne peut traduire aucune langue » (n° 1042). Joubert a en partie raison lorsqu'il écrit cela en 1800, car l'hébreu ancien est encore à cette époque cantonné à un usage religieux. Mais ce n'est plus le cas depuis que des sionistes tels que Eliezer Ben-Yehuda (1858-1922), surnommé le « restaurateur de l'hébreu », ont revitalisé cette langue, en l'enrichissant et en la modernisant afin de la rendre apte à exprimer toutes les réalités de la vie contemporaine[11]. D'où l'importance de la datation des citations.

Enfin, le présent recueil renferme plusieurs centaines de citations étrangères. Pour ne pas tomber dans le travers des critiques qui omettent de faire mention des auteurs des traductions recensées, nous avons précisé le nom du traducteur lorsqu'il était connu (ex. : Miguel de Cervantès, 1962, I : 49. Traduction : Francis de Miomandre). Les citations traduites par nous portent la simple mention « Traduction ».

---

10. *Bulletin de l'Académie royale de langue et de littérature françaises*, vol. 61, n°s 3-4, 1983, p. 227.
11. V. « Les traducteurs, bâtisseurs de langues nationales », dans Jean Delisle et Judith Woodsworth (codir.), *Les traducteurs dans l'histoire*, 3e éd., Québec, Les Presses de l'Université Laval, 2014, p. 23-64.

En outre, en ce qui concerne les citations étrangères maintes fois traduites – les auteurs classiques, par exemple –, nous n'avons retenu qu'une seule version.

La citation a mauvaise réputation. On la soupçonne, comme toute traduction, d'être infidèle. L'humoriste Ambrose Bierce la définit ainsi : « Action de répéter d'une façon erronée les mots d'un autre. Mots cités d'une façon erronée[12] ». Avec la même ironie, Émile Faguet écrit quant à lui : « Le moyen infaillible de rajeunir une citation est de la faire exacte[13]. »

En matière de citation, il n'y a qu'une règle et elle ne souffre aucune exception : il faut citer *exactement* et *textuellement*. Et non de mémoire, car cette faculté, on le sait, est poreuse. « Quiconque nous cite de mémoire, écrit Cioran, est un saboteur qu'il faudrait traduire en justice. Une citation estropiée équivaut à une trahison, une injure, un préjudice d'autant plus grave qu'on a voulu nous rendre service[14]. » Jules Renard n'a pas écrit : « Mallarmé est intraduisible même en français », mais « Mallarmé, intraduisible, même en français » (n° 972). Les auteurs ont droit à la politesse de l'exactitude. Pour faciliter la lecture et parce que les citations ne sont pas entourées de leur contexte, ce qui serait l'idéal, nous avons néanmoins pris la liberté de remplacer un pronom par son antécédent (ex. : Elle : La traduction).

La même rigueur s'impose aussi pour éviter les erreurs d'attribution, comme cela est arrivé à Madame de Staël qui, dans une lettre, cite un présumé vers de Voltaire, mais qu'une dizaine d'érudits ont cherché en vain dans l'œuvre de l'écrivain. Il arrive que l'on attribue à Horace le passage suivant de Quintilien : « Et je ne veux pas que la paraphrase se réduise à une simple interprétation, mais qu'il y ait autour des mêmes pensées, lutte et émulation » (n° 1763). La citation suivante, diversement formulée, est attribuée tantôt à Madame de La Fayette, tantôt à Madame de Sévigné : « Madame la Fayette [*sic*] comparoit un sot traducteur à un laquais que sa maîtresse envoie faire un compliment à quelqu'un. *Plus le compliment est délicat*, disoit-elle, *plus on est sûr que le laquais s'en tire mal* » (n° 1525).

Dans cette nouvelle édition, nous avons supprimé les citations qui reprennent, en les reformulant légèrement, une citation connue. C'est le cas, entre autres, des multiples variantes de la réflexion de

12. *Dictionnaire du diable* [c1911], trad. par Jacques Papy, Paris, Néo, p. 63.
13. Boutade rapportée par André Chaumeix dans son discours de réception à l'Académie française, le 30 avril 1931.
14. *Aveux et anathèmes*, Paris, Gallimard, 1987, p. 106.

Gilles Ménage à qui l'on fait dire que les traductions, comme les femmes, sont infidèles si elles sont belles et fidèles si elles ne le sont pas. Nous avons réduit également le nombre des citations comparant les traductions à des copies, des revers de tapisseries, etc. À l'abondance redondante, nous avons préféré la diversité et l'originalité.

L'ORGANISATION DU CORPUS

Pour structurer notre mosaïque de manière cohérente, nous avons regroupé les citations sous divers thèmes. Cette organisation thématique nous est apparue plus pertinente qu'un classement par auteur. La centaine de thèmes, qui se sont imposés d'eux-mêmes, couvrent les principaux aspects de l'art de traduire.

Les oppositions binaires inhérentes à la réflexion sur la traduction ressortent clairement des thèmes retenus : à la *littéralité* correspond la *traduction libre* ; à l'*effacement* du traducteur s'oppose un *sujet* présent dans la traduction ; à l'*éloge* du traducteur, son *dénigrement* ; à sa *modestie*, sa *vanité* ; à la *traduisibilité*, l'*intraduisibilité* ; aux *bons* traducteurs, les *mauvais* ; aux traductions *ethnocentriques*, les *dépaysantes* ; à la *fidélité*, l'*infidélité*, etc.

D'autres thèmes importants sont aussi ressortis du corpus : la *censure*, les *dangers* d'un abus de traductions pour la vitalité d'une langue, la traduction de la Bible, les *dictionnaires*, la traduction en tant qu'*école de style*, l'*embellissement*, l'*éthique*, l'*histoire de la traduction*, le *rapport auteur/traducteur*, les problématiques du *rythme*, du *sens* et du *style*, la traduction comme *baromètre* d'ouverture ou de fermeture d'une société, la traduction au *féminin*, le *vieillissement* des traductions, sans oublier l'*humour*.

Les citations sont numérotées consécutivement. L'« Index des auteurs des citations », dont les noms sont accompagnés de leurs dates de naissance et de décès, facilitent le repérage des citations d'un auteur en particulier et rend possible des regroupements par période.

En procédant à des coupes synchroniques, on découvre, par exemple, que les opinions exprimées à une même époque ont plus ou moins un « air de famille ». Elles dénotent des préoccupations communes, voire une certaine convergence de vue chez les traducteurs et les auteurs soumis aux courants de pensée dominants, hégémoniques de leur société. Cette doxa limite leur pouvoir-dire. Aux XVIIe et XVIIIe siècles, par exemple, dominent des préoccupations liées au

« bon goût », aux « convenances sociales », à l'« élégance du style », à l'« embellissement » des œuvres originales et au souci de « plaire » au public.

Les observations *diachroniques* ne présentent pas moins d'intérêt. Nous en avons donné des exemples plus haut. Un rapprochement entre Paul-Jérémie Bitaubé et Walter Benjamin n'est peut-être pas évident à première vue mais, lorsqu'on lit sous la plume de Bitaubé : « Traduire devroit être une opération très philosophique ; c'est un effort, une tendance de ramener deux langues à un principe commun, de les rapprocher de leur origine, de leurs racines » (n° 1732), on pense immédiatement à la langue « pure », à la langue d'avant les langues, si chère à Benjamin.

Enfin, un dictionnaire de citations exige d'être enrichi périodiquement et ses limites sont infiniment variables et extensibles. Nous estimerons, néanmoins, avoir fait œuvre utile si la deuxième édition de ce recueil de réflexions sert de source d'inspiration et donne lieu à des recherches originales.

Nos efforts n'auront pas été vains, non plus, si *La traduction en citations*, genre d'ouvrage que l'on cite rarement dans les bibliographies, contribue un tant soit peu à mieux faire connaître les artisans de la traduction et à faire apprécier leur travail. Leurs points de vue sur la grandeur et les servitudes de leur métier méritent certainement d'être connus et cités.

FLORILÈGE

Adaptation

1. Il est grotesque et prétentieux de vouloir « adapter » Shakespeare. L'adapter à quoi ? À nos pieds de plomb ? À nos ailes rognées ? (Jean Anouilh, « Préface » [c1952], 1975 : 8)

2. Les pièces qui sont de moindre qualité ont souvent besoin d'être adaptées, mais aucun grand chef-d'œuvre n'a besoin d'être adapté. (Michel Tremblay, dans Whitfield, 2005 : 46)

3. Il n'est pas plus déshonorant d'adapter un texte que de faire une création originale puisqu'il n'y a aucune œuvre qui n'est pas en partie inspirée d'une autre. [...] L'adaptation permet de garder vivante la mémoire collective. (Michel Tremblay, dans Bernatchez, 1985 : D-1)

4. *À propos de son adaptation de trois comédies de Shakespeare :* « J'ai cru tout de même prudent de couvrir cette petite cuisine du mot "adaptation", pour éviter un coup de plume entre les deux omoplates, un soir en rentrant tard, dans une ruelle déserte du quartier de la Sorbonne. » (Jean Anouilh, « Préface » [c1952], 1975 : 9)

5. Une traduction doit être une *adaptation* artistique et sincère, jamais un exercice scolaire. (Élie Poulenard, dans « Enquête de la FIT... », 1959 : 81)

Ambition, intention du traducteur

6. L'impossible, c'est le désespoir, mais c'est aussi la revanche du traducteur. (Dominique Aury, « Préface », dans Mounin, 1963 : XII)

7. Si je n'avais pas cru, dans quelques circonstances, faire mieux que les traducteurs antérieurs, je n'aurais pas entrepris mon ouvrage. (Artaud de Montor, dans Mounin, 1964b : 104)

8. Le traducteur, amant impérieux, entend bien révéler l'œuvre à elle-même. (François Vaucluse, 2001 : n. p.)

9. Le traducteur doit faire en sorte que, dans la balance, l'original et la traduction tendent à l'équilibre. Mais cet équilibre est en fait irréalisable. Il y a toujours une inégalité plus ou moins grande, tantôt favorisant l'auteur, tantôt le traducteur. Car il est de belles infidèles comme il en existe d'affreuses. (Pierre Baillargeon, 1951b : 52)

10. La bonne intention continue de paver le chemin de l'enfer du traduire. (Henri Meschonnic, 2004a : 75-76)

11. Le traducteur moderne se doit de faire un effort sans précédent pour mettre fin à la guerre des cultures, des théologies et des idéologies. (André Chouraqui, 1990 : 467)

12. Tout en souhaitant faire œuvre belle, le traducteur sait qu'il est tenu également de faire œuvre utile ; c'est une servitude et une récompense à la fois. (Edmond Cary, 1963b : 120)

Anonymat

13. La traduction se paie aussi par l'anonymat, l'indifférence générale, la souffrance cachée, parfois la mort sans trace. (Anthony Pym, 1997 : 12)

14. Le traducteur glisse à mots feutrés entre un auteur et un lecteur. (Michel Buttiens, 1989 : 40)

15. S'il est faux de prétendre que l'on naît traducteur, il est vrai, en revanche, qu'un traducteur meurt généralement oublié. (Jean Delisle)

16. De même que le traducteur est prié de rester « invisible », de même une traduction est considérée comme « bonne » si elle se fait oublier comme traduction. (Pascale Casanova, 2015 : 125)

17. Règle générale, on ne parle pas des traducteurs. Ou si on le fait, c'est plutôt comme on parle en passant des trains s'ils déraillent, des bateaux s'ils coulent, des avions s'ils explosent en plein ciel. (Hector Carbonneau, 1987 [c1962] : 79)

18. Un traducteur doit avoir le courage du patriotisme, en renonçant à ses récompenses. Il ressemble à ces soldats qui se sacrifient pour leur pays, sans que leurs noms obscurs en recueillent l'honneur, et qui ont le dévouement des héros, mais n'en ont point la gloire. (Goethe, 1823 : 38. Traduction : Léonce de Saint-Geniès et Joseph-Henri de Saur)

19. C'est parce que le nom du traducteur n'est pas *nécessaire* à la circulation ni à la classification des livres qu'il a tendance à se faire oublier. (Sherry Simon, 1989a : 201)

20. Il devient de plus en plus impensable que le traducteur reste ce parfait inconnu qu'il est encore la plupart du temps. (Antoine Berman, 1995 : 73)

21. Le nom du traducteur est historiquement le lieu d'une insignifiance radicale. (Sherry Simon, 1989a : 195)

22. Le traducteur porte les stigmates de l'oubli. (Jean Delisle, 1983 : 150)

23. Par son existence et par son intervention à la jonction des langues et des cultures, le traducteur – agent double et homme invisible – ne laisse rien ni personne en repos. (Patricia Godbout, 2004b : 103)

24. Tant que le traducteur ne transcrit que les textes des autres, c'est que lui n'a rien à dire. Le voilà donc remis à sa place, étroite et inconfortable, mais surtout, invisible. Il doit se résoudre à œuvrer dans la clandestinité. Il se fait donc discrète doublure, vouée à d'éternelles coulisses, tapie dans l'ombre de l'auteur. (Sylvie Durastanti, 2002 : 18)

25. La traduction anonyme est éphémère comme, du reste, la littérature qu'elle concerne : nouvelles, discours, etc. (Pierre Baillargeon, 1951a : 50)

26. Si la couverture d'un livre traduit porte le nom de l'auteur et le nom de l'éditeur, il faut chercher à la page de titre intérieure, et plus encore face à cette page, tout en haut ou tout en bas, dans

le plus petit caractère possible, le mieux dissimulé possible, le misérable nom du traducteur. (Dominique Aury, « Préface », dans Mounin, 1963 : VII)

27. Si, comme beaucoup l'affirment, le traducteur pâtit d'une position d'invisibilité relative, il ne faudrait pas non plus minimiser le risque de son excès de visibilité. (Sathya Rao, 2005 : n. p. En ligne)

Appropriation

28. Traduire un ouvrage qui nous a plu, c'est pénétrer en lui plus profondément que nous ne pouvons le faire par la simple lecture, c'est le posséder plus complètement, c'est en quelque sorte nous l'approprier. (Valery Larbaud, 1946 : 74)

29. La traduction n'est pas une appropriation, mais une forme d'écoute qui change la manière dont on parle. (Eliot Weinberger, dans Russell-Bitting, 2001 : n. p. En ligne. Traduction)

30. Je ne cesse de remercier les traducteurs. Ils sont mes frères, tels les corsaires, ils s'approprient la langue. Tout à la fois navigateurs et traducteurs, ils sont de merveilleux passeurs, qui vont d'un point à l'autre de la réalité, qui abordent un rivage comme on aborde un livre. (Erik Orsenna, dans Payot, 1997 : 12)

31. Le traducteur est un colonisateur qui s'installe dans le texte comme chez lui. Usant de tout un appareil linguistique il soumet et convertit, il s'approprie. (Michelle Bourjea, 1996 : 232)

32. Une traduction est une annexion. (Victor Hugo, 1973 [c1864] : 446)

33. S'il y a quelque mérite à traduire, ce ne peut être que celui de perfectionner, s'il est possible, son original, de l'embellir, de se l'approprier, de lui donner un air national et de naturaliser, en quelque sorte, cette plante étrangère. (Charles-Pierre Colardeau, dans West, 1932 : 333)

34. Souvent, une traduction est une infidèle, plus ou moins belle. Elle est toujours un produit de son époque dans sa tentative de retrouver et de se réapproprier une œuvre antique, dont des traductions antérieures, ni pires ni meilleures nécessairement, peuvent contrarier l'approche. (Danielle De Clercq, 2001 : n. p. En ligne)

Art de traduire

35. L'art de traduire réside entre oser et doser. (Susanne de Lotbinière-Harwood, 1991 : 47)

36. Pour bien traduire, il faut de l'art, et beaucoup d'art. (Joseph Joubert, 1938, II « 22 janvier 1807 » : 586)

37. Traduire est une école de lenteur, et de solitude. C'est un art du silence. Traduire n'est pas passer d'une langue à une autre, c'est écrire dans sa langue à l'écoute d'une autre. (Dominique Grandmont, dans *Seizièmes Assises…*, 2000 : 145)

38. L'art de traduire, qui est l'art de trouver le mot juste, est inséparable de « l'art de penser ». (Jean-Yves Masson, « Préface », dans Senécal, 2016 : xv)

39. Impossible de bien traduire sans « ressentir », voir ou entendre. (Françoise Wuilmart, 2013b : 13)

40. Être fidèle sans être servile, joindre aux entraves de l'esclavage l'essor de la liberté, quel problème à résoudre ! Mais tels sont les devoirs imposés au traducteur ; tel est le joug qu'il doit porter avec grâce : ainsi le veut la raison ; ainsi l'ont décidé les législateurs de l'art. (Jean Joseph Dussault, *Annales littéraires* [c1818], dans Chevrel, D'hulst et Lombez, 2012 : 53)

41. Obéir, c'est là qu'éclate la puissance du traducteur. (Victor Hugo, dans Chevrel, D'hulst et Lombez, 2012 : 106)

42. Le traducteur vrai, le traducteur prépondérant et définitif, étant intelligence, se subordonne à l'original, et se subordonne

avec autorité. La supériorité se manifeste dans cette obéissance souveraine. (Victor Hugo, dans Chevrel, D'hulst et Lombez, 2012 : 106)

43. La traduction est aussi un art, même si, ou justement parce qu'elle tente parfois l'impossible. (Ilma Rakusa, « Six lettres sur la traduction », dans Graf, 1998 : 124. Traduction : Ursula Gaillard)

44. On peut, si l'on y tient, dire que, comme la médecine, la traduction reste un art – mais un art fondé sur une science. (Georges Mounin, 1963 : 16-17)

45. La traduction n'est pas seulement un art, c'est un art supérieur. (Korneï Tchoukovski, 1984. Traduction)

46. Il y a deux versants dans la traduction comme dans l'écriture : le versant obscur, inconscient, intuitif, cette nuit obscure où l'on avance en ne sachant pas où cela va mener, et puis le côté organisateur, rationnel, lucide. L'intérêt, c'est de faire que les deux se rejoignent, se concilient. (Claire Malroux, 1998 :16)

47. La traduction est un art de l'approximation, où l'important est de ménager des effets analogues, même s'ils ne se trouvent pas exactement au même endroit. (Josiane Rieu, 1995 : 35)

48. L'art de traduire est un art de l'équivoque et de l'ambivalence. Un art de la variation infinie, un art de vivre avec sa mémoire, rejoignant par là l'art de la mise en scène. Il faut conserver l'irréductible équivoque du texte avec le souci de la clarté. (Éloi Recoing, « Antoine Vitez ou l'esprit de traduction », dans Déprats, 1996 : 99)

49. Traduire est aussi une disposition qui associe narcissisme et générosité : c'est tout à la fois s'exhiber et disparaître, simuler et dissimuler, sentir en l'autre sa propre voix et, en même temps, parler dans ou avec la voix de l'autre. (Massimo Raffaeli, « Quatre lettres sur la traduction », dans Graf, 1998 : 84. Traduction : Adrien Pasquali)

50. Transposer les structures grammaticales n'est pas transposer le langage, encore moins une écriture. Le double parfait n'existe pas. La traduction n'est pas un double, en tout cas pas au sens de calque. (Céline Zins, dans *Actes des deuxièmes Assises...*, 1986 : 51-52)

51. Il n'y a pas de progrès en traduction, pas plus qu'en art en général. (Henri Meschonnic, 1999 : 288)

52. S'il y a bien entre texte traduit et texte traduisant un rapport d'« original » à version, il ne saurait être *représentatif* ou *reproductif*. La traduction n'est ni une image ni une copie. (Jacques Derrida, « Des tours de Babel » [c1985], 1998 : 215)

53. Plus je traduis, plus je trouve cette occupation pathétique, une expérience limite en quelque sorte. (Christina Viragh, « Six lettres sur la traduction », dans Graf, 1998 : 121. Traduction : Ursula Gaillard)

54. La traduction, art de l'effleurement et de l'approche, est une pratique de la trace. (Édouard Glissant, 1995 : 36)

55. Traduire, c'est : dire bien, dans une langue qu'on sait très bien, ce qu'on a très bien compris dans une langue qu'on sait bien. (Jacques Olivier Grandjouan, 1971 : 227)

56. Éternel frontalier, ni plus, ni moins libre que l'écrivain, le traducteur littéraire travaille dans l'intervalle entre un contenu qui le contraint, et une forme rebelle. (Marion Graf, « Nationalité : frontalier », dans Graf, 1998 : 8)

57. Traduire, c'est en même temps relire et relier, mettre en dire et mettre en relation. (Édouard Glissant, dans *Onzièmes Assises...*, 1995 : 29)

58. Je crois absurde de se cramponner au texte de trop près ; je le répète : ce n'est pas seulement le sens qu'il s'agit de rendre ; il importe de ne pas traduire des mots, mais des phrases, et d'exprimer, sans en rien perdre, pensée et émotion, comme l'auteur les eût exprimées s'il eût écrit directement en français,

ce qui ne se peut que par une tricherie perpétuelle, par d'incessants détours et souvent en s'éloignant beaucoup de la simple littéralité. (André Gide, « Lettre à André Thérive » [c1928], 1931 : 195)

59. À tout instant, le traducteur se retrouve écartelé entre une obligation de fidélité et une revendication de liberté. Entre la triste ornière du devoir et les pistes fraîches du plaisir. Sous peine de se décider, il crèvera comme l'âne entre l'eau et le foin. (Sylvie Durastanti, 2002 : 127)

60. Traduire, c'est éprouver que les mots manquent. Continûment. Définitivement. (Sylvie Durastanti, 2002 : 9)

61. La traduction de textes pragmatiques est un art de réexpression fondé sur les techniques de rédaction et sur la connaissance préalable de deux langues. (Jean Delisle, 1980 : 16)

62. Traduire c'est se battre avec des mots pour leur faire rendre dans un idiome étranger un sentiment, une pensée, autrement exprimés, un son qu'ils n'ont que dans la langue de l'auteur. (François René de Chateaubriand, « Avertissement », *Essai sur la littérature angloise* [c1804], 1863, VI : 4)

63. Oui, traduire c'est autre chose que répéter ou copier : autre chose aussi qu'écrire d'imagination. *La matière sur laquelle travaille le traducteur n'est pas celle de l'écrivain*. Elle n'est pas faite de mots, de phrases, d'idées. Elle est faite de *rapports* entre mots, phrases, idées, etc. (Edmond Cary, 1949 : 84)

64. Le travail du traducteur se situe dans une zone située entre deux pôles : le pôle traduisant, le pôle trahissant. (Albert Bensoussan, dans *Actes des deuxièmes Assises…*, 1986 : 39)

65. Tout l'art du traducteur consiste à se faire oublier sans pour autant oblitérer l'Autre en sa singularité. (Albert Bensoussan, 1995 : 118-119)

66. Tout l'art de la traduction est dans cette difficile fidélité au texte original et dans ce nécessaire effacement de la plume

traduisante. Et la réussite n'est au mieux qu'un compromis entre deux langages. (Albert Bensoussan, 1995 : 92-93)

67. Traduire, c'est écrire accompagné. (Carlos Batista, 2003 : 14)

68. Traduire, c'est croire que dans la beauté les humains peuvent se rejoindre. (Étienne Barilier, 1990 : 53)

69. La traduction est un art, parce que l'exactitude est un idéal qu'elle ne peut atteindre : il n'y a pas de vrais synonymes. Rien ne donne une idée de sa relativité comme de comparer les diverses traductions d'une même œuvre. (Pierre Baillargeon, 1962 : 97)

70. Traduire, ce n'est pas broder sur un thème connu ni saupoudrer des connaissances encyclopédiques ou des réminiscences culturelles dans la version traduite. (Jean Delisle, 2016a : 272)

71. Traduire, c'est répondre simultanément à deux exigences apparemment contradictoires : la fidélité et l'élégance, la lettre et l'esprit. (Carlos Batista, 1998 : n. p. En ligne)

72. Traduire, c'est faire violence. (Cyriel Verschaeve, dans *Traduire*, 1991, 148 : 1)

73. Traduire, c'est se former… car, en adaptant son pas au pas des autres, le traducteur élargit ses ressources, déploie sa langue, dilate son univers après avoir surmonté la mise à l'épreuve de son identité. (Georges Banu, « Aujourd'hui, je traduis du grec », dans Déprats, 1996 : 16-17)

74. Traduire, c'est entretenir une relation avec le langage d'une intensité assez rare. (Nicolas Dickner, dans Lessard, 2014a : A-11)

75. Qu'est-ce que traduire, en somme ? C'est l'art et l'aptitude de prendre le lecteur par la main, de le conduire à travers des régions et des espaces où seul il n'aurait jamais pénétré, de lui faire découvrir des objets et des phénomènes qu'il n'aurait jamais vus autrement. (Ivo Andrić, 1967 : 63)

Art difficile

76. De tous les livres à faire, le plus difficile, à mon avis, c'est une traduction. (Alphonse de Lamartine, dans Larousse, 1866-1890, XV : 389)

77. Nul art langagier ne l'emporte en difficulté sur celui de bien traduire. (René Étiemble, 1970 : 12)

78. Traduire correctement est un art long et difficile. (Leonardo Bruni, 2008 (c1424/1426) : 31. Traduction : Charles Le Blanc)

79. Traduire suppose une conscience des difficultés et même des impossibilités de la traduction, et dans le même temps une confiance dans leur surmontement. (Georges Banu et Danièle Sallenave, « De la traduction généralisée », dans Sallenave et Banu, 1991 : 586)

80. *À propos de l'art difficile de traduire :* « Nul ne peut estimer, quel tourment d'esprit & quelle croix d'entendement c'est, qui ne l'a essayé. » (Jacques Amyot, 1971 [c1572], I : x)

81. Si l'on mesurait uniquement le mérite à la difficulté vaincue, souvent il y en aurait moins à créer qu'à traduire. (Jean d'Alembert, « Observations sur l'art de traduire » [c1763], 1967, IV : 35-36)

82. La peine de la Traduction est si grande, qu'on ne la doit prendre, à mon avis, que pour des sujets qui le méritent. (Nicolas Perrot d'Ablancourt, « Préface », *Les Guerres d'Alexandre* [c1646] d'Arrian, dans Zuber, 1972 : 138)

83. *À propos de sa traduction de* Beowulf *:* « Ce fut un travail de Romain, d'une lenteur de scriptorium. » (Seamus Heaney, 2000 : xxii. Traduction)

84. C'est un ouvrage de beaucoup de temps qu'une bonne traduction. Il en coûte souvent moins d'être auteur de son cru. (Cousin d'Avallon, 1825 : 482)

85. À l'impossible le traducteur est toujours tenu, et pour arriver à ses fins tous les moyens lui seront bons. (Françoise Wuilmart, 2013b : 9)

86. La traduction est un travail compliqué et difficile de sa nature ; c'est de cette difficulté même que résulte son utilité. (Marie-Claude-Frédéric Vaultier, *De la traduction* [c1812], dans D'hulst, 1990 : 71)

87. Chaque fois que l'on traduit, on tente une approximation, on frôle l'échec ou on rate la cible. (George Steiner, 1970 : 23. Traduction)

88. La tâche du traducteur est beaucoup plus difficile que celle de l'auteur de l'original. (Theodore Savory, 1968 [c1957] : 26. Traduction)

89. Écrire est difficile ; traduire, bien traduire, est plus difficile. Un parfait traducteur doit être un artiste. (André Maurois, dans Le Bidois, 1961 : 5)

90. Il faut avoir soi-même « joué le jeu » et peiné à la tâche pour mesurer les difficultés innombrables que doit surmonter le traducteur. (Robert Le Bidois, 1961 : 6)

91. Traduire, c'est souffrir un peu, c'est-à-dire qu'il n'y a pas de traduction facile, il n'y a pas de texte littéraire facile à traduire, bien que la nature des difficultés que l'on rencontre varie, naturellement, selon le caractère du texte de départ. (Marianne Kaas, dans *Actes des quatrièmes Assises…*, 1988 : 98-99)

92. Combien de traducteurs ont cru entrer dans la maison du père, qui n'ont fait que s'essuyer les pieds sur le paillasson ! (Dominique Grandmont, 1997 : 79)

93. Quand on passe en revue toutes les difficultés de l'art de traduire, on conçoit difficilement que l'on ose tenter l'entreprise. (Anonyme, « Des traductions » [c1836], dans D'hulst, 1990 : 224)

94. Il est facile de découvrir des imperfections, ou même des erreurs, chez les meilleurs traducteurs, mais il est autrement

difficile de saisir toute la complexité et toute la valeur de leur travail. (Ivo Andrić, 1967 : 63)

95. Traduire Shakespeare, le traduire réellement, le traduire avec confiance, le traduire en s'abandonnant à lui, le traduire avec la simplicité honnête et fière de l'enthousiasme, ne rien éluder, ne rien omettre, ne rien amortir, ne rien cacher […], le traduire sans recourir à la périphrase, cette restriction mentale, le traduire sans complaisance puriste pour la France ou puritaine pour l'Angleterre, dire la vérité, toute la vérité, rien que la vérité, le traduire comme on témoigne, […], être sa chair et ses os, prendre son empreinte, mouler sa forme, penser sa pensée, parler sa parole, répercuter Shakespeare de l'anglais en français, quelle entreprise ! (Victor Hugo, 1973 [c1864] : 342)

96. Toute l'opération de la traduction est une opération dangereuse : il y a toujours péril en la demeure. (Céline Zins, dans *Actes des deuxièmes Assises…*, 1986 : 50)

97. L'art du traducteur a ses limites et ses défaillances. (François Vermeulen, 1976 : 19)

98. Produire un texte verbalement identique à l'original (faire de la traduction une transcription parfaite) dépasse en complexité les limites de l'entendement. (George Steiner, 1978 [c1975] : 79. Traduction : Lucienne Lotringer et Pierre-Emmanuel Dauzat)

99. C'est une chose plus difficile qu'elle ne paroist, que de bien traduire, aussi de tant de plumes qui s'en mêlent en France, à peine s'en trouve-t-il cinq ou six de bien taillées. (Samuel Sorbière, dans Zuber, 1968 : 102)

100. De toutes les difficultés que le traducteur peut rencontrer, il n'y en a guère de plus embarrassantes que celles qui se déguisent sous une apparence de facilité. (Guillaume-Dubois de Rochefort, « Observations sur les difficultés… » [c1788], dans D'hulst, 1990 : 143)

101. Ce sont quelquefois moins les beautés de l'original que ses défauts qui font le tourment des traducteurs. (Guillaume-Dubois

de Rochefort, « Observations sur les difficultés… » [c1788], dans D'hulst, 1990 : 142)

102. Traduire est très difficile, tout autant que la rédaction de textes dits « originaux », mais ce n'est pas impossible. (Octavio Paz, « Translation : Literature and Letters » [c1971], dans Schulte et Biguenet, 1992 : 156. Traduction)

103. L'art de traduire est peut-être le plus difficile de tous les arts, surtout en vers, si l'on veut être *littéral* et *élégant*. (Charles-Joseph Panckoucke, « Sur l'art de traduire » [c1787], dans D'hulst, 1990 : 134)

104. Rien ne permet de passer de la constatation que traduire est difficile à l'affirmation que traduire est impossible. (Georges Mounin, 1994 [c1955] : 50)

105. En traduction, on fait ce qu'on peut, non ce qu'on voudrait. (Sylvère Monod, dans *Dixièmes Assises…*, 1994 : 38)

106. Il est moins facile d'écrire les pensées des autres que les siennes propres. (Michel de Marolles, « Préface », *Les satyres de Juvenal* [c1653], dans Zuber, 1968 : 137)

107. Je sue sang et eau pour donner les Prophètes en langue vulgaire. Bon Dieu, quel travail et combien difficile de forcer les écrivains hébreux de parler allemand ! […] C'est comme si le rossignol, perdant sa douce mélodie, était obligé d'imiter le coucou et sa note monotone. (Martin Luther, dans Bogaert, 1991 : 49)

108. À mesure que dans un ouvrage, le caractère de la pensée tient plus à l'expression, la traduction devient plus épineuse. (Jean-François Marmontel, 1751, IV : 953)

109. Le traducteur est crucifié entre la fidélité aux formes d'origine et les exigences de la langue d'arrivée. (Michel Ballard, 1995 [c1992] : 48)

110. Le texte original devient un ennemi, un satan aux muscles d'acier et à la ruse de tous les instants, intraitable et enjôleur, qu'il faut

terrasser, qu'il faut contraindre à subir la loi du vainqueur... sans, pour autant, le trahir ni le briser. (Edmond Cary, 1956 : 30)

111. Il est malaisé, quand on suit les lignes tracées par un autre, de ne pas s'en écarter en quelque endroit ; il est difficile que ce qui a été bien dit dans une autre langue garde le même éclat dans une traduction. (Saint Jérôme, « Lettre LVII – À Pammachius » [c395], 1953, III : 60-61. Traduction : Jérôme Labourt)

112. Difficulté considérable des traductions. Idiotismes dans les langues, idiosyncrasies dans les écrivains. De toutes parts l'écrivain fait obstacle au traducteur. (Victor Hugo, 1973 [c1864] : 441)

113. Tous les traducteurs rendent assez bien la pensée, mais on a peu d'exemples de traductions qui satisfassent pour le style, le rythme, le vocabulaire, la couleur et la résonance des mots. (Georges Hugnet, *Huitièmes Assises...*, 1992 : 20)

114. Il est besoin d'une haute suffisance, et d'une longue méditation, pour empêcher qu'un auteur ne paroisse ridicule soubs des habits qu'il n'a pas accoustumé de porter. (Antoine Godeau, « Discours sur les œuvres de M. de Malherbe » [c1630], dans Malherbe, 1862, I : 369)

115. La traduction est simplement pour moi un passe-temps hygiénique du genre de ceux que les pères jésuites qualifiaient de plaisirs solitaires. Cette seule tentative a suffi en tout cas pour me faire prendre conscience des difficultés et des sacrifices auxquels s'exposent ceux qui veulent marcher sur les plates-bandes des traducteurs professionnels. (Gabriel Garcia Marquez, dans *Circuit*, 1985, 10 : 32)

116. Frapper des expressions n'est pas aussi facile que frapper des pièces de monnaie. (John Dryden, « Dedication of the *Aeneis* » [c1697], 1961, II : 232. Traduction)

117. S'il y a aussi peu de bonnes traductions, c'est, me semble-t-il, qu'il y a peu de personnes qui réunissent toutes les qualités nécessaires pour traduire. (John Dryden, *Ovid's Epistles* [c1680], 1961, I : 243. Traduction)

118. La traduction n'est pas aussi facile qu'un vain peuple le pense. (Pierre Daviault, 1936 : 1er cours)

119. L'homme moderne sait aller dans le cosmos, mais il ignore la secrète alchimie qui permet de faire franchir à une idée, sans la mutiler, les hermétiques frontières des langues et des cultures. (André Chouraqui, 2002 : 6)

120. Toute traduction pose le problème de l'écart entre le littéral et le littéraire. […] Entre le trop près du texte et le trop loin. (Albert Bensoussan, dans *Actes des deuxièmes Assises…*, 1986 : 76)

121. Autant l'expression originale est florissante, autant le traducteur végète. (Carlos Batista, 2003 : 37)

122. Entre tous ces pièges, pièges des structures linguistiques, pièges des cultures, pièges des vocabulaires, pièges des civilisations, le traducteur est rejeté de l'outrecuidance (tout peut se traduire) au désespoir (rien ne peut se traduire). (Dominique Aury, « Préface », dans Mounin, 1963 : XI-XII)

Art ingrat

123. Traduire, c'est se vouer au métier le plus ingrat et le moins estimé qui fut oncques. (François René de Chateaubriand, « Avertissement », *Essai sur la littérature angloise* [c1804], 1863, VI : 4)

124. Si c'est un métier que de faire un livre, le métier est bien ingrat quand le livre est une traduction. (Abraham-Henri Becker, 1969 [c1896] : 73)

125. Où que vous soyez, « journaliste » est un titre plus prestigieux que « traducteur ». (David Bellos, 2012 : 261. Traduction : David Loaysa)

126. Car à tourner d'une langue étrangère
La peine est grande et la gloire est légère.
(Estienne de La Boétie, dans Bonnefon, 1967 : LXVI)

127. Il faut avoir traduit, pour bien sentir tout le poids d'un si dur travail. Quel tourment de ne prendre la plume, que pour la conduire au gré d'une imagination étrangere ? C'est s'asservir à ne rien penser, à ne rien dire de son chef ; & s'anéantir en quelque façon, pour se reproduire sous la forme d'autrui. (Jacques de Tourreil, « Préface », 1721, II : 7)

128. Malgré l'œuvre éminemment civilisatrice du traducteur, la société s'est montrée plutôt avare en gestes de reconnaissance et d'estime à son égard. Un personnage secondaire ! Voilà ce qu'il est sur la scène des lettres. On lui confie les rôles de soutien : il apporte les plateaux et ouvre les portes. (Jean Delisle, 1983 : 8)

129. *À Monsieur de Saint Gelais :*
................................en translatant
Y a grand'peine, et de l'honneur pas tant :
(Car du profit, je suis sans en mentir,
Jusques icy encor'a m'en sentir)
(Jacques Peletier du Mans, « Sonnet introductif
à la traduction... » [c1547], 1970 : 135)

130. Si quelque chose me rend odieuse la Traduction, c'est la double ingratitude qui en revient à ceux qui s'en mêlent, tant par la severité des Censeurs du temps où nous sommes, que par le mespris qu'on fait aujourd'huy des sciences. (Jean Baudoin, « Lettres » [c1635], dans Zuber, 1968 : 36)

131. Je commence desja de voir mes ouvrages avec le mesme œil que je regarde un sac de procez, tant j'ay de regret de m'estre consumé pour autruy. (Jean Baudoin, « Lettres » [c1635], dans Zuber, 1968 : 36)

132. Métier de dupe, affreux casse-tête, partie d'échecs jouée entre deux langues et entre deux esprits, toute traduction est une œuvre ingrate, difficile, à peu près impossible. (Jules Barbey d'Aurevilly, *Littérature étrangère* [c1890], dans Uzanne, 1908 : 336)

133. Si le poète original trouve grâce devant la postérité, rarement le traducteur. (Philippe de Rothschild, 1969 : 36)

134. Il n'y a rien que j'abhorre tant que le mestier de Traducteur ; [...] je n'en estime aucun plus penible, & plus ingrat que celuy-cy. (Estienne Pasquier, « A Monsieur Tournebu », 1723, II : 293)

135. Les traducteurs sèment en terre ingrate ; le sol le plus fertile s'appauvrit sous leurs mains ; et après de longs et pénibles efforts, loin de moissonner la gloire, ils ne recueillent souvent que les dédains et l'oubli. (Étienne-Augustin de Wailly, « *Mercure de France*, 1803 », dans D'hulst, 1990 : 188)

136. Pourquoi donc pour d'étrangères paroles
Ai-je donné mes meilleures années ?
Ah, sous ces traductions orientales
Quelle douleur le crâne m'a pénétré
(Andrei A. Tarkovski, dans Etkind, 1977 : 182-183.
Traduction : Monique Slodzian)

137. Car quoy que face ung parfaict traducteur,
Tousjours l'honeur retourne à l'inventeur.
(Hugues Salel, « Epistre de Dame Poésie » [c1545],
dans Weinberg, 1970 : 128)

138. Traduire est une besongne de plus grand travalh que de louange. Car si vous randèz bien e fidelemant [...], le plus de l'honneur an demeure a l'original. Si vous exprimèz mal, le bláme en chèt tout sus vous. (Jacques Peletier du Mans, *Art poëtique* [c1555], 1930 : 106)

139. Le traducteur ne donne à son ouvrage
Rien qui soit sien que le simple langage :
Que mainte nuict dessus le livre il songe,
Que depité les ongles il s'en ronge ;
Qu'un vers rebelle il ait cent fois changé
Et en trassant, le papier oultragé ;
Qu'il perde après mainte bonne journée,
C'est mesme corps, mais la robe est tournée :
Toujours vers soy l'autheur la gloire ameine,
Et le tourneur n'en retient que la peine.
(Estienne de La Boétie, dans Bonnefon, 1967 : LXVI)

140. La version déplaist à qui peut inventer ;
Je suis plus amoureux d'un Vers que je compose,
Que des Livres entiers que j'ay traduits en Prose.
(Guillaume Colletet, *Contre la Traduction* [c1637], dans Zuber, 1968 : 58)

141. Rendre de ses erreurs tous les Doctes tesmoins,
Et vouloir bien souvent par un caprice extrême
Entendre qui jamais ne s'entendit soy-mesme ;
Certes, c'est un travail dont je suis si lassé,
Que j'en ay le corps foible, et l'esprit émoussé.
(Guillaume Colletet, *Contre la Traduction* [c1637], dans Zuber, 1968 : 58)

142. Tout vrai traducteur est une victime qui se sait condamnée. (Jean Guitton, dans *Traduire,* 1984, 121 : 1)

143. Si la correction de copies est la punition des professeurs, l'ingratitude est celle des traducteurs. (Jean Delisle, 1983 : 150)

144. Aujourd'hui encore, on parle de la traduction surtout quand celle-ci est déficiente, mais beaucoup plus rarement pour en faire l'éloge quand elle est réussie… (Jean-Claude Capèle, 1999 : n. p. En ligne)

145. Le travail du traducteur est vraiment un travail de Sisyphe – la métaphore est juste. Quand Camus dit qu'il faut imaginer Sisyphe heureux, il exagère peut-être si on pense au travail du traducteur. (Nedim Gürsel, dans *Dixièmes Assises…*, 1994 : 133)

146. On le considérait comme un bon traducteur ; mais qui lui reconnaissait une formation, une sensibilité et un talent littéraires ? (Francesca Duranti, 1988 [c1984] : 36. Traduction : Gisèle Toulouzan et Élisabeth Lesne)

147. Les fautes de l'auteur ne lui appartiennent-elles pas aussi bien que ses qualités ? Pourquoi ne traduirait-on pas les unes et les autres ? N'est-ce pas être fidèle que ne pas écrire mieux que l'auteur que l'on traduit ? Mais toutes les qualités, on les attribue à

l'auteur ; et toutes les fautes, au traducteur. (Pierre Baillargeon, 1942 : 15)

148. Dans le cas où seul compte le respect des délais, le traducteur sert d'expédient, est corvéable à merci et passe aux yeux du client comme un tâcheron, un soutier. (André Senécal, 2016 : 138)

Baromètre du changement

149. La traduction sera toujours un bon baromètre du changement. De ce point de vue, elle ne trahit jamais. (Jean Delisle, 2005 : 846)

150. On peut évaluer la culture d'un pays par le nombre et la qualité de ses traductions littéraires. (Elsa Tabernig, dans Orozco, 2004 : 654. Traduction : Jean Delisle et Anna Maria Salvetti)

151. L'histoire montre qu'une diminution du nombre de traductions favorisant les échanges interculturels et le renouveau risque fort d'être suivie par une période de stagnation intellectuelle et artistique. (Rainer Schulte, 1990-1991 : 1-2. Traduction)

152. Une grande langue ne se mesure pas tellement au nombre de ses locuteurs ou à sa puissance informative dans le monde, mais au nombre d'œuvres étrangères qui y ont été traduites. (Olivier Rolin, « Écriture et traduction », dans Awaiss, 2002 : 53)

153. On peut juger du degré de sens historique que possède une époque d'après la manière dont elle fait des *traductions* et cherche à s'assimiler les époques et les livres du passé. (Friedrich Nietzsche, 1950 [c1883-1887] : 99. Traduction : Alexandre Vialatte)

154. La qualité des traducteurs est un indice infaillible du niveau culturel d'un pays. Aussi révélateur que l'usage du savon ou le taux d'alphabétisation. (Ossip Mandelstam, dans Graf, 1998 : 169)

155. *À propos des œuvres littéraires :* « L'activité de traduction est un indice essentiel pour mesurer l'activité et l'efficacité des verdicts de consécration. » (Pascale Casanova, 1999 : 230)

156. Les statistiques touchant la traduction nous en disent long sur le statut relatif, le poids, la vitalité et l'indépendance d'une langue par rapport à l'autre. (D'Iberville Fortier, 1985 : 31)

157. Ce n'est pas d'hier que je vois dans l'exercice de la traduction un terrain révélateur des retards, des manquements et des déviances de notre société. (Hubert Nyssen, dans *Vingtièmes Assises* [...], 2004 : 88-89)

Belles infidèles

158. *Commentant une traduction libre de son ami Nicolas Perrot d'Ablancourt :* « Lors que la version de Lucien de M. d'Ablancourt parut, bien des gens se plaignirent de ce qu'elle n'étoit pas fidele. Pour moi je l'appellai *la belle infidele*, qui étoit le nom que j'avois donné étant jeune à une de mes maîtresses. » (Gilles Ménage, 1694-1696, I : 329)

159. Les belles traductions faites au XVIIe siècle ne dépaysaient pas à plaisir le lecteur. « Belles infidèles » tant qu'on voudra ; mais si elles trahissaient c'était avec un amour dont on voudrait quelques traces sous la revêche fidélité de bien des traductions modernes. (Jean Schlumberger, 1920 : 49)

160. Il ne faut pas exagérer la retenue des « belles infidèles ». Les bienséances ne sont pas la pudibonderie. Le public du XVIIe siècle s'effarouche bien moins facilement que ne fera celui du siècle suivant. (Roger Zuber, 1968 : 294)

161. La pratique des « belles infidèles » a contribué, chez les écrivains et dans le public, à former le goût classique. (Roger Zuber, 1968 : 9)

162. La belle infidèle a peut-être contribué à la dévalorisation de la traduction. (Henri Meschonnic, 1999 : 45)

163. Maîtresses et traductions. – Belles malgré leurs infidélités ? Non, grâce à elles. (François Vaucluse, 2001 : n. p.)

164. Les Belles Infidèles ! Les traductions volontairement inexactes qu'il ne faut pas laisser entre les mains de nos enfants ! (Valery Larbaud, 1934 : VI)

165. Il y a des belles traductions, il n'y en a pas de fidèles. (Anatole France, 1923 : 92-93)

166. Contrairement à une opinion très répandue dans le public, les *Belles Infidèles* ressemblent plus à une dévotion au sens, dans les canons de l'époque, qu'à une trahison éhontée de l'auteur par le biais de la contamination interlinguistique. (Christian Balliu, 2002 : 86)

167. Je souhaite la réhabilitation de ce que l'on appelait naguère la « belle infidèle ». Ainsi, une phrase courte pourra devenir longue, un jeu sur le sens des mots sera rendu par un autre jeu… (Antoine Vitez, « Je voudrais dire des choses… » [c1981], dans Sallenave et Banu, 1991 : 271)

Bible, textes religieux

168. La Bible n'a vraiment d'autre histoire que celle de ses versions. (André Paul, 1982 : 79)

169. Aucune traduction de la Bible n'est la Bible. La banalité même. Et il y a bien des traductions, certaines si différentes qu'on croirait à peine qu'il s'agit du même texte. (Henri Meschonnic, 2004a : 230)

170. La Sainte Écriture, aisée à traduire dans toutes les langues, parce qu'on n'a besoin pour y parvenir que de mots communs, populaires, nécessaires et qui par conséquent se trouvent partout. (Joseph Joubert, 1938, II, « 21 mars 1808 » : 650)

171. Les traducteurs de la Bible ne vont pas au bûcher parce qu'ils ne connaissent pas le grec, mais parce que leur façon de traduire

menace les détenteurs du pouvoir. (André Lefevere, 1990 : 16. Traduction)

172. D'entre tous les livres, la Bible est celui dont c'est le destin d'être traduit, et par là celui aussi qui l'a été le plus tôt et le plus souvent. (Franz Rosenzweig, « Jehuda Halévi » [c1924], 1998 : 158. Traduction : Jean-Luc Évard)

173. Toutes les traductions françaises de la Bible me font mal au cœur. (Paul Claudel, 1966 : 13)

174. Traduire a fait la Bible au point que traduire la Bible c'est toujours traduire de la traduction. (Frédéric Boyer, 2002 : 69)

175. La Bible, l'Ancien Testament, en traduction est comme une orange dont on a pressé le jus. (Anonyme. Attribuée à un rabin)

176. La littérature française, la langue surtout eussent pris une tout autre tournure si Amyot eût traduit la Bible. (Emil Michel Cioran, 1997 : 184)

177. La Bible est une traduction. Le Verbe Incarné vit de traductions ! L'Évangile que nous lisons chaque matin est une traduction. En est-ce moins émouvant pour cela ? (Arthur Mugnier, « Lettre à la Princesse Bibesco », dans Lavallée, 1974 : 342)

178. Toute traduction de la Bible est polémique. (Antoine Vitez, « Le devoir de traduire » [c1982], dans Sallenave et Banu, 1991 : 290)

179. La traduction de la Bible est une activité typiquement chrétienne. (Chaïm Rabin, 1972 : 16. Traduction)

180. Faire parler à l'éloquence hébraïque et grecque le langage françois, c'est vouloir enseigner le [*sic*] doux rossignol à chanter le chant du corbeau enroué. (Pierre Robert dit Olivétan, dans Bogaert, 1991 : 49)

181. Le chef-d'œuvre de la prose allemande est à juste titre le chef-d'œuvre de son plus grand prédicateur : la Bible fut jusqu'à

présent le meilleur livre allemand. (Friedrich Nietzsche, 1978 : 73. Traduction : Geneviève Bianquis)

182. La Bible a été traduite en anglais, en allemand, la Bible n'a encore jamais été traduite en français. (Henri Meschonnic, 2004a : 156)

183. [Il faut] réhébraïser la Bible. En français. Et dans toutes les langues où on la traduit. Où on traduit. Après des siècles à la fois d'édulcoration et d'annexion langagière, mais aussi de perversion idéologique. (Henri Meschonnic, 2004a : 151)

184. Il y a à déchristianiser, à déshelléniser, à délatiniser, à débondieuser, [...] à défranciser ce qu'on nous donne à lire comme des traductions en français de la Bible. (Henri Meschonnic, 2004a : 149)

185. La Bible a été et est encore le terrain premier de l'expérimentation et de la théorisation du traduire. (Henri Meschonnic, 1973 : 407)

186. Non seulement l'histoire des traductions de la Bible représente une sorte de fil conducteur de notre passé culturel, mais, en même temps, elle représente l'histoire des tensions, des conflits, parfois très violents, suscités par ces traductions. (Marc de Launay, dans *Douzièmes Assises...*, 1996 : 106)

187. L'entrée d'un peuple dans l'histoire universelle est marquée par le moment où, la traduisant, il s'approprie la Bible. (Franz Rosenzweig, « Jehuda Halévi » [c1924], 1998 : 158. Traduction : Jean-Luc Évard)

188. Les catholiques n'ont pas de belle traduction française des Écritures. L'équivalent de la Bible anglaise n'existe pas : la Bible, en France, n'a jamais été le monument littéraire qu'elle est en Angleterre et en Allemagne. Il y a ceci de grave : elle n'est pas *citable* dans les traductions françaises. (Julien Green, « *Journal*, 16 octobre 1945 », 1972, IV : 860)

189. Le traducteur de la Bible devrait se considérer comme l'esclave du livre, répétant si possible mot pour mot ce que son maître lui dit. La Bible ne s'est pas bien tirée des mains d'écrivains

trop conscients de leur art. (Julien Green, « La traduction et le "champ des Écritures" » [c1941], 1987 : 201)

190. En ce qui concerne la Bible, une absence d'art est un art suprême. (Julien Green, « La traduction et le "champ des Écritures" » [c1941], 1987 : 201)

191. Traduire les Saintes Écritures relève d'un bout à l'autre du rôle du grammairien. (Didier Érasme, « Lettre à Christophe Fisher » [c1505], dans Gerlo et Foriers, 1967-1984, I : 385)

192. Malheureusement les Bibles de langue française ne nous donnent que des transcriptions pauvres et plates, sans résonance et sans poésie. (Paul Claudel, dans Boyer, 2001 : 22)

193. L'histoire de l'écriture de la Bible est indissociable de l'histoire de ses traductions. (Frédéric Boyer, 2001 : 20)

Bilinguisme

194. L'art de la traduction repose moins sur la connaissance d'une autre langue que sur la connaissance de sa propre langue. (Ned Rorem, 1967 : 133. Traduction)

195. Si la maîtrise de la langue étrangère est une condition *nécessaire* pour s'aventurer dans la traduction, il s'en faut de beaucoup qu'elle soit une condition *suffisante*. (Robert Le Bidois, 1961 : 5)

196. Dans ce domaine [1], la traduction est une activité quasiment mécanique qui, avec une connaissance moyenne des deux langues, peut être exercée par n'importe qui. (Friedrich Schleiermacher, « Des différentes méthodes du traduire » [c1813], 1999 : 39. Traduction : Antoine Berman)

197. N'y a-t-il jamais eu de bilingue qui ait fait une bonne traduction ? (Hilaire Belloc, 1931 : 38. Traduction)

1. Écrits narratifs ou descriptifs de la vie des affaires, contrats et autres textes pragmatiques.

198. Qui peut traduire ? Qui peut s'atteler à pareille gageure ? Chose curieuse, pas forcément des gens parfaitement bilingues. Ou justement pas eux. (Sylvie Durastanti, 2002 : 97)

199. Le traducteur professionnel est un bilingue, certes, mais un bilingue qui oppose une résistance farouche, réfléchie et systématique aux interférences de toute nature. (Jean Delisle, 2013 : 300)

200. Une personne de langue maternelle anglaise qui parle couramment une autre langue pour l'avoir enseignée ou pour l'avoir apprise parfaitement n'a pas nécessairement ce qu'il faut pour faire de la traduction. (Raffel Burton, 1971 : 15. Traduction)

201. Étant donné l'importance de la traduction au Canada, irons-nous la confier au bilingue ? Qu'est-ce qu'un bilingue ? C'est en général un monsieur qui parle mal deux langues. Le Canada a besoin de traducteurs plutôt que de bilingues. (Pierre Baillargeon, 1947b : 68)

202. La plupart des gens s'imaginent qu'il suffit d'être bilingue pour être interprète. Cela revient à dire que si vous avez deux mains, vous êtes pianiste de concert. (Jack Leeth, 1989 : 405)

Bonnes traductions

203. Je croy que c'est faire un chef-d'œuvre que de faire une bonne traduction. (Pierre Du Ryer, « Préface », *Les guerres de Flandre* [c1644], dans Zuber, 1968 : 75)

204. La bonne traduction doit faire autant que dire. Elle doit, comme le texte, être porteuse et portée. (Jean-Pierre Attal, 2000 : 23)

205. La meilleure traduction est, à mon avis, celle qui ressemble le moins à une traduction. (Roland Desmarests, *Epistolae philologicae* [c1651], dans Zuber, 1968 : 104. Traduction : Roger Zuber)

206. Une bonne traduction est aussi littérale et aussi libre que possible. (Peter Schwaar, « Traduire, c'est aussi se documenter », dans Graf, 1998 : 97)

207. De nos jours, les traductions « belles » sont aussi généralement « fidèles ». (Roger Zuber, 1968 : 17)

208. Les belles traductions sont encore plus rares que les grands livres. – Mais les belles femmes restent malgré tout plus nombreuses que les hommes capables d'en juger. (François Vaucluse, 2001 : n. p.)

209. Une bonne Traduccion vaut trop mieus qu'une mauvese invancion. (Jacques Peletier du Mans, *Art poëtique* [c1555], 1930 : 106)

210. Qu'il soit possible de réussir une traduction ne signifie pas pour autant que toute traduction possible soit réussie. (Dell H. Hymes, 1960 : 82. Traduction)

211. Une bonne traduction suppose tout ensemble l'entente la plus cordiale et la lutte la plus acharnée. (Victor Hugo, 1973 [c1864] : 441)

212. De vraies traductions ne se font qu'une fois tous les deux ou trois siècles. (Frances Vernor Guille, 1950 : 180)

213. Si jamais un traducteur peut se flatter d'égaler son modèle, c'est quand sa propre langue a quelque avantage sur celle de l'auteur qu'il traduit. (Étienne-Augustin de Wailly, « *Mercure de France*, 1803 », dans D'hulst, 1990 : 189)

214. Il est parfaitement possible d'avoir plusieurs bonnes traductions d'un même poème, l'une mettant plus ou moins bien que l'autre certains aspects du texte en évidence. (Mathilde Vischer, 2003 : 106)

215. Il n'y a pas au monde une seule bonne traduction pour celui qui sait la langue originale. (Alfred de Vigny, « Lettre à Lord*** » [c1830], dans D'hulst, 1990 : 94)

216. Une traduction est une véritable création… La traduction la plus parfaite, tout en « rendant » pour ainsi dire son modèle, accède elle-même au rang d'œuvre originale, comme l'ont déjà soutenu tant de grands écrivains qui n'ont pas cru se dégrader

en se livrant à ce difficile exercice. (JaimeTorres, dans Le Bidois, 1961 : 5)

217. Une bonne traduction n'est jamais littérale ; la notion de mot à mot est d'ailleurs une grossière absurdité. Du noyau qu'est le mot original rayonnent une multitude d'équivalents. (Philip Stratford, 1993 : 124. Traduction : François Bilodeau)

218. Il est des traductions qui sont des chefs-d'œuvre d'exégèse critique. (George Steiner, 1978 [c1975] : 376. Traduction : Lucienne Lotringer et Pierre-Emmanuel Dauzat)

219. La bonne traduction est celle qui donne l'illusion d'un texte original. (Léon Lorrain, 1936 : 9)

220. Un bon texte-traduction n'est pas une traduction car, par sa visée d'identification, il devient lui-même l'œuvre originale. (Arno Renken, 2002 : 17-18)

221. Une bonne traduction littéraire a comme qualités, entre autres, d'être fidèle et élégante, mais on ne peut exiger qu'elle se lise comme un original. (Venkatarama Raghavan, dans « Enquête de la FIT... », 1959 : 79. Traduction)

222. Toute traduction, pour être équilibrée, doit posséder les trois qualités d'une balance : précision, sensibilité, fidélité. (Pi-Er-Song, philosophe chinois du xe siècle, dans *Traduire*, 1976, 88 : 1)

223. Une *grande* traduction est une traduction qui marque, et qui dure. Par quoi elle neutralise la différence de valeur banalement admise avec l'original. Différence fondée empiriquement, parce que la plupart des traductions ne durent pas. (Henri Meschonnic, 1999 : 38)

224. Les traductions heureuses ont l'élégance souple, l'étrange beauté des métisses. (François Vaucluse, 2001 : n. p.)

225. J'ay remarqué que ceux qui ont bien traduit les mémes mots & les mémes phrases, ont tous pris un méme tour, & se sont tous servis d'une méme façon de traduire. (Gaspard de Tende, 1660 : II)

226. Une traduction réussie est celle qui manifeste l'intraductibilité de la langue-source et bouleverse la vie de la langue-cible. (Jean-Luc Évard, « Préface » dans Rosenzweig, 1998 : 14)

227. *Au sujet de deux écrivains-traducteurs :* « Leur travail est si parfait qu'on se demande quelle est la traduction, quel est l'original. » (Miguel de Cervantès, 1962 [c1605-1615], II : 443. Traduction : Francis de Miomandre)

228. Il ne faut pas *comparer* les traductions. Il faut les accepter toutes dans la mesure où elles ne sont pas infidèles, où il n'y a pas de trahison, où chacune va dans sa ligne et dans son sens… (François Xavier Jaujard, dans *Actes des quatrièmes Assises…*, 1988 : 32)

229. Une bonne traduction est celle qui remplit dans la langue d'arrivée la même fonction que l'original dans la langue de départ. (Leonard Foster, dans Miremadi, 2003 : 113. Traduction)

230. Il n'est de traduction réussie que par une double trahison : celle de la langue prétendument maternelle du traducteur et celle de l'autre, prétendument étrangère. (Sylvie Durastanti, 2002 : 9)

231. J'ai jugé qu'il valait mieux naviguer entre les deux extrêmes de la paraphrase et de la traduction littérale, et suivre mon auteur le plus près possible sans le priver de son charme ni surtout de la beauté de ses expressions. (John Dryden, « Dedication of the *Aeneis* » [c1697], 1961, II : 228. Traduction)

232. Critère d'une traduction excellente : elle rend toujours visibles quelques qualités du texte, qui, dans la langue originale, ne sont que latentes. (Heimito von Doderer, dans « Enquête de la FIT… », 1959 : 64)

233. Loin de moi l'idée qu'une traduction serait mauvaise parce qu'elle est ancienne, et bonne parce qu'elle est nouvelle. Les exemples contraires abondent. Sans doute peut-on dire qu'on traduit mieux plus souvent qu'autrefois, parce que la réflexion sur la traduction a avancé. (Claire Cayron, s. d. n. p. En ligne)

234. Une bonne traduction n'est pas une traduction littérale ni une traduction littéraire (mais infidèle). C'est « inventer » le texte (vocabulaire, syntaxe et style) qu'aurait écrit l'auteur traduit, si sa langue maternelle avait été celle du traducteur et non la sienne. (Roger Caillois, « Enquête de la FIT… », 1959 : 62)

235. Je n'ai jamais pensé qu'on pût faire une bonne traduction en corrigeant celles des autres. Du moins n'obtiendra-t-on jamais par ce moyen cette unité de ton et cette harmonie d'ensemble nécessaires dans toute œuvre de l'esprit. (Jean-Louis Burnouf, 1933 : XIX)

236. Les grandes traductions ne sont jamais de simples équivalences mais des réponses au défi de l'écriture et de la lecture d'un texte dans l'univers d'une autre langue. (Frédéric Boyer, 2001 : 25)

237. Une traduction peut-elle valoir l'original, ou même lui être supérieure, oui, bien sûr, et il n'est pas nécessaire pour cela d'avoir trahi celui-ci, il aura suffi de porter à maturité quelques-uns de ses fruits encore verts sur les branches. (Yves Bonnefoy, 2000 : 65)

238. Qu'une traduction soit *exemplaire* ne signifie pas qu'elle soit un *modèle*. (Antoine Berman, 1995 : 97)

239. Rien de plus difficile, & rien de plus rare qu'une excellente *traduction*, parce que rien n'est ni plus difficile ni plus rare, que de garder un juste milieu entre la licence du commentaire & la servitude de la lettre. (Nicolas Beauzée, 1765 : 512)

240. La traduction heureuse est un divertissement de bal masqué. Qui se cache derrière chaque mot : l'auteur ou son traducteur ? (Carlos Batista, 2003 : 64)

241. Le meilleur commentaire d'un texte étranger, c'est encore une bonne traduction. (Paul Antin, dans *Traduire*, 1983, 117 : 1)

242. L'unité de traduction, c'est l'œuvre, et, plus lointainement tous les enjeux au sein desquels elle s'est élaborée. […] La traduction d'un livre isolé se fait toujours trop tôt, puisque pour être pleinement réussie il faudrait que toute l'œuvre soit déjà traduite. (Marc de Launay, 2004 : 15)

243. On ne peut bien traduire que vers sa langue maternelle. (Bernard Lortholary, 2001 : 5)

Bons traducteurs

244. Le traducteur excellent obéit au poëte comme le miroir obéit à la lumière, en vous renvoyant l'éblouissement. (Victor Hugo, 1973 [c1864] : 428)

245. Un bon Traducteur est plus rare qu'un bon Auteur, en quelque genre que ce soit. (Pierre Desfontaines, 1765, I : XIII)

246. Les bons traducteurs sont toujours moins nombreux qu'ils ne le pensent eux-mêmes. (Antonio Drolet, 1971 : 42)

247. Sage et fou, tel doit être le bon traducteur. (Isaac Bashevis Singer, 1970 : 111. Traduction)

248. Le bon traducteur, c'est un connaisseur d'êtres. (Étienne Barilier, 1990 : 49)

249. Un habile traducteur doit être un Protée qui n'ait point de forme immuable. (Paul Pellisson-Fontanier, 1858 [c1743], II : 345)

250. Le plus fidèle Traducteur
Est celui qui semble moins l'être.
Qui suit pas à pas son Auteur
N'est qu'un Valet qui suit son Maître.
(Ponce-Denis Écouchard, dit Le brun, « Sur les traductions en vers », 1811, III : 176)

251. *Dernière strophe du poème* Traduttore ! *:*
En bon truchement de l'écrit
Il se pose en ambassadeur
Du message qu'on lui confie
N'est point traître mais traducteur !
(André Senécal, 2004 : 19)

252. Les meilleurs traducteurs ont été des écrivains, et qui ont intégré leurs traductions à leur œuvre, qui ont annulé par leur langage une distinction qui semblait de nature. (Henri Meschonnic, 1973 : 354)

253. Les grands traducteurs ne sont pas grands seulement de l'importance des textes qu'ils ont traduits. [...] La grandeur n'est pas affaire de dimension. Mais d'intensité. (Henri Meschonnic, 1999 : 54)

254. Le traducteur doit se méfier des tics, ne pas traduire toujours de la même manière certains mots ou certaines formules syntaxiques. Il faut qu'à chaque fois il reparte à zéro, qu'il se refasse une identité et trouve le lexique qui convient à l'œuvre nouvelle qu'il traduit. (Marion Graf, 2000 : n. p. En ligne)

255. Le bon traducteur sait ce qu'il ne peut dire, et même ce qu'il doit oublier. (François Vaucluse, 2001 : n. p.)

256. Les traducteurs moyennement talentueux sont rares et les excellents, aussi rares que les poètes ! (Hilaire Belloc, 1931 : 33. Traduction)

257. Un bon traducteur est plus proche du poète maudit que de l'écrivain reconnu. (Carlos Batista, 2003 : 73)

Catégories de traducteurs

258. Il y a trois catégories de traducteurs : l'éponge, le filtre et le tamis. L'éponge s'empare de tout et croit tout restituer. Le filtre abandonne la liqueur pour ne garder que la lie. Le tamis rejette la paille pour ne garder que le grain. Sois un tamis. (Carlos Batista, 2003 : 42)

259. Il y a quatre catégories de traducteurs : ceux qui ne consultent jamais les dictionnaires parce qu'ils n'en ont pas besoin ; ceux qui en ont besoin et les consultent ; ceux qui en ont besoin, mais ne les consultent pas ; et ceux qui aimeraient les consulter, mais n'en ont pas et doivent se débrouiller sans eux. (Ernest Stuart Bates, 1936 : 99. Traduction)

260. Le translittérateur serait un traducteur vil (asservi), le tradaptateur un traducteur noble (libre). Le tradécrivain accéderait, par exemple, à la catégorie de l'originalité pleine et entière, ou presque. (Philippe Ivernel, dans *Sixièmes Assises…*, 1990 : 22)

261. La fidélité est souhaitable, elle est même exigible. Mais encore faut-il s'entendre sur le sens à donner au mot « fidélité ». Il y a, en effet, une fidélité à la lettre et une fidélité à l'esprit. […] Aussi distingue-t-on aujourd'hui, parmi les traducteurs, entre les littéralistes et les littéraristes. (Albert Bensoussan, 1995 : 29)

Catégories de traductions

262. Ou bien le traducteur laisse l'écrivain le plus tranquille possible et fait que le lecteur aille à sa rencontre, ou bien il laisse le lecteur le plus tranquille possible et fait que l'écrivain aille à sa rencontre. (Friedrich Schleiermacher, « Des différentes méthodes du traduire » [c1813], 1999 : 49. Traduction : Antoine Berman)

263. Je distingue deux sortes de traductions : la première est celle qui rend un auteur dans une telle perfection qu'elle puisse en tenir lieu, à peu près, comme une copie de tableau, faite d'une excellente main, tient lieu de l'original. La seconde n'est pas faite pour tenir lieu de l'auteur, mais pour aider seulement à en comprendre le sens ; pour préparer les voies à l'intelligence du lecteur. Ce sera à peu près une estampe. (Charles Batteux, 1748, II : 127)

264. Il y a deux sortes de traductions. Les unes littérales, et c'est à celles-là que le nom de traduction semble être propre, les autres plus hardies, et qui doivent plutôt passer pour des imitations élégantes, qui tiennent le milieu entre la traduction simple et la paraphrase. (Antoine Houdar de La Motte, « Discours sur Homère » [c1714], 2002 : 224)

265. Aux intelligences encore peu ouvertes, il faut des demi-traductions comme il leur faut des demi-religions. Aux intelligences adultes et arrivées à la complète croissance, il faut tout le texte, de même qu'en religion il leur faut tout le logos. (Victor Hugo, 1973 [c1864] : 429)

266. Toutes les traductions, selon moi, se ramènent aux trois catégories suivantes : la première, la métaphrase, consiste à suivre un auteur mot à mot, ligne à ligne. La seconde, la paraphrase, mode de traduction qui s'exerce avec une certaine latitude, consiste à suivre l'auteur à distance sans jamais s'en écarter et à traduire le sens sans trop s'attacher aux mots. La troisième, l'imitation, consiste pour le traducteur (si tant est que l'on puisse encore l'appeler ainsi) à prendre la liberté de s'éloigner à la fois des mots et du sens comme bon lui semble, tout en s'inspirant vaguement de l'original. (John Dryden, *Ovid's Epistles* [c1680], 1961, I : 237. Traduction)

267. La traduction scolaire n'est qu'une méthode pédagogique destinée à faciliter l'acquisition de certaines langues ou à parfaire la formation générale. Elle n'est pas une fin en soi. L'enseignement se sert de la traduction, il ne la sert pas. (Edmond Cary, 1956 : 167)

268. Peut-être nos petits-neveux rangeront-ils les unes à côté des autres les Belles Infidèles et les Infidèles qui n'ont pas voulu être belles, avec un même sourire pour Perrot d'Ablancourt et pour M. Leconte de Lisle. (Abraham-Henri Becker, 1969 [c1896] : 81)

Censure

269. Un traducteur est un barbier. Un traducteur est un censeur. (Victor Hugo, 1973 [c1864] : 431)

270. De toutes les injustices dont les traducteurs ont droit de se plaindre, la principale est la manière dont on a coutume de les censurer. (Jean d'Alembert, « Observations sur l'art de traduire » [c1763], 1967, IV : 42)

271. Nous sommes capables de traduire ce dont nous avons *besoin*. Nous refusons de traduire ce à quoi notre surdité intérieure oppose une résistance, ce qu'elle *censure*. (Claude Roy, 1974 : 157)

272. Le traducteur doit se dédoubler pour être son premier lecteur – et son plus sévère censeur. (Sylvie Durastanti, 2002 : 78)

273. Il existe de mauvaises traductions. Tout lecteur sait que toute traduction, ou presque, comporte des passages faibles. Ce n'est peut-être pas une raison pour établir la censure. (Jean-Louis Backès, 1997 : 443)

274. *À propos des femmes :* « Elles s'indignent du mot cru, elles s'effarouchent du mot propre, elles tolèrent le mot détourné, elles accueillent le mot élégant, elles sourient à la périphrase. Elles ne savent que plus tard – trop tard souvent – combien il y a de réalité dans l'à peu près. La plupart des femmes glissent, et beaucoup tombent sur la pente dangereuse des traductions adoucies. » (Victor Hugo, « Le Rhin. Lettre XX : De Lorch à Bingen » [c1842], 1961, IV : 929)

Cibliste/Sourcier

275. *Faut-il être cibliste ou sourcier ?* « Pour moi c'est un faux problème, une idée de théoricien. Dans la réalité, le traducteur est dans la situation du comédien : il doit faire du faux-vrai. Nous devons faire sentir au lecteur que le texte vient d'ailleurs, mais en même temps, tout doit rester compréhensible et accessible. Nous devons acclimater l'exotisme sans le dénaturer. [...] Donc nous sommes dans le porte-à-faux perpétuel entre le cibliste et le sourcier. » (William Desmond, 2004 : 8)

276. *Faut-il être cibliste ou sourcier ?* « Voilà une distinction qui pose problème ! Au premier abord, elle paraît commode, éclairante. Elle devient pourtant schématique et mécanique quand on oublie qu'elle désigne deux extrêmes. Dans la réalité foisonnante de la réalité des comportements traductifs, il est malaisé de se ranger explicitement dans l'une ou l'autre catégorie. » (Paul Bensimon, 2002 : 15)

277. *Faut-il être cibliste ou sourcier ?* « À mon avis, c'est un faux problème, une fausse construction. Je pense que le devoir du traducteur est d'échapper à cette hypothèse et que l'idéal du travail, c'est de fournir quelque chose qui ne puisse pas être rangé dans l'un ou l'autre de ces tiroirs. » (Jean-Pierre Lefebvre, 2007 : 7)

278. Sourcier, cibliste, c'est pareil, si c'est en plein dans le mille. (Henri Meschonnic, 2004b : 7)

279. De même que le réalisme n'est qu'un courant parmi d'autres en littérature, la traduction « cibliste » n'est qu'une modalité parmi d'autres du traduire. (Michaël Oustinoff, 2003 : 83)

Clarté

280. Si j'étais forcée de traduire un ouvrage utile, mais obscur et mal écrit, je serais tentée de l'écrire de mon mieux, afin de le rendre aussi clair que possible ; mais il est bien probable que l'auteur vivant me saurait très mauvais gré du service que je lui aurais rendu, car il est dans la nature des talents incomplets de préférer leurs défauts à leurs qualités. (George Sand, 1971, II : 278-279)

281. Quoi qu'il en soit de la prose et des vers français, quand cette langue traduit, elle explique véritablement un auteur ; mais les langues italienne et anglaise, abusant de leurs inversions, se jettent dans tous les moules que le texte leur présente ; elles se calquent sur lui et rendent difficulté pour difficulté. (Antoine de Rivarol, 1966 [c1784] : 118)

282. Tout comme l'auteur écrit, tout de même, pour être lu, le traducteur traduit pour être lisible aussi. On ne peut esquiver cet impératif. (Albert Bensoussan, 1995 : 120)

283. Ils ne méritent pas d'être traduits ces auteurs dont on dit qu'ils sont intraduisibles parce qu'ils jouent avec les mots et sont ambigus et obscurs. (Isaac Bashevis Singer, 1970 : 112. Traduction)

284. Je crains mes traducteurs : ils m'obligent à discerner ce que je veux laisser dans l'ombre. (François Vaucluse, 2001 : n. p.)

285. *Au sujet d'un traducteur des tragédies grecques :* « "Rendre plus intelligible" : de fait, c'est bien à cela que tend le travail de ces messieurs les adaptateurs. Ils ne demandent même rien de mieux que de donner un coup de main au malheureux original :

c'est que la poésie, voyez-vous, on ne la comprend pas aussi bien que la prose ! » (Franz Rosenzweig, « Jehuda Halévi » [c1924], 1998 : 155. Traduction : Jean-Luc Évard)

286. J'imagine une forme de traduction qui soit laide, comme l'est toujours la science, qui n'ait aucune prétention à élégance littéraire, qui ne soit pas facile à lire, mais qui soit très claire, même si cette clarté requiert pléthore de notes en bas de page. (José Ortega y Gasset, 2013 [c1937] : 69. Traduction : François Géal)

287. Pour ce est mon entente de translater le de sentence à sentence et de faire, de fort latin, clair et entendable romant, si que chascun le puist entendre. (Simon de Hesdin, dans Chavy, 1988, II : 1313)

288. Ce que l'on peine à transposer dans une autre langue, il faut commencer par le clarifier. Ce travail n'est qu'un premier pas vers l'essentiel. Mais ce pas, il faut l'accomplir. Car si l'on finit par renoncer, il faut pouvoir dire pourquoi, dans le courage et la clarté. (Iso Camartin, « Duel de langues », dans Graf 1998 : 22. Traduction : Étienne Barilier)

289. Parmi toutes les idées reçues au sujet de la traduction, l'une des plus persistantes et des plus tenaces consiste à attendre du traducteur qu'il soit, en plus, un exégète, un « éclaircisseur » de texte. (Albert Bensoussan, 1995 : 92)

Conditions de travail

290. *Leitmotiv chez les traducteurs littéraires :* « Mieux vaut être femme de ménage. » (Anonyme)

291. Il lança le roman de Döblin qui fit un bruit sourd en tombant sur le bureau. — Avec un boulet pareil, on ne peut même pas faire une page à l'heure. Je gagnerai moins qu'une femme de ménage. (Francesca Duranti, 1988 [c1984] : 21. Traduction : Gisèle Toulouzan et Élisabeth Lesne)

292. La récompense des traducteurs peut être caractérisée par les paroles que dit, dans *La fiancée vendue*, Jeník à Kecal : « Si peu d'argent pour autant d'amour ». (Aloys Skoumal, 1970 : 74)

293. Si la démocratie est incapable de pensionner un poète, elle rétribue raisonnablement ses traducteurs, pour la bonne raison qu'ils lui sont plus nécessaires que les poètes. (Jacques Gouin, 1955 : 13)

294. Moi, je m'emmerde, je m'emmerde et je m'emmerde. On traduit en ce moment un rapport sur les pluies acides ; j'ai jamais rien vu d'aussi rébarbatif, je dirais même d'aussi caustique. (Christiane Villon, 1985 : 54)

295. Les éditeurs payent aussi mal que possible leurs traducteurs, ce qui les oblige à les prendre de toute main. (Gonzague Truc, dans « Enquête de la FIT… », 1959 : 63)

296. J'avais déjà craint la folie. À quatorze ans, je l'avais crainte, et plus tard encore, quand je travaillais à la Manufacture de Mots, claquemurée derrière les croisons bleues de mon cubicule, à traduire sans fin des textes absurdes. (Hélène Rioux, 1992 : 107-108)

297. La traduction est une des activités intellectuelles les plus mal rétribuées et qui de ce fait attire beaucoup plus de tâcherons besogneux et pressés que d'artistes scrupuleux. (Jean-Jacques Mayoux, dans « Enquête de la FIT… », 1959 : 80)

298. Il faut mieux payer les traductions et en reconnaître davantage l'utilité, sinon nous sommes condamnés à l'isolement et à l'autarcie, ce qui, à long terme, signifie la mort de notre culture. (Hilaire Belloc, 1931 : 185. Traduction)

299. La traduction, c'est, au sens strict du terme, un atelier insalubre. Les professionnels, obligés du fait d'un salaire de misère, de rédiger des textes comme on fait des blinis, sans repos et sans trêve, livre après livre, d'année en année, tombent malades nerveusement. (Bernard Hœpffner, dans Kalinowski, 2002 : 48)

300. Dans l'acte de traduction lui-même, il y a une décharge nerveuse exténuante. Ce travail épuise et dessèche le cerveau plus que tout autre. Un bon traducteur, si on ne le préserve pas, s'use vite. (Bernard Hœpffner, dans Kalinowski, 2002 : 48)

301. Les éditeurs payent fort mal les traducteurs. Ils ne trouvent donc que des traducteurs de troisième ordre, qui bâclent leur travail. Ces gens ne connaissent en général ni la langue qu'ils prétendent traduire, ni le français. Cela donne des volumes de charabia à peu près illisible. (Jean Dutourd, « Enquête de la FIT... », 1959 : 62)

302. Le métier de traducteur a surtout l'originalité d'être rémunéré en bénéfices concrets (disposer de son temps, l'organiser à sa guise, s'abstraire des rapports fort peu sociaux au demeurant qui finissent par obséder les salariés...). (Sylvie Durastanti, 2002 : 35)

303. J'entrai comme traducteur dans une agence de publicité anglaise. J'acceptai cet emploi comme un tremplin pour parvenir plus haut. [...] Au bout de cinq ans, je n'étais guère plus riche et j'étais devenu complètement bête. (Pierre Baillargeon, 1973 : 161 ; 166)

304. Une traduction de qualité est tributaire du prix qu'on accorde au traducteur et du temps qu'on lui donne pour son travail. Travailler pour un prix de femme de ménage et dans des délais tels qu'il faudrait, pour remplir le contrat honnêtement, traduire pendant quinze heures sur vingt-quatre, ne peut donner de bons résultats. (Georges Arout, dans « Enquête de la FIT... », 1959 : 69)

Culture, humanisme, civilisation

305. La traduction est l'âme même de la civilisation. (Isaac Bashevis Singer, 1970 : 113. Traduction)

306. La traduction occupe une place centrale dans l'histoire culturelle. (Peter Burke, 2005 : 3. Traduction)

307. La traduction est une sorte de papier tournesol qui rend visible le processus du transfert culturel. (Peter Burke, 2005 : 4. Traduction)

308. La traduction n'est pas seulement ce qui permet le dialogue entre les cultures : elle est ce qui, bien souvent, les façonne. (Xu Jun, « Diversité culturelle : la mission de la traduction » (c2007), dans Oustinoff, 2011 : 78)

309. La traduction est l'autre face de la mondialisation, certes moins visible et spectaculaire, mais tout aussi fondamentale, car il n'y a pas d'ouverture possible vers autrui sans respect des identités culturelles, au premier rang desquelles les langues, et donc les traductions. (Dominique Wolton, « La traduction, passeport pour accéder à l'autre » [c2010], dans Oustinoff, 2011 : 135)

310. L'opération traduisante est au cœur de toutes les activités humaines. (Léon Robel, 1973 : 5)

311. Si nous ne traduisons pas, si nous ne représentons pas, nous renonçons à la vie. (Antoine Vitez, 1983 : 9)

312. La traduction est essentielle à l'humanité, à la perpétuation de la vie des sentiments. (George Steiner, 1970 : 24. Traduction)

313. La traduction a été le compagnon de voyage de l'humanité depuis que les hommes ont commencé à parler différentes langues. (Elena Nikolova, « Foreword », dans *La traduction littéraire…*, 1987 : 5)

314. *À propos de la traduction à Rome dans l'Antiquité :* « Autrefois c'était conquérir que de traduire. » (Friedrich Nietzsche, 1950 [c1883-1887] : 110. Traduction : Alexandre Vialatte)

315. La traduction est aussi indispensable que l'air et la lumière… J'irai même plus loin : la culture de l'avenir sera traduction, ou bien ne sera qu'une sorte de primitivisme reposant sur des normes simplifiées et banalisées. (Adonis, dans *Vingtièmes Assises…*, 2004 : 11. Traduction : Anne Wade Minkowski)

316. La civilisation de l'Europe occidentale est l'œuvre des traducteurs. (Louis G. Kelly, 1979 : 1. Traduction)

317. La traduction ouvre la porte d'une civilisation à une autre. (Naïm Kattan, 1974 : 31. Traduction)

318. C'est dans tout le champ incommensurable de la culture que le traducteur peut et doit exercer son action. (François Vézina, 1950 : 5)

319. La traduction, seule preuve que l'humanité existe. (François Vaucluse, 2001 : n. p.)

320. Toute culture résiste à la traduction même si elle a besoin essentiellement de celle-ci. (Antoine Berman, 1984 : 16)

321. Les traducteurs sont les hérauts muets de la culture. (Jean Delisle, 1983 : 159)

322. *À propos de la traduction de son fils François-Victor :* « Cette traduction de Shakespeare, c'est, en quelque sorte, le portrait de l'Angleterre envoyé à la France. » (Victor Hugo, 1973 [c1864] : 348)

323. Placé au confluent de deux cultures, le traducteur ne peut ni ne doit en estomper les différences. Sa responsabilité est au contraire d'abord de faire comprendre l'une à l'autre puis, progressivement, par un travail sur la langue, d'intégrer l'une dans l'autre. (Jean-Pierre Van Deth, 2003 : 21-22)

324. Les traducteurs ne sont pas *à l'intérieur* d'une culture, mais *aux frontières* des cultures ; leur travail est donc toujours de nature interculturelle. (Anthony Pym, 1992 : 231. Traduction)

325. Il y a autant de manières de traduire que d'occasions de rencontres interculturelles ou internationales. Il y a autant d'actes de traduction que d'attentes suscitées par notre ouverture au monde. (Lambert Félix Prudent, 2003 : 12)

326. Les traductions sont concevables parce que, pendant des siècles, des littératures entières se sont traduites mutuellement, et que

les traductions ne sont pas un moyen permettant de connaître des œuvres distinctes, mais un mode de communication séculaire des cultures et des peuples. (Boris Pasternak, « Remarques d'un traducteur » [c1944], 1990 : 1344. Traduction : Catherine Perrel)

327. Si la pensée de Goethe est vraie, « il n'y a pas de culture sans la société », on peut dire que sans culture il n'y a pas de traduction, et implicitement que celle-ci est fonction sociale. (Georges Panneton, 1945 : 71)

328. L'Europe est née de la traduction et dans la traduction [...]. En Occident, les grands textes fondateurs sont des traductions. (Henri Meschonnic, dans *Douzièmes Assises...*, 1996 : 111)

329. L'Occident ne s'est fondé que sur des traductions et, pour le Nouveau Testament, fondement du christianisme, des traductions de traductions de traductions. (Henri Meschonnic, 2001 : 12-13)

330. À travers l'histoire, les traductions ont laissé beaucoup de traces dans la vie culturelle, mais les bibliothèques et les sociétés les ont assez systématiquement exclues de leur canon. (José Lambert, 1993a : 18)

331. La traduction est un geste politique et philosophique majeur visant à constituer une communauté intellectuelle au-delà des frontières linguistiques et culturelles. (Jean-René Ladmiral, 2004-2005 : 9)

332. Chaque époque mérite les traductions qu'elle peut accepter ou qu'elle admire. (Ivan Kachkine, dans Tchoukovski, 1984 : 239. Traduction)

333. La traduction donne à l'original une résonance nouvelle, une vie plus longue, un lectorat plus large, une place plus substantielle dans l'histoire et la culture. La traduction est oxygène de communautés de parole bornées et de traditions méconnues. (George Steiner, 1998 [c1997] : 141. Traduction : Pierre-Emmanuel Dauzat)

334. Écrire ou traduire un poème, c'est s'engager dans une sorte de relation qui est l'essence de la civilisation, c'est-à-dire le pain et le vin de notre existence. (Douglas Gordon Jones, 1977 : 85. Traduction : Joseph Bonenfant)

335. Les traducteurs ont une fonction de civilisation. Ils sont des ponts entre les peuples. Ils transvasent l'esprit humain de l'un chez l'autre. Ils servent au passage des idées. C'est par eux que le génie d'une nation fait visite au génie d'une autre nation. Confrontations fécondantes. Les croisements ne sont pas moins nécessaires pour la pensée que pour le sang. (Victor Hugo, 1973 [c1864] : 439)

336. On n'est traduit en toutes langues que si l'on est de son pays, absolument. (Sacha Guitry, 1947 : 45)

337. La traduction a été à plusieurs reprises l'expression même de l'humanisme. (Jacques Olivier Grandjouan, 1971 : 197)

338. Art de l'imaginaire, la traduction est une véritable opération de créolisation, désormais une pratique nouvelle et imparable du précieux métissage culturel. (Édouard Glissant, 1995 : 35-36)

339. La traduction est toujours un transfert non pas entre deux langues, mais entre deux cultures ou, si l'on préfère, entre deux encyclopédies. (Umberto Eco, 2001 : 17. Traduction)

340. L'historien de la traduction montre de diverses façons que la traduction, en tant que carrefour intertextuel et interculturel, est l'adjuvant des civilisations et des cultures. (Jean Delisle, 2002a : 1)

341. Le traducteur est un passeur entre les rives de deux cultures. Parfois, ces rives sont rapprochées et une rivière tranquille les sépare, parfois déferlent entre elles des flots tumultueux et menaçants. Atteindre la rive opposée prend alors pour le traducteur les proportions d'une victoire. (François Gauthier, 2016b : n. p.)

342. Traduire affecte non seulement une langue étrangère et son auteur, mais encore deux cultures en présence : l'acte de traduire les marie nécessairement. (André Chouraqui, 1990 : 458)

343. Que serait notre « culture » d'aujourd'hui sans les traductions qui l'émaillent depuis la nuit des temps, qu'elles soient marquées au sceau du génie ou pèchent par leurs insuffisances ? (Jean-Claude Capèle, 1998 : n. p. En ligne)

344. L'Europe est sans doute la seule région du monde où les différentes nations ont constitué leurs langues et leurs cultures, développé leurs savoirs et leurs techniques sur la base des traductions. (Antoine Berman, 1987 : 16)

Dangers des traductions

345. Les traductions ont toujours été tenues en suspicion, les autorités jugeant qu'elles sont des biens illicites, et encore le plus souvent de deuxième ordre. (Philip Stratford, 1993 : 121. Traduction : François Bilodeau)

346. Qui veut trop curieux une langue traduire
Veut la langue étrangère et la sienne détruire.
(Jean Vauquelin de la Fresnaye, *Art poétique* [c1605], dans Delcourt, 1925 : 59)

347. Dans cette moulinette où l'original entre par un bout et l'équivalent français est censé sortir par l'autre, je vois une machine à déformer le français. Les dangers de la moulinette [...] sont l'impropriété et la gaucherie, les deux vices qui font qu'une traduction pue la traduction. (Jacques Olivier Grandjouan, 1971 : 200-201)

348. La condition de la traduction n'est pas seulement ancillaire : elle est, aux yeux du public comme aux yeux des traducteurs eux-mêmes, suspecte. (Antoine Berman, 1984 : 14)

349. Le traducteur ne doit pas se laisser envoûter par les mots. (Leonard W. Tancock, 1958 : 31. Traduction)

350. Il faut avoir les traducteurs à l'œil. Sinon, ils risquent de se rendre coupables d'erreurs invraisemblables. (Isaac Bashevis Singer, 1970 : 110. Traduction)

351. Si un traducteur doit payer son travail de sa vie ou de sa liberté, c'est que les enjeux de son activité sont parfois plus élevés qu'on ne le croit. (Anthony Pym, 1997 : 12)

352. Au-delà d'un certain seuil, la présence de la traduction tend à détruire la langue d'arrivée. On connaît les risques d'interférences qui ont été abondamment étudiés, mais on s'est moins arrêté à l'appauvrissement du français par l'absence d'utilisation des ressources qui ne sont pas suggérées par l'anglais. De même, faute d'un ressourcement original, ces références culturelles qui sous-tendent la vie d'une langue finissent par s'estomper, ce qui aboutit à une langue sans racine, artificielle, comme le latin au Moyen Âge. (Jacques Poisson, 1975 : 64)

353. Toute traduction est prisonnière d'une contradiction essentielle. Faire passer un écrit d'une langue à une autre, d'une culture à une autre, implique la recherche constante d'équivalents et de transpositions. Mais à force de ramener l'étranger au familier, l'inconnu au connu, à force de viser la clarté et le naturel, on s'expose à faire disparaître du texte toute épaisseur, toute chair, tout mystère. (Anne-Marie Ozanam, 2001 : 51)

354. Une traduction envisagée comme un moyen de connaître un ouvrage littéraire en langue morte ou étrangère, n'est jamais qu'un pis-aller. (Valery Larbaud, 1934 : VI-VII)

355. Le traducteur, gardien des passages, des équivalences et des métamorphoses, a plus que nul autre le pouvoir de faire grimacer la réalité. Chaque « bourde » met en péril l'ordre du monde. (Hélène Henry, dans *Quatorzièmes Assises…*, 1998 : 91)

Définitions du traducteur[2]

356. Pour un très grand nombre de clients, le traducteur est un photocopieur intelligent. (François Gauthier, 2010 : 59)

2. V. aussi les « Désignations imagées du traducteur » dans l'Avant-propos, p. XXV.

357. Nous ne sommes pas des copistes, nous les traducteurs, nous sommes appelés à être des inventeurs. (Friedhelm Kemp, dans *Huitièmes Assises…*, 1992 : 128)

358. Le traducteur est créateur de langage. Il est aussi importateur de problématiques. (Marc de Launay, dans *Cinquièmes Assises…*, 1989 : 177)

359. Le traducteur est le poète des poètes. (Novalis, dans Cournut, 2007 : 10)

360. Le traducteur en prose est un esclave, le traducteur en poésie un rival. (Vassili Andreïevitch Joukovski, dans « On Translation », 1979 : 243)

361. Le traducteur est surtout un technicien du langage. (Sylvie Durastanti, 2002 : 73)

362. Le traducteur n'est ni l'esclave des parties du discours, ni un adepte de l'à peu près. (Jean Delisle, 1990b : 61)

363. Le traducteur est un artisan fonctionnel du changement, imbibé par le milieu social dans lequel il vit et pour lequel il traduit. (André Clas, 2002 : 12)

364. L'exploration relative de l'impossibilité absolue de traduire fait le traducteur. (Claire Cayron, dans *Actes des premières Assises…*, 1985 : 94)

365. Le traducteur est un intermédiaire, et la traduction est une lecture ambassadrice, médiatrice. (Betty Bednarski, 1989 : 12)

366. Le traducteur ne doit pas se contenter d'être un bon linguiste, il doit être un excellent ethnographe : ce qui revient à demander non seulement qu'il sache tout de la langue qu'il traduit, mais aussi tout du peuple qui se sert de cette langue. Alors il est un grand prestidigitateur, un magicien, le prêtre d'un huitième art. (Georges Mounin, 1962 : 28)

367. La traduction est une discipline exacte, possédant ses techniques et ses problèmes particuliers [...] Ce serait faire un grand tort à la traduction que de la classer sans examen parmi les arts – un huitième art en quelque sorte. (Jean-Paul Vinay et Jean Darbelnet, 1958 : 23)

368. Si l'on a pu dire que traduire est un art, c'est parce qu'il est possible de comparer plusieurs traductions d'un même original, d'en rejeter certaines comme mauvaises, d'en louer d'autres pour leur fidélité et leur mouvement. (Jean-Paul Vinay et Jean Darbelnet, 1958 : 23)

369. La traduction devient un art une fois qu'on a assimilé les techniques. (Jean-Paul Vinay et Jean Darbelnet, 1958 : 24)

370. Plutôt que de traiter mécaniquement les mots, le traducteur entretient avec eux une relation vivante. Car il n'est pas une machine, mais bien un être doué de vie qui, par là-même, donne à son travail un caractère humain. (Philip Stratford, 1993 : 124-125. Traduction : François Bilodeau)

371. Le traducteur n'est ni un technicien des mots (encore qu'il doive s'y retrouver aisément), ni une sous-espèce d'expert (encore qu'il doive savoir utiliser des méthodes et des outils raffinés) ; il est lui-même un créateur. (Philip Stratford, 1993 : 122-123. Traduction : François Bilodeau)

372. Le traducteur est un être bisexué, car il a à la fois un rôle passif – c'est là une de ses qualités nécessaires – et un rôle actif, sans quoi il ne pourrait être créateur. (Aloys Skoumal, 1970 : 79)

373. Le traducteur est un écrivain d'une singulière originalité, précisément là où il paraît n'en revendiquer aucune. Il est le maître secret de la différence des langues. (Maurice Blanchot, 1971 : 71)

374. Il faut aller sur le terrain, comme disent les sociologues. Le traducteur aujourd'hui n'est plus un homme de cabinet, comme à la Renaissance, où l'on traduisait le grec, l'hébreu, le latin en un français de bon ton, avec force broderies et dentelles. (Albert Bensoussan, 1995 : 34)

375. Le traducteur est inférieur, postérieur, postsynchronisé. Il rend en son langage l'auteur publiable, mais il est oubliable. L'auteur s'ouvre, le traducteur se ferme, le premier s'éclôt, le second se clôt. L'auteur se crée, le traducteur secret. Le traducteur n'est que voix de passage. (Albert Bensoussan, 1995 : 13)

376. Agent culturel déjà, au niveau de la production et de la diffusion des textes, le traducteur est agent aussi au niveau de leur réception critique, agent d'échange donc à l'intérieur même du discours critique. (Betty Bednarski, « La traduction comme lieu d'échange », dans Beaudet, 1999 : 149-150)

377. Les traducteurs – ces curieux, si ouverts à l'Autre, ces intermédiaires parfois suspects, ces agents, ces ambassadeurs, ces passeurs, ces contrebandiers – vivent d'abord en eux-mêmes et en leur langue une manière d'échange. Recevant et donnant à la fois, transformant et se transformant, ils sont des lieux vivants d'échange. (Betty Bednarski, « La traduction comme lieu d'échange », dans Beaudet, 1999 : 127)

378. Le traducteur est un *misentrope*, un homme qui hait l'entropie[3], qui la refuse, qui la combat de toutes ses forces. (Étienne Barilier, « Le traducteur, ce misentrope », dans Graf, 1998 : 150)

379. Dans l'armée des écrivains, nous autres traducteurs nous sommes la piétaille ; dans le personnel de l'édition, nous sommes la doublure interchangeable, le besogneux presque anonyme. (Dominique Aury, « Préface », dans Mounin, 1963 : VII)

Dénigrement du traducteur

380. Traduire est une chose vile, & la traduction en ceux qui la professent présuppose une bassesse de courage & un ravalement d'esprit. Les généreux en dédaignent l'exercice. (Jean Chapelain, « Au lecteur » [c1619], 1633, I : v)

3. V. la note 6 de l'Avant-propos, p. XXVIII.

381. La traduction, ce crime de gens malhonnêtes qui, ne connaissant ni l'une ni l'autre langue, entreprennent avec audace de remplacer l'une par l'autre. (Jules Renard, « *Journal*, 5 avril 1894 », 1990 : 169)

382. *Charge d'un député à la Chambre des communes contre les traducteurs des lois :* « Ils sont fous, et je dis cela au sujet des traducteurs de la législation qui est soumise à la Chambre des communes. Comment se fait-il que certains traducteurs que je décrirai comme des abrutis, des moches, des mabouls, il ne peut y avoir d'expression plus forte, essayent de découvrir des mots qui ne sont compris de personne ? Quelle sorte de maladie ont-ils dans le cerveau ? Ils sont abominables. » (Jean-François Pouliot, 1951 : 1581)

383. À l'égard de la traduction et des traducteurs, il semble n'y avoir que deux attitudes possibles : l'admiration ou le dénigrement. (Jean Delisle, 1983 : 163)

384. La carrière de traducteur, c'est du valetage. (Léa Pétrin, 1961 : 57)

385. On engage des gens, me semble-t-il, pour démolir des génies sous un masque de traducteur. (William Blake, « Annotations to Boyd's *Dante* » [c1800], 1978, II : 1448. Traduction)

386. Même chez de bons écrivains on tombe sur des passages mal écrits. [...] Le traducteur a toujours peur que ce soit à lui que l'on impute le mauvais style. (Céline Zins, dans *Actes des premières Assises...*, 1985 : 56)

387. Dans presque tous les domaines je ne rencontre que des gens qui *croient* savoir et qui ne savent pas. Rien n'est pire que de *s'imaginer* connaître. Je pense ici particulièrement aux traducteurs qui se contentent de l'illusion de comprendre. (Emil Michel Cioran, 1997 : 387)

388. La traduction venait mal. Il méprisait ce tatillonnage de seconde main sur des romans infâmes. (Henri Troyat, 1938 : 45)

389. Le grand avantage d'une traduction est que personne ne vous en saura gré et que cet acte de poésie sera oublié, ou tout au moins jugé compromis ou équivoque; les beautés toujours viendront du poème traduit, les faiblesses toujours du traducteur. (Armand Robin, 1992 : 48)

390. *Le géomètre au traducteur :*
— J'ai une grande nouvelle à vous apprendre, s'écrie un traducteur. Je viens de donner mon Horace au public.
— Comment dit le géomètre, il y a deux mille ans qu'il y est.
— Vous ne m'entendez point, reprit l'autre, c'est une traduction de cet ancien auteur que je viens de mettre à jour : il y a vingt ans que je m'occupe à faire des traductions.
— Quoi ! monsieur, dit le géomètre, il y a vingt ans que vous ne pensez pas ! Vous parlez pour les autres et ils pensent pour vous.
(Charles de Montesquieu, « Lettre 128 de Rica à Usbek » [c1721], 1975 : 269)

391. On est presque toujours porté, quand on lit une traduction, à mettre sur le compte du traducteur des obscurités qui tiennent souvent au style de l'auteur ou aux sujets qu'il traite. (Louis Ménard, 1867)

392. De toutes les professions dites « libérales », le métier de traducteur est peut-être celui qui jouit – si l'on peut dire ! – du plus profond discrédit. (Robert Le Bidois, 1961 : 5)

393. Je dis que le traducteur ne peut acquérir que du blasme pour si bien qu'il face : car s'il veut traduire selon la phrase de son langage, il n'expliquera pas bien le sens de l'autheur, & s'il le traduict mot à mot, la traduction n'aura point de grace. (Pierre de Laudun d'Aigaliers, 1971 [c1598] : 240)

394. Le traducteur n'a point d'honneur : car si il prent un bon autheur, & qu'il le traduise bien, l'on dira qu'il n'avoit garde de faillir veu qu'il avoit pris un si bon autheur : & si il ne faict du tout bien l'on dira qu'il est un sot d'entreprendre quelque chose sans en pouvoir venir à son honneur. (Pierre de Laudun d'Aigaliers, 1971 [c1598] : 239)

395. Les traducteurs en France sont ou bien de misérables anonymes aux gages d'un négrier, ou des gens de lettres de seconde zone qui sans compétence ni conscience obtiennent, par leur entregent à servir d'intermédiaire entre l'éditeur et l'auteur, la sinécure de traducteur attitré d'un grand homme et exploitent sans vergogne le filon, vivant en parasites sur la fourrure de leur auteur. (Georges Lafourcade, *Confluences*, 1945 : 306)

396. Voltaire ne pouvait souffrir que le traducteur d'un chef-d'œuvre présentât sa traduction comme un titre donnant droit à certains honneurs littéraires, et un académicien n'ayant fait que des traductions lui paraissait souverainement ridicule. (Pierre Larousse, 1866-1890, XV : 389)

397. *Épigramme contre Charles Perrault :*
D'où vient que Cicéron, Platon, Virgile, Homère,
Et tous ces grands auteurs que l'univers révère,
Traduits dans vos écrits nous paroissent si sots ?
P**, c'est qu'en prêtant à ces esprits sublimes
Vos façons de parler, vos bassesses, vos rimes,
— Vous les faites tous des P**
(Nicolas Boileau, « Épigramme contre Perrault » [c1692], 1860 : 149)

398. Je trouve légitime de grouper en une même catégorie de linguicides tous les traducteurs et interprètes. (Jacques Olivier Grandjouan, 1971 : 201)

399. Il y a beaucoup de personnes qui croient que la traduction est indigne d'un homme courageux, et [...] qu'un esprit ne doit s'adonner à expliquer les autres, que lorsqu'il se reconnoît incapable de produire quelque chose de lui-même. (Antoine Godeau, « Discours sur les œuvres de M. de Malherbe » [c1630], dans Malherbe, 1862, I : 368)

400. .... L'impertinent auteur !
L'ennuyeux écrivain ! Le maudit traducteur !
(Nicolas Boileau, Satire IX, « À son esprit » [c1667], 1860 : 34)

401. Telle est notre fierté, notre folie ou notre destin.
Seuls traduisent ceux qui sont incapables d'écrire.
(John Denham, « To Sir Richard Fanshaw upon his Translation of Pastor Fido » [c1648], dans Steiner, 1975 : 63. Traduction)

402. La traduction a souvent la prétention de s'égaler aux arts de la création intellectuelle ; mais on la relègue vite parmi les basses besognes de l'esprit. (Pierre Daviault, 1938, I : 431)

403. Volontairement, le traducteur actuel se ravale au rang d'un miroir aux alouettes. (Edmond Cary, 1949 : 91)

404. Le traducteur littéraire est loin d'être toujours perçu comme l'auteur d'une transfiguration de l'œuvre originale, comme celui qui lui donnerait un surplus de sens. Il continue d'être le plus souvent considéré comme celui par qui la défiguration de l'œuvre arrive, celui qui, à tout le moins, lui fait écran et empêche le lecteur d'en apercevoir le vrai visage. (Patricia Godbout, 2005 : 89)

405. Pour certains, les traducteurs sont d'heureux mortels étalant sous les lustres d'un prestige héraldique, leur brillante inutilité. (Hector Carbonneau, s. d.-2, CRCCF, fonds P 14/7/5 f.25)

406. Quand le livre traduit est bon, le mérite en revient entièrement à l'auteur, quand il est mauvais, c'est forcément la faute du traducteur… (Jean-Claude Capèle, 1999 : n. p. En ligne)

407. *À propos des traducteurs en langue vulgaire :* « Tout ce que le lecteur n'entend point s'appelle un galimatias, dont le traducteur tout seul est responsable. On lui impute jusqu'aux fautes de son auteur, et il faut en bien des endroits qu'il les rectifie, sans néanmoins qu'il ose s'en écarter. » (Nicolas Boileau, « Préface du traducteur », *Traité du sublime* [c1674], 1860 : 242)

408. Je compris que je ne serais jamais un auteur et que la meilleure solution était encore de recopier ce que les autres avaient écrit. Le début d'une vraie vocation de paresseux : je serais traducteur. (Claude Bleton, 2004 : 11)

409. Toute qualité chez l'écrivain est considérée comme un défaut chez le traducteur : si le traducteur est original, on le traite de présomptueux ; s'il est audacieux, on dit qu'il est infidèle ; respectueux, on le prend pour un larbin ; humble, on le trouve plat. (Carlos Batista, 2003 : 97)

Dictionnaires

410. Les dictionnaires bilingues ne sont que des esclaves, ou mieux des affranchis faisant fonctions d'huissiers et d'interprètes. (Valery Larbaud, 1946 : 86-87)

411. Ce n'est pas le dictionnaire qui peut être l'instance suprême pour le traducteur. (Franz Rosenzweig, « Jehuda Halévi » [c1924], 1998 : 157. Traduction : Jean-Luc Évard)

412. Les dictionnaires sont des épouvantails qui chassent les noirs oiseaux du doute. Seulement, le traducteur ne doit pas se laisser lui-même effrayer par ses épouvantails. (Carlos Batista, 2003 : 14)

413. Ce n'est pas de mots seulement que vit le dictionnaire [bilingue]. Une analyse plus détaillée de son contenu révèle en fait des problèmes typiques de traduction. (Philippe Humblé, 2010 : 332)

414. Si la traduction concernait les rapports entre deux langues, dans le sens de deux systèmes sémiotiques, alors l'exemple essentiel, indépassable et unique de traduction satisfaisante serait un dictionnaire bilingue. Mais cela est un tant soit peu contraire au sens commun, qui voit le dictionnaire comme un instrument pour traduire, et non une traduction. (Umberto Eco, 2003 : 41)

415. Sans les traducteurs, ce sont les dictionnaires tels que les conçoit la culture occidentale qui n'existeraient pas. (David Bellos, 2012 : 105. Traduction : David Loaysa)

416. Certaines traductions ont une fonction philologique de marchepied vers le texte original et fonctionnent comme une sorte

de dictionnaire syntagmatique. (Jean-René Ladmiral, dans Constantinescu, 2013 : 220)

417. Potasser le dictionnaire, scruter la texture intime des mots, appartient à l'ordre du préliminaire amoureux : c'est l'approche qui tout à la fois attise et retarde le moment de la traduction, bref, l'enflamme ou le glace. (Carlos Batista, 2003 : 29)

418. Le dictionnaire est un laquais indispensable qui met à la porte les doutes importuns. Seulement, le traducteur ne doit point se laisser éconduire par son laquais. (Carlos Batista, 2003 : 41)

419. Le sens des dictionnaires [...] c'est la coquille des mots. Reste à trouver l'amande. (Étienne Barilier, 1990 : 32-33)

420. Un dictionnaire c'est toujours de la traduction condensée, cristallisée, surgelée. (Mario Wandruszka, 1973 : 84)

421. Elle détestait les interminables recherches dans les dictionnaires, lexiques, glossaires et autres instruments de perte de temps ; en interprétation, elle pouvait donner libre cours à son intuition et, en dernier recours, à son imagination. (Christiane Villon, 1985 : 52)

422. Le traducteur ne peut ni tromper, ni se tromper. Aussi s'entoure-t-il de ces conseillers pesants et pédants que sont les dictionnaires. (François Vermeulen, 1976 : 112)

423. Quand tu aurais devant toi un dictionnaire de trois *pounds*, ne t'imagine pas qu'il te serait d'un grand secours si tu écris des mots et des tours sans aucun ordre. Car ta version composera une sorte d'énigme que nul ne pourra jamais résoudre. (Alexandre Soumarokov, « Épître sur la langue russe » [c1748], dans Étiemble, 1970 : 227. Traduction : René Étiemble)

424. L'homme qui n'est pas capable de se servir [d'un dictionnaire unilingue] ne sait pas la langue dont chacun d'eux est le répertoire, et le Traducteur qui ne les consulte jamais n'est qu'un bâcleur. (Valery Larbaud, 1946 : 86)

425. Se traduire soi-même est une entreprise épouvantable, examiner ses entrailles et les essayer comme un gant, et découvrir que le meilleur dictionnaire n'est pas un ami mais le camp ennemi. (Vladimir Nabokov, « Lettre à Z. Chakhovskaya vers octobre 1935 », dans Casanova, 1999 : 197)

426. Il ne faut pas compter sur le secours du dictionnaire, qui est une bien trop courte échelle. Les dictionnaires sont d'excellents romans, qui nous entraînent très loin chacun dans leurs échos analogiques et leurs dissymétries motrices. (Dominique Grandmont, 1997 : 56)

427. *Les Dictionnaires s'adressant aux membres de l'Académie française :*
Nous l'osons dire hautement,
Que tous les vieux Dictionaires
Sont absolument necessaires.
Par eux s'entendent les Auteurs.
Par eux se font les Traducteurs.
Ils servent à tous de lumieres
Dans les plus obscures matieres.
(Gilles Ménage, 1694-1696, II : 408)

428. *Les Dictionnaires s'adressant aux membres de l'Académie française :*
Vous savez que parmi les Vôtres
Les plus renommez Traducteurs,
Et les plus celebres Auteurs,
Qui s'en font maintenant à croire
Nous sont obligez de leur gloire.
(Gilles Ménage, 1694-1696, II : 409)

École de style, atelier d'écriture

429. Traduire est une écriture imposée, certes. C'est ce qui lui donne valeur d'école d'écriture. C'est même le seul atelier d'écriture qui mérite ce nom. (Dominique Grandmont, 1997 : 86)

430. La traduction offre à l'écrivain l'occasion de se dépasser et de faire l'apprentissage de sa propre langue. (Naïm Kattan, 1974 : 27. Traduction)

431. Rien de plus difficile et de moins apprécié qu'une bonne traduction. C'est à cette école que se sont formés tous nos grands écrivains du passé. (Paul Claudel, dans Mallet, 1949 : 167)

432. En traduction littéraire, il faut être écrivain et la traduction est une excellente école d'écriture. (Marie José Thériault, dans Durin, 1996 : 16)

433. Traduire quelque chose d'une langue étrangère en russe pour développer la mémoire et le style. (Léon Tolstoï, « *Journal*, 24 mars 1851 », 1979, I : 77. Traduction : Gustave Aucouturier)

434. La traduction est aussi une école fascinante de l'art de rédiger dans une langue donnée. (Patricia Smart, 1989 : 38)

435. Une utopie dont je rêve serait celle d'une loi qui ferait un devoir à chaque écrivain de traduire, au moins une fois dans sa vie, l'œuvre d'un écrivain étranger proche de son esprit, de son style, de sa sensibilité. (Claude Roy, dans « On Translation », 1979 : 244)

436. Le traducteur a toujours nourri l'auteur, parce que je suis un hérétique du métier : je ne traduis pas avec prudence, mais avec audace, et c'est justement cette audace qui me donne envie de repousser ensuite mes limites dans mes propres écrits. Le regard de l'autre nous féconde. (Daniel Poliquin, dans Lessard, 2014b : 16)

437. La traduction m'impose un silence qui contribue à mon développement. Traduire de grands écrivains m'a donné le goût de me dépasser, d'être moi-même un meilleur écrivain. (Daniel Poliquin, dans Deraspe, 2007 : 9)

438. Un idiome étranger proposant toujours des tours de force à un habile Traducteur, le tâte pour ainsi dire en tous les sens ; bientôt, il sait tout ce que peut ou ne peut pas sa langue ; il épuise ses ressources, mais il augmente ses forces, surtout lorsqu'il traduit les ouvrages d'imagination qui secouent les entraves de la construction grammaticale et donnent des ailes au langage. (Antoine de Rivarol, 1785 : xxxv)

439. La traduction est pour nous tous, gens de lettres, avec la juste proportion de plaisir et de peines qu'elle comporte, et l'exercice de quelques dons tels que l'intelligence et le conseil, qu'elle exige, – une belle et constante école de vertu. (Valery Larbaud, 1946 : 110)

440. En traduisant, le traducteur se remet une fois de plus à l'école d'un autre esprit, et s'exerce sous la direction immédiate d'un maître. (Valery Larbaud, 1946 : 76)

441. Traduire du grec en latin était, au jugement de nos anciens orateurs, le meilleur exercice. (Quintilien, 1975 [c95], VI : 126. Traduction : Jean Cousin)

442. La traduction sérieusement pratiquée est une excellente école dans l'art d'écrire. Elle nous initie à tous les mystères, à toutes les ressources du vocabulaire et de la syntaxe de notre pays ; elle fait plus, elle y ajoute des richesses, elle y transporte et des signes nouveaux, et des combinaisons nouvelles des signes existans [*sic*], des tours, des images, des expressions reçus de tous, après une quarantaine plus ou moins longue. (Vincent Joguet, 1841, VIII : 516)

443. Traduire est une bonne transition de la velléité d'écrire au don de soi dans l'écriture. (Dominique Grandmont, 1997 : 56)

444. J'ay fait originairement cette Traduction pour m'instruire plûtost que dans le dessein de la donner au Public. (Nicolas Boileau, 1674 : I-II)

445. Un très petit nombre de génies supérieurs qui sortent tout formés des mains de la nature, n'ont besoin ni de maître, ni de modèle ; le travail de la traduction serait pour tous les autres une riche moisson de principes et d'idées, et une excellente école dans l'art d'écrire. (Jean d'Alembert, « Éloge de Sacy » [c1779], 1967, III : 64)

446. Si vous voulez qu'on vous traduise un jour, commencez par traduire vous-même. (Jean d'Alembert, « Éloge de Sacy » [c1779], 1967, III : 64)

Écriture, création, rédaction

447. Traduire, c'est écrire avec la main d'un autre. (Daniel Poliquin, dans Deraspe, 2007 : 9)

448. Le texte traduit est un texte que l'on a continué à écrire. (Felix Philipp Ingold, dans Graf, 1998 : 217)

449. La traduction et la création sont des processus identiques. (Octavio Paz, « Translation : Literature and Letters » [c1971], dans Schulte et Biguenet, 1992 : 160. Traduction)

450. Toute traduction est essentiellement une écriture. Autrement dit, seul un véritable écrivain peut en traduire parfaitement un autre parce qu'il conservera la température verbale et imaginative du texte lui-même. (Griselda Gambaro, dans Bataillon, 1991 : 97)

451. Il faut, sinon autant de génie, du moins autant de goût, pour bien traduire que pour composer. Peut-être même en faut-il davantage. (Charles Batteux, 1748, II : 64)

452. À partir du moment où le traducteur a déverbalisé et s'attache à reconstituer l'objet d'écriture, il entre lui-même dans le processus de création pure. (Françoise Wuilmart, 2013b : 17)

453. La traduction littéraire est avant tout un *travail d'écriture*. Le traducteur littéraire, n'en déplaise à certains, est un écrivain à part entière. (Françoise Wuilmart, 2013b : 16)

454. À force de traduire, il meurt de l'envie d'écrire. (Louis-Paul Béguin, 1985 : 134)

455. *À propos de la traduction de la Bible :* « Il n'y a pas de différence entre écrire et traduire : les deux verbes désignent un combat pour la vérité […] scripturaire. (André Paul, 1982 : 82)

456. La traduction est le seul mode de lecture qui se réalise comme écriture, et ne se réalise que comme écriture. (Henri Meschonnic, 1999 : 177)

457. Chanter, danser est un acte sexuel, comme écrire. Traduire est un exercice cérébral avant tout, même s'il comporte une part importante d'écriture, car cette écriture a lieu en quelque sorte par procuration. (Marie José Thériault, dans Kellett-Betsos, 2005 : 312)

458. Toute traduction n'est qu'une interprétation et réécriture parmi d'autres. (Nicole Côté, 2005 : 88)

459. Revaloriser la traduction implique qu'elle soit une écriture. Sans quoi, c'est une imposture. (Henri Meschonnic, 1999 : 28)

460. Une traduction est en beaucoup d'endroits comme une seconde création. Bien loin que cette pensée soit propre à enorgueillir les traducteurs, il me semble qu'elle doit leur inspirer une juste timidité. (Paul-Jérémie Bitaubé, 1775, II : 489)

461. Je répugne à dire à ceux qui l'ignorent que le travail de traduire, de véritablement traduire, est identique au travail d'écrire. Car, je le crains, ils ne comprendraient pas non plus ce que c'est qu'écrire, et qu'il y a écrire et écrire… (Hugo von Hofmannsthal, dans *Traduire*, 1972, 70 : 1)

462. C'est composer jusqu'à un certain point, que de traduire. (Jacques Delille, *Les Géorgiques*, « Discours préliminaire » [c1770], 1997 : 335)

463. La traduction offre toutes les difficultés inhérentes à la rédaction. (Pierre Daviault, dans Michaud, 1945 : 134)

464. Certaines traductions relèvent plus de la création artistique que des méthodes strictes proposées par les linguistes. Et c'est fort heureux ainsi, car l'art est un choix, qui repose sur une certaine liberté. (Jean-Paul Vinay et Jean Darbelnet, 1958 : 21)

465. Peut-on imaginer la rédaction d'une traduction qui ne soit pas, à quelque degré, une activité d'écriture, au sens que ce mot peut avoir chez les poètes ? (Yves Bonnefoy, 2000 : 15)

466. La seule traduction digne de ce nom doit être *création*, (renonçons au mot, trop subalterne encore, de « recréation »). Seule une traduction-création peut honorer pleinement l'universalité des langues et de l'espèce humaine. (Étienne Barilier, 1990 : 49)

467. Le traducteur doit avoir le courage de détruire s'il veut créer. (Lydia Davis, 1981 : xiii. Traduction)

468. Un texte traduit doit se défendre comme une création littéraire autonome et pouvoir se passer d'explication. La traduction doit fonctionner comme une création, comme une œuvre d'auteur. (Céline Zins, dans *Actes des deuxièmes Assises…*, 1986 : 57)

469. La traduction devrait être une re-création, ou même une récréation. (Pierre Vialatte, dans Natale, 1991 : 93)

470. La traduction répond à un besoin créatif profond qui pousse à explorer de nouveaux territoires, et elle est en même temps un instrument de transgression permettant une exploration *au-delà* de ce territoire linguistiquement délimité. (Beatriz Zeller, 2000 : 136. Traduction)

471. La traduction est une ré-écriture dans la langue d'arrivée d'une lecture dans la langue de départ. (Evelyne Voldeng, dans Lotbinière-Harwood, 1991 : 26)

472. Si l'obsession de reproduire le mouvement créateur de l'auteur ne fait pas naître un mouvement de création propre au traducteur, l'œuvre traduite ne réussira jamais à vivre comme œuvre originale. (Elio Vittorini, dans Pautasso, 1967 : 157. Traduction : Annie Fitzback)

473. Les transpositions libres et les tentatives de « faire une copie » de l'original ne sont que des solutions de facilité par rapport à la création traductrice proprement dite. (Pavel Toper, 1979 : 10)

474. Pour que l'œuvre littéraire agisse dans une autre langue comme une œuvre d'art, le traducteur doit en quelque sorte recommencer tout le processus de sa création. Elle doit grâce au talent du traducteur renaître dans l'autre langue. (Pavel Toper, 1979 : 7)

475. La réécriture, en se constituant comme *différente* de l'*original*, ne prétend pas le supplanter. (Jenaro Talens, 1993 : 633)

476. Traduire est une fonction qui participe de celle de l'écrivain et de celle du critique – sans se réduire ni à l'une ni à l'autre – dans la mesure où la traduction présuppose et réalise une interprétation du texte qui est traduit ; c'est ce que nous avons appelé *ré/écriture*. (Jenaro Talens, 1993 : 633)

477. La traduction peut être un exercice poétique ou, dans le meilleur des cas, un acte créateur. (Frank R. Scott, dans Djwa, 1987 : 373. Traduction)

478. Le jour où un traducteur pourra répondre à quiconque lui demande si sa traduction reproduit fidèlement ou infidèlement l'original : « Quelle question ! C'est l'original qui est infidèle à la traduction ! », alors la réversibilité, non pas des textes, mais du métier d'écrivain et de celui de traducteur, sera enfin établie et reconnue. (Aline Schulman, dans *Dix-septièmes Assises…*, 2001 : 94)

479. Il est facile de démontrer objectivement que la traduction poétique *est* bel et bien une forme d'écriture, une re-création. (August Wilhelm von Schlegel, dans Robinson, 1997 : 220. Traduction)

480. Là où la créativité est engagée à fond, comme par exemple dans la traduction de la poésie, le traducteur dépasse le statut d'interprète pour devenir l'adapteur, l'assistant du poète, oui, le co-auteur. C'est là que ça devient passionnant, qu'on joue gros sur le plan artistique. (Ilma Rakusa, « Six lettres sur la traduction », dans Graf, 1998 : 126. Traduction : Ursula Gaillard)

481. L'écriture *et* la traduction ont toutes les deux à voir avec le déguisement, la tromperie, la mise en scène. C'est vrai, mais la liberté de l'écrivain est beaucoup plus grande que celle du traducteur. (Ilma Rakusa, « Six lettres sur la traduction », dans Graf, 1998 : 126. Traduction : Ursula Gaillard)

482. Tous les textes sont des originaux, car chaque traduction possède son caractère distinctif. Chaque traduction est, jusqu'à un certain point, une création, d'où son caractère unique. (Octavio

Paz, « Translation : Literature and Letters » [c1971], dans Schulte et Biguenet, 1992 : 154. Traduction)

483. Écriture et traduction sont à mettre exactement sur le même plan. (Michaël Oustinoff, 2003 : 19)

484. Un traducteur, un vrai, est un écrivain. Il peut n'avoir jamais composé de livre de son cru, il peut avoir limité son ambition à ne faire œuvre qu'avec celle des autres… reste que, dans sa facture, on reconnaît la maîtrise d'une écriture et la conscience que celle-ci, dans le texte, circule et court comme le sang dans le corps. (Hubert Nyssen, 1992 : 139)

485. Tous les problèmes de traduction sont en fin de compte des problèmes liés à la manière de bien rédiger dans la langue d'arrivée. (Peter Newmark, 1982 : 17. Traduction)

486. Mes traductions de poésie sont mes créations et je peux les placer sur le même plan que le reste de mes poèmes. (Jaume Pérez Muntaner, 1993 : 638)

487. Comme le montre la poétique du traduire, […] dans l'immense majorité des cas, traduire, c'est désécrire. (Henri Meschonnic, 2004a : 104)

488. Traduire le signe au lieu de traduire le poème, c'est désécrire. (Henri Meschonnic, 2007 : 30)

489. Historiquement, fonctionnellement, création et traduction sont en interaction constante. Traduire un texte écrit dans une langue n'est pas simplement traduire la langue. (Henri Meschonnic, 1973 : 413)

490. Si la traduction d'un texte est texte, elle est l'écriture d'une lecture-écriture, aventure personnelle et non transparence, constitution d'un langage-système dans la langue-système tout comme ce qu'on appelle œuvre originale. (Henri Meschonnic, 1973 : 354)

491. Un traducteur qui n'est que traducteur n'est pas traducteur, il est introducteur ; seul un écrivain est un traducteur, soit que

traduire est tout son écrire, soit que traduire est intégré à une œuvre. (Henri Meschonnic, 1973 : 354)

492. Empiriquement, les traductions-textes font l'écriture et sont faites par elle. (Henri Meschonnic, 1973 : 320)

493. Traduire n'est traduire que quand traduire est un laboratoire d'écrire. Décalque, autrement. Une exécution. Par le signe. (Henri Meschonnic, 1999 : 459)

494. Il ne suffit pas d'être romancier pour traduire un roman comme une écriture et selon son écriture. (Henri Meschonnic, 1999 : 264)

495. Même si, comme traductrice, je n'ai pas de contrôle sur le contenu du texte que je traduis, je suis responsable de sa *ré*-écriture en langue d'arrivée. (Susanne de Lotbinière-Harwood, 1991 : 74)

496. L'exercice de la traduction n'a rien de commun avec la création littéraire, pas plus qu'elle n'en a avec la théorie de la traduction. (Brigitte Lépinette, 1993 : 598)

497. Pour rendre le sens *littéraire* des ouvrages de littérature, il faut d'abord le saisir ; et il ne suffit pas de le saisir : il faut encore le recréer. (Valery Larbaud, 1946 : 70)

498. Traduire n'est pas écrire. Écrire artistement, c'est concevoir, inventer un objet porteur d'un message : le message a été extrait du monde ; il a été conceptualisé, fabriqué avec du vécu combiné à de l'imaginaire. (Claude Tatilon, 2003 : 114)

499. Traduire n'est rien d'autre qu'écrire. La difficulté, la hauteur, de l'acte de la traduction est moins dans la distance d'une langue à une autre que dans la distance à l'intérieur de ma propre langue. (Frédéric Boyer, 2002 : 49)

500. Traduire, c'est écrire. Trafiquer des mots. (Sylvie Durastanti, 2002 : 12)

501. La prestation créatrice de la traduction ne peut avoir son lieu que là où la prestation créatrice du langage lui-même a le sien. (Franz Rosenzweig, « Jehuda Halévi » [c1924], 1998 : 156. Traduction : Jean-Luc Évard)

502. Pour traduire bien, il faut s'éprendre de la matière verbale d'une œuvre, et la sentir renaître dans sa propre langue avec l'urgence d'une seconde création. (Cesare Pavese, « Lettre à Bompiani », 15 janvier 1940, dans Gresset, 1975 : 85. Traduction : Dominique Fernandez)

503. S'il y a une caractéristique de la traduction, c'est bien qu'en elle écriture et lecture, travail créateur et regard critique, sont exactement contemporains et coïncident comme nulle part ailleurs dans le champ littéraire. (Jean-Yves Masson, 1997 : n. p. En ligne)

504. La traduction est une rencontre de deux plumes. (Jean Delisle)

505. Il n'y a pas de bonne traduction sans invention. Mais l'invention du traducteur ne consiste pas à écrire ce qu'il veut à la place de ce qu'il y a, ce qui reviendrait à écrire n'importe quoi. (Dominique Grandmont, 1997 : 127)

506. Traduire n'est pas passer d'une langue à l'autre. C'est écrire dans sa langue à l'écoute d'une autre. (Dominique Grandmont, 1997 : 79)

507. Traduire n'est pas qu'une belle prouesse technique, c'est une façon d'être. Chaque poème en rappelle l'évidence aveuglante : ci-gît le secret de l'écriture. C'est lui qu'il faut traduire. (Dominique Grandmont, 1997 : 9)

508. L'originalité des innovations stylistiques d'une œuvre doit être perceptible dans la traduction et même devenir une source de créativité stylistique dans la langue d'arrivée. (Hugo Friedrich, « On the Art of Translation » [c1965], dans Schulte et Biguenet, 1992 : 16. Traduction)

509. La traduction est une forme de rivalité avec le texte original afin de le surpasser et d'en faire une source d'inspiration pour

la création de nouvelles expressions dans la langue d'arrivée. (Hugo Friedrich, « On the Art of Translation » [c1965], dans Schulte et Biguenet, 1992 : 13. Traduction)

510. Non, il n'est pas toujours possible de recréer l'original avec toutes ses originalités. Oui, il s'avère parfois nécessaire d'en créer d'autres. (Sylvie Durastanti, 2002 : 77)

511. Maître de son texte, le traducteur se comporte en auteur lorsqu'il remodèle la glaise dans laquelle les pensées ont été originellement matérialisées par le souffle créateur du premier auteur. Écrire et traduire ont en commun le remodelage d'une pensée dans un esprit de liberté. (Jean Delisle, 1999 : 265)

512. La traduction, refaisant à rebours les chemins de la création, cartographie le paysage de l'œuvre (d'autres diraient, peut-être plus justement, radiographie) et épouse ses méandres. (Nicole Côté, 2000 : 89)

513. Recréer le génie de Bach dans toute sa splendeur, ce serait non seulement jouer toute son œuvre, mais aussi faire entendre chacune des interprétations qui ont eu cours au fil des siècles. Ainsi en va-t-il des traductions d'une œuvre. (Nicole Côté, 2000 : 89)

514. La traduction n'est pas une activité scientifique, car elle est bien souvent, et souvent par nécessité, approximative. Mais elle est un art, puisque, pour préserver le rang du texte traduit, elle se doit de devenir écriture et création. C'est précisément ce qui l'élève et la fait échapper à la médiocrité. (Jean-Claude Capèle, 1998 : n. p. En ligne)

515. La question qui se pose en traduction comme en écriture est celle du choix. Quel signifiant privilégier, élire pour animer en surface les multiples signifiés qui s'agitent invisibles et efficaces dans le volume de la conscience ? (Nicole Brossard, 1984 : 23)

516. La traduction est possible précisément parce que sa difficulté est la leçon d'exigence qui permet d'accéder à un plus haut degré de rigueur dans l'écriture. Mais les bonnes traductions (celles

qui servent la poésie) sont rares pour exactement la même raison. (Yves Bonnefoy, 2000 : 55)

517. Il ne faut pas moins de talens pour bien traduire que pour produire un bon ouvrage original. (Paul-Jérémie Bitaubé, 1779, III : 469)

518. On ne peut refuser au traducteur le mérite de l'invention. [...] Le poëte imite la nature. son traducteur imite cette imitation. (Paul-Jérémie Bitaubé, 1779, III : 467)

519. Le traducteur, même dans le cas de la proximité la plus grande, (re)crée sur un fond qui n'est pas identique à celui de l'auteur. Sa page blanche n'est pas la même page. (Étienne Barilier, 1990 : 41)

520. Le traducteur s'intéresse à l'œuvre d'un autre pour fusionner sa propre création avec celle de l'autre. (Annie Allain, dans *Seizièmes Assises...*, 2000 : 159)

Effacement du traducteur

521. L'effacement soit ma façon de resplendir. (Philippe Jaccottet, 1971 : 76)

522. La démarche d'effacement, en traduction comme en poésie, est en soi paradoxale, car malgré toutes les précautions, les choix restent ceux d'une personnalité, d'une individualité ayant ses connaissances et sa sensibilité propres, mais qui demeurent plus ou moins « visibles » à la lecture. (Mathilde Vischer, 2003 : 57)

523. Le traducteur est méconnu ; il est assis à la dernière place ; il ne vit pour ainsi dire que d'aumônes ; il accepte de remplir les plus infimes fonctions, les rôles les plus effacés ; « Servir » est sa devise, et il ne demande rien pour lui-même, mettant toute sa gloire à être fidèle aux maîtres qu'il s'est choisis, fidèle jusqu'à l'anéantissement de sa propre personnalité intellectuelle. (Valery Larbaud, 1946 : 9)

524. L'auteur seul est la source, et le rôle du traducteur est de ne pas trop brouiller les eaux. [Il doit] se fondre à l'œuvre comme le sel dans l'eau. (Charlotte Melançon, dans Buzelin, 2005 : 234-235)

525. Le traducteur doit disparaître dans le radiement de lumière dont il tâchera d'auréoler l'auteur. (Louis Fabulet, dans « L'enquête des *Cahiers du Sud* », 1927 : 269)

526. Pour le traducteur, il n'y a qu'une place possible : derrière la page. (Sylvie Durastanti, 2002 : 28)

527. L'auteur est sur le devant de la scène, et le traducteur derrière le rideau. (Albert Bensoussan, dans *Actes des quatrièmes Assises…*, 1988 : 37)

528. Écrire, c'est extraire de soi. Traduire, c'est donner la parole. (Jean Delisle)

529. L'acte de traduire est en lui-même ambivalent : c'est « montrer » que l'on se cache, et ainsi laisser, même en se faisant le plus discret possible, une trace de cette transmission. (Mathilde Vischer, 2003 : 22)

530. Le traducteur s'abstient de juger, d'améliorer, d'atténuer, d'insister. On lui demande ce que l'on demande à un miroir. D'être fidèle et de se faire oublier. (François Vermeulen, 1976 : 53)

531. Le grand traducteur n'obstruera pas la piste qui conduit à l'original. (Franz Rosenzweig, « De l'esprit de la langue hébraïque » [c1921], dans Rosenzweig, 1998 : 20. Traduction : Jean-Luc Évard)

532. Ma prétention à la « transparence », à servir le texte original sans interférer, est, en grande partie, une illusion, sinon une sottise. (Philippe Jaccottet, 1997a : 15)

533. Les meilleures traductions sont, quant à leur style, les plus anonymes, celles qui n'ont pas de visage. Celles qui restituent scrupuleusement le « contenu » de l'original, sans que ses qualités littéraires transparaissent dans la langue cible.

(Hanno Helbling, « Cordonnier ou poète ? », dans Graf, 1998 : 78. Traduction : Marion Graf)

534. Le traducteur doit s'oublier lui-même, il ne doit pas chercher à mettre en valeur son propre talent. (Pierre Daviault, 1936 : 2e cours)

535. Traduire complique et parfait l'acte d'écrire. L'écrivain est libre de s'exprimer lui-même : il doit s'affirmer. Le traducteur, au contraire, pour bien remplir sa mission, doit s'effacer et disparaître devant l'œuvre qu'il présente dans une autre langue. (André Chouraqui, 1990 : 457)

536. S'il est vrai que la traduction est une branche de la littérature, plus qu'un rameau de la linguistique, le traducteur n'a pas pour vocation – comme ce fut le cas à la Renaissance – de se substituer à l'auteur pour faire entendre sa propre voix. (Albert Bensoussan, 1995 : 111)

537. Le traducteur restera dans l'ombre, c'est d'ailleurs là qu'il doit être : il faut que le lecteur qui ne lit pas l'auteur dans le texte puisse le recevoir le plus directement, le plus fidèlement possible, et cette fidélité-là ne s'obtient qu'au prix de l'effacement du traducteur. (Albert Bensoussan, 1995 : 27)

538. Les vraies traductions-effacements sont l'immense masse des traductions mauvaises, oubliables oubliées, où ce n'est pas le traducteur qui s'efface, mais le poème. (Henri Meschonnic, 1999 : 310)

Éloge et respect de l'original

539. Devant l'original, le traducteur doit s'agenouiller sans se prosterner. (Carlos Batista, 2003 : 19)

540. Tout original est un texte sacré, un modèle qui commande, auquel il n'est pas permis de rien changer. (Charles-Joseph Panckoucke, « Sur l'art de traduire » [c1787], dans D'hulst, 1990 : 134)

541. La traduction a cela de bon, c'est que si un ouvrage ne nous semble pas à la hauteur de sa réputation, on a toujours la

consolation de se dire que ça doit être magnifique dans l'original. (Octave Crémazie, 1882 : 41)

542. Personnellement, je ne crois pas qu'une traduction, même mauvaise, peut ternir la réputation d'un auteur, puisque ce qui compte c'est uniquement l'œuvre originale qui, elle, demeure intacte. (Frank R. Scott, 1954. Traduction)

543. *À propos de* Don Quichotte*:* « Traduire, c'est faire profession d'obéissance et de respect. Quand il s'agit de traduire le plus grand roman des Temps modernes, l'obéissance et le respect sont d'autant plus de rigueur que l'œuvre a traversé le temps, démontrant ainsi son droit au respect, son droit au culte. Comment traduire un objet de culte ? » (Aline Schulman, dans *Neuvièmes Assises…*, 1993 : 115)

544. Il y a toujours plus de grâce en l'original qu'en la traduction… qu'il n'y eut jamais translateur, pour suffisant qu'il fust, qui méritast même louange que son autheur… ayant chaque langue je ne sais quoi de naïf et propre non exprimable en l'autre. (Louis Le Roy, 1575 : 56)

545. Rien n'est si ordinaire aux Traducteurs, pour inspirer au Public quelque estime de leur travail, que de commencer par l'éloge de l'Ouvrage qu'ils ont à traduire, & par celui de l'Auteur qui l'a composé. (Pierre-François Le Courayer, 1736 : I)

546. C'est un usage immémorial parmi les traducteurs de relever l'excellence de l'auteur qu'ils traduisent. Ils prétendent justifier leur goût en prouvant la perfection de l'original qu'ils ont choisi ; et ils recommandent en même temps leur propre ouvrage, où ils se flattent d'avoir fait passer les mêmes beautés qu'ils font valoir. (Antoine Houdar de La Motte, « Discours sur Homère » [c1714], 2002 : 159)

547. Le plus grand tort qu'on puisse faire à une coppie, c'est de luy montrer son original, veu qu'elle perd toute sa grace devant luy, et que la Nature mesme a peine à faire deux choses qui se ressemblent. (Nicolas Perrot d'Ablancourt, « Préface », *Annales* [c1640] de Tacite, dans Zuber, 1972 : 128)

548. Ceux qui traduissent des livres, ont coutume d'en loüer la beauté & l'excellence, pour faire estimer d'avantage leur travail, & montrer la bonté de leur discernement. (Abraham Nicolas Amelot de la Houssaie, 1683 : I)

549. Il n'y a pas un seul vers dans Homere où je ne sente une beauté, une force, une harmonie, une grace qu'il m'a été impossible de conserver. (Anne Dacier, « Préface », *L'Illiade* [c1699], 1719, I : XXXVI)

Éloge du traducteur

550. Je mets un bon traducteur au-dessus d'un bon auteur. (Emil Michel Cioran, 1997 : 387)

551. En accordant aux écrivains créateurs le premier rang qu'ils méritent, il semble qu'un excellent traducteur doit être placé immédiatement après, au-dessus des écrivains qui ont aussi bien écrit qu'on le peut faire sans génie. (Jean d'Alembert, « Observations sur l'art de traduire » [c1763], 1967, IV : 36)

552. Les traducteurs reçoivent à peine une mention, bien qu'ils méritent un prix Nobel. (Daniel Weissbort, 2002 : n. p. En ligne. Traduction)

553. Eh bien, je puis vous dire, monsieur le traducteur, que vous n'êtes pas connu comme vous devriez l'être, dans un monde toujours hostile aux esprits ornés et aux travaux dignes d'estime. (Miguel de Cervantès, 1962 [c1605-1615], II : 443. Traduction : Francis de Miomandre)

554. *Au sujet de sa traductrice :* « Lorsque je lis une traduction d'Hélène Filion ma maison semble plus grande. » (Margaret Atwood, dans Malena, 2005 : 168)

555. Il y a un héroïsme caché dans un grand nombre d'activités humaines, et la traduction est l'une d'elles. (Jean-Yves Masson, « Postface », dans José Ortega y Gasset, 2013 : 101)

556. Le vrai révolutionnaire en littérature, c'est le traducteur, homme passif par son métier, actif par son influence. (Charles Nodier, 1834 : 249)

557. Aux vertus qu'on exige d'un traducteur, y aurait-il beaucoup d'écrivains qui fussent dignes d'être traducteur ? (Paulo Rónai, dans *Traduire*, 1976, 87 : 1)

558. Ce fou de traducteur jette des ponts vers une rive inaccessible. Sans lui, pourtant, nous resterions enfermés dans notre île. (François Vermeulen, 1976 : 111)

559. *Au sujet de Nicolas Perrot d'Ablancourt :* « Il faut bien qu'il ayt raison, puisqu'on lit ses traductions comme des originaux. » (Gédéon Tallemant des Réaux, *Historiettes* [c1657], 1854-1860, V : 25)

560. Sans le traducteur, nous vivrions dans des chapelles arrogantes de silence. (George Steiner, 1970 : 25. Traduction)

561. Bien que je n'aime pas les révolutions sanglantes, je souhaite que les traducteurs se révoltent. Ce sont eux qu'il faut à tout prix libérer. (Isaac Bashevis Singer, 1970 : 112. Traduction)

562. On ne peut pas mépriser le traducteur pas plus que la femme pour la bonne raison qu'on ne peut pas se passer ni de l'un ni de l'autre. (Isaac Bashevis Singer, 1970 : 112. Traduction)

563. En littérature et en science, comme dans tous les domaines de l'activité humaine, nous avons besoin de traductions et le traducteur m'apparaît souvent plus utile que l'auteur du texte original. (Isaac Bashevis Singer, 1970 : 112. Traduction)

564. Mes traducteurs sont mes meilleurs critiques. (Isaac Bashevis Singer, 1970 : 111. Traduction)

565. Mille choses qui échappent à un homme qui lit, n'échappent point à un homme qui traduit. (Pline le Jeune, *Lettres* [101-110], 1850 : 630. Traduction : Louis de Sacy)

566. Un Traducteur n'à jamais le nom d'Auteur. Mes pour cela, veù je decourager les Traducteurs ? nanni, et moins ancores les fruster de leur louange due. (Jacques Peletier du Mans, *Art poëtique* [c1555], 1930 : 106)

567. Traduire, n'est point une chose vile, selon la pensée de quelqu'un ; mais c'est quelquefois une chose assez difficile : et la traduction ne présuppose point, comme il dit, une bassesse de courage, et un ravallement d'esprit, si elle est bien faite. (Michel de Marolles, « Préface » *Les satyres de Juvenal* [c1653], dans Zuber, 1968 : 137)

568. *Épitaphe de Nicolas Perrot d'Ablancourt :*
L'illustre d'Ablancourt repose en ce tombeau,
Son genie à son siecle a servi de flambeau.
Dans ses fameux escrits toute la France admire
Des Grecs & des Romains les precieux trezors.
A son trespas on ne peut dire
Qui perdit le plus des vivans ou des morts.
(Gédéon Tallemant des Réaux, *Historiettes* [c1657], 1854-1860, V : 30)

569. *Voltaire s'adressant à M*[me] *Dacier :* « Madame, sans vouloir troubler la paix de votre ménage, je vous dirai que je vous estime et vous respecte encore plus que votre mari ; car il n'est pas le seul traducteur et commentateur ; et vous êtes la seule traductrice et commentatrice. » (Voltaire, « Scoliaste – À Madame Dacier sur Homère » [c1764], 1879, XX : 409)

570. *Éloge adressé à Jean Hamelin, traducteur de Tite-Live :*
Si tous les bons auteurs de Rome & de la Grece
Estoient ainsi traduits, la Françoise jeunesse,
Sans tant se travailler à comprendre des mots,
(comme des estourneaux dans une cage enclos)
Apprendroient la science en leur propre langage…
(Pierre de Ronsard, *Seconds Meslanges* [c1559], dans du Bellay, 1966 : 59)

571. *Éloge de Jacques Amyot :* « Je donne avec raison, ce me semble, la palme à Jacques Amiot sur tous nos escrivains François, non

seulement pour la naïfveté et pureté du langage, en quoy il surpasse tous autres, ny pour la constance d'un si long travail, ny pour la profondeur de son sçavoir, ayant peu développer si heureusement un autheur si espineux et ferré […] ; mais sur tout je lui sçay bon gré d'avoir sçeu trier et choisir un livre si digne et si à propos, pour en faire present à son pays. » (Michel de Montaigne, 1962 [c1580] : 344)

572. *À propos des traducteurs du xvie siècle en France :* « On dirait qu'ils se sentent revêtus comme d'un sacerdoce ; que l'antiquité est un temple interdit aux profanes dont eux seuls permettent ou défendent l'entrée. Sous cet aspect, cet humble labeur de traduire grandit et s'élève jusqu'à la hauteur d'une œuvre civilisatrice. (Frédéric Hennebert, 1968 [c1861] : 15)

573. *Au sujet Joukovski, traducteur de l'*Odyssée *:* « Le traducteur, de façon invisible, est devenu comme l'interprète d'Homère, comme une sorte de verre optique, éclaircissant, placé devant l'œil du lecteur, au travers duquel apparaissent encore plus nettement et clairement ses innombrables trésors. » (Nicolas Gogol, « Lettre à N. M. Yazykov, 1845 », 1966 : 1520. Traduction : José Johannet)

574. *Au sujet de Malherbe, traducteur de Sénèque :* « Un autre que lui ne se fût jamais servi avec tant de jugement et de retenue de ces libertés, absolument nécessaires pour bien traduire. » (Antoine Godeau, « Discours sur les œuvres de M. de Malherbe » [c1630], dans Malherbe, 1862, I : 371)

575. *À propos de la traduction portugaise de son* Art poétique *par le comte d'Ériceyra :* « La traduction que votre excellence a bien daigné faire de mon *Art poétique,* et les éloges dont elle l'a accompagné en me l'envoyant, m'ont donné un véritable orgueil. Il ne m'a plus été possible de me croire un homme ordinaire, en me voyant si extraordinairement honoré ; il m'a paru que d'avoir un traducteur de votre capacité et de votre élévation étoit pour moi un titre de mérite, qui me distinguoit de tous les écrivains de notre siècle. (Nicolas Boileau, « Réponse à la lettre du comte d'Ériceyra » [c1697], 1860 : 305)

576. *À propos de la traduction portugaise de son* Art poétique *par le comte d'Ériceyra :* « J'ai assez bien entendu votre traduction pour m'y admirer moi-même, et pour me trouver beaucoup plus habile écrivain en portugais qu'en françois. En effet, vous enrichissez toutes mes pensées en les exprimant. Tout ce que vous maniez se change en or, et les cailloux mêmes, s'il faut ainsi parler, deviennent des pierres précieuses entre vos mains. (Nicolas Boileau, « Réponse à la lettre du comte d'Ériceyra » [c1697], 1860 : 305)

577. Tant vaut une société, tant valent les traductions qu'elle accepte. C'est dire l'importance de l'œuvre des traducteurs. (Jean-François Joly, 2014 : xxi)

578. *Éloge adressé à Michel de Marolles :*
Tu fais sortir les morts de leurs fameux tombeaux
Dans tes traductions, si pompeux et si beaux
Qu'aux rives de la Seine ils ont l'air aussi libre
Qu'ils l'eurent autrefois sur les rives du Tybre.
(Antoine Godeau, « Epistres morales » [c1650], dans Zuber, 1968 : 126)

579. Combien de différends et de malentendus on aurait pu éviter, combien de temps on aurait pu gagner si seulement on avait fait confiance aux traducteurs pour résoudre bon nombre de litiges ! (Friedrich von Gentz, « *Journal*, septembre 1814 », 1999 : v. Traduction)

580. On n'a jamais assez souligné l'importance de la traduction et surtout le mérite des traducteurs dans l'histoire des peuples, dans leurs développements culturels ou encore dans l'essor technique et scientifique à travers les âges. (André Clas, 2002 : 11)

581. Quel magnifique avenir est réservé aux traducteurs, quel champ d'activité prodigieux ! Quelle gratitude de millions d'hommes ! Que de joies : que de responsabilités ! (Edmond Cary, 1949 : 91)

582. Certains auteurs mondialement connus qui, parfois, mettent en cause tel ou tel de leurs traducteurs avec une vigueur proportionnelle à leur notoriété feraient bien de se souvenir que

sans ces modestes artisans de la langue, ils seraient restés dans les oubliettes de la littérature mondiale. (Jean-Claude Capèle, 1998 : n. p. En ligne)

583. En étant traduits, mes textes se sont améliorés et, à force d'être traduits, ils finiront bien par être dignes de rester dans quelque bibliothèque… (Jorge Luis Borges, dans Stanké, 1988 : 429)

584. *En 1977, dans une interview télévisée avec son traducteur Roger Caillois, Borges, se tournant vers lui, s'exclama :* « Ô mon traducteur, ô mon bienfaiteur ! » (Jorge Luis Borges, dans Caillé, 1979 : 43)

585. Il y a ici les poètes, là les romanciers, voire les critiques, tous responsables du sens de la littérature, il faut compter au même titre les traducteurs, écrivains de la sorte la plus rare, et vraiment incomparables. (Maurice Blanchot, 1971 : 69)

586. Les traducteurs du passé ont un sacré mérite : ils ont bâti notre langue française en digérant toutes les autres, en les cannibalisant. (Albert Bensoussan, 1995 : 34)

587. Je ne suis pas loin de croire que nous sommes, nous, les traducteurs, des êtres privilégiés. (Betty Bednarski, « La traduction comme lieu d'échange », dans Beaudet, 1999 : 127)

588. Si tout est vanité en ce monde littéraire, où s'en trouve-t-il moins que chez le traducteur, ce modeste artisan de mots qui s'efface derrière l'artiste original, et qui, par nature et par profession, est plutôt porté à admirer qu'à éblouir ? (Abraham-Henri Becker, 1969 [c1896] : 75)

589. *Traduttore, traditore.* Cet ingénieux proverbe – oraison funèbre préventive de toute traduction à naître – a charmé plus de critiques qu'il n'a découragé de traducteurs. Leur zèle n'en a pas été effrayé, ni leur nombre restreint : de leurs noms seulement, on ferait un chapitre. (Abraham-Henri Becker, 1969 [c1896] : 74)

590. Une grève des traducteurs en tous domaines (culturel, politique, scientifique, médical, juridique, commercial) paralyserait

un pays aussi sûrement qu'une grève générale de l'électricité. (Laure Bataillon, 1991 : 7)

591. La différence du traducteur à l'écrivain n'est qu'une différence de degré, non de nature. Ce qui n'altère pas la dignité de l'écrivain, mais consacre celle du traducteur. (Étienne Barilier, 1990 : 49)

592. Les plus célèbres traducteurs ont éclipsé les auteurs qu'ils ont traduits : Amyot a été plus célèbre que Plutarque ; La Fontaine, qu'Esope ; La Bruyère, que Théophraste ; Baudelaire, que Poe. (Pierre Baillargeon, 1951b : 52)

593. En français, mes œuvres semblent tellement, comment dire, « françaises », et en quelque sorte plus intellectuelles. Sans doute cela tient-il à l'excellent travail de mes traductrices. (Margaret Atwood, 1988 : 32)

594. Il y a parmi nous une espèce de fatalité attachée à tous les arts qui consistent à se revêtir d'un personnage étranger. Il en est que nous avons avili par le préjugé le plus injuste ; il en est que nous ne considérons pas assez, et le métier de traducteur est de ce nombre. (Jean d'Alembert, « Observations sur l'art de traduire » [c1763], 1967, IV : 36)

Embellissement des traductions

595. On peut quelquefois se donner la liberté de corriger les défauts de l'Auteur que l'on traduit. (Jean-Baptiste Morvan de Bellegarde, « Des règles de la traduction » [c1695], 1706 : 446)

596. Les traducteurs sont comme les peintres de portraits ; ils peuvent embellir la copie, mais elle doit toujours ressembler à l'original. (Élie Fréron, « Lettre XIII, 12 novembre 1752 », 1966, I : 535)

597. Les graces diverses dont ce Discours brilloit partout, je puis dire sans vanité que j'y en ay mis quelques autres que j'ay tirées du sujet, soit pour le raisonnement, pour la douceur des liaisons, pour l'intelligence des choses, ou pour la beauté du

discours. (Jules Pilet de La Mesnardière, « Préface » [c1638], Pline le Jeune, *Panégyrique de Trajan,* dans Horguelin, 1981 : 89)

598. Je crois, que c'est une fidélité ridicule, que de copier les défauts de son Original, quand on le peut rendre plus régulier, sans en altérer la substance. (Abraham Nicolas Amelot de la Houssaie, 1683 : xxxi)

599. *À propos des traductions embellies :* « Vous copiez un vase étrusque, & vous lui donnez l'élégance grecque ; ce n'est point-là ce qu'on vous demande, & ce que l'on attend de vous. » (Jean-François Marmontel, 1751, IV : 952)

600. *Au sujet de Luca Assarino qu'il a traduit :* « En cette version vous le trouverez non seulement purifié, mais encore infiniment embelly. [...] Il n'est plus ce qu'il étoit, mais il est ce qu'il devoit être, et ce qu'il eust esté luy mesme en sa propre langue si la multitude ne l'eust emporté. » (Claude de Malleville, 1640 : vi. En ligne)

601. Il est temps que je prévienne les miens sur les libertés que j'ai prises dans cette traduction. Ce sont les défauts que j'ai cru remarquer dans l'ouvrage qui m'y ont autorisé. (Pierre Le Tourneur, 1770, I : lxv)

602. Il arrive qu'une imperfection dans l'original irrite le traducteur qui la corrigerait volontiers ; il doit pourtant s'y refuser et ne pas refaire ce que le poète n'a pas fait en raison de son âge : ce n'est pas dans son contrat. (Dante Gabriel Rossetti, *Dante and His Circle* [c1861], 1902 : xv. Traduction)

603. Les fautes et défauts, défaillances, illogismes, négligences d'un auteur doivent-ils être « respectés », ou palliés, par le traducteur ? Cette tentative d'amélioration pourra paraître, dans certains cas, bien téméraire, et, de quelque manière qu'il s'y prenne, c'est au traducteur que l'on reprochera les fautes mêmes de son auteur. (André Gide, 1959, I : xiii)

604. Le traducteur qui a trop grande confiance en soi et trop grande complaisance est enclin à usurper le rôle du juge ; l'auteur qu'il

prétendait traduire, il ose le soumettre à son bon plaisir : les endroits qu'il ne goûte point, il les rejette et les remplace par des inventions de son cru. Un pareil homme est un brouillon et non un traducteur ; il rapièce, il ne traduit pas. (Pierre Daniel Huet, « De Interpretatione » [c1661], dans Horguelin, 1981 : 104)

605. Il faut être quelquefois supérieur à son original, précisément parce qu'on lui est très inférieur. (Jacques Delille, *Les Géorgiques*, « Discours préliminaire » [c1770], 1997 : 333-334)

606. La Traduction est tellement obligee à son subject, qu'elle n'en doit pas amoindrir le sens et les raisons en aucune façon que ce soit : mais plustost que les traictez que l'on veut traduire reçoivent un embellissement et une plus splendide couleur en la traduction. (Pierre de Deimier, 1610 : 256)

607. Si vous êtes traducteur, votre instrument n'est ni la lyre, ni le pinceau – c'est le miroir. Un monsieur qui verrait dans la glace son reflet encadré soudain d'une tignasse préhistorique, ou coiffé d'une perruque Louis XIV, renverrait par le premier courrier au fabricant un miroir qui ne fait pas honnêtement son métier, car on ne lui demande pas d'enjoliver mais de refléter, un point c'est tout. (Irène de Buisseret, 1975 : 55-56)

608. Il est difficile d'estre bien exact en la traduction d'un Auteur qui ne l'est point. Souvent on est contraint d'ajoûter quelque chose à sa pensée pour l'éclaircir ; Quelquefois il en faut retrancher une partie pour donner jour à tout le reste. Cependant, cela fait que les meilleures traductions paraissent les moins fideles. (Nicolas Perrot d'Ablancourt, « Préface », *Annales* [c1640] de Tacite, dans Zuber, 1972 : 122)

Enrichissement des langues, des littératures

609. J'ai toujours regardé les traductions comme un des meilleurs moyens d'enrichir une langue. (Jacques Delille, *Les Géorgiques*, « Discours préliminaire » [c1770], 1997 : 327)

610. Il seroit facile de prouver que la traduction proprement dite n'a guere enrichi la langue. (Paul-Jérémie Bitaubé, 1779, III : 475)

611. Des traductions bien faites seraient le moyen le plus sûr et le plus prompt d'enrichir les langues. (Jean d'Alembert, « Observations sur l'art de traduire » [c1763], 1967, IV : 37)

612. Traduire un poëte étranger, c'est accroître la poésie nationale ; cet accroissement déplaît à ceux auxquels il profite. (Victor Hugo, 1973 [c1864] : 339)

613. Oui, la langue est fécondée par les traductions. (Jean-Paul Savignac, 1990 : 39)

614. Tout homme qui traduit une langue savante peut faire pour sa langue ce qu'un voyageur instruit fera pour son pays, en y rapportant des plantes étrangères, dans le dessein de les naturaliser. (Guillaume-Dubois de Rochefort, « Observations sur les difficultés... » [c1788], dans D'hulst, 1990 : 144)

615. Les traductions éclairent les défauts et éteignent les beautés ; mais on peut assurer qu'elles perfectionnent le langage. (Antoine de Rivarol, 1785 : xxxiv)

616. Ces merveilleux exercices qui consistent à traduire d'une langue dans une autre fécondent de la façon la plus profitable qui soit le sens artistique que l'on a de sa propre langue. (Friedrich Nietzsche, dans *Traduire*, 1971, 68 : 1)

617. Chaque époque d'écriture enrichit la possibilité de traduire. Chaque époque de traduction enrichit la possibilité d'écrire. (Henri Meschonnic, « Pour une poétique de la traduction » [c1970], 1986a : 9-10)

618. Un texte traduit dans une langue donnée devient un texte qui relève de cette langue. Cela, toujours, dans tous les cas. (Marguerite Duras, dans *Actes des quatrièmes Assises...*, 1988 : 89)

619. Écrire un ouvrage original dans sa langue, c'est, si j'ose m'exprimer ainsi, consommer ses propres richesses ; traduire, c'est importer en quelque façon dans sa langue, par un commerce heureux, les trésors des langues étrangères. (Jacques Delille, *Les Géorgiques*, « Discours préliminaire » [c1770], 1997 : 328)

620. *Au sujet des traducteurs du XVI*[e] *siècle :* « Les plus utiles ouvriers de la langue sont les traducteurs, en même temps que par leur activité nos Français s'incorporent toute la meilleure substance des anciens. » (Gustave Lanson, 1952 [c1894] : 270)

621. Toute traduction comporte une certaine pénétration de la langue de départ dans la langue d'arrivée, et l'élargissement, l'enrichissement de cette dernière. (Mario Wandruszka, 1973 : 84)

622. C'est enrichir sa langue que de soumettre les œuvres classiques à son esprit. (Charles Le Blanc, « Introduction », dans Lichtenberg, 1997 : 91)

623. Quand nous traduisons les grandes œuvres littéraires, nous n'en reproduisons pas des copies, nous multiplions nos richesses culturelles. (Pavel Toper, 1979 : 8)

624. Le traducteur enrichit sa langue en laissant la langue-source s'y insinuer et la modifier. Mais il fait bien plus : il étire son propre parler en direction de l'absolu secret de la signification. (George Steiner, 1978 [c1975] : 72. Traduction : Lucienne Lotringer et Pierre-Emmanuel Dauzat)

625. Les traductions des poètes étrangers peuvent, plus efficacement que tout autre moyen, préserver la littérature d'un pays de ces tournures banales qui sont les signes les plus certains de sa décadence. (Madame de Staël, 1821, XVII : 387)

626. La traduction ne détruit pas totalement une œuvre artistique ; nous en retirons toujours quelque chose de positif. (Frank R. Scott, 1959 : 9. Traduction)

627. Un des rôles fondamentaux de la traduction est l'élargissement des potentialités de la langue-cible. Ainsi, ce qui est exprimé

dans le texte-traduction de manière étrange correspond à ce que la langue – étant donné son état historique – ne parvient pas (encore) à formuler. (Arno Renken, 2002 : 43)

628. Le traducteur doit être capable d'éveiller parmi les potentialités infinies de la langue-cible des éléments pas encore actualisés. En s'orientant sur l'original, la traduction permet ainsi d'outrepasser les limites historiques de la langue-cible et de lui conférer les capacités d'expression qui sont celles de la langue-source. (Arno Renken, 2002 : 41)

629. Je plaide pour le respect de l'insolite dans la traduction, la traduction à vue comme un palimpseste. Ce qu'il y a de fascinant dans cette démarche, c'est justement que la langue cible en soit affectée, qu'elle soit soumise à d'autres forces. (Ilma Rakusa, « Six lettres sur la traduction », dans Graf, 1998 : 127. Traduction : Ursula Gaillard)

630. La traduction a un sens surtout quand l'auteur traduit (traduit, bien sûr, *loyalement*, et non pas simplement « transvasé » approximativement dans une autre langue) parvient à introduire dans sa nouvelle patrie linguistique, c'est-à-dire dans la tradition littéraire qui l'accueille, quelque chose de neuf : une combinaison de paroles, des rythmes et un sens inédits à ce jour ou oubliés. (Fabio Pusterla, « Quatre lettres sur la traduction », dans Graf, 1998 : 81. Traduction : Adrien Pasquali)

631. Les traduccions quand eles sont bien faites, peuvet beaucoup anrichir une Langue. Car le Traducteur pourra faire Françoise une bele locution Latine ou Grecque : e aporter an sa Cite, avec le poes des santances, la majeste des clauses e elegances de la langue etrangere. (Jacques Peletier du Mans, *Art poëtique* [c1555], 1930 : 106-107)

632. Si dans les domaines politique et culturel, la traduction a permis l'élargissement des frontières, dans le domaine littéraire, elle a permis l'élargissement des limites linguistiques et poétiques. (Inês Oseki-Dépré, 1999 : 16)

633. Traduire entre dans le travail incessant qui change les formes littéraires d'une société. Mais l'idéologie courante et l'enseignement de la littérature ont caché et cachent encore cette importance de la traduction. (Henri Meschonnic, 1973 : 410)

634. La traduction nous fait vite découvrir nos limites, mais elle nous dévoile aussi les ressources insoupçonnées de notre propre langue. (Robert Melançon, dans Cronin, 1995 : 361. Traduction)

635. La plupart des traductions ferment le livre, mais certaines l'ouvrent à jamais. (François Vaucluse, 2001 : n. p.)

636. *Au sujet des écrivains indiens vivant en Angleterre :* « Ayant été menés au-delà du lieu de notre naissance, nous sommes des hommes "traduits". Il est généralement admis qu'on perd quelque chose dans la traduction ; je m'accroche obstinément à l'idée qu'on peut aussi y gagner quelque chose. » (Salman Rushdie, 1993 : 28. Traduction : Aline Chatelin)

637. L'acte de traduction s'élève à la hauteur d'un acte rédemptionnel, chaque langue souffrant de ses propres déficiences et pouvant trouver dans la langue étrangère le complément qui lui fait défaut, comme un allié compense les faiblesses d'un autre allié. (Benjamin Gross, 2003 : 172)

638. Comme la critique, la traduction est, par elle-même, valorisation ou consécration, ou, comme disait Larbaud, « enrichissement ». (Pascale Casanova, 1999 : 40)

639. *À propos des traducteurs :* « Ils superposent les idiomes les uns aux autres, et quelquefois, par l'effort qu'ils font pour amener et allonger le sens des mots à des acceptions étrangères, ils augmentent l'élasticité de la langue. À la condition de ne point aller jusqu'à la déchirure, cette traction sur l'idiome le développe et l'agrandit. » (Victor Hugo, 1973 [c1864] : 439)

640. S'il est vrai qu'avec toute langue qui disparaît, disparaît une part de l'imaginaire humain, avec toute langue qui est traduite s'enrichit cet imaginaire de manière errante et fixe à la fois. (Édouard Glissant, 1995 : 36)

641. Dans la traduction d'un texte il entre des données secrètes d'une nouvelle appartenance du texte. (Marguerite Duras, dans *Actes des quatrièmes Assises...*, 1988 : 89)

642. Ce tant louable labeur de traduyre ne me semble moyen unique & suffisant, pour elever nostre vulgaire à l'egal & parangon des autres plus fameuses Langues. (Joachim du Bellay, 1966 [c1549] : 32)

643. Ce n'est pas pour nous faire connaître les défauts des anciens qu'on les met en notre langue, c'est pour enrichir notre littérature de ce qu'ils ont fait d'excellent. (Jean d'Alembert, « Observations sur l'art de traduire » [c1763], 1967, IV : 38)

Épreuve de l'étranger

644. Un pays, une civilisation, une culture, une littérature, une langue ne concédant aucune place à l'Autre se trouvent voués à ressasser, à se répéter, à s'atrophier, à s'éteindre... (Sylvie Durastanti, 2002 : 132)

645. La force d'une langue n'est pas de repousser l'étranger, mais de le dévorer. (Johann Wolfgang von Goethe, dans Berman, 1984 : 26)

646. Sans l'épreuve de l'étranger, serions-nous sensibles à l'étrangeté de notre propre langue ? (Paul Ricœur, 1999 : 19)

647. Le risque dont se paie le désir de traduire, et qui fait de la rencontre de l'étranger dans sa langue une épreuve, est insurmontable. (Paul Ricœur, 1999 : 15)

648. Dans certaines conditions, le mouvement vers l'Autre peut être perçu comme une agression, le désir de partager comme une tentative d'annexion ou une mainmise. Il arrive alors que le traducteur éveille des soupçons, quel que soit l'idéal qui l'anime. (Betty Bednarski, « La traduction comme lieu d'échange », dans Beaudet, 1999 : 126)

649. La traduction me paraît, plus que toute autre activité littéraire, mettre en lumière, en les rendant explicites, les rapports du moi avec l'altérité. (Betty Bednarski, 1989 : 128)

650. Faute de bonnes traductions qui nous permettraient de mieux connaître l'Autre, nous maintenons sur le visage de l'Autre le masque de l'étrange, de l'étranger, de l'étrangéité. (Hubert Nyssen, dans *Vingtièmes Assises*..., 2004 : 89)

651. L'essence de la traduction est d'être ouverture, dialogue, métissage, décentrement. Elle est mise en rapport, ou elle n'est *rien*. (Antoine Berman, 1984 : 16)

652. Traduire, ce n'est pas renoncer à ma différence. C'est poser sur l'œuvre le regard d'un autre [...]. C'est soumettre l'œuvre à un regard étranger. (Betty Bednarski, 1989 : 12-13)

653. Dans l'altérité de l'autre, il y a des choses qui restent intraduisibles. Si on traduisait complètement l'autre, il ne serait plus autre. [...] On l'a beaucoup fait dans la tradition de la traduction, on francisait à tour de bras. Ou on anglicisait, on américanisait, on italianisait. Ça, c'est un excès que je trouve difficilement défendable. L'autre, c'est l'autre. On le libère, on l'accueille, mais il reste l'autre. (Jacques Brault, dans Côté, 2005 : 89)

654. La prétention à l'autosuffisance, le refus de la médiation de l'étranger, ont nourri en secret maints ethnocentrismes linguistiques et, plus gravement, maintes prétentions à l'hégémonie culturelle. (Paul Ricœur, 2004 : 10)

655. La traduction traite par excellence de l'*étranger*. L'étranger n'est pas simplement celui qui parle une langue différente, mais aussi et surtout celui qui évolue dans une totalité d'horizon fondamentalement distincte. (Arno Renken, 2002 : 7)

656. La traduction n'est plus désormais une opération tendant à montrer l'identité ultime des hommes, mais à devenir le véhicule de leurs singularités. (Octavio Paz, dans *Actes des troisièmes Assises*..., 1987 : 41)

657. L'erreur fondamentale du traducteur est de figer l'état où se trouve par hasard sa propre langue, au lieu de la soumettre à l'impulsion violente qui vient d'un langage étranger. (Rudolf Pannwitz, dans Blanchot, 1971 : 72)

658. La traduction est une activité qui suscite la méfiance parce qu'elle introduit dans notre système de valeurs des éléments qui lui sont tout à fait étrangers. La voix de l'Autre ébranle nos certitudes. (Wilson Orozco, 2004 [c2000] : 649. Traduction : Jean Delisle et Anna Maria Salvetti)

659. Une traduction ne doit jamais déguiser le goût et le caractère des ouvrages d'une nation ; elle est imparfaite si elle ne met le lecteur en état de les connaître et d'en juger. (Étienne de Silhouette, 1737 : 266)

660. Tant que l'on ne sent pas l'étrangeté, mais l'étranger, la traduction a rempli son but suprême ; mais là où l'étrangeté apparaît en elle-même et obscurcit peut-être même l'étranger, alors le traducteur trahit qu'il n'est pas à la hauteur de son original. (Wilhelm von Humboldt, « Sur la traduction… » [c1816], 2000 : 39)

661. Une traduction est presque toujours regardée tout d'abord par le peuple à qui on la donne comme une violence qu'on lui fait. Le goût bourgeois résiste à l'esprit universel. (Victor Hugo, 1973 [c1864] : 339)

662. Le traducteur littéraire, éprouve l'altérité jusque dans ses derniers retranchements. Il pratique une forme extrême de lecture, une écoute qui le mène aux sources mêmes de l'écriture, de la création. (Marion Graf, « Nationalité : frontalier », dans Graf, 1998 : 8)

663. Que penser de ces Critiques, qui veulent retrouver même dans le stile de la Traduction Françoise d'un Ouvrage, l'air étranger de l'Original ? Comment de cette ressemblance ne naîtroit il pas un idiome barbare ? (Pierre Desfontaines, 1967b [c1738], II : 151)

664. Le besoin de traduction révèle notre besoin de l'Autre pour exister et grandir, en nous démarquant de lui et en cultivant nos différences. (Jean Delisle)

665. Les traductions apportent la preuve qu'une société n'accueille pas l'Étranger de la même façon à toutes les époques de son histoire. Il existe pour chaque société une manière de traduire historiquement déterminée et toute traduction porte l'empreinte de l'époque qui l'a vue naître. (Jean Delisle, 2001 : 215-216)

666. Se décentrer. Ne pas annexer l'autre, devenir son hôte. Comment ? Et à quel prix ? En se taisant, en se portant à la rencontre d'une parole tenue pour étrangère et par un étranger. (Jacques Brault, 1975 : 15)

667. Le traducteur s'efforcera de respecter l'Étranger. Bannir l'ethnocentrisme qui a toujours consisté à annexer la culture de l'Autre. Il faut que le lecteur sente que le texte vient d'ailleurs, même s'il ne doit pas sentir qu'il est traduit. C'est tout le doigté du traducteur que de se faire oublier, sans pour autant faire oublier l'Étranger et l'étrangeté. (Albert Bensoussan, 1995 : 38)

668. On a beaucoup médit du traducteur, jugé sévèrement ses productions. Ce lettré instruit provoque la méfiance. [...] Ce qui fait peur, en fait, c'est moins le traducteur lui-même que les valeurs étrangères nouvelles, parfois étranges, qu'il dissémine dans sa culture. (Jean-François Joly, 2014 : xix)

Équivalences

669. L'équivalence est une notion à tout faire, dans la traduction. Elle est aussi floue que la fidélité. (Henri Meschonnic, 1999 : 28)

670. Une bonne traduction ne peut viser qu'à une équivalence présumée, non fondée dans une identité de sens démontrable. Une équivalence sans identité. Cette équivalence ne peut être que cherchée, travaillée, présumée. (Paul Ricœur, 1999 : 15)

671. Le succès de l'opération de traduction dépend de la qualité de la balance, et non de la capacité qu'ont les mots des deux langues en présence de peser *in abstracto* le même poids. (Maurice Pergnier, « Le quadrilatère conceptuel », dans Awaiss, 2002 : 319)

672. L'équivalent est l'objet de la traduction. (Joseph Joubert, 1938, II, « 1er juin 1807 » : 620)

673. Il n'est pas toujours possible de trouver dans une langue l'équivalent exact d'un mot d'une autre langue. (Arthur Schopenhauer, « On Language and Words » [c1851], dans Schulte et Biguenet, 1992 : 32. Traduction)

674. La bonne maniére de traduire n'est pas de traduire au pied de la lettre. Quand cela feroit un effet desagréable, il faut, à quelque prix que ce soit, trouver des équivalens qui portent si précisément dans l'esprit le même sens que le Texte Latin, qu'on puisse croire raisonnablement, que si l'Auteur avoit écrit en François, il se seroit servi de ces mêmes équivalens. (César Vichard de Saint-Réal, 1740 [c1691], V : xi)

675. Pour peser leur juste poids d'équivalence, les mots doivent être pesés avec une balance qui est faite d'idées, de sentiments, d'effets sur le lecteur, […] toutes choses qui échappent à la mise en relation directe des mots de la langue source et de la langue cible. (Maurice Pergnier, « Le quadrilatère conceptuel », dans Awaiss, 2002 : 319)

676. L'équivalent en français ne vous semble pas si exact. Une fente laisse passer de l'incertain entre les formules, les articulations. (Renée-Berthe Drapeau, 1988 : 21)

677. Etre trop fidéle aux mots, c'est être toujours infidéle au sens ; d'ailleurs chaque langue a son génie, ses tours, ses termes, ses figures, ses idiotismes. Le Traducteur doit alors chercher les équivalens dans sa langue ; c'est en quoi consiste le jugement. (Pierre Desfontaines, 1967a [c1744], I : 224)

678. Il ne faut pas s'imaginer que quand on traduit des mots d'une langue dans l'autre, il soit toûjours possible, d'employer des

équivalens exacts & rigoureux ; on n'a souvent que des à-peu-près. (Jean d'Alembert, 1754, IV : 956)

679. *Au sujet de la traduction d'*Hécube *de Jacques Nicolas Belin de Ballu :* « Un traducteur doit absolument recourir quelquefois à des équivalens ; sans quoi il aura plus souvent l'air de parodier que de traduire. » (Anonyme, dans *Journal encyclopédique…*, 1783, IV : 469)

Esthétique

680. Le traducteur discerne l'esthétique de chaque époque. (Georges Panneton, 1945 : 77)

681. Tant que le traducteur et le théoricien de la traduction seront dans le signe, dans l'esthétique, cette stratégie de compensation, ils ne pourront ni produire ni analyser ce que font les œuvres et les traductions qui travaillent dans leur signifiance, et dans leur poétique. (Henri Meschonnic, 2004a : 177)

682. Chaque texte a un son, une couleur, un mouvement, une atmosphère, qui lui sont propres. En dehors de son sens matériel et littéral, tout morceau de littérature a, comme tout morceau de musique, un sens moins apparent, et qui seul crée en nous l'impression esthétique voulue par le poète. Eh bien, c'est ce sens-là qu'il s'agit de rendre, et c'est en cela surtout que consiste la tâche du traducteur. (Valery Larbaud, 1946 : 69-70)

683. La prosodie est le fondement de toutes les autres beautés, et je crois qu'en cela aucun traducteur ne peut aller trop loin. (Wilhelm von Humboldt, « Sur la traduction… » [c1816], 2000 : 45)

684. Il faut concéder le moins d'influence possible au prétendu sentiment esthétique que précisément les traducteurs croient pouvoir invoquer en leur faveur, si l'on ne veut pas imposer au texte des trouvailles qui tôt ou tard font place à d'autres trouvailles. (Wilhelm von Humboldt, « Sur la traduction… » [c1816], 2000 : 43-44)

685. Ne sont-elles pas d'une « laideur frappante » ces traductions qui ressemblent d'une « manière frappante » à leur magnifique

original, mais sans en reproduire la beauté ? (Korneï Tchoukovski, 1984 : 72. Traduction)

Éthique

686. Un traducteur est un homme qui n'a aucun droit, il n'a que des devoirs. (Maurice-Edgar Coindreau, 1974 : 131)

687. Le traducteur ne peut être tenu responsable de tout. (Sébastien Côté, 2004 : 15)

688. Une traduction littéraire n'est jamais anonyme. La traduction signée est une traduction à responsabilité entière. (Pierre Baillargeon, 1951a : 50)

689. Les trois quarts de ce que nous lisons est traduction. On serait très limité si on ne disposait pas de traductions. Mais en même temps, c'est une responsabilité grave pour le traducteur : l'œuvre de quelqu'un d'autre est mise entre mes mains, et je sens bien que je ne réussirai jamais à tout donner, à tout rendre. (Marguerite Yourcenar, 1980 : 204-205)

690. *À propos de sa traduction de* Faust *de Goethe :* « Il vaut mieux s'exposer à laisser quelques passages singuliers ou incompréhensibles que de mutiler un chef-d'œuvre. » (Gérard de Nerval, « Préface » [c1853], *Faust* de Goethe, 1947 : 27)

691. La traduction *est* une éthique. Une éthique au féminin doit nous permettre de faire des choix, même dans des situations difficiles. Ceci la distingue de l'éthique masculine, où la liberté de choisir est le privilège de quiconque se trouve en position de contrôle – ce qui est rarement le cas des muettées. (Susanne de Lotbinière-Harwood, 1991 : 72)

692. L'exigence de littérarité est également un acte déontologique : on n'a pas le droit de transformer un artiste de la langue en parleur besogneux. (Claire Cayron, dans *Actes des premières Assises…*, 1985 : 97)

693. Le traducteur ne peut être tenu responsable de tout. (Sébastien Côté, 2004 : 15)

694. Une traduction littéraire n'est jamais anonyme. La traduction signée est une traduction à responsabilité entière. (Pierre Baillargeon, 1951a : 50)

695. On ne peut traduire et pourtant on y est obligé. C'est cette impossibilité que j'aime. On ne peut pas mais on y est obligé. On est convoqué devant le tribunal du monde à traduire. C'est presque un devoir politique, moral, cet enchaînement à la nécessité de traduire les œuvres. (Antoine Vitez, « Le devoir de traduire » [c1982], dans Sallenave et Banu, 1991 : 289)

696. La traduction, pas plus que le théâtre, ne peut être considérée en elle-même. Elle est toujours située dans le champ des forces politiques, elle est l'objet d'un enjeu politique et moral. (Antoine Vitez, « Le devoir de traduire » [c1982], dans Sallenave et Banu, 1991 : 290)

697. Un bon traducteur doit servir l'auteur jusqu'à le corriger au besoin. (Jean-Jacques Villard, 1970 : v)

698. En principe, le traducteur ne devrait pas se proposer d'améliorer le texte. [...] Si on traduit une œuvre modeste mal écrite, qu'elle reste telle quelle, et que le lecteur de destination sache ce qu'a fait l'auteur. (Umberto Eco, 2003 : 138)

699. Que le traducteur ne s'avise pas de corriger les erreurs ou d'estomper le mauvais goût : il doit se tromper avec l'auteur qu'il traduit, exagérer autant que lui et imposer le silence à ses préférences et à son sens critique. (François Vermeulen, 1976 : 86)

700. Jeter par dessus bord les principes qui gouvernent sa conception de la traduction pour faire plaisir à un auteur est le pire écart qu'un traducteur puisse commettre. (Juan José Saer, dans Bataillon, 1991 : 79)

701. Un traducteur n'est pas responsable des opinions de son auteur. (Jacques Nicolas Belin de Ballu, *Hécube*, note du traducteur [c1783], dans Garnier, 1999 : 235)

702. Parce qu'elle est forcément hantée par le concept de fidélité et par le spectre de la trahison, parce qu'elle doit à tout moment être « justifiée » et que les erreurs s'y nomment des « fautes », la traduction n'échappe pas, au cours de son histoire, au règne de la morale. (Jean-Yves Masson, 1990 : 158)

703. Traduire n'est pas seulement un acte spécifique de langage, mais est également un acte éthique, et c'est en tant qu'acte éthique qu'il est aussi et à la fois un acte poétique et un acte politique. (Henri Meschonnic, dans Abou Fadel et Awaiss, 2005 : 148)

704. *À propos de ses traductions libres qualifiées de « belles infidèles » :* « Tous mes pechez ne sont pas des pechez d'ignorance. » (Nicolas Perrot d'Ablancourt, « Préface », *Annales* [c1640] de Tacite, dans Zuber, 1972 : 130)

705. On n'a pas le droit, sous quelque prétexte théorique, d'entraîner l'auteur que l'on traduit, sauf s'il est mort ou consentant, peut-être, dans des pratiques d'expérimentation. (Claire Cayron, dans *Actes des premières Assises…*, 1985 : 97-98)

706. Le refus de l'ethnocentrisme est, pour moi, un acte déontologique : on a le devoir de faire voyager une œuvre, on n'a pas le droit de l'expatrier. (Claire Cayron, dans *Actes des premières Assises…*, 1985 : 97)

707. Une traduction sans ordre et sans élégance détruit aussitôt tout le mérite et toute la grâce du premier auteur. C'est pourquoi il faut tenir pour une faute impardonnable qu'un homme sans culture et de peu de goût se mette à faire des traductions. (Leonardo Bruni, 2008 (c1424/1426) : 85. Traduction : Charles Le Blanc)

708. L'*éthique de la traduction* consiste sur le plan théorique à dégager, à affirmer et à défendre la pure visée de la traduction en tant que telle. Elle consiste à définir ce qu'est la « fidélité ». (Antoine Berman, 1984 : 17)

709. Traduire exige, c'est notre contrat avec le lecteur, qu'on aura fait son possible pour être de bout en bout fidèle au texte que l'on traduit, si même, par le dehors, on peut paraître s'en écarter. Traduire : c'est cette obligation de garder le front penché sur son livre. (Yves Bonnefoy, 2000 : 62)

Évaluation, critique des traductions

710. Tout le monde n'est pas capable de juger d'une traduction, quoy que tout le monde s'en attribuë la connoissance, et icy comme ailleurs, la maxime d'Aristote devroit servir de regle qu'il faut croire chacun en son Art. (Nicolas Perrot d'Ablancourt, « Préface », *Annales* [c1640] de Tacite, dans Zuber, 1972 : 122-123)

711. Si les critères d'évaluation d'une traduction sont difficiles à établir, il paraît plus difficile encore de mettre au point le langage critique qui permettrait d'exprimer de telles évaluations. (David Bellos, 2012 : 339. Traduction : David Loaysa)

712. Les critiques des traductions sont souvent trop enclins à traquer la trahison. (Umberto Eco, 2003 : 124)

713. De toutes les possibilités de traduction, celle sur laquelle retombe la plus sévère condamnation est celle de la poésie. (Octavio Paz, 1986 : 2)

714. *Au sujet des critiques ou des donneurs de leçons :* « Que tous les ergoteurs mettent en commun leur art et leur compétence : ils verront ainsi que traduire soi-même est un art et un travail autrement plus difficile qu'éplucher et dépecer la traduction faite par un autre. » (Martin Luther, *Summarien über die Psalmen* [...] [c1531], dans Bocquet, 2000 : 219. Traduction : Catherine Bocquet)

715. Je sais par expérience à quel point la traduction est à la fois un dur labeur et un art difficile : voilà pourquoi je refuse qu'en ce domaine ces ânes de papistes, qui n'ont rien tenté eux-mêmes, s'érigent en juges et en censeurs de mon travail. (Martin Luther,

Ein Sendbrief vom Dolmetschen [c1530], dans Bocquet, 2000 : 175. Traduction : Catherine Bocquet)

716. J'ai toujours trouvé amusant le compliment stéréotypé qu'un critique adresse à l'auteur d'une « nouvelle traduction » : « L'ouvrage se lit bien », dit-il. Ce plumitif qui n'a pas lu la version originale, dont il ne connaît pas la langue, fait l'éloge de la lisibilité d'une imitation simplifiée et banalisée, à défaut de pouvoir apprécier la complexité de l'œuvre originale. (Vladimir Nabokov, 1975 [c1963], I : IX. Traduction)

717. Il est bien aisé de rapporter en prose les erreurs d'un poëte, mais très-difficile de traduire ses beaux vers. (Voltaire, « *Lettres philosophiques* – XVIIIe » [c1734], 1879 : XXII : 150)

718. Pénétrer dans l'atelier de l'évaluation des traductions du passé, c'est entrer dans une vaste salle où se sont accumulés pêle-mêle au fil des siècles idées reçues, partis pris antithéoriques, opinions préconçues, ignorances, obscurités, clichés, conceptions erronées de la langue et de la littérature et autres vieilleries. C'est aussi déambuler à travers un amoncellement poussiéreux de jugements moralisateurs. (Jean Delisle, 2001 : 209)

719. Tout jugement sur la traduction étant contemporain de celui qui l'énonce, il en résulte que toute définition a priori de ce qu'est – de ce que doit être – une traduction court le risque d'être anachronique. (Daniel Simeoni, 2000 : 7)

720. Il est rare que nous ayons de véritables évaluations de traductions ; le plus souvent ce sont des tatillonnages sur des détails. Cela est regrettable, puisqu'une bonne traduction mérite d'être valorisée par une bonne évaluation. (Elsa Gress, 1970 : 59. Traduction)

721. Critique et traduction sont structurellement parentes. Qu'il se nourrisse de livres critiques ou non pour traduire tel livre étranger, le traducteur agit en critique à tous les niveaux. (Antoine Berman, 1995 : 40)

722. La première chose que les mouches de la critique, n'ayant pas accès à l'original, aperçoivent chez un traducteur : ses plaies. (Carlos Batista, 2003 : 47)

723. Une comparaison avec le texte original ne suffit pas pour évaluer une traduction. Un bon jugement suppose aussi l'opposition d'une seconde traduction. (Frances Vernor Guille, 1950 : 178-179)

724. Toute traduction est faite pour ceux qui n'entendent pas la langue mère, et n'est faite que pour eux, c'est ce que le critique perd de vue trop souvent. (Alfred de Vigny, « Lettre à Lord*** » [c1830], dans D'hulst, 1990 : 94)

725. Un spécialiste qui juge une traduction sur des détails et non sur l'effet d'ensemble, apprécie cette traduction en pédant et l'évalue mal. (Matthew Arnold, 1865 : 308-309. Traduction)

726. Contresens, déshonneur de l'artisan. Fausse monnaie. C'est l'habit qui fait un pli, la planche posée de guingois, le coup de marteau sur le pouce. Et le critique fait étalage d'érudition sur le dos du pauvre traducteur qui ne peut que se taire. (François Vermeulen, 1976 : 112)

727. Les lettrés surveillent méchamment le traducteur. Ils passent, comme allant de soi, au-delà de vingt tours effectués avec aisance, et jubilent quand l'équilibriste a laissé choir une assiette. Contresens ! (François Vermeulen, 1976 : 112)

728. Que pour la seule langue française il existe, en vers, vingt traductions possibles et passables [de l'ode d'Horace *Ad Pyrrham*], fait songer aux vingt portraits qu'on pourrait faire d'un même homme, et dont aucun n'est le portrait définitif. Mais l'homme bouge et change, tandis que le poème de départ est immuable. On peut s'en rapporter à lui, comme un mètre à l'étalon, pour mesurer combien les traducteurs s'en écartent. (François Vermeulen, 1976 : 19)

729. Le poème, s'il en est un, est incontestable. Sa traduction ou ses traductions sont au contraire contestables. Si l'on est bon

public, on reconnaîtra du moins qu'elles le sont presque toujours. (Michel Van Schendel, 2004 : 13)

730. Le plus souvent il vaut mieux ne pas s'adresser au traducteur pour obtenir une analyse fine et pénétrante de l'œuvre. Deux explications sont possibles : ou bien, à l'instar de l'écrivain, il est incapable de révéler les secrets de sa propre création ; ou bien il est véritablement le gratte-papier insipide que l'on croit. La première hypothèse est nettement préférable. (Philip Stratford, 1993 : 126-127. Traduction : François Bilodeau)

731. Il n'est guère étonnant qu'un critique se fasse traducteur, car la traduction est, semble-t-il, un prolongement et un aboutissant naturel de l'activité critique. L'inverse est plutôt rare. (Philip Stratford, 1993 : 126. Traduction : François Bilodeau)

732. Un traducteur n'est jamais entièrement satisfait des traductions d'un autre traducteur. (Fernanda Sottsass Pivano, 1970 : 321. Traduction)

733. Les traducteurs sont toujours sensibles aux fleurs qu'on leur lance, car de nombreux critiques semblent penser que les traductions adviennent miraculeusement, sans intervention humaine ; d'autres ne s'avisent de la présence du traducteur que lorsqu'il fait des fautes… (Marcel Schwander, « Traduire Amélie Plume », dans Graf, 1998 : 107. Traduction : Marion Graf)

734. Chaque traduction, pour elle-même, n'a jamais qu'une valeur relative et subjective. (Friedrich Schleiermacher, « Des différentes méthodes du traduire » [c1813], 1999 : 71. Traduction : Antoine Berman)

735. Les traducteurs doivent s'attendre à recevoir des leçons, des conseils, des suggestions de correction et des commentaires de trois groupes de personnes qui prennent plaisir à leur communiquer leur avis : les compétents, les pseudo-compétents et les incompétents. (Theodore Savory, 1968 [c1957] : 49. Traduction)

736. Il n'existe pas de critère absolu de la bonne traduction ; pour qu'un tel critère soit disponible, il faudrait qu'on puisse comparer

le texte de départ et le texte d'arrivée à un troisième texte qui serait porteur du sens identique supposé circuler du premier au second. (Paul Ricœur, 1999 : 15)

737. Une pensée qui érige le texte original en référence absolue et considère le texte-traduction par son degré d'identité par rapport à cette référence ne peut que passer à côté de la spécificité de la traduction. (Arno Renken, 2002 : 18)

738. Pour chaque génération, traduire est l'acte suprême (et donc éternellement perfectible) de la *critique*. (Massimo Raffaeli, « Quatre lettres sur la traduction », dans Graf, 1998 : 84. Traduction : Adrien Pasquali)

739. Le critique n'est un juge valable que s'il est compétent pour la littérature du pays dont on traduit les œuvres. C'est rarement le cas des grands critiques de presse. (Élie Poulenard, dans « Enquête de la FIT... », 1959 : 81)

740. Au lieu de dire, comme les anciens praticiens de la traduction, que la traduction est toujours possible ou toujours impossible, toujours totale ou toujours incomplète, la linguistique contemporaine aboutit à définir la traduction comme une opération, relative dans son succès, variable dans les niveaux de la communication qu'elle atteint. (Georges Mounin, 1963 : 278)

741. Le critique littéraire devrait, quand il rend compte d'un ouvrage étranger, porter un jugement sur la qualité de la traduction. Il le fait généralement quand cette traduction est mauvaise, mais il serait souhaitable qu'il le fît également quand elle est bonne. (Michel Mohrt, « Enquête de la FIT... », 1959 : 73)

742. L'*Iliade* de madame Dacier, quoique élégante, tombe des mains, malgré qu'on en ait, à moins qu'une idolâtrie pour Homère ne ranime le zèle du lecteur. (Antoine Houdar de La Motte, « Lettre à Fénelon, 15 avril 1714 », dans Fénelon 1874 : 132)

743. Le sentiment de suspicion à l'égard de la traduction est si profondément ancré dans les mentalités que le critique littéraire soupçonne d'emblée le traducteur d'avoir travesti l'œuvre originale.

Trop souvent, hélas, ce dernier est condamné sur simples présomptions. (Jean Delisle)

744. La traduction est sans doute l'un des rares domaines où l'on demande au critique de faire ou de se taire ; demande-t-on au critique d'art de refaire le roman, le film, le tableau, dans lequel, tout en l'appréciant, il a pu déceler des imperfections ? (Michel Ballard, 1995 [c1992] : 278)

745. Si l'on compare les meilleures traductions, les plus soignées et les plus fidèles, on s'étonne de voir combien il y a de diversité là où l'on cherchait à obtenir simplement l'équivalence et l'homogénéité. (Wilhelm von Humboldt, « Sur la traduction... » [c1816], 2000 : 35)

746. Les linguistes purs sont beaucoup moins qualifiés pour être juges en matière de traductions littéraires, encore qu'ils s'arrogent souvent ce droit, se croyant même être les premiers appelés à cette mission. (Janez Gradisnik, « Enquête de la FIT... », 1959 : 106)

747. Je déplore cette malignité qui cherche à jeter le discrédit sur une traduction (peut-être, d'autre part, excellente) parce que de-ci, de-là, de légers contresens s'y sont glissés. (André Gide, « Lettre à André Thérive » [c1928], 1931 : 192)

748. Voir plus clair dans la vie d'un traducteur aide à voir moins trouble dans son œuvre. (Jean Delisle, 1999 : 3)

749. La critique des traductions est quasiment inexistante. Et quand elle élève la voix, c'est le plus souvent sous la forme de jugements sommaires sans référence au texte original. (Jean-Louis Cordonnier, 1995 : 134)

750. Il n'est pas impossible que les traducteurs modernes qui nous paraissent directs et authentiques, rendent dans peu d'années un son doublement artificiel en laissant à nu les disparates[4]

4. Appliqué à une traduction, le mot « disparate » désigne des incohérences ou des discordances de nature stylistique. Celles-ci sont caractérisées, entre autres, par l'absence d'unité de langue, d'unité de style, d'unité de ton : registres incompatibles

que nous décelons dès maintenant et qui, dans une acoustique changée, sonneront d'autant plus faux. (Edmond Cary, 1963b : 36)

751. Soyons indulgents pour les auteurs des « belles infidèles ». Ils ont fait de leur mieux en leur temps et pour leur public. Ils ont préparé d'autres temps, d'autres publics. Et d'autres traducteurs. Et pouvons-nous prévoir comment, sur la foi des traductions de notre temps, nous jugerons nos neveux ? (Edmond Cary, 1949 : 88)

752. Il ne peut y avoir que des brouillons. L'idée de « texte définitif » ne relève que de la religion ou de la fatigue. (Jorge Luis Borges, « Les traductions d'Homère » [c1932], 1993 : 291. Traduction : Jean-Pierre Bernès)

753. Il semble qu'activité critique et activité traduisante soient, à peu d'exceptions près, incompatibles. Pas de grand critique qui ait été grand traducteur, et vice-versa. (Antoine Berman, 1986 : 102)

754. *Au sujet de Nicolas Perrot d'Ablancourt, traducteur de Tacite :* « Je conviendrois volontiers, que ce Traducteur a ôté les épines à son Auteur, pourvû que l'on tombât d'accord avec moi, qu'il lui a ôté ses roses avec ses épines. » (Abraham Nicolas Amelot de la Houssaie, 1686 : xxxv)

Fidélité

755. Le traducteur doit témoigner à son auteur une fidélité de caniche, mais un caniche étrange qui se conduirait comme un singe. (Maurice-Edgar Coindreau, 1974 : 131)

756. Si le traducteur s'attache tant à défendre la fidélité c'est qu'il ne veut pas oublier qu'il est traducteur. (Theodore Savory, 1968 [c1957] : 51. Traduction)

---

ou hétéroclites, distorsions sémantiques, anachronismes et archaïsmes, inconsistances lexicales, ruptures des conventions littéraires, fausse oralité, fausse langue dialectale.

757. La fidélité exigera toujours qu'on donne exactement le sens d'un auteur : et en ce point, il vaut mieux avoir de laides vérités que d'agréables mensonges. (Bernard Jullien, *Thèses de littérature* [c1856], dans Chevrel, D'hulst et Lombez, 2012 : 53)

758. Les traductions les plus fidèles sont nécessairement les plus déviantes. (Charles Le Blanc, 2009 : 101)

759. J'aime et je traduis. La vraie fidélité passe peut-être par la trahison. (Michel Orcel, 2001 : 11)

760. En traduction, si on a affaire à un poème, on doit faire un poème. Être fidèle passe alors par l'infidélité au littéralisme et à l'annexion, qui est toujours un rapport uniquement à soi. (Jacques Brault, dans Aitken, 2001 : 28)

761. La fidélité en traduction implique un ensemble complexe de décisions prises par le traducteur sur le triple plan idéologique, poétique et de l'univers des discours. (André Lefevere, 1992a : 35. Traduction)

762. Une fidélité trop scrupuleuse devient très infidelle, car pour conserver la lettre, elle ruine l'esprit. (Anne Dacier, « Préface », *L'Illiade* [c1699], 1719, I : XLIII)

763. La traduction peut, et doit, être belle et fidèle. (Giorgio Chinaglia, dans *Traduire*, 1980, 105 : 1)

764. Il y a une fidélité que les traducteurs ne peuvent pas oublier, c'est la fidélité au texte d'arrivée. (Dominique Grandmont, 1997 : 102)

765. Comme toute entreprise de naturalisation, l'idéologie de la fidélité finit par devenir une mystification. (Barbara Folkart, 1991 : 12)

766. Comme toutes les idéologies bien-pensantes, comme tous les vœux pieux, le mythe de la fidélité et de l'équivalence, le topos de l'effacement du traducteur ont ceci de très néfaste qu'ils occultent le réel. (Barbara Folkart, 1991 : 12)

767. Tout traducteur prétend être fidèle, mais fidèle à quoi ? Le mot, chez la plupart, a une valeur purement subjective et n'exprime que la satisfaction d'avoir atteint le but qu'ils s'étaient fixé. (Paul Chavy, 1984 : 119)

768. La fidélité à l'original, principe invariablement proclamé par tous les traducteurs et qui n'en mène pas moins aux plus étonnantes contradictions, est sans doute la notion centrale du débat autour de la traduction et dont chaque siècle exhume à nouveau le dossier. (Edmond Cary, 1963b : 21)

769. Comme l'idée de beauté, l'idée de fidélité varie d'âge en âge. Faut-il le déplorer ? Une œuvre d'art ne se découvre pas du premier coup et chaque traduction constitue une nouvelle lecture de l'original et une résurrection pour le poète. (Edmond Cary, 1963b : 37)

770. La fidélité à l'original est une des notions les plus élastiques qui soient, et ce qui paraît un calque à une certaine époque sera dénoncé comme infidèle cinquante ans plus tard. (Edmond Cary, 1963b : 11)

771. Il vaut mieux estre infidelle dans les petites choses, pour estre plus fidelle dans les grandes. (Nicolas Perrot d'Ablancourt, « Préface », *Thucydide* [c1662], dans Zuber, 1972 : 203)

772. *À une traductrice danoise :* « J'ai appris que vous souhaitez traduire *Ulysse*. Je suis venu de Paris pour vous dire de ne pas en changer un seul mot. » (James Joyce, dans Ellmann, 1982 : 692. Traduction)

773. Le traducteur nous propose des reproductions. Toutes ne sont pas fidèles. Pas plus que n'est fidèle en tout le portrait d'un être cher. On s'en contente pourtant. (François Vermeulen, 1976 : 111)

774. Les canons de l'exactitude et de la fidélité sont toujours définis localement et varient en fonction des cultures et des époques historiques. (Lawrence Venuti, 1995 : 67. Traduction)

775. La fidélité ne saurait être vue comme une simple équivalence d'ordre sémantique car, d'une part, le texte étranger a un caractère individuel et, d'autre part, les choix d'interprétation du traducteur sont faits en fonction d'un contexte culturel national et, de ce fait, ils vont toujours au-delà du texte étranger. (Lawrence Venuti, 1995 : 37. Traduction)

776. J'essaie d'être aussi fidèle que possible au texte original, mais seulement lorsque la *fidélité et la précision ne changent pas l'impression artistique*. (Alekseï Konstantinovitch Tolstoï, dans Tchoukovski, 1984 : 79. Traduction)

777. Littéralité n'est pas synonyme de fidélité. La fidélité suppose que la traduction produise une impression identique ou semblable à celle produite par l'œuvre originale car, essentiellement, tout réside dans les impressions. (August Wilhelm von Schlegel, dans Robinson, 1997 : 219. Traduction)

778. Il me semble que chez tout bon traducteur réside cette conviction souterraine, juste je crois, que la meilleure façon d'être fidèle au texte qu'il traduit est d'être fidèle aussi aux principes qui gouvernent sa conception de la traduction. (Juan José Saer, dans Bataillon, 1991 : 79)

779. L'exactitude littéraire et le calque formel ne garantissent pas la véritable fidélité. Ce qui fait la conformité de la traduction à l'original, comme celle de la représentation au représenté, c'est la vie et le naturel de la langue. (Boris Pasternak, « Remarques sur les traductions de Shakespeare » [c1946], 1990 : 1361. Traduction : Hélène Henry)

780. L'éditeur demande qu'une traduction se vende, le public qu'elle soit lisible ; la critique doit exiger qu'elle soit fidèle, non seulement à la lettre mais surtout à l'esprit du texte. (René Lalou, dans « L'enquête des *Cahiers du Sud* », 1927 : 283)

781. J'appelle Fidélité cette espéce de courage, qu'on pourroit nommer proprement l'Ame de la Traduction ; & que certains Juges sévéres qui veulent que le Traducteur ne change pas une syllabe, mais que sa Plume servile tremble à chaque trait qu'elle

forme, appelleront libertinage. (Jules Pilet de La Mesnardière, « Préface » [c1638], *Panégyrique de Trajan* de Pline le Jeune, dans Horguelin, 1981 : 89)

782. La traduction : un mariage qui interdit la fidélité. (Carlos Batista, 2003 : 44)

783. La fidélité doit viser le véritable caractère de l'original et non, en le négligeant, ses aspects contingents, de même qu'en général toute bonne traduction doit provenir d'un amour simple et sans prétention pour l'original, de l'étude qui en rejaillit, et y ramener. (Wilhelm von Humboldt, « Sur la traduction… » [c1816], 2000 : 39)

784. « Esclave de son texte, le traducteur n'a qu'un droit qui coïncide avec son plus impératif devoir : la fidélité absolue. » C'est bientôt dit, mais une telle assertion n'est qu'une vue de l'esprit purement théorique à laquelle il est impossible d'asservir la pratique. (Félix de Grand'Combe, 1951 : 253)

785. J'ai toujours remarqué qu'une extrême fidélité en fait de traduction était une extrême infidélité. Un mot est noble en latin ; le mot français qui y répond est bas : si vous vous piquez d'une extrême exactitude, la noblesse du style est donc remplacée par de la bassesse. (Jacques Delille, *Les Géorgiques*, « Discours préliminaire » [c1770], 1997 : 331-332)

786. Quand je parle d'une traduction en prose, je ne veux point parler d'une traduction servile ; je parle d'une traduction généreuse & noble, qui en s'attachant fortement aux idées de son original, cherche les beautez de sa langue, & rend ses images sans compter les mots. (Anne Dacier, « Préface », *L'Illiade* [c1699], 1719, I : XLIII)

787. Le terme de fidélité, si généralement employé par les traducteurs qui nous livrent leurs réflexions, assume des sens tellement divers qu'il faudra bien, dans une terminologie moderne, ou l'éliminer ou le définir rigoureusement. (Paul Chavy, 1984 : 119)

788. Du temps d'Ablancourt les traductions s'appelaient de *belles infidèles* ; depuis ce temps-là on a vu beaucoup d'infidèles qui n'étaient pas toujours belles : on en viendra peut-être à trouver que la fidélité, même quand la beauté lui manque, a son prix. (François René de Chateaubriand, « Remarques », *Le Paradis perdu* [c1804], 1863, VI : 339)

789. La fidélité au sens s'oppose [...] à la fidélité à la lettre. Oui, la fidélité au sens est obligatoirement une infidélité à la lettre. (Antoine Berman, 1999 [c1985] : 34)

790. La fidélité consiste à rendre très exactement le texte original, non pas dans sa lettre, certes, mais dans son esprit, sa texture ou, pour reprendre le mot de Stendhal, sa physionomie. Fût-il beau ou laid, simple ou compliqué, concis ou prolixe, rigoureux ou échevelé. (Albert Bensoussan, 1995 : 92)

791. La fidélité consiste à cerner le texte et à le couler au moule d'une autre langue en tordant ici, en infléchissant là, par toutes sortes d'acrobaties linguistiques qui, au résultat, restituent un produit somme toute équivalent. (Albert Bensoussan, 1995 : 62)

792. Le traducteur doit restituer une œuvre que l'on qualifiera de fidèle par quelque abus de vocabulaire. En fait, la fidélité n'est jamais là où on l'attend, par exemple dans la traduction littérale, suprême trahison. (Albert Bensoussan, 1995 : 62)

793. Une traduction doit être assez fidèle pour ouvrir le cœur, assez infidèle pour séduire l'esprit. (Carlos Batista, 2003 : 57)

794. La seule fidélité à avoir vis-à-vis d'un texte, c'est la fidélité à son rythme interne, à sa voix, ce qui implique plusieurs infidélités de surface. (Laure Bataillon, 1991 : 21)

Fond/forme

795. Il faut récuser le couple maudit avec lequel on pense la traduction : l'opposition entre la traduction littérale ou littéraliste et la traduction selon l'esprit, qui est le report du vieux dualisme

de la forme et du sens. (Henri Meschonnic, dans *Actes des deuxièmes Assises...*, 1986 : 36)

796. *À propos de la possiblilité de dissocier le fond de la forme :* « À mon sens, c'est une aberration parce qu'une forme, c'est-à-dire un poème, est avant tout de l'art, donc une forme, et le traduire, c'est accepter de l'écorcher vif, de lui enlever cette peau et de lui en mettre une autre. » (Françoise Wuilmart, dans *Actes des troisièmes Assises...*, 1987 : 88-89)

797. La forme n'est pas qu'une simple enveloppe. Elle est au contraire génératrice de sens. (Ilma Rakusa, « Six lettres sur la traduction », dans Graf, 1998 : 132. Traduction : Ursula Gaillard)

798. La beauté naît de la merveilleuse harmonie entre la forme et le fond et, comme on veut rendre le fond de manière adéquate, mais qu'on modifie la forme, il faut inévitablement que la beauté de l'original se perde. (Toon Weijnen, *De Kunst van het Vertalen* (c1946), dans Van Hoof, 1957 : 3. Traduction : Henri Van Hoof)

799. Il faut d'abord rendre fidèlement le sens d'un auteur, puis s'attacher à reproduire son style d'écriture. (Alexander Fraser Tytler, 1907 [c1791] : 63. Traduction)

800. La traduction doit être bannie au profit de l'interprétation, la forme originale rejetée au bénéfice d'une forme qui ne s'inspire que du fond. (Danica Seleskovitch et Marianne Lederer, 1989 : 208)

801. Moins on comprend, plus on traduit. (Alexis Nouss, 1996 : 23)

802. En général, la lisibilité de la traduction est fonction de la bonne compréhension du texte. (Jean-Pierre Lefebvre, 2007 : 8)

803. Puisque toutes les langues sont différentes du point de vue de la forme (sans quoi elles ne seraient pas distinctes les unes des autres), il faut donc modifier cette forme pour préserver le fond. (Eugene A. Nida, 1969 : 5. Traduction)

804. On ne peut transmettre le contenu sans transmettre simultanément la forme. (Franz Rosenzweig, « L'Écriture et Luther » [c1926], 1998 : 71. Traduction : Jean-Luc Évard)

805. Dans l'histoire de la traduction, l'effarouchement des pionniers devant la forme poétique du texte original est un cas de figure presque caractéristique. (Franz Rosenzweig, « Jehuda Halévi » [c1924], 1998 : 159. Traduction : Jean-Luc Évard)

806. Forme et fond adhèrent au point que dans beaucoup de cas, le fond se dissout si la forme change. (Victor Hugo, 1973 [c1864] : 440)

807. La ressemblance externe qui peut exister entre une traduction et son original n'est aucunement l'indice de la qualité de cette traduction. (Korneï Tchoukovski, 1984 : 72. Traduction)

Formation, enseignement

808. Le métier de traducteur, ça s'apprend. (Boris Vian, dans *Traduire*, 1971, 66 : 1)

809. La traduction considérée comme moyen d'enseignement est la base de tout système d'études bien conçu. (Marie-Claude-Frédéric Vaultier, *De la traduction* [c1812], dans D'hulst, 1990 : 71)

810. Ce n'est pas en comparant les stylistiques des deux langues que l'on enseigne l'interprétation à des étudiants qui savent leurs langues. (Danica Seleskovitch et Marianne Lederer, 1989 : 39)

811. Prétendre que la traduction peut s'enseigner déclenche une réaction de scepticisme aussi forte qu'affirmer que l'on peut enseigner à composer des poèmes ou à écrire des romans. (Frank Macshane, 1970 : 231. Traduction)

812. Il y a des maîtres à traduire qui ont moins conscience des vrais problèmes de la traduction qu'un adolescent sensible aux prises avec Virgile. Ou qui les réduisent à quelques données simples, toujours les mêmes. (Pierre Leyris, 1962 : 122)

813. Pourquoi Jérôme aurait-il eu besoin d'enseigner la méthode de traduire les saintes lettres, si le don en est accordé par inspiration divine ? (Didier Érasme, « Lettre à Christophe Fisher » [c1505], dans Gerlo et Foriers, 1967-1984, I : 385-386)

814. S'il est facile de traduire, bien traduire l'est moins. Cette compétence a son prix et elle est rarement innée. (Jean Delisle, 1990a : 122)

815. Maints traducteurs, et depuis toujours, n'ont pas eu besoin qu'on leur enseigne [à traduire]. Mais c'est vrai qu'il en a beaucoup qui en auraient grand besoin. (Antoine Berman, 1995 : 59)

816. Le traducteur ne semble jamais avoir terminé son apprentissage, ajoutant toujours une pierre à l'édifice de sa compétence. (André Senécal, 2016 : XIX)

817. La traduction, affirmons-le dès le départ, ne peut s'enseigner. Elle peut, cependant, s'apprendre, ou du moins peut-on apprendre ce qui permet de traduire. (Albert Beaudet, 1971 : 4)

818. Et ne me dites pas que la traduction n'est pas un sujet digne des universités… (Pierre Daviault, 1938 : 437)

Glose, commentaire

819. Une traduction est un jugement, un commentaire, c'est un miroir où l'auteur peut contempler à son aise les défauts de son esprit. Une traduction *nous* trahit, plutôt qu'elle ne trahit notre texte. (Emil Michel Cioran, 1997 : 899)

820. La traduction est peut-être la forme la plus directe du commentaire. (Dante Gabriel Rossetti, *Dante and His Circle* [c1861], 1902 : XIII. Traduction)

821. Une traduction ne peut ni ne doit être un commentaire. (Wilhelm von Humboldt, « Sur la traduction… » [c1816], 2000 : 41)

822. La traduction nécessite la glose pour expliciter, pour ex-pliquer [défaire des plis] les mots qui semblent obscurs et les choix du traducteur. (Marie Viallon, 2001 : 8)

823. Trop de commentaire dans la traduction tue la traduction. (Gerald Stieg, dans *Quinzièmes Assises…*, 1999 : 109)

824. J'ai été aussi sobre que possible de notes et d'explications. Je n'ai pas voulu étouffer le monument sous le lierre et sous cette vigne folle qu'on appelle commentaires. (Louis Ratisbonne, 1865 : VI)

825. J'ay pris la liberté de mesler souvent mes pensées parmi celles de nôtre Autheur, d'achever certaines choses qu'il n'a pas autant expliquées qu'il sembloit estre nécessaire pour le plaisir du Lecteur. (Jules Pilet de La Mesnardière, « Préface » [c1638], Pline le Jeune, *Panégyrique de Trajan*, dans Horguelin, 1981 : 88)

Histoire de la traduction

826. La notion de traduction est une notion historique. (Henri Meschonnic, 1973 : 321)

827. Quand il y a un texte, il y a un tout, traduisible comme tout. La pratique et l'histoire de la traduction le montrent. (Henri Meschonnic, 1973 : 349)

828. L'histoire de la traduction chez un peuple est l'histoire même de son goût. L'art de traduire et l'art d'écrire traversent les mêmes phases et subissent les mêmes influences. (Abraham-Henri Becker, 1969 [c1896] : 78)

829. On ne déambule pas dans l'histoire de la traduction comme dans un cimetière. L'histoire concerne la vie, non la mort. Elle n'est pas un embaumement, mais « une résurrection de la vie intégrale » (Michelet). Elle rend présent en nous ce qui est révolu, revivifie ce qui n'est plus. (Jean Delisle, 1999 : 1)

830. La constitution d'une histoire de la traduction est la première tâche d'une théorie *moderne* de la traduction. (Antoine Berman, 1984 : 12)

831. L'histoire mérite d'occuper une place importante en traductologie et la traductologie, une place importante en histoire. (Peter Burke, 2005 : 3. Traduction)

832. Écrire l'histoire de la traduction, c'est suivre l'évolution de l'humanité. (Jean Delisle)

833. C'est par la traduction que passent les idées et leur histoire. (Georges-Arthur Goldschmidt, 2013 : 12)

834. L'histoire de la traduction serait parallèle à l'histoire de la sensibilité et de la réceptivité intellectuelle, parallèle à l'histoire de la langue qui est sa maîtresse-servante, parallèle à l'histoire du style et de ses hardiesses d'accueil. (Pierre Leyris, 2007 : 31)

835. L'histoire, en tant qu'étude des transformations dans le temps, représente la meilleure voie pour comprendre, de façon générale, *ce qu'est* la traduction. (Charles Le Blanc, 2013 : 280, n. 15)

836. Nous n'aimons ni traduire ni être traduits. Et nous n'avons pas toujours et pas tout à fait tort. Les clefs de la traduction appartiennent aux puissants. (Jacques Brault, 1975 : 16)

837. Toute introduction à la traductologie serait incomplète sans une présentation de la discipline d'un point de vue historique. (Susan Bassnett, 2002 : 45. Traduction)

838. Plus que jamais nous avons besoin d'historiens de la traduction. (José Lambert, 1993b : 22. Traduction)

839. Faire l'histoire de la traduction, c'est tracer le portrait de ceux qui ont travaillé à ces opérations d'import-export et tenter de percer les motifs profonds qui les ont poussés à traduire telle œuvre plutôt que telle autre. (Jean-François Joly, 2014 : xxi)

840. L'histoire est à la traductologie ce que la perspective est à l'art pictural : elle ajoute une troisième dimension, essentielle à la compréhension du phénomène de la traduction. Elle met les concepts théoriques *en perspective* en les replaçant dans un contexte plus large que celui de telle ou telle approche théorique. (Jean Delisle)

841. Étudier l'histoire de la traduction équivaut à reprendre l'histoire du monde, l'histoire des civilisations, mais par le biais de la traduction. (Henri Van Hoof, 1991 : 7)

842. Vouloir écrire une histoire de la traduction, c'est essayer de répondre à toute une série de questions. Depuis quand traduit-on ? Pourquoi traduit-on ? A-t-on toujours traduit de la même façon ? Et la liste pourrait s'allonger. (Henri Van Hoof, 1991 : 7)

843. Une approche historique à la traduction permet que la traduction s'ouvre sur sa vérité. (Paul St-Pierre, 1990 : 122)

844. Dans sa transformation du texte original, le traducteur se sert de critères, et ces critères lui sont dictés non par le texte à traduire mais par son époque. (Paul St-Pierre, 1990 : 122)

845. La traduction est presque aussi ancienne que l'écriture originale et son histoire est tout aussi digne d'intérêt et complexe que celle de tout autre domaine littéraire. (Theodore Savory, 1968 [c1957] : 37. Traduction)

846. On peut difficilement écrire l'histoire de la traduction à partir de l'anlayse de traductions isolées. (Elizabeth S. Rasmussen, 2002 : 17)

847. L'histoire de la traduction place à la fois le traducteur et l'historien de la traduction à la croisée de deux cultures, là où les connaissances et l'information circulent entre les disciplines. (Elizabeth S. Rasmussen, 2002 : 17)

848. L'histoire de la traduction est indissociable des écrits sur la traduction. (Michaël Oustinoff, 2003 : 6)

849. L'histoire de la traduction nous montre *pourquoi* on traduit d'une certaine façon à une certaine époque (pourquoi certaines choses sont plus *significatives* que d'autres), *comment* on traduit, *qui* traduit et *pour qui*, et non pas en dernier lieu *ce qu'*on traduit. (Iulia Mihalache, 2002 : 360)

850. L'historien de la traduction décèle par son travail les traces du non-dit d'une société, son ordre des choses possibles et pensables, en s'élevant par son analyse critique au-dessus des représentations stéréotypées et des idéologies de la culture traduisante. (Iulia Mihalache, 2002 : 360)

851. L'histoire du traduire et sa théorie sont aussi une histoire et une théorie de la transformation des textes et de la notion de texte. (Henri Meschonnic, 1987 : 30)

852. Traduire, même ce qui n'a encore jamais été traduit, c'est toujours déjà retraduire. Parce que traduire est précédé par l'histoire du traduire. (Henri Meschonnic, 1999 : 436)

853. L'histoire du traduire montre qu'il n'y a pas d'un côté la théorie, de l'autre les traducteurs. Leur pensée a toujours été d'expérience, et souvent polémique, parce qu'ils se défendaient, comme Jérôme et Luther. (Henri Meschonnic, 1999 : 56-57)

854. L'histoire de la littérature ne saurait se faire sans l'histoire de la traduction. (Henri Meschonnic, 1999 : 32)

855. Dans la mesure où la traduction a, de par sa nature même, un caractère indéniablement interdisciplinaire, les recherches dans ce domaine nous font découvrir les racines profondes de la société et de la culture. (José Lambert, 1993b : 23. Traduction)

856. C'est précisément *parce qu'*il n'y a pas de théories idéales que l'histoire de la traduction est beaucoup plus qu'une activité de dilettante ; elle est absolument nécessaire en raison même de son utilité théorique. (José Lambert, 1993b : 21. Traduction)

857. Il ne semble pas encore possible de produire une *histoire mondiale* de la traduction, mais il est temps que les historiens

commencent à en cartographier le territoire le mieux possible en précisant ce qui a déjà été fait et ce qui reste à faire. (José Lambert, 1993b : 21. Traduction)

858. L'histoire de la traduction est faite de la coexistence de contraires qui semblent s'alimenter réciproquement. (Michel Ballard, 1995 [c1992] : 262)

859. Faire l'histoire de la traduction, c'est mettre au jour le réseau complexe des échanges culturels intervenus entre les êtres humains, les cultures, les civilisations au cours des âges. (Jean-François Joly, 2014 : xxi)

860. On peut écrire une histoire des théories de la traduction, une histoire de la relation entre auteur et traducteur, entre auteur et lecteur, en fait, en écrivant une histoire des préfaces en tant que genre. (Barbara Godard, 1986 : 7)

861. Les historiens non traducteurs ne s'intéressent guère, en général, à la traduction, dont ils sont pourtant largement tributaires à leur tour, tant sur le plan national qu'international et jusque dans la publication des textes historiques. (Christel Gallant, 1985 : 72)

862. La réflexion sur la traduction a toujours épousé de près la vie des traductions elles-mêmes. (Lieven D'hulst, 1990 : 7)

863. La traduction est, à travers les âges, un document-clef sur la façon dont l'étranger – ou l'étrange – est défini, assimilé ou repoussé. (Lieven D'hulst, 1990 : 7)

864. L'historien de la traduction n'est ni porte-drapeau, ni juge, ni philosophe, ni moraliste. (Jean Delisle, 1997-1998 : 33)

865. Tout comme la traduction, l'histoire demeure un art qui repose sur une technique. Ne pratiquant pas une science exacte, l'historien procède inévitablement à une réappropriation critique du passé. (Jean Delisle, 1990a : xxiv)

866. La métalittérature de l'histoire des traductions ne consiste guère qu'en listes fragmentaires […] Une substantielle « Histoire

générale des traductions », ou en tout cas les amples synthèses qui la constitueront peu à peu, restent à écrire. (Paul Chavy, 1984 : 113)

867. En histoire de la traduction, il n'y a pas de loi. (Antoine Berman, 1995 : 55)

868. À chaque époque, ou dans chaque espace historique donné, la pratique de la traduction *s'articule* à celle de la littérature, des langues, des divers échanges interculturelles et interlinguistiques. (Antoine Berman, 1984 : 12-13)

869. Faire l'histoire de la traduction, c'est redécouvrir patiemment ce réseau culturel infiniment complexe et déroutant dans lequel, à chaque époque, ou dans des espaces différents, elle se trouve prise. Et faire du savoir historique ainsi obtenu une ouverture de notre *présent*. (Antoine Berman, 1984 : 14)

870. L'histoire de la traduction de la Bible est l'histoire de la culture occidentale dans un microcosme. (Susan Bassnett, 2002 : 51. Traduction)

871. L'histoire de la traduction, comme l'histoire littéraire, n'évolue pas de manière progressive. (Mirella Agorni, 1998 : 195. Traduction)

Historicité

872. Chaque traduction est inévitablement le produit de son époque. C'est pourquoi l'historicité est une dimension dont l'existence est indéniable dans le processus de traduction et dans le rapport de fidélité. (Amparo Hurtado Albir, 1990 : 171)

873. Une œuvre d'art est toujours solidaire de l'époque qui l'a vue naître ; en la traduisant à une époque différente, on se rend, qu'on le veuille ou non, responsable d'un décalage. (Edmond Cary, 1963b : 31-32)

874. Un traducteur sans conscience historique est un traducteur mutilé, prisonnier de sa représentation du traduire et de celles

que véhiculent les « discours sociaux » du moment. (Antoine Berman, 1995 : 61)

875. La traduction ayant fait date est datée. (Éloi Recoing, « Antoine Vitez ou l'esprit de traduction », dans Déprats, 1996 : 96)

876. Plutarque aurait dû être traduit à chaque siècle. Il y aurait eu alors un Plutarque en toge cornélienne, un Plutarque en perruque poudrée, un Plutarque échevelé à la Chateaubriand, un Plutarque avec le sourire de Maurois ; tous Plutarques authentiques, en leur temps. (François Vermeulen, 1976 : 37)

877. Une traduction est une historicité spécifique, un acte de langage spécifique. Un texte et ses traductions sont dans des histoires et des langues différentes et surtout des stratégies et des enjeux différents. Il n'y a pas d'unité culturelle d'un texte avec ses traductions. *Don Quichotte* n'est pas l'ensemble de ses traductions. (Henri Meschonnic, 1999 : 69)

878. L'historicité définie non comme une situation chronologique, mais la tenue des tensions entre le présent passé passif et l'invention de modes nouveaux du voir, du dire, du sentir, du comprendre telle que cette invention continue d'être invention bien après le temps de sa trouvaille parce qu'elle est une invention continuée du sujet. (Henri Meschonnic, 1999 : 25)

879. Les auteurs font des concessions à leur époque. Pourquoi les traducteurs n'en feraient-ils pas eux aussi ? Ne traduit-on pas pour son temps ? (Jean Delisle)

880. Le traducteur, en se pliant à un goût étranger, le plie aussi, quelque peu que ce soit, & sans le savoir, au goût de sa nation : des-lors la traduction n'opérera pas tout le changement qu'elle sembleroit pouvoir opérer. L'histoire littéraire le confirme. (Paul-Jérémie Bitaubé, 1775, I : 466)

881. Du point de vue de la fidélité au sens, l'historicité est une dimension nécessaire dans le processus de traduction : le traducteur, pour être vraiment fidèle au sens, doit être fidèle à son époque. (Amparo Hurtado Albir, 1990 : 173)

882. La *fidélité* au sens se fait *dans l'historicité*, mais tout comme la subjectivité, cette historicité est indéniable, nécessaire et limitée. *Indéniable* car c'est un déterminisme inhérent à l'écrit, *nécessaire* parce qu'il faut que le traducteur soit fidèle à l'époque, et *limitée* pour ne pas sombrer dans l'adaptation. (Amparo Hurtado Albir, 1990 : 175)

883. Chaque époque requiert une actualisation de la traduction, mais en même temps elle s'y réflète, car elle s'introduit dans la traduction et y laisse son empreinte. (Amparo Hurtado Albir, 1990 : 156)

884. La traduction est un témoin privilégié d'une époque : on peut y retrouver l'état de la langue mais on peut aussi y retrouver l'état de la société toute entière, car le traducteur, sujet historique traduisant pour un autre sujet historique (le lecteur), ne peut s'empêcher de laisser, d'une façon ou d'une autre son empreinte. (Amparo Hurtado Albir, 1990 : 157)

885. Tout traducteur, même celui qui tente de reproduire la saveur d'une langue ou d'une époque historique, *modernise* jusqu'à un certain point le texte source. (Umberto Eco, 2001 : 22. Traduction)

886. La traduction est actuelle, c'est le contexte sociolinguistique présent ainsi que la langue utilisée qui seuls priment. (André Clas, 2002 : 13)

887. Chaque époque impose une façon de s'écarter de l'original et les traducteurs s'y conforment à la lettre, car ils savent que c'est cela qui fera le mérite de leur traduction aux yeux de leurs contemporains. (Korneï Tchoukovski, 1984 : 239. Traduction)

888. Il n'est pas toujours légitime de s'amuser aux dépens des traductions anciennes, car une traduction dépend aussi du moment où elle a été faite et la responsabilité n'est pas celle du seul traducteur. (Françoise Cartano, dans *Septièmes Assises...*, 1991 : 75)

889. Toute traduction est historique, toute retraduction l'est aussi. Ni l'une ni l'autre ne sont séparables de la culture, de l'idéologie, de la littérature, dans une société donnée, à un moment de l'histoire donné. (Paul Bensimon, 1990 : IX)

890. Les langues anciennes sont propres à traduire les langues anciennes, et les modernes les modernes. C'est que les peuples du même temps ont plus que les autres le même esprit. (Joseph Joubert, 1938, I, « 26 décembre 1798 » : 186)

Humour

891. La vie d'un traducteur est pleine d'alinéas... (Léo Lack, dans *Traduire*, 1978, 95 : 1)

892. Je puis, le dictionnaire et la divination aidant, faire un bon traducteur. (Stéphane Mallarmé, 1871 : 339)

893. L'âne me semble un cheval traduit en hollandais. (Georg Christoph Lichtenberg, 1997 [c1784-1788] : 382. Traduction : Charles Le Blanc)

894. Selon ma théorie cabalistique, le Tout-Puissant a confié à Satan la traduction de Sa création et l'œuvre a été publiée avant qu'Il n'ait pu la corriger. (Isaac Bashevis Singer, 1970 : 111. Traduction)

895. Il m'arrive de penser que l'Univers n'est qu'une mauvaise traduction d'une œuvre de Dieu, ce qui explique que tout est sens dessus dessous ici-bas. (Isaac Bashevis Singer, 1970 : 111. Traduction)

896. Dans ma jeunesse, je rêvais d'avoir un harem avec beaucoup de femmes ; maintenant, je rêve d'un harem avec beaucoup de traducteurs. Si ces traducteurs étaient des traductrices, alors ce serait vraiment le Paradis sur terre. (Isaac Bashevis Singer, 1970 : 113. Traduction)

897. Lors d'une conférence, on m'a demandé : « Que feriez-vous si vous étiez face à face devant Dieu ? » J'ai répondu : « Je lui demanderais de m'aider à faire des traductions. Mais je ne lui ferais pas confiance s'il travaillait sans moi. » (Isaac Bashevis Singer, 1970 : 112. Traduction)

898. À force d'avoir été traduit, le Décalogue a fini par autoriser l'inceste et le meurtre. (François Vaucluse, 2001 : n. p.)

899. Il n'est pas nécessaire d'entendre une langue pour la traduire, puisque l'on ne traduit que pour des gens qui ne l'entendent point. (Denis Diderot, *Les bijoux indiscrets* [c1748], 1975-1984, III : 186)

900. Sur la cène littéraire, ce serait toujours Judas qui tiendrait le rôle du traducteur. (Claude Gagnière, 1996 : 957)

901. Une traduction parfaite serait l'expression d'un miracle, et c'est Dieu lui-même qui voulut que les miracles fussent rares. (Claude Gagnière, 1996 : 958)

902. J'en ai contre ces auteurs qui publient des passages en langue étrangère sans en donner la traduction. En me jugeant capable, moi lecteur, de les traduire, ils m'adressent un beau compliment, mais s'ils se donnaient la peine de faire la traduction eux-mêmes, je me passerais bien du compliment. (Mark Twain, 1920 [c1878] : 139. Traduction)

903. *Dans une réception, une jeune femme dit à l'humoriste James Thurber que ses livres sont encore plus drôles en français. Et l'auteur de lui répondre :* « Ah oui, il y a quelque chose qui se perd dans mon original. » (James Thurber, dans Braude, 1962, II : 828. Traduction)

904. *À propos de sa traduction d'*Eugène Onéguine*:* « Pouchkine a comparé les traducteurs aux chevaux des relais de poste de la culture. Moi, je ne saurais imaginer plus belle récompense si ma traduction sert de poney aux étudiants. » (Vladimir Nabokov, 1975 [c1963], I : x. Traduction)

905. On ne sait trop si les traducteurs sont des héros ou des fous. Ils devraient pourtant savoir qu'en afrikaans « *Hamlet, I am thy father's ghost* » ressemble à peu près à « *Omlet, ek is de papa spook* ». (Paul Francis Jennings, « Beatrix Potter Translated » [c1953], dans Potter, 1954 : 109. Traduction)

906. *À propos d'un écrivain qu'il n'aimait pas :* « Il gagne beaucoup à être traduit. » (André Gide, dans Duhamel, 2003 : 155)

907. Je *comprends* l'allemand aussi bien que le malade qui l'a inventé, mais pour bien le *parler* j'ai besoin d'un interprète. (Mark Twain, 1880 : 49. Traduction)

908. – Morbleu ! Je crois que l'interprète est le plus difficile à comprendre des deux ! (Richard Brinsley Sheridan, 1963 [c1781] : 133. Traduction : Germaine Landré-Augier)

909. Voilà un incompris. C'est malheureux ! Un incompris qui est traducteur par-dessus le marché, c'est pire que de l'infortune, c'est de la tragédie. (Léa Pétrin, 1961 : 56)

910. Et si vous brûlez de faire de la traduction, faites-en comme passe-temps à la maison ! (Léa Pétrin, 1961 : 49)

911. On dit parfois que la traduction est l'un des deux plus vieux métiers du monde : la principale différence entre le métier de traducteur et l'autre, c'est que le premier est infiniment moins lucratif. Il existe en revanche un point commun entre ces deux métiers : chacun a ses proxénètes. (John P. Oatmill, dans *Traduire*, 1982, 111 : 1)

912. Après quatre siècles d'échanges de traductions entre l'anglais et le français, les meilleures restent, hélas, celles que l'on fait à partir du chinois ! (Vladimir Nabokov, dans *Septièmes Assises…*, 1991 : 40)

913. L'original du Coran est gardé au ciel. L'original de la Bible est entre les mains des traducteurs. (Marc de Launay, dans *Douzièmes Assises…*, 1996 : 133)

914. La traduction parachève l'œuvre. – Quand elle ne l'achève pas. (François Vaucluse, 2001 : n. p.)

915. L'œuvre est la fille de la traduction : mère jalouse, fille ingrate, mais si belles toutes deux ! – Courtisons-les ensemble. (François Vaucluse, 2001 : n. p.)

916. Quand le traducteur attife l'œuvre du costume folklorique de son nouveau canton, elle y laisse sa peau. (François Vaucluse, 2001 : n. p.)

917. *In medio stat virtus ?* – Les traducteurs dégradent les bons livres – mais améliorent les mauvais. (François Vaucluse, 2001 : n. p.)

918. Cher lecteur, apprends le grec et jette ma traduction au feu. (Friedrich Leopold von Stolberg, dans Rosenzweig, 1998 : 153. Traduction : Jean-Luc Évard)

919. Traduit de l'anglais, du français, du lavaterois[5]. (Georg Christoph Lichtenberg, 1968 [c1773-1775], I : 259. Traduction : Charles Le Blanc)

920. *À l'endroit des traducteurs qui abusent des synonymes :* « Ô messieurs les traducteurs, ne nous sodonymisez pas ! » (Milan Kundera, 1993 : 132)

921. Si Dieu a puni les descendants de Noé en multipliant les langues afin qu'ils ne s'entendent plus, il faut bien reconnaître que, dans sa bonté et sa miséricorde infinies, il leur a donné les traducteurs, témoins vivants de son incommensurable mansuétude. (Jean Delisle, 1983 : 146)

922. *Sur la couverture du roman humoristique de Léa Pétrin,* Tuez le traducteur, *un lecteur a écrit :* « Le traducteur dans le pétrin a du pain sur la planche, alors il met la main à la pâte, car la traduction, c'est pas de la tarte ! » (Anonyme)

923. En Grande-Bretagne, tout se passe comme si n'importe qui pouvait se faire bombarder traducteur, à condition d'avoir passé des vacances en Dordogne ou d'avoir épousé un ressortissant français ! (James Grieve, dans *Septièmes Assises…*, 1991 : 40)

924. N'est-ce pas Satan lui-même […] qui fut l'inspirateur de toutes les tentatives humaines visant à remédier à l'universelle incompréhension ? Paradoxe fort soutenable, en somme, qui permettrait alors d'expliquer le caractère diabolique et la nature forcément imparfaite de toute traduction ! (Claude Gagnière, 1996 : 957)

5. Johann Kaspar Lavater (1741-1801), écrivain, penseur et théologien suisse allemand, fut vivement critiqué par Lichtenberg qui le considérait comme un faux savant.

925. Est-ce qu'on écrit pour être traduit, surtout quand on a commencé sans lecteurs ? On écrit comme de bons enfants de Dieu, pour le bon Dieu lui-même, et l'on est tout surpris, un jour, d'apprendre qu'on a des lecteurs. Après arrivent les traducteurs, eux, ce sont des martiens, pas moins. (Jacques Ferron, dans Michaud, 1995 : 370)

926. La TRADUCTOPATHIE, pouvait-on lire dans le rapport du psychiatre, est une maladie caractérielle évolutive chronique. Son agent pathogène : le virus de la traduction. L'équilibre du traductopathe est perturbé par une longue pratique du métier de traducteur. (Jean Delisle, 1983 : 34)

927. Le récit de Babel se termine bien pour les traducteurs. Si l'on avait réussi à bâtir la tour, la langue unique aurait probablement donné lieu à l'apparition de conseillers en orientation et de thérapeutes, mais il n'y aurait pas d'écoles de traduction, pas de cabines d'interprétation, pas de revues de traduction. (Michael Cronin, 1995 : 359-360. Traduction)

928. Traduction – Traîtres-mots. Traduire – Travailler pour l'exportation. (Jean Bonot, 1947 : 140)

929. Les auteurs sont les faire-valoir des traducteurs, seuls artistes à avoir une conscience internationaliste et multiculturelle. (Claude Bleton, 2004 : 114)

930. INTERPRÈTE (n.). Celui qui permet à deux personnes de langues différentes de se comprendre, en répétant à chacune d'elles ce qu'il aurait été préférable pour l'interprète que l'autre eût dit. (Ambrose Bierce, 1987 [c1911] : 150. Traduction : Jacques Papy)

931. Le seul hommage qu'un traducteur français puisse rendre à Shakespeare est de ne pas le traduire. (Sir Max Beerbohm, 1930 [c1899], I : 48. Traduction)

932. Les Français sont aussi fidèles comme traducteurs que comme maris. (Jean Paul, dans Batista, 2003 : 21)

933. Tout traducteur est une dame qui reçoit la semence de monsieur l'original pour mettre au monde cet enfant métis d'autant plus légitime qu'il sera le portrait de son père. (Carlos Batista, 2003 : 17)

934. La traduction est une forme légitime de plagiat par laquelle on peut même espérer s'élever jusqu'à la gloire avec des ailes empruntées. (Justin O'Brien, dans Braude, 1962, II : 827. Traduction)

Imitation, pastiche, parodie

935. L'objet de la traduction est connu, c'est l'imitation. (Marie-Claude-Frédéric Vaultier, *De la traduction* [c1812], dans D'hulst, 1990 : 72)

936. Si la traduction est imitation, alors elle l'est au sens le plus noble du terme, au sens où l'art même est imitation. (Philip Stratford, 1993 : 127. Traduction : François Bilodeau)

937. Beaucoup croient imiter le style de Victor Hugo alors qu'en réalité ils imitent seulement celui de ses traducteurs. (Leopoldo Alas, dit Clarín, *Réflexions*)

938. Pastiche qui veut, traduit qui peut. (Afanassi A. Fet, « Quelques opinions russes… », 1979 : 57)

939. Le premier joug que les traducteurs souffrent qu'on leur impose, ou plutôt qu'ils s'imposent eux-mêmes, c'est de se borner à être les copistes plutôt que les rivaux des auteurs qu'ils traduisent. (Jean d'Alembert, « Observations sur l'art de traduire » [c1763], 1967, IV : 36)

940. Méfions-nous d'une traduction d'un de nos textes, si elle nous paraît conforme parce qu'elle lui ressemble. Elle équivaut à un portrait médiocre. Il est préférable qu'elle nous déroute. (Jean Cocteau, 1953 : 129)

941. Le Tourneur n'a pas traduit Shakespeare ; il l'a, candidement, sans le vouloir, obéissant à son insu au goût hostile de son époque, parodié. (Victor Hugo, 1973 [c1864] : 342)

942. La traduction *stricto sensu* est une opération communicative à visée mimétique qui consiste à véhiculer d'une langue dans une autre une information donnée. Je ne crois pas qu'on ait intérêt à obscurcir ce fait fondamental – même lorsqu'il s'agit de traduction littéraire. (Claude Tatilon, 2003 : 117)

943. L'imitateur sacrifie l'identité de l'œuvre sur l'autel d'une similarité d'effet. (Friedrich Schleiermacher, « Des différentes méthodes du traduire » [c1813], 1999 : 47. Traduction : Antoine Berman)

944. La traduction est pour moi un métier, une activité imitative. C'est comme ce travail que font les acteurs comiques qui imitent les hommes politiques et tentent de reproduire leur voix. Moi je fais de même : j'écoute l'auteur et j'essaie d'en conserver la voix. (José María Valverde, 1993 : 603. Traduction : Brigitte Lépinette)

945. La plus vraie espèce d'Imitation, c'est de traduire : Car imiter n'est autre chose que vouloir faire ce que fait un autre. Ainsi que fait le Traducteur qui s'asservit non seulement à l'Invention d'autrui, mais aussi à la Disposition : et encore à l'Élocution tant qu'il peut, et en tant que lui permet le naturel de la Langue translative. (Jacques Peletier du Mans, *Art poëtique* [c1555], 1930 : 105)

946. Nulle imitation n'est moins machinale que la traduction, n'exige plus de travail de la pensée. (Jules Michelet, dans *Traduire*, 1970, 64 : 1)

947. *À propos de l'imitation :* « Toute chose semblable à une autre est forcément inférieure au modèle, comme l'ombre par rapport au corps, le portrait par rapport à l'original et le jeu des acteurs par rapport aux sentiments authentiques. » (Quintilien, 1975 [c95], VI : 109. Traduction : Jean Cousin)

948. *À propos de l'imitation :* « Celui qui veut l'emporter sur un autre l'égalera peut-être, même s'il ne le dépasse pas. Or, on ne peut égaler quelqu'un si l'on juge qu'il faut se borner à marcher sur ses traces : en effet, quand on suit quelqu'un, inéluctablement on est toujours derrière. » (Quintilien, 1975 [c95], VI : 108-109. Traduction : Jean Cousin)

949. *À propos de l'origine de la traduction :* « Elle doit sa naissance à l'imitation, naturelle à l'homme ; imitation à laquelle est attaché un plaisir. Il n'est pas impossible aussi que la paresse, qui s'unit en nous au besoin de s'occuper, n'y ait quelque part. (Paul-Jérémie Bitaubé, 1779, III : 472)

950. Pour bien imiter les anciens, il faut savoir les traduire. (Jean-L. Ferri de Saint-Constant, 1811 [c1808], II : 264)

951. L'imitation d'un auteur est la meilleure façon pour un traducteur de faire belle figure, mais c'est le plus grand tort qu'on puisse faire à la mémoire et à la réputation des morts. (John Dryden, *Ovid's Epistles* [c1680], 1961, I : 240. Traduction)

952. Les traductions en vers : ce sont seulement des imitations, auxquelles on donne abusivement le nom de traductions. (Pierre Desfontaines, 1765, I : XXXVIII)

953. Une traduction en vers n'est jamais fidele ; & ne peut être qu'une imitation, sur-tout si le Poëme qu'on traduit est un peu long. (Pierre Desfontaines, 1967b [c1735], III : 217)

954. L'imitation ne peut être que mauvaise pour l'œuvre imitée, elle traite ce texte comme un prétexte. (Jacques Brault, 1975 : 32)

Infidélité

955. L'original est infidèle à la traduction. (Jorge Luis Borges, « Sur le *Vathek* de William Beckford » [c1943], 1993 : 774. Traduction : Paul Bénichou et Sylvia Bénichou-Roubaud)

956. La traduction la plus infidèle de toutes est celle qui rend ridicule dans une langue ce qui ne l'était pas dans une autre. (Albertine Necker de Saussure, 1971 [c1814] : XVIII)

957. La plupart des traducteurs gâtent leur original, ou par une fausse ambition de le surpasser, qui les rend infidèles, ou par une plate exactitude, qui les rend plus infidèles encore. (Voltaire, « Traductions » [c1749], 1879 : XXIII : 417)

958. Le voyage des œuvres traduites ne concorde pas avec la peine que nous eûmes à les écrire. C'est justice. Elles sont en voyage. Elles se délassent de notre odieuse surveillance. (Jean Cocteau, 1953 : 123-124)

Intraduisibilité

959. Traduire signifie servir deux maîtres à la fois. Donc : nul ne le peut. (Franz Rosenzweig, « L'Écriture et Luther » [c1926], 1998 : 55. Traduction : Jean-Luc Évard)

960. Toute traduction m'apparaît comme une vaine tentative pour résoudre un problème insoluble. (Wilhelm von Humboldt, « Lettre à Schlegel, 23 juillet 1796 », dans Berman 1984 : 9. Traduction : Antoine Berman)

961. Rien n'est intraduisible en un sens, mais en un autre sens tout est intraduisible, la traduction est un autre nom de l'impossible. (Jacques Derrida, 1996 : 103)

962. La meilleure traduction d'un texte, la plus juste, la plus respectueuse est condamnée d'avance à devenir un reflet, un écho, une représentation du texte original, aussi réussie soit-elle. (Pierre Assouline, 2011, blogue)

963. Toute traduction commence et finit par un échec. (Jean et Robert Hollander, dans *Dante Alighieri Inferno*, 2000 : XIII)

964. L'intraduisible est une idole que tout traducteur brise à chaque traduction nouvelle. (Jacques Ancet, 1995)

965. Les impossibilités de traduction sont toujours datées et tiennent parfois à la personne des traducteurs. (Jean Delisle, 2002b : 131)

966. Shakespeare est intraduisible. Mail il faut traduire Shakespeare. (Jean-Louis Curtis, 1990 : 31)

967. Traduire, c'est faire l'épreuve de l'impossibilité de traduire. (Alexis Nouss, 2001 : 178)

968. Les spéculations sur l'intraduisible paraissent bien dérisoires… L'intraduisibilité n'est pas une catégorie de la pensée traductive, elle est de l'ordre du sentiment flou… (Marc de Launay, 2004 : 17)

969. Ce qui fait désirer la traduction d'une œuvre littéraire est précisément ce qu'il y a en elle d'absolument intraduisible. (Pierre Baillargeon, 1962 : 97)

970. La meilleure traduction n'est jamais qu'une approximation. On peut dire que ce qui est littéraire est intraduisible. Tout chef-d'œuvre d'une langue donnée en est comme l'un de ses idiotismes. (Pierre Baillargeon, 1951a : 50)

971. Un auteur peut éprouver une certaine jouissance à se savoir intraduisible. (Robert Sabatier, 1991 : 320)

972. Mallarmé, intraduisible, même en français. (Jules Renard, « *Journal*, 1er mars 1898 », 1990 : 374)

973. Certains auteurs sont si obscurs qu'ils sont intraduisibles même dans leur propre langue. (Evan Esar, 1968 : 822. Traduction)

974. La langue d'un écrivain véritable faisant trop corps avec le génie national, et les traducteurs en outre étant ce qu'ils sont (un écrivain véritable ne peut être traduit que par un écrivain véritable), je dirai que mes ouvrages ne sont pas faits pour les étrangers, et que, si j'allais au bout de ce que je pense, je refuserais qu'ils fussent traduits. (Henry de Montherlant, 1957 : 393)

975. Nous avons déjà dit que la traduction était chose impossible, puisque le charme essentiel de l'œuvre d'art réside dans son unicité. Comment la traduction pourrait-elle la reproduire ? (Boris Pasternak, « Remarques d'un traducteur » [c1944], 1990 : 1344. Traduction : Catherine Perrel)

976. L'« intraductibilité » est l'énigme à laquelle nous devons répondre, la langue des autres est un sphinx. (Antoine Vitez, « Le devoir de traduire » [c1982], dans Sallenave et Banu, 1991 : 289)

977. Peut-être ne suffit-il pas de dire que traduire est une activité « impossible, mais sensée », peut-être faudrait-il travailler avec l'idée que le côté sensé de cette activité ne lui enlève pas pour autant son caractère impossible ? (Christina Viragh, « Six lettres sur la traduction », dans Graf 1998 : 122. Traduction : Ursula Gaillard)

978. Si traduire veut dire calquer, et en même temps rendre les hautes et vives qualités du texte, il n'y a pas de doute que la traduction ne soit impossible. Il faut jeter au feu tous les essais, et proclamer bien haut la maxime italienne : *traduttore, traditore*. (Gustave Théry, 1855, XXIV : 201-202)

979. Le réquisitoire contre la traduisibilité est bien souvent issu d'une myopie circonscrite et temporaire. (George Steiner, 1978 [c1975] : 235. Traduction : Lucienne Lotringer et Pierre-Emmanuel Dauzat)

980. L'impossibilité de traduire découle du fait qu'il n'y a pas d'équivalents exacts entre deux langues même entre deux mots très concrets. Le mot « pain », par exemple, est intraduisible. Dans une autre langue, il n'a pas le même poids, le même âge, le même champ sémantique, la même force d'expressivité ; il désigne bien le même objet, mais il ne véhicule pas les mêmes connotations sociales et psychologiques. (Marthe Robert, dans Malraux, 1970 : 197. Traduction)

981. L'impossibilité de traduire les divers aspects de la pensée exprimée dans une autre langue provient de l'incompréhension, par conséquent de l'incapacité du traducteur à faire œuvre de traduction. (Georges Panneton, 1945 : 48)

982. Ce n'est ni le meilleur ni le pire d'un livre qui en est intraduisible. (Friedrich Nietzsche, 1968, I : 137. Traduction : Robert Rovini)

983. La traduction n'est pas toujours possible. Elle ne l'est que dans une certaine mesure, et dans certaines limites. (Georges Mounin, 1963 : 273-274)

984. C'est dans l'éclairage de cette dialectique des contacts de langue qu'il faut considérer le problème de l'*intraduisible*. On aperçoit alors qu'il ne s'agit pas là d'une notion absolue, métaphysique, intemporelle – mais toute relative. (Georges Mounin, 1963 : 277)

985. L'intraduisibilité ne doit pas être un mystère, ni un épouvantail : c'est une notion statistique. (Georges Mounin, 1964a : 124)

986. L'intraduisible est social et historique, non métaphysique. (Henri Meschonnic, 1973 : 309)

987. Il ne faut pas cacher l'intraduisible. Il y a des choses qui sont incommunicables telles quelles. (André Markowicz, dans Arsenault, 2002 : 56)

988. Seul celui qui est profondément convaincu de l'impossibilité de traduire peut s'en charger. (Franz Rosenzweig, cité par Jean-Luc Évard dans Rosenzweig, 1998 : 15. Traduction : John Felstiner)

989. Traduire, n'est-ce pas une tâche irrémédiablement utopique ? À vrai dire, chaque jour me conforte davantage dans l'idée que tout ce que fait l'homme est utopique. (José Ortega y Gasset, 2013 [c1937] : 3. Traduction : François Géal)

990. Si vous avez un texte disant qu'il est impossible de traduire, il est très intéressant de voir ce qui arrive quand on traduit ce texte. (Alexis Nouss, 1991 : 23)

991. Une traduction vivante ne connaît guère d'intraduisibles. (Edmond Cary, 1985 [c1958] : 54)

992. La traduction d'un mot grec. La traduction d'un vers de Virgile. La traduction d'un grand poète est chose absolument impossible. (Jacob Grimm, dans Larousse, 1866-1890, XV : 389)

993. On abuse de la formule « jeu de mots intraduisibles », car « intraduisible » est une notion relative. L'intraduisible est parfois ce qui n'a *pas encore* été traduit correctement. (Marcel Govaert, 1971 : 432)

994. Lors de la traduction, il faut s'avancer jusque vers l'intraduisible ; ce n'est qu'à partir de ce moment qu'on prend pleinement conscience d'une nation étrangère et de sa langue. (Johann Wolfgang von Goethe, *Maximes et réflexions* [c1828], 1983 : 282. Traduction : Jean-Marie Schaeffer)

995. L'art de la traduction aura toujours à surmonter le phénomène de l'intraduisibilité d'une langue à l'autre. (Hugo Friedrich, « On the Art of Translation » [c1965], dans Schulte et Biguenet, 1992 : 11. Traduction)

996. Traduire est impossible, disent certains : toute traduction est inadéquate, donc inutile, et les traducteurs, c'est bien connu, sont des menteurs ; ne vous y fiez guère. (Dom Michel Coune, 1976 : 5)

997. Traduire revient à arracher une œuvre à sa langue d'origine pour la faire passer dans un autre contexte linguistique et culturel. D'où les impossibilités qui cernent de toute part le traducteur : quoi qu'il fasse, il se sait vaincu d'avance, qu'il prenne le parti du mot ou celui de la glose. (André Chouraqui, 1990 : 457-458)

998. L'intraduisible n'est pas une donnée empirique, c'est un effet de théorie. (Henri Meschonnic, 1999 : 79)

999. Il est horrifiant d'être traduit. Si un auteur peut être traduit dans un grand nombre de langues, c'est qu'il n'est pas à proprement parler un littéraire, car la littérature est intraduisible. (Anthony Burgess, dans Fischman, 1999 : n. p. En ligne. Traduction)

1000. Seule est traduisible l'enveloppe externe de la littérature, les mots disposés sur une page dont la simple fonction est de décrire des actions, des sentiments, des dialogues, toutes choses faciles à transposer dans une autre langue. (Anthony Burgess, dans Fischman, 1999 : n. p. En ligne. Traduction)

1001. Rendre la création d'un poète, d'une langue dans une autre, est chose impossible ; mais impossible aussi de renoncer à ce rêve. (Valéri Brioussov, dans Lotman, 1973 : 15. Traduction : Léon Robel)

1002. L'intraduisible n'est pas une notion absolue : c'est simplement ce qu'un traducteur et sa langue ne peuvent pas encore traduire *hic et nunc*. La temporalité du traduire est une temporalité finie : on ne traduit jamais que *rechtzeitig, au bon moment*. (Antoine Berman, 1986 : 106)

1003. L'intraduisibilité est l'un des modes d'*auto-affirmation* d'un texte. (Antoine Berman, 1999 [c1985] : 42)

1004. Aussi impossible que puisse t'apparaître la traduction, n'oublie jamais que, par ta façon de traduire, tu apportes ta contribution à cette impossibilité. (Carlos Batista, 2003 : 22)

Joie, plaisir de traduire

1005. Traduire, c'est un plaisir ajouté à l'écriture. (Michel Tremblay, dans Whitfield, 2005 : 45)

1006. La traduction est une œuvre de re-création et de récréation. (Paul Gagné, dans Lessard, 2011 : A-2).

1007. Quand une traduction marche bien, c'est jubilatoire. (Annie Saumont, 1993 : 18)

1008. Traduire est un plaisir, sinon on n'en aurait pas le désir, mais c'est aussi un acte douloureux. Surtout dans le cas de Shakespeare. (Jean-Michel Déprats, 2005 : 8)

1009. Une joie vient quand la traduction trouve un écho véridique chez le lecteur d'une nouvelle langue. Joie du traducteur, en somme, au contact de la joie du lecteur. (Ahmet Soysal, dans *Treizièmes Assises…*, 1997 : 60)

1010. Il y a des moments de joie pure dans la coïncidence de la traduction, et tant pis si le bateau coule, il y aura eu cette joie et il y aura eu cette traversée. (Jacqueline Risset, dans *Cinquièmes Assises…*, 1989 : 26)

1011. Il y a une joie des traducteurs, une hardiesse, qui peut venir du risque : dans la mesure où l'on sait que l'objet de son amour est mortel, on fait plus pour le saisir, pour le mériter, pour le cerner. (Jacqueline Risset, dans *Cinquièmes Assises…*, 1989 : 26)

1012. J'adore traduire, c'est le pur plaisir d'écrire sans les souffrances de l'invention. (Nancy Mitford, dans Mosley, 2003, 1996 : 119. Traduction)

1013. Traduire comme plaisir de la souffrance. (Stefan Zweifel, « Le sadomasochisme comme principe de traduction », dans Graf, 1998 : 139. Traduction : Gilbert Musy)

1014. *À propos de sa traduction de deux nouvelles de Flaubert :* « De toute ma carrière littéraire, je n'ai pas de plus grand motif d'orgueil que cette traduction. Ce fut un tour de force que de contraindre le russe à prendre le français à bras le corps et ne pas être vaincu. » (Ivan Sergueievitch Tourgueniev, « Lettre à Stasioulievitch », dans *Traduire*, 1977, 90 : 1)

1015. *À propos de sa traduction de pièces de Tchekhov :* « C'est comme si l'on écrivait soi-même une grande pièce de théâtre. On se croirait au volant d'une Rolls Royce. C'est exaltant ! » (Michael Frayn, 1999 : n. p. En ligne. Traduction)

1016. Le traducteur possède un trait inhumain : la joie des cadavres. Devant leur nombre croissant, il peut croire que la fin de sa besogne approche. (Aloys Skoumal, 1970 : 74)

1017. La personne qui profite le plus d'une traduction est le traducteur, et il faut ajouter que sa récompense est le plaisir qu'il retire de cet exercice intellectuel. (Theodore Savory, 1968 [c1957] : 36. Traduction)

1018. C'est le deuil de la traduction absolue qui fait le bonheur de traduire. (Paul Ricœur, 2004 : 19)

1019. Traduire peut être parfois une fête et une ivresse, un jeu de qui perd gagne rigoureux et ludique. (Éloi Recoing, « Antoine Vitez ou l'esprit de traduction », dans Déprats, 1996 : 95)

1020. Le traducteur est-il jamais *heureux* ? Il y a près de Saint-Jérôme [*sic*], ne l'oublions pas, un lion qui veille et qu'une écharde dans la chair a blessé. Le traducteur n'est pas heureux parce qu'il œuvre dans le perfectible. Ce lion qui veille est son orgueil blessé. (Jean-Yves Masson, 1990 : 159)

1021. Traduire est une torture qui fait hurler de joie. (Jean Delisle, 1983 : 125)

1022. Le dilettante tient par-dessus tout à sauvegarder son plaisir, le traducteur à faire partager le sien. (Sylvie Durastanti, 2002 : 66)

1023. Traduire des textes réjouissants de sensualité, de liberté et de joie de vivre transforme le labeur en plaisir, et la traduction en enlevante création. (Andrée Christensen et Jacques Flamand, 2003 : 15)

1024. La traduction : une malédiction que je m'efforce de traduire en jouissance. (Carlos Batista, 2003 : 14)

1025. Tous les traducteurs chérissant un tant soit peu leur profession méritent de connaître la griserie de l'enthousiasme et de la fierté d'un travail bien fait. (André Senécal, 2016 : 62)

Langue française

1026. De toutes les langues européennes, celle qui facilite le moins la tâche du traducteur est la langue française. (José Ortega y Gasset, 2013 : 73. Traduction : François Géal)

1027. Le français est souple, plus que les traducteurs. (Henri Meschonnic, « Pour une poétique de la traduction » [c1970], 1986a : 14)

1028. Les idiotismes de telle langue ne sont eux-mêmes que la *traduction*, dans cette langue, d'un Quelque Chose que le français lui aussi peut traduire et traduit, à sa manière et par d'autres voies. (Étienne Barilier, 1990 : 25)

1029. *À propos de la langue française :* « Notre langue est la plus sévère de toutes dans ses lois, la plus uniforme dans sa construction, la plus gênée dans sa marche. Faut-il s'étonner qu'elle soit l'écueil des traducteurs, comme elle est celui des poëtes ? » (Jean d'Alembert, « Observations sur l'art de traduire » [c1763], 1967, IV : 33)

1030. S'il y a une langue rebelle à la traduction, c'est la Françoise : on lui en fait un reproche, qui paroit fondé, & je ne serois pas surpris que les traducteurs françois, irrités des obstacles qu'elle leur opose, se rangeassent du parti de ceux qui se plaisent le plus à la déprimer. (Paul-Jérémie Bitaubé, 1775, II : 479)

1031. Traduire de l'anglais en français, ce n'est pas un problème d'anglais, c'est un problème de français. Certes la connaissance de l'anglais est indispensable. Mais il s'agit pour le traducteur d'une connaissance passive, réceptrice, incomparablement plus facile à acquérir que la possession active, créatrice impliquée par la rédaction en français. (Michel Tournier, 1977 : 159-160)

1032. On enseigne et on apprend de mieux en mieux l'anglais, chez nous. Les traducteurs deviendront inutiles. Dommage, car le français ne peut que gagner à épouser une forme étrangère. (Jean Catel, dans « L'enquête des *Cahiers du Sud* », 1927 : 259)

1033. Que doit-on attendre d'une traduction en une langue comme la nostre, tousjours sage, ou plustost tousjours timide, & dans laquelle il n'y a presque point d'heureuse hardiesse, parce que tousjours prisonniere dans ses usages, elle n'a pas la moindre liberté ? (Anne Dacier, « Préface », *L'Illiade* [c1699], 1719, I : xxxi)

1034. La traduction de tout Shakespeare n'est pas à comparer, pour son influence sur le français, avec les traductions quotidiennes des dépêches A.P., U.P. et Reuter. (Jacques Olivier Grandjouan, 1971 : 198)

1035. En s'ouvrant à la sensibilité des auteurs étrangers, le français fait la preuve de sa plasticité, de ses possibilités d'ouverture aux autres. (André Markowicz, dans Bélair, 2002 : C-3)

1036. Parce qu'elle est incapable de traduire, la langue française est, plus facilement que toutes les autres langues, traduisible dans toutes les langues cultivées. [...] Les moindres beautés de la langue française peuvent être facilement rendues. (Giacomo Leopardi (2004), « 12 septembre 1821 » : 794. Traduction : Bertrand Schefer)

Langue, linguistique

1037. La langue étrangère est un obstacle à surmonter plutôt qu'un objet à traduire. (Mariane Lederer, « Implicite et explicite » [c1976], 1984b : 69)

1038. Une langue que l'on n'arrive plus à traduire est une langue morte, avant que la traduction ne la ressuscite. (Michaël Oustinoff, 2003 : 11)

1039. La langue de l'Europe c'est la traduction. (Umberto Eco, 1993 : n. p.)

1040. Les traducteurs jouent un rôle qui n'est pas négligeable en tant que gardiens des normes de leur langue. (David Bellos, 2012 : 211. Traduction : David Loaysa)

1041. Si les langues arrivent bel et bien à la même clairière dans la forêt, elles n'empruntent pas les mêmes sentiers. (Georges-Arthur Goldschmidt, 2013 : 170-171)

1042. Toutes les autres langues peuvent traduire l'hébreu, mais l'hébreu ne peut traduire aucune langue. (Joseph Joubert, 1938, I, « 30 mars 1800 » : 243)

1043. Il me semble que les traducteurs entendent, en général, leurs devoirs d'une manière fort incomplète. On croit conserver la couleur de l'original en conservant des tours opposés au génie de la langue dans laquelle on traduit ; on ne songe pas qu'une langue ne doit jamais être parlée ni écrite à demi. (Ernest Renan, 1991 [c1858] : 8)

1044. Le traducteur ressent la langue qu'il traduit comme une langue neuve, il se trouve toujours amené à surestimer l'expressivité des mots étrangers et à désespérer de la rendre. (Georges Mounin, 1994 [c1955] : 30)

1045. Traduire un texte n'est pas traduire de la langue, mais traduire un texte dans sa langue, qui est texte par sa langue, la langue étant elle-même par le texte. (Henri Meschonnic, 1973 : 312)

1046. On ne traduit pas un texte d'une langue en une autre : on traduit une langue en une autre dans un texte. (Robert Melançon, « Éloge de la diversité », dans Beaudet, 1999 : 116)

1047. Les grands écrivains font l'enrichissement des langues, les bons traducteurs en retardent l'appauvrissement. (Victor Hugo, 1973 [c1864] : 443)

1048. Si à l'évidence, tout grand écrivain trouve sa propre langue, le traducteur doit, lui aussi, trouver la langue de l'écrivain qu'il traduit. (Bertrand Fillaudeau, dans *Treizièmes Assises…*, 1997 : 188)

1049. *À propos du traducteur :* « Il consomme son acte d'amour envers sa langue d'origine à travers un acte d'amour pour une autre langue qu'il aime et respecte dans la même mesure. » (Umberto Eco, dans *Dixièmes Assises…*, 1994 : 206)

1050. Si, et seulement si, l'auteur a décidé de rompre avec sa langue, le traducteur se doit d'en faire autant. (Laure Bataillon, 1991 : 67)

1051. Un bon traducteur doit savoir à fond les deux langues, et surtout la sienne propre, puisque c'est dans celle-là qu'il s'exprime ; de manière à ne jamais tomber dans aucun des pièges de la littéralité. (Francis de Miomandre, 1955 : 7)

1052. La confrontation de nos langues par la traduction fera éclater le mécanisme étriqué de la grammaire d'hier et d'aujourd'hui. (Mario Wandruszka, 1973 : 84)

1053. Traduire, c'est penser l'autre, qu'il soit ancien ou contemporain, dans sa langue, c'est donc penser sa propre langue. (Isabel Violante, 2004-2005 : 14)

1054. Si le génie et le caractère de toutes les langues étaient les mêmes, il serait facile de traduire d'une langue à l'autre ; il suffirait au traducteur d'être fidèle et attentif. (Alexander Fraser Tytler, 1907 [c1791] : 7. Traduction)

1055. Vivre entre deux langues, c'est voir à double sens. (Gail Scott, « Mon Montréal : notes d'un écrivain anglophone », dans Beaudet, 1999 : 95)

1056. Quand une langue a reçu toute sa perfection, les traductions y sont aisées à faire, et n'apportent plus que des pensées. (Antoine de Rivarol, 1785 : xxxvi)

1057. Il nous faut croire fanatiquement aux potentialités illimitées de notre langue maternelle, celle vers laquelle nous traduisons, car ces potentialités sont limitées uniquement par l'insuffisance de nos capacités. (György Radó, « Thoughts of a Translator on Translatability », dans *La traduction littéraire…*, 1987 : 33. Traduction)

1058. Aucun mot de la « langue source » ne peut ni ne doit être rendu automatiquement, à chaque occurrence, par le même mot dans la « langue cible ». Les polysémies des différents vocables sont rarement superposables d'une langue à l'autre. (Anne-Marie Ozanam, 2001 : 53)

1059. C'est la linguistique elle-même qui nous enseigne le plus clairement que les opérations de traduction comportent à la fois des problèmes linguistiques et des problèmes non-linguistiques. (Georges Mounin, « Enquête de la FIT… », 1959 : 85)

1060. À la fois déstabilisateur et champion du mot, le traducteur peut aussi lui enlever son pouvoir ou, au contraire, le renforcer. (Scott L. Montgomery, 2000 : 13. Traduction)

1061. La traduction montre les idées du traducteur sur le langage, sur la littérature, précisément même quand il croit ne pas en avoir, quand il croit n'avoir de rapport qu'avec le texte. (Henri Meschonnic, dans *Actes des deuxièmes Assises…*, 1986 : 36)

1062. Les histoires de la littérature [...] n'ont accordé jusqu'ici que très peu de place aux traductions, car pour l'historien de la littérature, la traduction est une activité qui relève de la « langue » et non de la littérature. (André Lefevere, 1992b : 39. Traduction)

1063. Sans chercher à être paradoxal, on serait tenté de dire que les langues sont extérieures au processus de la traduction ; elles sont le réceptacle du sens qui est exprimable dans n'importe laquelle d'entre elles ; elles ne se confondent pas avec lui. (Mariane Lederer, 1984a : 36)

1064. Qu'est-ce qu'un linguiste peut apporter au traducteur ? De toute évidence l'analyse des équivalences et la justification objective de ses intuitions. (Louis G. Kelly, 1979 : 24. Traduction)

1065. Ce qui proprement est au langage ancien
Il faut proprement dire au langage sien.
(Jean Vauquelin de la Fresnaye, *Art poétique* [c1605], dans Delcourt, 1925 : 59)

1066. Tel est l'art du *grand* traducteur : *ne pas* traduire – dans la nouvelle langue, en créer une nouvelle. Les Septante créent un grec hébraïque, Luther un allemand biblique... (Franz Rosenzweig, « De l'esprit de la langue hébraïque » [c1921], dans Rosenzweig, 1998 : 20. Traduction : Jean-Luc Évard)

1067. L'expérience de la traduction montre que la phrase n'est pas une mosaïque, mais un organisme ; traduire, c'est inventer une constellation identique où chaque mot reçoit l'appui de tous les autres et, de proche en proche, tire bénéfice de la familiarité avec la langue entière. (Paul Ricœur, 1975 : 103)

1068. Tant qu'on ne regarde que la langue, on oppose des langues entre elles, un morceau de l'une à traduire dans une autre, on ne traduit ou on croit ne traduire que de la langue. (Henri Meschonnic, 2004b : 12)

1069. Je ne crois pas qu'il existe au monde une seule langue capable de rendre les mots d'une autre langue avec la même énergie et même avec un seul terme. (Gottfried Wilhelm Leibniz,

« Considérations inattendues sur l'usage... » [c1697], 2000 : 83. Traduction : Marc Crépon)

1070. Chascune langue a ses proprietés, translations en diction, locutions, subtilités, & vehemences à elle particulieres. Lesquelles si le traducteur ignore, il faict tort à l'autheur, qu'il traduit : & aussi à la langue, en laquelle il le tourne. (Étienne Dolet, 1540 : [12-13])

1071. La traduction promet un royaume à la réconciliation des langues. (Jacques Derrida, « Des tours de Babel » [c1985], 1998 : 231)

1072. Si paradoxal que cela puisse paraître, traduire c'est écrire dans une langue étrangère, car la langue nationale du traducteur lui devient étrangère au moment où il est obligé de l'appliquer à des concepts étrangers. (Marcel Brion, dans « L'enquête des *Cahiers du Sud* », 1927 : 323)

1073. C'est le désespoir du traducteur que de constater l'insuffisance de sa langue, quand il doit lui faire exprimer non seulement des pensées mais des façons de penser, pour lesquelles elle n'est pas faite. (Marcel Brion, dans « L'enquête des *Cahiers du Sud* », 1927 : 323)

1074. On n'en aime que mieux à lire les traductions quand on entend les langues. (Joseph Joubert, 1938, II, « 20 janvier 1810 » : 687)

1075. Les langues diffèrent essentiellement par ce qu'elles *doivent exprimer*, et non par ce qu'elles *peuvent* exprimer. (Roman Jakobson, « On Linguistic Aspects of Translation » [c1959], 1966 : 236. Traduction)

1076. Les langues diffèrent non par ce qu'elles *peuvent* ou non exprimer, mais par ce qu'elles *obligent* ou non à dire. (Claude Hagège, 1985 : 49)

1077. Tout geste linguistique est un geste de traduction. (Felix Philipp Ingold, « La vie, une traduction ! », dans Graf, 1998 : 46. Traduction : Étienne Barilier)

1078. Si l'on fait abstraction des expressions qui désignent des objets purement corporels, aucun mot d'une langue n'équivaut parfaitement à un mot d'une autre langue. Des langues différentes sont à cet égard comme autant de synonymes. (Wilhelm von Humboldt, « Sur la traduction... » [c1816], 2000 : 33)

1079. L'emprunt est une donnée quasi permanente de la vie des langues. (Claude Hagège, 1987 : 10)

1080. *À propos des lacunes des langues :* « Traduire, c'est essayer de combler des lacunes, ou tenter de délimiter des lapsus. » (Dominique Grandmont, 1997 : 51)

1081. Le traducteur a le devoir de bien dire ; car, usager de la langue, il crée l'usage tout autant qu'il le suit. (Jacques Olivier Grandjouan, 1971 : 227)

1082. Les guillemets signifient : « Je sais que j'assassine la langue, mais je m'en lave les mains ». [...] Quand le traducteur met entre guillemets le mot lui-même ou sa pseudo-traduction, il commet une escroquerie intellectuelle. (Jacques Olivier Grandjouan, 1971 : 210-211)

1083. La fascination que la langue originale exerce sur le traducteur a sur l'aisance du style un effet moins connu. Le traducteur ébloui voit si bien la richesse du russe, de l'anglais ou de l'arabe qu'il en oublie les ressources de sa propre langue. (Jacques Olivier Grandjouan, 1971 : 213)

1084. Ce que toute traduction suggère en son principe, par le passage même qu'elle fraie d'une langue à l'autre, c'est la souveraineté de toutes les langues du monde. (Édouard Glissant, 1995 : 35)

1085. La traduction oblige parfois à se rebeller contre sa propre langue lorsque celle-ci introduit des effets de sens absents de l'original. (Umberto Eco, 2001 : 46. Traduction)

1086. Une langue n'est jamais juxtaposable à une autre langue, je ne le crois pas. On ne peut pas juxtaposer les angles des mots, leur longueur, etc., et leur sens. (Marguerite Duras, dans *Actes des quatrièmes Assises…*, 1988 : 89)

1087. Chaque langue ayant ses propres traits distinctifs, ce qui est beau dans l'une est souvent barbare ou insensé dans une autre. Il serait donc illogique qu'un traducteur modèle son expression sur les seuls mots de son auteur. (John Dryden, *Ovid's Epistles* [c1680], 1961, I : 241. Traduction)

1088. Avant de pouvoir traduire des textes, il faut avoir appris à traduire la langue. (Jean Delisle, 1980 : 93)

1089. À la manière du poète, mais à des fins différentes, le traducteur exploite au maximum les ressources de la langue. Il en force les limites pour l'obliger à exprimer ce qui lui est étranger ; il la pousse souvent hors de ses ornières. (Jean Delisle, 1990a : XXVI)

1090. La traduction implique deux langues, mais le traducteur risque constamment d'en inventer une troisième, une langue mitoyenne inexistante et traîtresse que lui inspire l'original et qui ne correspond pas à celle dans laquelle il traduit. (Guy Davenport, 1981 : 34. Traduction)

1091. Qu'il serait facile de traduire le « sens » d'un poème s'il ne fallait faire en même temps la radiographie de la langue dans laquelle on traduit ! (Arnaldo Calveyra, dans Bataillon, 1991 : 40)

1092. La traduction nous fait faire l'expérience de l'exil au cœur même de notre propre langue. (Frédéric Boyer, 2002 : 77)

1093. La langue à traduire nous paraît plus *imagée* à la fois et plus *concrète* que la langue où nous la traduisons. (Maurice Blanchot, 1972 : 173)

1094. Pour traduire un texte dialectal au milieu d'un texte normal, on ne peut ni traduire en langage dialectal français (annexion ! connotation abusive »), ni inventer un dialecte. (Antoine Vitez, « Notes de travail » [c1971], dans Sallenave et Banu, 1991 : 341)

1095. Personne ne doute aussi profondément des mots qu'un traducteur. C'est aussi pourquoi son espoir en ces bulles d'ombre a tant de poids. (Carlos Batista, 2003 : 51)

1096. Les langues se protègent, se détestent, elles ne s'aiment que très rarement, et les conflits passionnels qu'elles soulèvent rendent toute traduction difficile. » (Gilles Barbedette, dans *Actes des troisièmes Assises…*, 1987 : 141)

1097. Contrairement à l'opinion reçue, il n'y a pas de traduction sans langue dominante et pas de langue dominante qui ne soit désignée comme langue de la traduction par excellence. (Pascale Casanova, 2015 : 121)

1098. De façon circulaire, plus une langue est prestigieuse, plus elle a de ressources, plus son usage procure de profits sur le marché linguistique, plus elle est utilisée dans les traductions, plus elle se rapproche du pouvoir. (Pascale Casanova, 2015 : 129)

Lecture, lecteurs

1099. Traduire, c'est la manière la plus attentive de lire. (José Salas Subirat, dans *Traduire*, 1985, 124 : 1)

1100. Traduire, c'est tout d'abord vivre une expérience profonde et singulière de la lecture. (Mathilde Vischer, 2003 : 25)

1101. Traduire fait partie de la lecture du texte, comme une démarche critique plus intuitive et interprétative. (Marion Graf, 2000 : n. p. En ligne)

1102. La traduction obtient sa signifiance complète par la médiation de la lecture. (Paul Ricœur, dans Renken, 2002 : 97)

1103. Traduire, c'est d'abord et avant tout lire. C'est lire correctement avec l'œil de l'exégète averti, avec l'oreille de l'interprète musical, avec la sensibilité déployée de l'artiste dont les cinq sens sont aux aguets. (Françoise Wuilmart, « L'auteur et son double, le texte et sa lecture », dans Awaiss, 2002 : 83)

1104. *Traduttore, traditore* : l'expression est déjà moins vraie si on peut tout aussi bien dire : « lire, c'est toujours mal lire ». (Douglas Gordon Jones, 1977 : 73. Traduction : Joseph Bonenfant)

1105. Ce n'est pas le public qui fait le poëte, mais c'est le public qui fait le traducteur. (Victor Hugo, 1973 [c1864] : 429)

1106. La traduction est une des plus *conscientes* de toutes les lectures, une des plus *conscientes* de toutes les écritures. (Betty Bednarski, 1989 : 2)

1107. La lecture subjective, absolument courante et attendue de tout lecteur, est un des sept péchés capitaux de la traduction. Toute lecture normale est une prise de sens subjective. (Françoise Wuilmart, « L'auteur et son double, le texte et sa lecture », dans Awaiss, 2002 : 76)

1108. La traduction est une lecture qui prend la mesure de l'œuvrer d'un livre. Le traduire re-suscite la mise en œuvre de l'ouvrage. (Michel Deguy, 2000 : 104)

1109. Si le lecteur peut lire un texte-traduction comme une œuvre originale, cela n'est possible que par un acte de confiance aveugle concédé au traducteur. (Arno Renken, 2002 : 98)

1110. Nous sommes aussi des exégètes, et il y a peut-être autant de traductions qu'il y a de traducteurs, comme il y a autant de romans qu'il y a de lecteurs. (Claire Malroux, dans *Actes des premières Assises…*, 1985 : 125)

1111. Toute traduction est lecture d'une œuvre et je rêve d'un jour où l'on pourrait faire autant de traductions que de lectures d'une même œuvre. L'œuvre elle-même n'est jamais terminée, elle est en quelque sorte la somme de toutes les traductions à venir. (Claire Malroux, dans *Actes des premières Assises…*, 1985 : 116)

1112. Un texte est l'ensemble de toutes ses traductions significativement différentes. (Léon Robel, 1973 : 8)

1113. Un auteur étranger est la somme de toutes ses traductions, passées, présentes et à venir. Nulle traduction prise en elle-même ne peut prétendre détenir une quelconque vérité de l'œuvre. (André Markowicz, 1991 : 211)

1114. Un texte n'est pas la somme de ses traductions. Idée à la mode. À moins de réduire le poème à un pur passage de message. (Henri Meschonnic, 2004a : 230)

1115. Traduire est la meilleure façon de lire, dit-on. Une traductrice lit sans doute différemment d'une simple lectrice. Moi quand mon corps traduisant lit, il met en mémoire, et mes traductions sont traversées de mots glanés de mes lectures. (Susanne de Lotbinière-Harwood, 1991 : 66)

1116. Toute traduction trouve sa légitimité dans un pacte d'autorisation. Cette entente, souvent implicite, établit les orientations du travail du traducteur, en conformité avec les attentes du public lecteur. (Sherry Simon, 1994 : 78)

1117. D'Ablancourt a pour partisans tous ceux, qui n'ont jamais lû les Originaux Grecs & Latins, qu'il a traduits. (Abraham Nicolas Amelot de la Houssaie, 1686 : xxxiv)

1118. Traduire c'est lire en profondeur. (René Char, dans Bednarski, 1989 : 35)

1119. Les théoriciens ont volontiers campé le traducteur en face de l'auteur tantôt comme un rival, tantôt comme un serviteur. Bien peu ont aperçu le terme complémentaire de l'équation, à savoir le rapport qui existe entre le traducteur et ses lecteurs. (Edmond Cary, 1963b : 21)

1120. Qu'est-ce que traduire sinon donner corps dans une autre langue à *une* lecture, celle du traducteur, en l'occurrence. (Jean-Claude Capèle, 1999 : n. p. En ligne)

1121. La traduction m'apparaît d'abord comme une lecture. Traduire, comme lire, c'est poser sur l'œuvre un regard de découvreur, à la fois chercheur et faiseur de sens. C'est retracer le dessein de l'auteur, cerner le tout de l'œuvre, en déduire les principes et, dans les conditions de ma relativité et de mon historicité, *re*construire un sens (des sens). Traduire, comme lire, c'est, nécessairement, interpréter. (Betty Bednarski, 1989 : 11)

1122. Dépassant en scrupule l'auteur et les lecteurs, seul le traducteur lit tous les mots du texte. (François Vaucluse, 2001 : n. p.)

1123. L'auteur qui n'écrit que pour une ville, une province, un royaume, ou meme un siecle, merite si peu d'être traduit, qu'il ne merite pas d'être lû. (Jonathan Swift, « Lettre à l'abbé Desfontaines » [c1727], 1963, III : 226)

1124. Le bon traducteur est un bon lecteur, car tout bon traducteur sait qu'un rayon de bibliothèque est à l'esprit, ce qu'un rayon de soleil est pour l'œil. (Charles Le Blanc, 2009 : 106)

1125. Comme un fossile nous parle de l'histoire de la vie, une œuvre traduite nous raconte celle de la lecture. La traduction est à ce titre l'histoire naturelle de l'esprit humain, de l'esprit formé par la lecture. (Charles Le Blanc, 2013 : 268)

1126. Une traduction est une lecture qui tend à se substituer à un texte. Étudier la traduction, c'est donc fondamentalement étudier comment on lit un texte ; faire de l'histoire de la traduction, c'est documenter le sens de cette substitution. (Charles Le Blanc, 2015 : 11)

Liberté du traducteur

1127. En traduisant je perds la liberté que j'avais en tant que lecteur. J'ai des comptes à rendre à l'auteur. (Rose-Marie Vassallo-Villaneau, dans *Douzièmes Assises…*, 1996 : 169)

1128. Je ne vois pas pourquoi le traducteur ne pourrait bénéficier de la même souplesse d'écriture que l'auteur, ni pourquoi il devrait s'enfermer dans un carcan qu'il aurait créé lui-même, ce qui serait assez… masochiste. Il faut être libre pour écrire, mais pour traduire aussi. Libre et autonome. (Anne Wade Minkowski, dans *Cinquièmes Assises…*, 1989 : 156)

1129. Je traduirai tout avec cette liberté sans laquelle aucune traduction ne s'élève au-dessus du mot à mot. (Samuel Butler, 1924 [c1901] : 56. Traduction : Valery Larbaud)

1130. Traduire n'est pas singer ! Questionnement d'une liberté, c'est le droit, c'est même le devoir d'être soi-même tout aussi libre, et avec bonne conscience. (Yves Bonnefoy, 2000 : 78)

1131. Le traducteur a *tous les droits* dès lors qu'il joue franc jeu. (Antoine Berman, 1995 : 93)

1132. Le traducteur ne dispose que d'une liberté raréfiée, tel l'oxygène dans les profondeurs de l'eau. (Carlos Batista, 2003 : 79)

1133. Les « libertés » du traducteur sont fidélité sans faille à l'*intensité sémantique* originelle. (Étienne Barilier, 1990 : 32)

1134. Le traducteur n'est maître de rien ; il est obligé de suivre partout son auteur, et de se plier à toutes ses variations avec une souplesse infinie. (Charles Batteux, 1748, II : 64)

1135. À l'égard de Shakespeare, seuls sont de mise un naturel absolu et une totale liberté intellectuelle. (Boris Pasternak, « Mes nouvelles traductions » [c1942], 1990 : 1347. Traduction : Catherine Perrel)

1136. Un adaptateur peut prendre beaucoup de libertés, le traducteur aucune. (Bernard Lesfargues, « Enquête de la FIT… », 1959 : 103)

1137. Liberté et responsabilité, tous les traducteurs littéraires naviguent non pas entre ces deux divinités, mais portés par elles. (Christine Klein-Lataud, 2004 : n. p. En ligne)

1138. La liberté du traducteur correspond à celle de l'auteur de dire ceci ou cela, de telle ou de telle manière. (Charles Le Blanc, dans Abou Fadel et Awaiss, 2005 : 132)

1139. L'unique devoir du traducteur est de suivre toujours son Maître, mais quelquefois un peu loin. (Pierre Desfontaines, 1765, I : XLI)

1140. La liberté du Traducteur s'étend même jusqu'à adoucir, transposer & même supprimer certaines idées accessoires, qui n'ont aucun agrément en François. (Pierre Desfontaines, 1967b [c1738], XVI : 150)

1141. On permet au traducteur d'être ancien avec les anciens ; on lui en fait même une loi : mais on veut qu'il le soit avec grâce et que, chargé d'entraves, il marche en liberté. (Jean-Louis Burnouf, 1933 : xxi)

1142. Un second obstacle que les traducteurs se sont donné, c'est la timidité qui les arrête, lorsqu'avec un peu de courage ils pourraient se mettre à côté de leurs modèles. (Jean d'Alembert, « Observations sur l'art de traduire » [c1763], 1967, IV : 37)

1143. La différence de caractère des langues ne permet presque jamais les traductions littérales. [...] Mais l'impossibilité où le traducteur se trouve de rendre son original trait pour trait, lui laisse une liberté dangereuse. (Jean d'Alembert, « Observations sur l'art de traduire » [c1763], 1967, IV : 32)

Limites de la traduction

1144. La traduction, à cause des limites qu'elle se voit obligée d'imposer à sa propre lecture, est à bien des égards une écriture de l'insatisfaction. (Betty Bednarski, 1989 : 17)

1145. Même la meilleure des traductions est au mieux une approximation indéterminable. (August Wilhelm von Schlegel, dans Robinson, 1997 : 220. Traduction)

1146. La traduction est un supplice pour l'esprit. Tous les textes renferment des difficultés de réexpression quasi insurmontables. Sous la torture, le traducteur finit par avouer ses limites. (Jean Delisle, 1983 : 28)

1147. Toute traduction ne peut prétendre qu'au relatif. (Philippe Jaccottet, 1982 : 409)

1148. Jamais définitive, une traduction, même la meilleure, reste une dissonance irrésolue ! (Marion Graf, « Nationalité : frontalier », dans Graf, 1998 : 8)

1149. Respectant l'obscurité, le traducteur étreint dans l'ombre une étrangère. (François Vaucluse, 2001 : n. p.)

1150. Une traduction aura toujours un temps d'avance ou de retard sur l'horloge initiale. (Carlos Batista, 2003 : 16)

1151. Si le traducteur parvient à sauver du chaos des œuvres de langage, à leur réinsuffler de l'ordre, s'il parvient à faire refleurir les déserts du sens, les fleurs qu'il crée dans sa langue ne seront jamais celles qui s'épanouissaient dans la langue originale. (Étienne Barilier, « Le traducteur, ce misentrope », dans Graf, 1998 : 151)

1152. La traduction ne peut être, au mieux, qu'un équateur entre deux pôles, d'une certaine manière un juste milieu entre deux échecs, ou encore un compromis entre deux incertitudes. (Albert Bensoussan, 1995 : 29-30)

1153. Traduire, c'est avoir l'honnêteté de s'en tenir à une imperfection allusive. (Pierre Leyris, 1974 : 16)

1154. Mettons que, dans le meilleur des cas, une traduction soit une suite inédite de malentendus acceptables. (Dominique Grandmont, 1997 : 83)

1155. Le plus sage, pour le traducteur, serait sans doute d'admettre qu'il ne peut faire que mal, et de s'efforcer pourtant de faire aussi bien que possible, ce qui signifie souvent faire *autre chose*. (Gérard Genette, 1982 : 241)

1156. Si l'on veut que l'œuvre traduite ressemble à l'œuvre à traduire, il n'y a pas de traduction littéraire possible. (Maurice Blanchot, 1971 : 71-72)

1157. *Une traduction parfaite relève de l'utopie :* « Oui, parce que, toujours, on compense. On compense avec les moyens du bord, qui se transforment. On passe un enduit à l'eau pour cacher d'inévitables fissures. La distorsion due à la traduction, on la recouvre comme on peut. (Bernard Lortholary, dans Natale, 1991 : 100)

1158. *Au sujet de Shakespeare :* « Cette nécessité de mettre quelques vêtements d'emprunt sur le colosse n'est ni une profanation ni un outrage ; c'est plutôt un hommage rendu à l'impossibilité de le vêtir à la française avec des habits assez grands et assez pompeux pour lui. » (George Sand, « À Monsieur Régnier » [c1856], 1860, III : 107)

1159. Toute traduction est essentiellement imparfaite puisqu'elle est le résultat d'un compromis entre deux obligations contraires : d'une part, l'obligation d'être aussi littéral qu'il se peut, de l'autre, l'obligation d'être français. Mais de ces deux obligations il en est une qui n'admet pas de moyen terme, c'est la seconde. (Ernest Renan, 1991 [c1858] : 9)

1160. À chaque instant, le traducteur devra choisir, c'est-à-dire appauvrir et déformer. Ce n'est pas la différence de langue qui en est la cause, mais le principe même de la redite, l'impossibilité de conserver ces réussites singulières qui faisaient la vertu du texte primitif comme par une sorte d'alchimie. (Jacques Perret, 1975 : 15-16)

1161. Il est inutile d'insister sur les limitations naturelles de l'art de traduire. La traduction adéquate d'une pièce, voire d'un recueil de vers, est une prodigieuse et rarissime réussite ; l'adaptateur n'a pas de prise sur la « poésie pure » ; il n'est qu'un préparateur de momies. (André Levinson, dans « L'enquête des *Cahiers du Sud* », 1927 : 288)

1162. Dans la traduction, on ne doit pas s'engager dans une lutte immédiate avec la langue étrangère. On doit parvenir jusqu'à l'intraduisible et respecter celui-ci ; car c'est là que résident la valeur et le caractère de chaque langue. (Johann Wolfgang von Goethe, *Maximes et réflexions* [c1828], dans Berman, 1984 : 97. Traduction : Antoine Berman)

1163. On ne fera sans doute jamais une traduction tellement exacte et fidèle, qu'elle puisse en tout tenir lieu de l'original, et qu'il devienne indifférent de lire le texte ou la version. (Paul-Louis Courier, « Préface du traducteur », *Prospectus d'une traduction nouvelle d'Hérodote* [c1822], dans D'hulst, 1990 : 155)

1164. Au mieux, la traduction est une falsification réussie, une élégante escroquerie ; au pire, c'est une œuvre de fossoyeur, un certificat de décès. (Carlos Batista, 2003 : 39)

1165. Dans la traduction, il n'y a pas plus d'expressions justes qu'il n'existe de purs synonymes. (Pierre Baillargeon, 1948 : 65)

1166. La langue d'un écrivain, remaniée à fond, et comme reprise en sous-œuvre, ne se traduit pas aisément. (Pierre Baillargeon, 1947b : 68)

1167. La traduction se ressent toujours de ce qui la rend possible : on ne traduit que ce qu'il y a de plus commun et l'on filtre le reste. (Pierre Baillargeon, 1947b : 68)

1168. La traduction, c'est le *flou* littéraire permanent, et comme, par ailleurs, ce que nous avons coutume d'appeler sottise n'est autre que le *flou* de la pensée, ne nous étonnons pas qu'un auteur traduit nous paraisse toujours un peu sot. (José Ortega y Gasset, 2013 [c1937] : 15. Traduction : François Géal)

Littéralité

v. Traduction littérale

Mal nécessaire

1169. La traduction s'inscrit dans la longue litanie des « malgré tout ». (Paul Ricœur, 1999 : 12)

1170. La traduction est un mal nécessaire. Elle n'est, au mieux, qu'un pis-aller. Rien ne remplace le contact direct avec les œuvres, l'émotion que donne le mouvement d'une phrase, la sonorité d'un mot. (Marcel Brion, dans « L'enquête des *Cahiers du Sud* », 1927 : 320)

1171. Les traductions existent ; elles sont un mode normal d'accès aux littératures dont on ne connaît pas la langue ; elles sont nécessaires. Mais beaucoup ajouteront aussitôt : elles sont nécessaires, mais comme un mal peut parfois être dit nécessaire, et les traductions sont un mal de cette espèce. Est-ce bien sûr ? (Yves Chevrel, 1997 : 356)

1172. Je crois à l'utilité des traductions parce que je n'ai pas d'autres façons de communiquer avec les autres habitants de la planète. Les traductions sont peut-être inférieures aux originaux, mais c'est mieux que rien. (Petros Ambatzoglou, dans « On Translation », 1979 : 243. Traduction)

Manières de traduire

1173. Si je traduis mot à mot, cela rend un son absurde ; si, par nécessité, je modifie si peu que ce soit la construction ou le style, j'aurai l'air de déserter le devoir du traducteur. (Saint Jérôme, « Lettre LVII – À Pammachius » [c395], 1953, III : 61. Traduction : Jérôme Labourt)

1174. Oui, quant à moi, non seulement je le confesse, mais je le professe sans gêne tout haut : quand je traduis les Grecs – sauf dans les Saintes Écritures, où l'ordre des mots est aussi un mystère – ce n'est pas un mot par un mot, mais une idée par une idée que j'exprime. (Saint Jérôme, « Lettre LVII – À Pammachius » [c395], 1953, III : 59. Traduction : Jérôme Labourt)

1175. Toutes les fois que le mot à mot n'offrait qu'une sottise ou une image dégoûtante, j'ai pris le parti de dissimuler ; mais c'était pour me coller plus étroitement à Dante, même quand je m'écartais de son texte : la lettre tue et l'esprit vivifie. (Antoine de Rivarol, 1785 : xxxiv)

1176. Trop souvent, les traducteurs n'exploitent pas assez les ressources idiomatiques de leur langue, ce qui a pour effet d'affaiblir la force figurative de leur traduction puisqu'ils ne compensent pas la perte d'idiotismes par l'introduction d'autres idiotismes. (Eugene A. Nida, 1969 : 106. Traduction)

1177. Traduire ce que les mots ne disent pas, mais ce qu'ils font. Oui, mais cela ne saurait s'accomplir par la disparition du traducteur dans sa traduction [...]. (Henri Meschonnic, 1999 : 55)

1178. Si le traducteur s'éloigne trop de l'original, il ne traduit plus, il imite ; s'il le copie trop servilement, il fait une version, & n'est que translateur. N'y aurait-il pas un milieu à prendre ? (Jean-François Marmontel, 1751, IV : 952)

1179. Le traducteur timoré travaille au niveau du mot et de la phrase, tandis que le traducteur « inspiré » tient compte de la culture dans son ensemble et de la manière dont fonctionne le texte dans cette culture. (André Lefevere, 1992b : 51. Traduction)

1180. Une traduction ne peut jamais être considérée comme tout à fait terminée, même aux yeux du traducteur. Le traducteur, comme le peintre, doit prendre de la distance devant sa première esquisse. (Frank R. Scott, « Dialogue », dans Hébert et Scott, 1970 : 100. Traduction : Jean Simard)

1181. Pour toute littérature de définition – essais, livres d'histoire, etc. – le mot à mot me paraît requis. (Maurice Zermatten, dans « Enquête de la FIT... », 1959 : 65)

1182. Un attachement trop scrupuleux à la lettre, détruit l'esprit, & c'est l'esprit qui donne la vie : trop de liberté détruit les traits caractéristiques de l'original, ou en fait une copie infidele. (Nicolas Beauzée, 1765 : 512)

1183. Le traducteur doit parler comme son auteur, il doit mettre ses pas dans ses pas, enfiler sa vieille robe de chambre, chausser ses pantoufles, épier ses tics, guetter ses gestes, et restituer, à la façon d'une doublure de théâtre, sa silhouette et les inflexions de sa voix. (Albert Bensoussan, 1995 : 111)

1184. Le traducteur doit rendre son texte accessible, mais en se gardant bien de mettre de la lumière quand l'original n'en a pas. Si l'original est d'une rare obscurité, il faudra bien ne pas trop éclairer le texte traduit. (Albert Bensoussan, 1995 : 39)

1185. Le traducteur ne doit pas succomber à l'appel des sirènes, il ne doit pas faire beau, il doit faire juste. (Albert Bensoussan, 1995 : 29)

1186. Le traducteur ne donne pas à lire *sa* lecture, bien évidemment ; il tente de passer le texte étranger dans sa langue, sans l'appauvrir, et sans l'enrichir non plus, dans toute son épaisseur, avec toutes ses résonances ou ses ambiguïtés, acclimatant davantage ici à la culture d'arrivée, préservant là une plus grande étrangeté. (Fabrice Antoine, « Avant-propos », dans Desmond, 2005 : VI-VII)

1187. *À propos de la manière de traduire d'Hilaire le Confesseur :* « Loin de s'attacher à la lettre somnolente et de se torturer par une traduction affectée à la manière des ignorants, il a pour ainsi dire capturé les idées, et les a transposées dans sa propre langue, par le droit du vainqueur. » (Saint Jérôme, « Lettre LVII – A Pammachius » [c395], 1953, III : 62. Traduction : Jérôme Labourt)

1188. La traduction doit exhiber les blessures que l'original inflige à la langue cible. (Stefan Zweifel, « Le sadomasochisme comme principe de traduction », dans Graf, 1998 : 135. Traduction : Gilbert Musy)

1189. C'est grandement trahir l'auteur que de lui attribuer des anomalies de langage alors qu'il n'en a aucune dans sa langue et n'avait aucune *intention* d'en avoir. *A contrario*, c'est tout autant trahir l'auteur que de lui transcrire un texte lisse et polissé en vertu d'on ne sait quel principe de « bonne mœurs littéraires » quand le sien est plein d'épines et d'aspérités. (Céline Zins, dans *Actes des deuxièmes Assises…*, 1986 : 51)

1190. Il n'est pas toujours essentiel de traduire les *mots* ni même parfois le *sens*, mais il faut toujours reproduire *l'impression*. (Alekseï Konstantinovitch Tolstoï, dans Tchoukovski, 1984 : 80. Traduction)

1191. Si on traduisoit en termes vulgaires, ce que l'on a écrit en belle latinité, on feroit un ouvrage aussi mauvais que ridicule. (Saint Thomas d'Aquin, « Contre les erreurs des Grecs » [c1261], 1856 : I : 3. Traduction : M. Bandel)

1192. Une contrainte trop basse ruine toute la grace & toute la beauté des paroles ; & qu'une liberté trop hardie en altere tout le sens. (Gaspard de Tende, 1660 : v-vi)

1193. Un traducteur ne doit point s'effrayer, moins encore s'arrêter par la sévérité de sa langue. Qu'on lui présente dans une autre, des images familieres, il doit les rendre dans la sienne, par des images semblables. (Maximilien-Henri de Saint-Simon, 1771 : xiii)

1194. Faisons du mieux possible notre métier, dans l'irrespect de la lettre, dans le respect de l'esprit. (William Desmond, 2005 : 48)

1195. Nous devrions rendre l'original de telle sorte que la version traduite produise chez les gens auxquels elle s'adresse une impression exactement semblable à celle qui est produite chez les gens auxquels l'original s'adresse. (Edgar Allan Poe, 1983 [c1844-1849] : 110. Traduction : Jean-Marie Maguin et Claude Richard)

1196. Le traducteur n'est pas là pour figer la lave du volcan ; la « précision » ne peut être qu'un défaut parce qu'elle implique un choix mutilant. Elle réduirait une symphonie à sa mélodie, et ferait d'un Raphaël une copie en noir et blanc. (Étienne Barilier, 1990 : 45)

1197. Il n'y a pas deux manières de bien rendre les pensées d'un auteur qu'on traduit. (Charles-Joseph Panckoucke, « Sur l'art de traduire » [c1787], dans D'hulst, 1990 : 136)

1198. Une traduction littéraire d'un ouvrage sérieux prend souvent ou *devrait prendre* autant de temps qu'il en a fallu pour écrire l'original. Le premier jet, l'élan créateur, doivent en effet être remplacés par une méditation des valeurs de style à reproduire par des calculs savants d'effets compensatoires dans la nouvelle langue, par la longue attente parfois d'une trouvaille adéquate. (Jean-Jacques Mayoux, dans « Enquête de la FIT… », 1959 : 80)

1199. Qui traduit selon la lettre est un faussaire, qui ajoute un blasphémateur. (François Vaucluse, 2001 : n. p.)

1200. Pour ce qui est de l'histoire, je l'ai suivie exactement et ponctuellement ; mais je n'ai pas voulu faire les grotesques, qu'il est impossible d'éviter quand on se restreint dans la servitude de traduire de mot à mot. Je sais bien le goût du collège, mais je m'arrête à celui du Louvres. (François de Malherbe, « Avertissement du XXXIIIe livre de Tite-Live » [c1616], 1862, I : 464-465)

1201. Ce n'est pas aux mots du texte latin, comme le font ces ânes[6], qu'il faut demander comment on parle allemand. C'est à la mère dans son foyer, aux enfants dans les rues, à l'homme du commun sur la place du marché qu'il faut le demander ; écoutez comment parle leur bouche et tenez-en compte dans votre traduction : c'est ainsi qu'ils vous comprendront et auront le sentiment que vous leur parlez allemand. (Martin Luther, *Ein Sendbrief vom Dolmetschen* [c1530], dans Bocquet, 2000 : 171. Traduction : Catherine Bocquet)

1202. Quand notre Langue résistoit à l'expression Angloise, j'ai traduit l'idée ; & quand l'idée conservoit encore un air trop étranger aux nôtres, j'ai traduit le sentiment. (Pierre Le Tourneur, 1770, I : LXXV)

1203. Le traducteur recherche le vouloir dire de l'auteur, sa méthode est l'explication de texte et non l'analyse linguistique. (Mariane Lederer, 1984a : 23)

1204. *À propos de sa traduction de l'*Iliade *:* « Je n'ai pas cru qu'une traduction fidèle de l'*Iliade* pût être agréable en français. J'ai trouvé partout, du moins par rapport à notre temps, de grands défauts joints à de grandes beautés ; ainsi je m'en suis tenu à une imitation très-libre, et j'ai osé même quelquefois être tout à fait original. Je ne crois pas cependant avoir altéré le sens du poëme ; et quoique je l'aie fort abrégé, j'ai prétendu rendre tout l'action, tous les sentiments, tous les caractères. » (Antoine Houdar de La Motte, « Lettre à Fénelon, 14 décembre 1713 », dans Fénelon 1874 : 124-125)

6. Les papistes. V. aussi les citations 715 et 1984.

1205. Il me semble, veu la contrainte de la ryme, & la difference de la proprieté, & structure d'une langue à l'autre, que le son devoir, qui sans corrompre le sens de son aucteur, ce qu'il n'a peu rendre d'assez bonne grace en un endroit s'efforce de le recompenser en l'autre. (Joachim du Bellay, *Deux Livres de l'Eneide* [...] [c1560], dans Norton 1984 : 256)

1206. Voilà, si je ne me trompe, la difference qui se trouve entre les bonnes & les mauvaises traductions : l'une par une imitation basse & servile rend la lettre sans l'esprit, & l'autre par une imitation libre & noble, conserve l'esprit sans s'éloigner de la lettre, & fait une chose toute nouvelle d'un sujet desjà connu. (Anne Dacier, « Préface », *L'Illiade* [c1699], 1719, I : XLV)

1207. J'ai longtemps cru qu'il fallait toujours traduire littéralement et intégralement. Je me demande aujourd'hui si certaines œuvres ne réclament pas une adaptation ou plutôt une « abréviation ». L'essentiel me paraît d'extraire l'intéressant et non pas de le laisser perdu comme une île au milieu d'un océan de choses inaccessibles ou inintéressantes. (Benjamin Crémieux, dans « L'enquête des *Cahiers du Sud* », 1927 : 264)

1208. On doit traduire largement les orateurs et les moralistes verbeux, et strictement les poètes et les écrivains sentencieux. (Joseph Joubert, 1842, II : 123. En ligne)

1209. Chaque traducteur doit immanquablement rencontrer l'un des deux écueils suivants : il s'en tiendra avec trop d'exactitude ou bien à l'original, aux dépens du goût et de la langue de son peuple, ou bien à l'originalité de son peuple, aux dépens de l'œuvre à traduire... (Wilhelm von Humboldt, « Lettre à Schlegel, 23 juillet 1796 », dans Berman 1984 : 9. Traduction : Antoine Berman)

1210. Quand on traduit, il ne s'agit pas de maximiser les ressemblances d'un texte-cible avec un texte-source. Il s'agit d'en minimiser les différences. (Ian Higgins, dans *Septièmes Assises...*, 1991 : 126)

1211. Le traducteur méticuleux devrait se donner pour règle de traduire lui-même les citations littéraires, même lorsqu'il en existe une bonne version. La cohésion avec le commentaire, ainsi que l'absence de contexte, justifient cette façon de faire. Il faut viser la meilleure intégration possible au texte dans son ensemble. (Horst Günther, « Le traducteur des sciences humaines, un serviteur de la clarté », dans Graf, 1998 : 173. Traduction : Marion Graf)

1212. Il y a deux maximes de la Traduction : l'une demande que l'auteur d'une nation étrangère soit amené jusqu'à nous, de telle façon que nous puissions le considérer comme nôtre ; l'autre, en revanche, que nous nous donnions à l'étranger. (Johann Wolfgang von Goethe, « Avec des souvenirs fraternels de Wielands » [c1813], dans Berman, 1984 : 96)

1213. Sans se rendre servile il faut estre fidéle,
Changer l'air étranger en beauté naturelle,
Pour estre regulier se dispenser des loix,
Et pour suivre l'Auteur le laisser quelquefois.
(Antoine Godeau, « Epistres morales » [c1650],
dans Zuber, 1968 : 160)

1214. En accomplissant mon office de traducteur, j'ai préféré rendre la santé sobre et l'élégance de mon auteur plutôt qu'une enflure qui lui est étrangère et qui, même ailleurs, ne me plaît guère. (Didier Érasme, « Lettre à William Warham » [c1506], dans Gerlo et Foriers, 1967-1984, I : 396)

1215. La traduction a hésité, hésite et hésitera sûrement toujours entre l'acclimatation et l'excentricité. Elle est même acclimatation tempérée d'excentricité. (Sylvie Durastanti, 2002 : 139)

1216. Il n'y a qu'un moyen de rendre fidèlement un auteur d'une langue étrangère dans la nôtre, c'est d'avoir l'âme bien pénétrée des impressions qu'on en a reçues, et de n'être satisfait de sa traduction que quand elle réveillera les mêmes impressions dans l'âme du lecteur. (Denis Diderot, dans Marouzeau, 1947, I : 104)

1217. Quand le traducteur ne peut rendre une image, qu'il y supplée par une pensée ; s'il ne peut peindre à l'oreille, qu'il peigne à l'esprit ; s'il est moins énergique, qu'il soit plus harmonieux ;

s'il est moins précis, qu'il soit plus riche. (Jacques Delille, *Les Géorgiques*, « Discours préliminaire » [c1770], 1997 : 334)

1218. *À propos de sa traduction de deux discours de Démosthène et d'Eschine :* « Leurs discours, je les ai traduits non en interprète, mais en orateur, en adaptant les mots à notre propre langue. Pour ceux-ci je n'ai pas jugé bon de les rendre mot pour mot, mais j'ai conservé dans leur entier le genre des expressions et leur valeur. Je n'ai pas cru en effet que je dus en rendre au lecteur le nombre, mais en quelque sorte le poids. (Cicéron, 1964 [vers -46], I : 114. Traduction : Albert Yon)

1219. On ne saurait traduire de la même plume un poème et un catalogue de machines-outils, une pièce de théâtre et un manuel scolaire. (Edmond Cary, 1963b : 11)

1220. Il faut essayer de rester aussi près de l'original que possible, mais en même temps aussi loin que nécessaire : le traducteur ne saurait se situer que dans l'entre-deux – position inconfortable s'il en est, parfois périlleuse, mais constitutive de son identité. (Jean-Claude Capèle, 1999 : n. p. En ligne)

1221. Le traducteur est toujours en équilibre instable au-dessus du vide, à la recherche de cet espace limite où peut se produire la rencontre, la coïncidence au sens propre du terme, c'est-à-dire au milieu, ce lieu où se résout la tension entre deux discours, entre deux musiques. (Jean-Claude Capèle, 1999 : n. p. En ligne)

1222. Je suis absolument contre la fidélité, la littéralité, la volonté de casser une syntaxe, la syntaxe française, la syntaxe de la langue dans laquelle on traduit, sous prétexte que l'écrivain l'a cassée dans sa langue d'origine, sauf s'il l'a cassée volontairement. (Hector Bianciotti, dans *Actes des premières Assises…*, 1985 : 101)

1223. Toute œuvre est dépaysante. La traduction réellement éthique doit éviter tout aussi bien l'« effet d'étrangeté » abusif que l'effet de naturalisation abusif. Chaque traducteur, ici, a à se frayer un chemin, passer entre Charybde et Scylla. (Antoine Berman, 1995 : 30)

1224. La norme qui prescrit d'éviter les répétitions est si prédominante, qu'elle se vérifie dans tout genre de textes, y compris les ouvrages « classiques » ou canoniques. (Nitsa Ben-Ari, 1998 : 78. Traduction)

1225. Les traducteurs raisonnables adaptent l'original à leur langue (*thèse*). Ceux qui sont déraisonnables persistent à vouloir adapter leur langue à l'original (*antithèse*). Ainsi les meilleures traductions sont-elles exécutées par des traducteurs déraisonnables (*foutaise*). (Carlos Batista, 2003 : 46-47)

1226. Si quelqu'un aspire à la louange que mérite une fidéle traduction, il faut qu'il observe exactement ces trois points ; qu'il n'ajoute rien à ce que dit son Auteur, qu'il n'en retranche rien, & qu'il n'y rapporte aucun changement qui puisse altérer le sens. (Claude-Gaspar Bachet de Méziriac, 1998 [c1635] : 8)

1227. Un décalage dans le ton est préférable à une restitution laborieuse de ce qui n'est pas traduisible. (Anny Amberni, dans *Actes des troisièmes Assises…*, 1987 : 131)

1228. On ne peut traduire un homme de génie, si on ne le traduit pas vivement et d'enthousiasme. (Jean d'Alembert, « Observations sur l'art de traduire » [c1763], 1967, IV : 40)

1229. *Au sujet de Tacite :* « Je l'ay suivy pas à pas, et plustost en esclave qu'en compagnon ; quoy que peut-estre je me pûsse donner plus de liberté ; puisque je ne traduis pas un passage, mais un Livre, de qui toutes les parties doivent estre unies ensemble, et comme fonduës en un mesme corps. (Nicolas Perrot d'Ablancourt, « Préface », *Annales* [c1640] de Tacite, dans Zuber, 1972 : 120-121)

1230. Le moyen d'arriver à la gloire de son original, n'est pas de le suivre pas à pas, mais de chercher les beautez de la langue, comme il a fait celles de la sienne : En un mot, ne pas tant regarder à ce qu'il dit, qu'à ce qu'il faut dire, et considérer plus son but que ses paroles. (Nicolas Perrot d'Ablancourt, « Préface », *Annales* [c1640] de Tacite, dans Zuber, 1972 : 128-129)

Mauvais traducteurs, amateurisme

1231. Il seroit à craindre qu'il n'y eust un peu de paresse en ceux qui ne rendent pas quelquesfois la moitié des Autheurs qu'ils veulent traduire. (Michel de Marolles, « Préface », *Les satyres de Juvenal* [c1653], dans Zuber, 1968 : 137)

1232. Un bon traducteur ça n'existe pas. Les meilleurs commettent les pires bourdes. (Isaac Bashevis Singer, 1970 : 110. Traduction)

1233. Ma vieille expérience avec les traducteurs : s'ils vous déforment, alors ce n'est jamais dans des détails insignifiants, mais toujours dans l'essentiel. (Milan Kundera, 1993 : 287)

1234. Tout Pédant traduit comme un Sot. (Ponce-Denis Écouchard, dit Le Brun, « Sur les traductions en vers », 1811, III : 176)

1235. Les traducteurs traduisent Homère, Eschyle, Dante et Shakespeare comme les ingénieurs font carrossables les hautes montagnes. Ils percent et font serpenter dans leurs flancs des routes pavées, des tunnels, des trottoirs commodes et de plain-pied avec le pays plat. De cette façon on traverse ces grandes Alpes et ces grands poëtes, mais on ne les voit pas. Les routes et les traducteurs évitent avec soin les précipices, les sommets, les abîmes et les beautés. (Victor Hugo, *Tas de pierres* [c1942], 1961, III : 1530)

1236. Il fait fortune car il sait traduire vite ce qu'il traduit mal. (Louis-Paul Béguin, 1985 : 135)

1237. Le mauvais traducteur use de la langue ainsi que l'avaricieux d'un trésor caché. (Carlos Batista, 2003 : 41)

1238. Comme toute profession, la traduction a ses mauvais ouvriers. Mais alors que le mauvais peintre ne prouve rien contre la peinture, le seul mot de traducteur suscite la citation du proverbe *traduttore, traditore* qui généralise méchamment et jette le discrédit sur toute la profession. (François Vermeulen, 1976 : 22)

1239. *Épigramme contre Nicolas Boileau, traducteur de Longin :*
Las d'être un simple auteur entêté du latin,
Pour imposer aux sots, je traduisis Longin ;
Mais j'avoue, en mourant, que je l'ai mis en masque,
Et que j'entends le grec aussi peu que le basque.
(Jean-François Regnard, 1870, IV : 438)

1240. Boileau disoit d'André Dacier[7], il suit les graces & les graces le fuient. Quel malheur pour Horace d'avoir eu pour traducteur le plus lourd de nos écrivains ! (Jean-François Marmontel, 1751, IV : 954)

1241. *À propos d'une mauvaise traduction :* « Une dame en rupture de tricot et de pot au feu s'était livrée à un excès d'aberration auquel peut atteindre l'outrecuidance jointe à l'ineptie. » (Léon Paschal, dans Vermeulen, 1976 : 29)

1242. Le problème avec les pseudo-traducteurs est leur ignorance. (Vladimir Nabokov, 1955b : 506. Traduction)

1243. L'incompétence patente est plus rare dans les traductions que d'autres défauts : la lourdeur, l'imprécision, le rembourrage, la tentation de briller, de se mettre en valeur, bref le manque de principes rigoureux. (Sylvère Monod, dans *Septièmes Assises…*, 1991 : 84)

1244. L'étrange, dans le cas des traducteurs en général, c'est qu'ils demandent rarement à l'auteur l'explication des passages qui leur posent un problème. Souvent, quand il m'arrive de relire, dans un de mes livres, une page humoristique, argotique ou surréaliste, je me renverse sur mon siège et me prend à rire tout seul en essayant d'imaginer comment on pourrait la rendre en cantonnais ou en ourdou. (Henry Miller, dans Stanké, 1988 : 429)

1245. Le mauvais traducteur *explique* précisément parce qu'il n'a pas *compris.* (Jean-Yves Masson, 1990 : 157)

---

7. André Dacier (1651-1722), académicien, bibliothécaire du roi et mari de l'helléniste Anne Dacier, traductrice réputée d'Homère.

1246. Trop de tâcherons incapables d'insuffler vie aux chapelets de mots qu'ils alignent s'affublent du titre de traducteur. (Ronald Després, 1974 : 1)

1247. Une traduction qui arrive à « en dire plus » pourra être une excellente œuvre en soi, mais pas une bonne traduction. (Umberto Eco, 2003 : 129)

1248. Est « *traditore* », le « *traduttore* » qui ne pénètre pas l'âme du pays dont il traduit l'œuvre ou qui demeure ignorant de l'esprit profond, racial, du peuple auquel il soumet sa traduction. (Marc Semenoff, dans « L'enquête des *Cahiers du Sud* », 1927 : 314)

1249. *À propos de la traduction des œuvres poétiques de Rilke publiées dans la Pléiade :*
Ils m'ont traduit : pieusement leurs mains
De mes vergers ont défeuillé les roses
Pour les clouer dans leurs cercueils de proses,
Fardant la mort de funèbres carmins.
(Jean Malaplate, « Postface pour la traduction de ses œuvres poétiques », dans *Quinzièmes Assises…*, 1999 : 98)

1250. Le Français, médiocre linguiste, est aussi un médiocre traducteur. Il réussit mieux, à mon avis, dans l'adaptation que dans la traduction proprement dite. (Joseph Delage, dans « L'enquête des *Cahiers du Sud* », 1927 : 266)

1251. Ceux qui ne se croyent pas assez de talens pour être auteurs, croyent souvent pouvoir être au moins traducteurs, jugeant en général, bien qu'à tort, cette entreprise très facile, & c'est ce qui produit en ce genre tant d'ouvrages foibles. (Paul-Jérémie Bitaubé, 1779, III : 459)

1252. *Au sujet des mauvais traducteurs :* « Ils ne trouvent point que l'art de la traduction soit difficile : cela n'est pas étonnant ; car ils savent traduire sans art. » (Paul-Jérémie Bitaubé, 1779, III : 470)

1253. Le plagiaire donne pour siennes les beautés d'autrui : le traducteur infidele donne au contraire son propre ouvrage sous le nom d'un autre. (Paul-Jérémie Bitaubé, 1779, III : 472)

1254. Je m'explique mal pourquoi les orateurs ont toujours été malmenés par les traducteurs, plus même que les poètes. Je n'ai jamais pu souffrir de lire Cicéron en traduction. (Edmund Burke, *Boswell's Life of Johnson* [c1791], dans Boswell, 1971, III : 36. Traduction)

1255. Nous n'excluons de notre tolérance aucun traducteur, pas même ceux qui, innocemment, sont presque des parodistes. Ils ont, eux aussi, leur raison d'être. La grimace prépare au visage. (Victor Hugo, 1973 [c1864] : 436)

1256. Pour le traducteur du dimanche, la nécessité de trouver des solutions stylistiques personnelles n'est pas sans danger. (Hanno Helbling, « Cordonnier ou poète ? », dans Graf, 1998 : 78. Traduction : Marion Graf)

1257. Un mauvais traducteur se trahit toujours dans ses dialogues. (Michel Gresset, dans *Actes des deuxièmes Assises…*, 1986 : 121)

1258. Les traductions sont très souvent l'œuvre de personnes qui connaissent la lettre (et encore), alors que l'esprit d'un texte reste pour elles un mystère. (Elsa Gress, 1970 : 59. Traduction)

1259. Ceux qui s'improvisent traducteurs […] courent d'émerveillement en émerveillement. L'idiotisme le plus courant, le plus nécessaire leur paraît une merveille d'ingéniosité et de pittoresque. (Jacques Olivier Grandjouan, 1971 : 202)

1260. Les amateurs traduisent […] pour rendre service, pour faire vite, et n'y mettent pas de point d'honneur ; ils sont en général trop peu conscients des risques pour être consciencieux. (Jacques Olivier Grandjouan, 1971 : 201)

1261. Hélas ! les traductions restent confiées le plus souvent à des êtres subalternes, dont la bonne volonté ne supplée pas l'insuffisance. (André Gide, « Lettre à André Thérive » [c1928], 1931 : 189)

1262. Un mauvais ouvrier a toujours de mauvais outils, un mauvais traducteur toujours de mauvais originaux. (Alan Duff, 1981 : xi. Traduction)

1263. Mais que diray-je d'aucuns, vrayement mieux dignes d'estre appellés traditeurs que traducteurs ? veu qu'ilz trahissent ceux qu'ilz entreprennent exposer, les frustrant de leur gloire, & par mesme moyen seduysent les lecteurs ignorans, leur monstrant le blanc pour le noyr : qui, pour acquerir le nom de scavans, traduysent à credict les Langues, dont jamais ilz n'ont entendu les premiers elemenz, comme l'Hebraique & la Grecque. (Joachim du Bellay, 1966 [c1549] : 39-40)

1264. *À saint Jérôme :* « Ce qui me fait souhaiter d'avoir votre version des Septante, c'est afin de pouvoir me passer de toute cette foule de traducteurs latins qui ont été assez hardis pour les traduire, quelque incapables qu'ils en fussent. » (Saint Augustin, 1684 [c405], I : 404-405, paragr. 35. Traduction : Sieur Du Bois de la Grugere)

Mauvaises traductions

1265. Les traductions augmentent les fautes d'un ouvrage, et en gâtent les beautés. (Voltaire, « Essai sur la poésie épique » [c1726], 1879, VIII : 319)

1266. Une mauvaise traduction, ça tue. Le pire qui puisse arriver à une traduction, c'est qu'on entende l'autre langue. (Michel Tremblay, entrevue à Radio-Canada, 8 juin 2001, dans Whitfield, 2005 : 57)

1267. D'ordinaire, un traducteur copie les traducteurs précédents, de confiance et sans toujours savoir quelles bourdes il perpétue. (Julien Green, « *Journal*, 21 décembre 1977 », 1982 : 217)

1268. Une traduction est mauvaise quand elle est plus claire, plus intelligible que l'original. Cela prouve qu'elle n'a pas su en conserver les ambiguïtés, et que le traducteur a *tranché* : ce qui est un crime. (Emil Michel Cioran, 1997 : 676)

1269. Il faut admettre que depuis Babel, quatre-vingt-dix pour-cent des traductions sont fautives et il en restera ainsi. (George Steiner, 1978 [c1975] : 365. Traduction : Lucienne Lotringer et Pierre-Emmanuel Dauzat)

1270. C'est tuer un auteur que de le mal traduire. (Isaac-Louis Lemaistre de Sacy, « Avant-propos », *Poëme de S. Prosper contre les Ingrats* [c1655], dans Zuber, 1968 : 117)

1271. Jusqu'à présent, on n'a quasiment produit que des pseudo-traductions. (José Ortega y Gasset, 2013 : 61. Traduction : François Géal)

1272. Toutes les fois que je lis mes textes en traduction, ravalés à l'intelligible, dégradés par l'usage de tout le monde, je tombe dans la désolation et le doute. (Emil Michel Cioran, 1997 : 67)

1273. Quelle leçon de modestie et de découragement que de se lire dans un style de procès-verbal, après qu'on a peiné des heures sur chaque vocable ! Je ne veux plus qu'on me traduise, qu'on me déshonore à mes propres yeux. (Emil Michel Cioran, 1997 : 67)

1274. Il est inutile de lire les auteurs grecs en traduction. Les traducteurs ne nous en offrent qu'une vague ressemblance. Leur langue y introduit forcément d'autres échos, d'autres associations. (Virginia Woolf, 1957, I : 56. Traduction)

1275. Il ne suffit pas de traduire un livre pour le rendre accessible : il faut le faire revivre avec autant de talent que l'original. Une sommaire traduction est le pire des massacres. (Romain Gary, dans « On Translation », 1979 : 243)

1276. La mauvaise traduction est un non-texte. Elle rend le sens de l'original, mais uniquement le sens. Elle trahit l'œuvre en la privant de son écriture. (Jean Delisle, 2001 : 222)

1277. Il est plus facile de cataloguer les défauts d'une « mauvaise » traduction que d'énumérer les qualités d'une « bonne » traduction. Il y a une raison à cela : les défauts sont communs à toutes les traductions ratées, tandis qu'une traduction réussie, une traduction-œuvre, est unique, elle est toujours bonne à *sa* manière. (Jean Delisle, 2001 : 223)

1278. Comme le violon, la traduction ne supporte pas la médiocrité. (Jean Delisle, 2002b : 380)

1279. L'influence délétère de la traduction est si nocive qu'elle atteint la langue des personnes qui ne connaissent pas l'anglais. (Pierre Daviault, 1957 : 19)

1280. Un bon livre mal traduit se transforme en mauvais livre. (Beatrice Joy Chute, 1970 : 72. Traduction)

1281. Le plus tragique dans l'art de traduire, c'est la diffamation dont l'auteur original est victime. (Korneï Tchoukovski, 1984 : 48. Traduction)

1282. Un texte original est parfois, mais heureusement pas toujours, faussé par les allégeances politiques du traducteur. (Korneï Tchoukovski, 1984 : 29. Traduction)

1283. Toute traduction est une distorsion de l'original en fonction de la couche sociale des destinataires à qui le traducteur destine sa traduction. (Korneï Tchoukovski, 1984 : 239. Traduction)

1284. La traduction commerciale est, sans nul doute, un des terrains d'élection du contresens et de la bourde grandiose. (Edmond Cary, 1956 : 130)

1285. Une version littérale, une simple glose, un bon commentaire suffisent pour entendre un auteur. La version la plus élégante ne fera rien de plus pour l'intelligence du texte ; et quant à ses beautés, elle n'en donnera jamais qu'une idée imparfaite. Lorsqu'on ne sait pas une langue, il ne faut pas espérer en connaître les chefs-d'œuvre. (Étienne-Augustin de Wailly, « *Mercure de France*, 1803 », dans D'hulst, 1990 : 189)

1286. Ce qui, en français, a l'air de sonner bien
Traduit en russe peut être très vilain.
(Alexandre Soumarokov, « Épître sur la langue russe » [c1748]. Traduction anonyme)

1287. Les Traducteurs d'Anglais sont presque tous dans l'usage de falsifier leur Auteur, sous prétexte de le *francifier*. Sous leur plume, tous les écrivains ont le même style. Tous les étrangers ont le costume de Paris. (Ange-François de Saint-Ange, 1775 : IV)

1288. Horace souffre moins d'être mal traduit
Par de beaux esprits, que mal cité par les critiques.
(Alexander Pope, 1711 : 38. Traduction)

1289. Il y a des traductions pleines de bonnes intentions qui sont presque des falsifications, parce qu'elles banalisent involontairement le texte dont elles n'ont pas su rendre l'allure vaillante et gaie, qui aime à franchir d'un bond les périls des choses et des mots. (Friedrich Nietzsche, 1978 : 73. Traduction : Geneviève Bianquis)

1290. Lorsqu'un traducteur se met à rendre « l'esprit » d'un texte au lieu de son sens littéral, c'est alors qu'il commence à falsifier son auteur. (Vladimir Nabokov, 1955b : 496. Traduction)

1291. Cette *insensibilité quasi totale aux disparates*[8], il faut la dénoncer longuement parce qu'on la retrouve partout chez les traducteurs érudits qui, fascinés par la solution de chaque problème de langue *isolé*, perdent le sens de l'ensemble. (Georges Mounin, 1994 [c1955] : 99)

1292. *Traduire à plusieurs mains :* « Une pluralité de traducteurs dans le même ouvrage aboutit nécessairement à des dissonances. » (Jean-Jacques Mayoux, dans « Enquête de la FIT… », 1959 : 80)

1293. Les poèmes élisabéthains portent un masque qu'on ne peut leur enlever sans les trahir, ce qui est inévitablement le fait de toute traduction si méticuleusement exacte qu'elle ne s'attache qu'au sens et néglige le rythme et la musique. (André Pieyre de Mandiargues, 1969 : 12)

1294. Lorsque même une mauvaise traduction ne parvient pas à dénaturer une œuvre aux yeux d'un lecteur averti, cette œuvre, de toute évidence, n'a pas été écrite pour la postérité. (Georg Christoph Lichtenberg, 1908 [c1799]. Traduction : Marthe Robert)

8. V. la note 4, p. 98.

1295. J'ai eu toujours plus de plaisir à lire un poète étranger dans une détestable et plate traduction que dans l'original même. (Alphonse de Lamartine, 1835, II : 248)

1296. Je me suis demandé si l'art de traduire n'apportait pas plus d'inconvénients que d'avantages à la littérature. En effet, des esprits habiles, malgré leur travail et leur soin, n'ont rien produit d'utiles ; leur ignorance des langues les a conduits à des versions lamentables. (Pierre Daniel Huet, « De Interpretatione » [c1661], cité Tolmer, 1949 : 222)

1297. Il est aisé à un Traducteur Latin de se tirer d'affaire aux endroits mêmes qu'il n'entend pas. Il n'a qu'à traduire le Grec mot pour mot, et à débiter des paroles qu'on peut au moins soupçonner d'être intelligibles. En effet, le Lecteur, qui bien souvent n'y conçoit rien, s'en prend plûtost à soi-même qu'à l'ignorance du traducteur. (Nicolas Boileau, « Préface du traducteur », *Traité du sublime* [c1674], 1860 : 242)

1298. Par excès de zèle, par excès d'amour pour l'original, l'universitaire est toujours exposé au danger de compliquer et d'alourdir ce qui est simple et léger, de perdre l'unité de souffle de son auteur. (Edmond Cary, 1985 [c1958] : 51)

1299. La Motte écrivit contre Homère, mais ce ne fut pas son plus grand tort ; ce fut de le traduire en vers français. (Jean d'Alembert, « Éloge de Sacy » [c1779], 1967, III : 130)

1300. L'incapacité d'atteindre les beautés particulières de l'original conduit trop facilement à lui prêter des atours qui lui sont étrangers, d'où il se produit dans l'ensemble une couleur décalée et un ton différent. (Wilhelm von Humboldt, « Sur la traduction… » [c1816], 2000 : 41)

1301. En principe, il n'est pas nécessaire d'avoir l'original sous la main pour mettre le doigt sur les passages où le traducteur s'égare et s'embrouille. (Horst Günther, « Le traducteur des sciences humaines, un serviteur de la clarté », dans Graf, 1998 : 172. Traduction : Marion Graf)

1302. Un traducteur peut très bien châtrer un texte simplement parce qu'il le vénère trop. (Elsa Gress, 1970 : 61. Traduction)

1303. La multiplication de ces petits détails malencontreux[9] crée un malaise vague, difficile à définir, qui fait songer aux premières manifestations du mal de mer et que l'on pourrait appeler *le mal de la traduction*. (Maurice Gravier, 1973 : 42.)

1304. L'étrange langue des traducteurs ne leur appartient plus exclusivement. Les gaucheries, les longueurs et les faux-sens qu'on tolère chez eux passent sans filtrage dans la langue commune. (Jacques Olivier Grandjouan, 1971 : 225)

1305. Ce qui est désolant, c'est précisément de voir nos traducteurs étendre sur leur lit de Procuste des textes de toute farine – verbeux, concis, éloquents, sentimentaux, scientifiques, secs ou sournois – et en tirer une même pâte élastique et molle. (Jacques Olivier Grandjouan, 1971 : 226)

1306. Comme la tubéreuse exhale son parfum, comme le rossignol chante, comme la dynamo transforme l'énergie mécanique en force électro-motrice, le traducteur moyen secrète du fatras. (Jacques Olivier Grandjouan, 1971 : 226)

1307. L'allongement est la maladie spécifique des traductions laborieusement fidèles. (Jacques Olivier Grandjouan, 1971 : 206)

1308. Certainement je préfère pas de traduction du tout, à une traduction mauvaise, ou simplement médiocre, qui risque de dénaturer complètement l'aspect et la *signification* même du livre. (André Gide, 1952 [c1914] : 108)

1309. Je pense que la traduction depuis quinze ou vingt ans a joué un rôle catastrophique dans la vie littéraire française, car elle a habitué le public au jargon, et contaminé les écrivains. (Jean Dutourd, « Enquête de la FIT… », 1959 : 62)

1310. Quand elles ne chavirent pas dans une babélisation absurde, dans un volapük délirant, toutes les traductions réalisées dans

---

9. Imprécisions de langue, sens erroné attribué aux mots, etc.

une interlangue ni chair ni poisson, ni langue cible ni langue source, risquent n'avoir aucune saveur. (Sylvie Durastanti, 2002 : 120-121)

1311. Quiconque sçait bien le grec & le latin, ne manque jamais de se figurer qu'il est capable de bien traduire dans sa langue, tout ce qui lui est familier, dans ces deux langues anciennes. Mais qu'il se trompe ! Voilà l'origine de cette foule de versions pitoyables, dont notre littérature françoise est soüillée. (Pierre Desfontaines, 1967a [c1744], I : 46)

1312. Les traductions étymologiques comme celles d'André Chouraqui reposent sur un malentendu : elles pensent donner à entendre l'original alors qu'elles créent de l'opacité et multiplient les disparates. Ce n'est pas la langue que l'on souhaite entendre, mais un texte et ce que ce texte a à dire. (Jean Delisle, 2001 : 219)

1313. Dans l'acte de traduire, échange et transfert sont inéquitables. Amender une œuvre de ses difficultés, de ses surprises pour faciliter sa lecture dans une autre langue, pour permettre le passage, n'aboutit qu'à la défigurer. (Frédéric Boyer, 2001 : 25)

1314. *Au sujet de M. Bouillon, traducteur de l'Arioste :* « C'est un traducteur maigre et décharné ; les plus belles fleurs qu'Arioste lui fournit, deviennent sèches entre ses mains ; et à tout moment quittant le François pour s'attacher à l'italien, il n'est ni italien ni françois. » (Nicolas Boileau, « Dissertation sur la Joconde » [c1665], 1860 : 164)

1315. *À propos de la traduction du Premier livre de l'*Iliade *par l'abbé Régnier :* « En la mettant dans les seaux pour rafraîchir le vin elle pourra suppléer au manque de glace qu'il y a cette année. » (Nicolas Boileau, « Lettre à Brossette, 12 juillet 1700 », 1860 : 378)

1316. La plupart des traductions sont insuffisantes, médiocres, moyennes, voire mauvaises, et cela *sans du tout* mettre en cause le « talent » ou la « conscience professionnelle » de leurs auteurs. (Antoine Berman, 1995 : 42)

1317. Toute traduction « présente des défauts », comme on dit, même si beaucoup s'efforcent de les cacher ; les meilleurs traducteurs sont parfois pris de sommeils inexplicables. (Antoine Berman, 1995 : 42)

1318. L'excès est le mode sur lequel se présente le « défaut de traduction » dans la traduction littéraire. (Antoine Berman, 1999 [c1985] : 140)

1319. J'appelle mauvaise traduction la traduction qui, généralement sous couvert de transmissibilité, opère une négation systématique de l'étrangeté de l'œuvre étrangère. (Antoine Berman, 1984 : 17)

1320. La mauvaise traduction est la transmission inexacte d'un contenu inessentiel. (Walter Benjamin, 1971 [c1923] : 262. Traduction : Maurice de Gandillac)

1321. Une traduction manquée est un *résidu* de l'original ; une traduction réussie un *rudiment*. (Carlos Batista, 2003 : 91)

1322. Toute mauvaise traduction est un *texticide*. (Carlos Batista, 2003 : 82)

1323. Dans les bons originaux, les mots volent comme des aigles ; dans les mauvaises traductions, ils virevoltent comme des mouches. (Carlos Batista, 2003 : 46)

1324. Les traductions paraissent souvent plus longues que le texte étranger. En réalité, c'est l'ennui qu'elles exhalent qui les rallonge. (Carlos Batista, 2003 : 41)

1325. Une mauvaise traduction, c'est une lettre qui n'est pas suffisamment affranchie de l'original. (Carlos Batista, 2003 : 41)

1326. Les pires traductions ont toujours été menées avec les meilleures intentions. (Carlos Batista, 2003 : 16-17)

1327. Le danger d'une traduction est de dénaturer à ce point le dire du poète qu'il en paraît dépersonnalisé, anonyme presque, comme un vêtement flottant qui aurait perdu son propriétaire. (Jean-Pierre Attal, dans Bonnefoy, 2000 : 59)

1328. *Au sujet de la traduction d'Homère par Houdar de La Motte :* « Il substitua un squelette décharné au prétendu monstre qu'il avait voulu combattre. » (Jean d'Alembert, « Éloge de Sacy » [c1779], 1967, III : 130-131)

1329. De moi, se promènent des traductions tellement folles qu'on se demande si le traducteur m'a lu. (Jean Cocteau, 1953 : 122)

1330. La jeune littérature française d'aujourd'hui fait penser à de mauvaises traductions de textes embrouillés. Des traductions de l'allemand. (Emil Michel Cioran, 1997 : 427)

Métaphores de la traduction

1331. L'anthropophagie est à mes yeux la métaphore essentielle de l'activité traduisante. (Albert Bensoussan, 1995 : 20)

1332. Pour traduire les grands Autheurs, il les faut deffaire par une speculation profonde & penetrante, afin de les refaire par une autre pareille : tout ainsi qu'il faut que la viande meure & se defface en nostre estomac, pour en composer nostre substance (Marie de Gournay, 1641 : 636)

1333. La traduction ne se contente pas d'être un mariage. Elle doit être un mariage d'amour. (Jean Cocteau, 1953 : 121)

1334. Une traduction sera toujours un vêtement trop large. (Pierre Judet de la Combe, dans Weill, 2013 : n. p. En ligne)

1335. Parler de traduction, c'est être pris dans un enivrant tourbillon réflexif où le mot « traduction » lui-même ne cesse de se métaphoriser. » (Antoine Berman, 1999 [c1985], quatrième de couverture)

1336. La traduction, c'est comme une partition : on peut la rejouer indéfiniment de maintes manières. (Ivan Steenhout, dans Collombat, 2005 : 269)

1337. *Au sujet de sa traduction de* La Stratonice *de Luca Assarino :* « C'est une fleur qui rend une odeur plus agréable et plus forte, bien qu'elle ayt passé dans un climat moins ardent. C'est un arbre qui porte des fruits plus doux, et plus savoureux encore qu'il soit transplanté. » (Claude de Malleville, 1640 : III. En ligne)

1338. La traduction, c'est le passeport pour accéder à l'autre. (Dominique Wolton, « La traduction, passeport pour accéder à l'autre » [c2010], dans Oustinoff, 2011 : 143)

1339. La traduction, un rétroviseur : quelle que soit l'orientation, il y a toujours un angle mort. (Carlos Batista, 2003 : 91)

1340. Qu'on ne croie pas connaître les poëtes par les traductions ; ce serait vouloir apercevoir le coloris d'un tableau dans une estampe. (Voltaire, « Essai sur la poésie épique » [c1726], 1879, VIII : 319)

1341. Il n'y a, certes, de bonne traduction que fidèle, mais il en est des traductions comme des femmes : la fidélité, sans autres vertus, ne suffit pas à les rendre supportables. (Marguerite Yourcenar, 1979 : 36)

1342. La traduction s'effrite. Par rapport à l'original, c'est un moulage de plâtre d'après un bronze qui, lui, ne vieillit pas. (Bernard Lortholary, dans Natale, 1991 : 99)

1343. Traduire : Transvaser par siphonnage une bouteille de vin dans un seau d'eau. (Leonard Louis Levinson, dans Brussell, 1970 : 578. Traduction)

1344. La traduction est un accouplement et une copulation entre (généralement) deux langues partenaires. [...] La traduction doit toujours rendre sensibles les frottements entre les langues. (Stefan Zweifel, « Le sadomasochisme comme principe de traduction », dans Graf, 1998 : 134-135. Traduction : Gilbert Musy)

1345. Traduire, c'est refaire les fondations, mais sans démolir la maison. (Carlos Batista, 2003 : 84)

1346. Le traducteur est très certainement un accoucheur. (Céline Zins, dans *Actes des premières Assises...*, 1985 : 51)

1347. Le texte est roi, alors que la traduction n'est qu'une humble servante qui s'emploie à servir fidèlement son maître. Mais cette servante énonce avec force son droit de s'exprimer dans sa langue maternelle. (Heinz Bluhm, dans Bocquet, 2000 : 75. Traduction : Catherine Bocquet)

1348. On peut désigner, à juste titre, certaines traductions par le mot latin *translatio*, qui veut dire, originairement, le transfert d'un cadavre dans une nouvelle tombe. (Aloys Skoumal, 1970 : 74)

1349. Une traduction, comme une femme, peut être loyale et fidèle sans pour autant être heureuse. (Isaac Bashevis Singer, 1970 : 111. Traduction)

1350. Même dans le domaine de la prose, une traduction, si parfaite soit-elle, est, par rapport à l'original, une transposition dans une autre tonalité d'une œuvre musicale. (Arthur Schopenhauer, « On Language and Words » [c1851], dans Schulte et Biguenet, 1992 : 33. Traduction)

1351. Une bibliothèque de traductions ressemble à une galerie de tableaux qui ne sont que des copies. (Arthur Schopenhauer, « On Language and Words » [c1851], dans Schulte et Biguenet, 1992 : 33. Traduction)

1352. Les traductions sont pour un idiome ce que les voyages sont pour l'esprit. (Jacques Delille, *Les Géorgiques*, « Discours préliminaire » [c1770], 1997 : 328)

1353. Traduire, c'est se retrouver soudain derrière les coulisses et constater que tout est en carton. (Carlos Batista, 2003 : 91)

1354. La traduction est un duel à mort où périt inévitablement celui qui traduit ou celui qui est traduit. (August Wilhelm von Schlegel, dans Bensoussan, 1995 : 85)

1355. La traduction est une autre vie, souvent meilleure. (François Vaucluse, 2001 : n. p.)

1356. Traduire c'est photographier en noir et blanc, en espérant que l'imagination suppléera aux couleurs. (Alain Rey, 1993 : VII)

1357. Si les œuvres littéraires évoquent parfois les lignes harmonieuses d'une cathédrale, la traduction en rappelle le porche. (Jean-Marc Poliquin, 1955, I : 18)

1358. Traduire Horace, c'est transvaser du champagne : la mousse fuit. (Louis-Sébastien Mercier, dans Gagnière, 1996 : 957)

1359. Tout le travail de la Traduction est une pesée de mots. (Valery Larbaud, 1946 : 82)

1360. Une œuvre de la langue traduite dans une autre langue : quelqu'un passe la frontière en y laissant sa peau, pour revêtir le costume local. (Karl Kraus, 1998 : 69. Traduction : Roger Lewinter)

1361. La traduction ne fait qu'ouvrir la porte. Encore faut-il vouloir franchir le seuil… (Naïm Kattan, 1974 : 30. Traduction)

1362. La traduction, c'est à la fois une mort à l'envers et une naissance à rebours, où temps et espace sont abolis. (Carlos Batista, 2003 : 61)

1363. Traduire une œuvre littéraire, c'est comme transplanter une plante dans une autre terre et, pour réussir, il faut que la terre de la traduction soit bien cultivée. (Katerina Kaenizova, dans *Douzièmes Assises…*, 1996 : 51)

1364. L'œuvre n'a jamais de papiers en règle : elle passe en douce, puis elle demande asile. (François Vaucluse, 2001 : n. p.)

1365. À la frontière, le traducteur fait passer l'œuvre pour sa fille. – Adoptive. (François Vaucluse, 2001 : n. p.)

1366. *À propos de la traduction de l'*Odyssée *d'Homère par Alexander Pope :* « En vérité, il est impossible de traduire la poésie parfaitement.

Dans une autre langue, un poème reproduit la même mélodie que l'original, mais dans une tonalité différente : Homère joue du basson, Pope de la flûte à bec. » (James Boswell, « 9 avril 1778 », 1971 [c1791], III : 257. Traduction)

1367. La traduction a, en règle générale, précédé la création littéraire autonome, elle a été la grande accoucheuse des littératures. (Edmond Cary, 1962 : 126-127)

1368. Une traduction n'est pas la *personne*, elle n'est qu'un *portrait*. (François René de Chateaubriand, « Avertissement », *Essai sur la littérature angloise* [c1804], 1863, VI : 4)

1369. Il est difficile de se comprendre sur notre globe où les langues dressent entre les œuvres des murailles infranchissables. Lorsque les œuvres franchissent ces murailles, elles grimpent d'un côté, et retombent de l'autre sous un déguisement qui échappe à notre police. Rares sont les auteurs qui ont bénéficié d'une escalade. (Jean Cocteau, 1953 : 121)

1370. Un texte traduit est un clair de lune empaillé. (Jean Cocteau, dans Nicaise, 1999 : 248)

1371. Un texte littéraire est comparable à un instrument de musique à plusieurs cordes : pour bien le traduire, il faut les pincer toutes pour qu'elles fassent entendre la totalité des harmoniques de l'œuvre traduite. Ne faire vibrer que la corde du sens c'est jouer la ligne mélodique, ce n'est pas faire entendre la beauté des silences qui se cachent entre les mots. Traduire les silences, c'est les donner à entendre. (Jean Delisle, 2001 : 223)

1372. Traduire, c'est souvent ramener à une partition pour piano ce qui fut écrit pour l'orchestre. (Charles Le Blanc, « Introduction », dans Lichtenberg, 1997 : 90)

1373. Quiconque se charge de traduire, contracte une dette ; il faut, pour l'acquitter, qu'il paie, non avec la même monnaie, mais la même somme. (Jacques Delille, *Les Géorgiques*, « Discours préliminaire » [c1770], 1997 : 334)

1374. La traduction : un texte somnambule qui rêve l'original. (Carlos Batista, 2003 : 59)

1375. Comme le jeu de l'amour, la traduction est semée de pièges, de feintes, de leurres – mais c'est surtout un jeu dont le terme est le plaisir. (Carlos Batista, 2003 : 31)

1376. Comme l'étreinte amoureuse, la traduction a un côté mécanique (ennuyeux) et poétique (fascinant). (Carlos Batista, 2003 : 22-23)

1377. Souvenez-vous toujours, quand vous voyez une traduction, que vous ne voyez qu'une faible estampe d'un beau tableau. (Voltaire, « *Lettres philosophiques* – XVIIIe » [c1734], 1879 : XXII : 150)

1378. Une traduction, parce qu'elle est toujours trahison, ne saurait être au mieux, que l'envers d'un brocart – tous les fils sont présents, certes, mais point la subtilité de la couleur ni la finesse du dessin. (Yang-ming Wang [XVIe s.], dans Kakuzô, 1996 [c1906] : 56. Traduction : Corinne Atlan et Zéno Bianu)

1379. En vain on répète le même chant dans sa langue, c'est un autre instrument ; il a donc un autre son et un autre toucher, d'autres modulations, d'autres accords, dont il faut se servir pour rendre l'harmonie étrangère et la naturaliser ; mais une chose y manque toujours, l'union intime de la pensée d'un homme avec sa langue maternelle. (Alfred de Vigny, « Lettre à Lord*** » [c1830], dans D'hulst, 1990 : 95)

1380. Une traduction ne peut qu'être à l'original ce qu'est le portrait à une nature vivante. Et quel jeune homme pouvant regarder sa maîtresse daignerait jeter les yeux sur son image ? mais dans l'absence ou la mort, l'image satisfait. C'est ici même chose. (Alfred de Vigny, « Lettre à Lord*** » [c1830], dans D'hulst, 1990 : 94-95)

1381. La traduction est métier. Toujours. Et dans les moments de grâce, le métier se mue en art. Chenille quand la plume rampe le long des phrases, papillon quand l'esprit perçoit des ondes. (François Vermeulen, 1976 : 112)

1382. Tel un boomerang, la traduction doit s'éloigner de l'original selon une boucle idéale pour revenir fidèlement, mais par un autre biais, à son point de départ. (Carlos Batista, 2003 : 44)

1383. Si je veux vous montrer comment on s'habille en Turquie, il ne faut pas envoyer le dolman à mon tailleur pour m'en faire un habit à la française. Vous n'en connaîtriez que l'étoffe. Il faut que je mette l'habit turc sur mes épaules, et que je marche devant vous. (Anne Robert Jacques Turgot [c1762], dans Horguelin, 1981 : 128)

1384. La traduction ouvre la fenêtre afin de laisser entrer le jour, brise la coquille pour qu'on puisse goûter le fruit, écarte le rideau afin qu'on puisse plonger le regard dans l'endroit le plus saint, repousse le couvercle du puits afin qu'on puisse atteindre l'eau. (Traducteurs de la KJB, « Préface » de la *King James Bible*. Traduction)

1385. La traduction est une vitre : transparente pour certaines, au verre coloré pour d'autres, avec des fêlures dans les deux cas. (Carlos Batista, 2003 : 35)

1386. Le bon endroit et le revers d'une tapisserie, ne sont qu'un mesme corps qui a des parties diverses ; au lieu que l'original d'un Livre et sa Traduction, sont deux Pièces separées et distinctes, de sorte que la dernière peut quelquefois égaler, et mesme surpasser la première. (Charles Sorel, 1970 [c1667] : 232)

1387. Pour traduire, il faut jouer avec les reflets des mots : c'est comme essayer devant un miroir divers vêtements et choisir celui qui saura mettre le mieux en valeur un état d'âme particulier. (Patricia Smart, 1989 : 38)

1388. Traduire c'est comme danser, c'est quelque chose d'instinctif et de naturel. Si tu aimes la musique, tu te balances spontanément à son rythme et ce que tu fais est beau. Si la musique ne t'inspire pas, tu dois fournir de gros efforts et le résultat n'est jamais aussi bon. (Isabel Sancho Lopez, dans *Douzièmes Assises…*, 1996 : 35)

1389. Je crois qu'une traduction doit être un portrait ; je n'estime pas les peintres qui flattent. (Clémence Royer, 1862 : xxxiv)

1390. Traduire, c'est interpréter, comme la comédienne interprète Lady Macbeth, le pianiste interprète Bach ou Chopin. C'est recréer, en quelque sorte. Ajouter sa perception, sa sensibilité. Enrichir l'œuvre initiale, même si cela semble présomptueux de le dire. (Hélène Rioux, 2001 : 21)

1391. La traduction se rapproche du théâtre. Le traducteur ne joue-t-il pas le rôle de l'auteur qu'il traduit ? Traduire, c'est jouer sans être sur une scène, c'est jouer sans public. Le public vient après. (Hélène Rioux, 2001 : 21)

1392. Amener le lecteur à l'auteur, amener l'auteur au lecteur, au risque de servir et de trahir deux maîtres, c'est pratiquer ce que j'aime appeler *l'hospitalité langagière.* (Paul Ricœur, 1999 : 16)

1393. Traduire ressemble à aimer, qui ne signifie pas se projeter dans l'autre, mais le reconnaître. (Massimo Raffaeli, « Quatre lettres sur la traduction », dans Graf, 1998 : 84. Traduction : Adrien Pasquali)

1394. Traduire, c'est accomplir un geste vertical, c'est faire monter à la lumière, c'est retirer un trésor des grands fonds. (Étienne Barilier, « Le traducteur, ce misentrope », dans Graf, 1998 : 151

1395. Pour moi, traduire c'est aimer. C'est aimer une voix ou plusieurs voix au point de désirer les habiter en les passant par ma propre voix. (Jacques Ancet, dans *Neuvièmes Assises…*, 1993 : 134)

1396. Traduire [les anciens] par morceaux, ce n'est pas les mutiler, c'est les peindre de profil et à leur avantage. (Jean d'Alembert, « Observations sur l'art de traduire » [c1763], 1967, IV : 38)

1397. Traduire est une opération qui modifie, coupe, mutile et aussi bien ajoute, greffe, compresse, qui altère par nature le tissu vivant. Un traducteur opère. On dit que la qualité maîtresse du chirurgien est, à chaque instant, la décision. Décider, le traducteur ne fait que cela… (Jean-Bertrand Pontalis, dans Balliu, 1994 : 15)

1398. La traduction est une opération douloureuse qui s'apparente à la chirurgie (on coupe des phrases, on ampute des sens, on greffe des jeux de mots, on triture, on ligature ; sous prétexte de fidélité, on trahit et meurtrit. (Erik Orsenna, 1997 : 29)

1399. L'expression de la pensée, en passant d'une langue dans une autre, change de timbre, non pas d'intensité. Cette opération de l'esprit est une sorte de transfusion où rien chez le sujet n'est changé que la teneur de ses globules. (Georges Panneton, « Transposition et modulation », dans Vinay, 1952 : 103)

1400. Ainsi fait le traducteur. Il capture un livre, en change tout le langage et le baptise français. Vous n'avez jamais pensé que les livres étaient des bateaux et les mots leur équipage ? (Erik Orsenna, 1997 : 28)

1401. Traduire, c'est passer ; non pas planter sa tente, sinon quelques instants, quelques mois, dans une terre qui nous appartiendrait. (Michel Orcel, 2001 : 189)

1402. Le traducteur met ses pas dans les pas d'un marcheur absent. Un étranger, un mort, une ombre. Il refait, à sa propre allure, le *même* chemin. (Michel Orcel, 2001 : 68)

1403. Traduire, c'est migrer. Puis veiller, au-dessus du bruit des langues, un livre présent et disparu. (Michel Orcel, 2001 : 12)

1404. Traduire, comme voyager, exige qu'on soit tout yeux, perméable jusqu'à l'illusion de se perdre dans l'objet – mais en allant chercher au fond de soi le visage fantastique du récit. (Michel Orcel, 2001 : 28)

1405. La traduction d'un ouvrage exact uniquement du point de vue gramatical n'a guère plus de valeur qu'un mannequin vêtu du costume national d'un pays étranger. Il lui manque le souffle de la vie. (Hans Erich Nossack, « Translating and Being Translated » [c1965], dans Schulte et Biguenet, 1992 : 230. Traduction)

1406. Les constructeurs humiliés de la Tour de Babel se sont mis avec patience et dévouement à bâtir des ponts pour que les hommes puissent communiquer entre eux. (Elena Nikolova, « Foreword », dans *La traduction littéraire* [...], 1987 : 5)

1407. La traduction ? Sur un plat
la tête pâle et grimaçante d'un poète,
cri de perroquet, jacassement de singe,
profanation des morts.
(Vladimir Nabokov, 1955a : 34. Traduction)

1408. Une traduction ressemble à la photographie d'une peinture à l'huile ; la copie ne peut remplacer l'originale... (John George Moss, « Introduction », *The Plouffe Family* [c1950], 1975 : xii-xiii. Traduction)

1409. Les traductions sont comme ces monnaies de cuivre qui ont bien la même valeur qu'une pièce d'or, mais elles sont toujours faibles et d'un mauvais aloi. (Charles de Montesquieu, « Lettre 128 de Rica à Usbek » [c1721], 1975 : 269)

1410. Traduire, c'est tendre à produire dans l'esprit du lecteur étranger l'image d'un objet qui se réfléchit, comme dans deux miroirs combinés, avec toute la précision possible. (Charles Michaud, 1945 : 127)

1411. Traduire, c'est faire voyager les mots, fussent-ils poétiques, de rive à rive, quand même l'on romprait son vaisseau sur les récifs de leur virtualité intraduisible. (Abdelwahab Meddeb, dans *Actes des troisièmes Assises...*, 1987 : 69)

1412. Toute traduction n'est que le reflet d'un instant. (André Markowicz, dans Arsenault, 2002 : 56)

1413. Traduction est fruit de l'amour, non celui du mariage de raison. (Samuel Marchak, dans « Quelques opinions russes... », 1979 : 57)

1414. Traduire n'était pas trahir mais aspirer vers d'autres prairies le grand troupeau des mots. C'était non pas transvaser de vieilles eaux dans des outres nouvelles mais littéralement les changer en vin. (Jean Marcel, 1990 : 151)

1415. Parler d'une traduction c'est parler de la vitre devant une photo, alors que c'est la photo qui nous intéresse. (John Lehmann, dans Budberg, 1970 : 145. Traduction)

1416. Il faut que nous fassions couler et jaillir les eaux qui estoient enfermées et cachées, en les faisant paroistre aussi pures, aussi belles, aussi abondantes, dans les bassins et les ruisseaux, qu'elles estoient dans leurs sources. (Antoine Le Maistre, dans Zuber, 1968 : 382)

1417. Chacun de nous a près de soi, sur sa table ou son bureau, un jeu d'invisibles, d'intellectuels balances aux plateaux d'argent, au fléau d'or, à l'arbre de platine, à l'aiguille de diamant, capables de marquer des écarts de fractions de milligrammes, capables de peser les impondérables ! (Valery Larbaud, 1946 : 82)

1418. La force et la vertu des parolles d'un langage à aultre se pert, ainsi que le goust et naïf suc des plantes transportées de lieu en autre, et ne se peult bonnement rendre. (Jean Lalemant, « Préface » [c1549], *Les quatre Philippiques* de Démosthène, dans Horguelin, 1981 : 59)

1419. Traduire un ouvrage d'esprit, c'est un *travail* au sens plein que revêt le mot dans le contexte de la psychanalyse ou de l'accouchement – comme on parle du travail du deuil ou comme il y a dans les maternités des salles de travail. (Jean-René Ladmiral, 2004-2005 : 10)

1420. Les traductions sont comme du vin que l'on tire de son premier vaisseau ; d'où si on le verse dans des bouteilles, quelque soin qu'on y apporte, il ne laisse pas de s'affoiblir, à cause que ses esprits s'évaporent, et se dissipent insensiblement. (François de la Motte le Vayer, dans Zuber, 1968 : 88)

1421. La traduction, marbre dont l'œuvre n'était qu'un moulage. (François Vaucluse, 2001 : n. p.)

1422. J'ay toujours estimé des livres traduicts & transplantez, s'il fault dire ainsi, d'un langage en autre comme d'un arbre qu'on transplante d'un lieu en un autre. (Jean Poupy, 1580, n. p.)

1423. J'ai regardé cette première traduction, comme un Architecte feroit [de] l'amas des matérieux d'un édifice, taillés & tout prêts à placer, mais entassés au hasard dans huit ou neuf places différentes & mêlés dans les décombres. J'ai assemblé, assorti de mon mieux, sous un titre commun, tous les fragmens qui pouvoient s'y rapporter, & former une espece d'ensemble. (Pierre Le Tourneur, 1770, I : LXXIII)

1424. Il est possible de photographier littéralement l'original et en même temps d'y ajouter la couleur et la vie ; quand il est possible d'unir la peinture au décalque pour accroître la vérité, personne n'hésite et ne demande mieux. Mais le plus souvent il faut se résigner à n'avoir que la photographie dans sa froide exactitude, ou la recherche de la couleur, du sentiment général, aux dépens de la littéralité. (Pierre Larousse, 1866-1890, XV : 389)

1425. *Au sujet des partisans des belles infidèles :* « La traduction est pour eux la résurrection dans une nouvelle patrie d'une littérature endormie au tombeau ; c'est la vie nouvelle d'un verbe passé dans un verbe présent. » (Pierre Larousse, 1866-1890, XV : 389)

1426. On peut traduire un éditorial, mais non pas un poème. Car si on peut passer nu la frontière, on ne peut pas le faire sans peau, parce que celle-ci, contrairement aux habits, ne repousse pas. (Karl Kraus, 1998 : 69. Traduction : Roger Lewinter)

1427. *Si le traducteur ne respecte pas les nombres oratoires*[10] *:* « Je t'advise, que c'est aultant que d'ung monceau de diverses pierres precieuses mal ordonnées : lesquelles ne peuvent avoir leur lustre, à cause d'une collocation impertinente. Ou c'est aultant, que de divers instruments musicaulx mal conduicts par les joueurs ignorantz de l'art, & peu congnoissantz des tons, & mesures de la musique. (Étienne Dolet, 1540 : 15)

1428. Il n'en est pas de la traduction, comme de la copie d'un tableau, où le copiste s'assujettit à suivre les traits, les couleurs, les

10. Vieille figure de style qui, en grammaire, en rhétorique et en métrique, désigne une harmonie fondée sur un rythme, un certain arrangement.

proportions, les contours, les attitudes de l'original qu'il imite : cela est tout différent : un bon traducteur n'est point si contraint. (Anne Dacier, « Préface », *L'Illiade* [c1699], 1719, I : XLIV)

1429. Un ouvrage dont la traduction enrichit une langue peut être considéré comme des fruits entés sur un autre arbre ; *miratur non sua poma*[11]. Plus ces fruits sont délicats, plus cette greffe demande une main habile. (Paul-Jérémie Bitaubé, 1775, II : 488)

1430. Les traductions n'étant pas des copies exactement ressemblantes, elles ne sauroient prendre la place des originaux. (Paul-Jérémie Bitaubé, 1779, III : 457)

1431. Traduire, c'est tailler un diamant à multiples facettes ! (André Clas, dans Abou Fadel et Awaiss, 2005 : 49)

1432. Une traduction toute litterale est comme un corps sans ame : parce que le corps est d'une langue, & l'ame de l'autre. (Pierre Coustel, 1687 : 193-194)

1433. Dans les belles traductions il faut, comme dans les empreintes d'un cachet, quand elles sont fidèles, le relief en creux, le creux en relief. (Joseph Joubert, 1938, II, « 23 janvier 1805 » : 479)

1434. La traduction se compare à la relation sexuelle : soit une dépense d'esprit dans un désert de honte, soit une manière de mort et de résurrection qui ouvre à la vie renouvelée et enrichie. (Douglas Gordon Jones, 1977 : 85. Traduction : Joseph Bonenfant)

1435. Les traductions des chefs-d'œuvre sont semblables à la silhouette d'un corps harmonieux. (Constantin Huyghens, dans *Traduire*, 1992, 151 : 1)

1436. Religions et traductions, choses plus semblables qu'on ne croit au premier abord, sont toujours proportionnées à l'état des esprits. Toutes sont mauvaises et toutes sont bonnes, jusqu'au

11. « L'arbre s'étonne de se voir des fruits qui ne sont pas les siens. » (Virgile, *Les Géorgiques*, II, v. 82)

moment où le vrai définitif peut être admis, d'un côté en art, de l'autre en philosophie. (Victor Hugo, 1973 [c1864] : 429)

1437. Traduire : transvaser un liquide d'un vase à col large dans un vase à col étroit. Il s'en perd toujours. (Victor Hugo, dans Gagnière, 2000 : 545)

1438. Traduisez Aristote en périodes cicéroniennes, vous faites une caricature ; si vous imitez l'oiseau intrus qui, ne se bornant pas à déposer ses œufs dans le nid d'autrui, renverse à terre la couvée légitime, vous ne traduisez plus, vous interpolez. (Pierre Daniel Huet, « De Interpretatione » [c1661], dans Tolmer, 1949 : 222)

1439. Le traducteur est un caravanier qui prend son chargement d'épices, de soieries et de joyaux dans quelque pays lointain et inaccessible au commun des mortels et qui tente de le transporter, aussi intact que possible, dans celui dont il est lui-même originaire. (William Desmond, 2005 : 30)

1440. C'est l'affaire d'une excellente traduction qu'à travers elle nous puissions sentir la nudité de la langue originale comme le corps d'une danseuse à travers son vêtement. (Hugo von Hofmannsthal, dans *Cinquièmes Assises…*, 1989 : 113. Traduction : Antoine Berman)

1441. Cette image du passeur qu'on emploie quelquefois – trop souvent – m'apparaît tout à fait fausse, puisque l'objet transporté n'est plus le même sur l'autre rive. (Dominique Grandmont, 1997 : 125)

1442. Qu'est-ce donc que cette entité mobile, la traduction ? Je dirais un délire raisonné de l'interprétation. (Dominique Grandmont, 1997 : 83)

1443. En aucun cas, la traduction n'est un face-à-face, mais la poursuite, vers l'aval, d'une destination commune. (Dominique Grandmont, 1997 : 80)

1444. Traduire n'est pas tenir la balance égale, dans on ne sait quel bureau de change, entre le texte à venir et celui qui est déjà là.

Ce n'est pas faire passer les mots de gauche à droite en opérant au passage leur pesée, même délicate. (Dominique Grandmont, 1997 : 55-56)

1445. La traduction ne se limite pas à de l'ethnologie comparative ou à du tourisme amélioré. Ce n'est pas de l'espionnage, psychique ou littéraire, comme on le dit pour l'espionnage industriel. (Dominique Grandmont, 1997 : 55)

1446. Traduire est un voyage étrange, dont peut-être on ne revient pas. Car il est évident qu'une traduction ne parvient à porter un texte à son juste souffle, à ouvrir les portes du sens [...] que si le traducteur fait preuve d'une liberté intérieure qu'il faut bien appeler l'invention. (Dominique Grandmont, 1997 : 9)

1447. Les traducteurs sont comme ces marieurs pleins de zèle qui nous vantent comme tout à fait digne d'amour une jeune beauté à demi nue : ils éveillent un penchant irrépressible pour l'original. (Johann Wolfgang von Goethe, *Maximes et réflexions* [c1828], dans Berman, 1984 : 87. Traduction : Antoine Berman)

1448. Il y a comme un acte de transsubstantiation, voire de vampirisme, dans l'exercice de la traduction. À commencer par la langue étrangère, dans toute son *étrangeté*. (Armen Godel, « Le transport des sens, du japonais au français », dans Graf, 1998 : 233)

1449. La traduction est fugue, c'est-à-dire si bellement renoncement. Ce qu'il faut peut-être le plus deviner dans l'acte de traduire, c'est la beauté de ce renoncement. (Édouard Glissant, 1995 : 36)

1450. La traduction est une forme d'exploration. Le traducteur, à mes yeux, est un prospecteur qui cherche plus que de l'or : il tente de découvrir ce qui se cache derrière ce qu'il y a derrière les mots. (Sheila Fischman, 1999 : n. p. En ligne. Traduction)

1451. Inutile de préciser que sans tout remettre à sa sauce, le traducteur doit faire des choix qui lui permettront de lier le texte : en d'autres termes, il faut que ça prenne. (Sylvie Durastanti, 2002 : 38)

1452. Traduire, c'est partir à l'aventure. La traduction ouvre à la découverte d'un paysage mental particulièrement parlant aux uns, mais risquant d'en laisser d'autres désorientés. (Sylvie Durastanti, 2002 : quatrième de couverture)

1453. La traduction littéraire est certainement un travail de chartreux, contraignant parfois à une existence de carmélite. (Sylvie Durastanti, 2002, quatrième de couverture)

1454. Une traduction est une copie fidèle. Peut-on croire qu'un tableau est la copie d'un autre tableau, si dans cette pretendue copie, il y a des attitudes, des draperies, une perspective, qui ne se trouvent point dans l'original, auquel elle ne ressemble que le dessein general et dans quelques parties de l'ordonnance ? Ce sont assurèment deux tableaux différens : on dira seulement qu'un des deux peintres a imité l'autre. (Pierre Desfontaines, 1765, I : xxxviii)

1455. La traduction d'une œuvre littéraire doit résonner comme une caisse qui, heurtée d'un côté, vibre de l'autre avec la même force, durant le même temps et à un rythme comparable. Une œuvre littéraire est une vibration. (Jean Delisle)

1456. La traduction, c'est un pont jeté entre les générations ; c'est l'un des instruments les plus utiles au service des nations, mais traduction n'est pas création. (Pierre Daviault, 1936 : 1er cours)

1457. Celui qui traduit avec la prétention de remplacer l'original, fait comme quelqu'un qui voudrait donner à un amoureux une autre femme en échange de celle qu'il aime : une femme équivalente, ou, l'un dans l'autre, semblable ; mais l'amoureux est amoureux de celle-ci justement, et non pas de ses équivalents. (Benedetto Croce, 1973, IV : 125)

1458. Traduire c'est essayer de se verser soi-même dans un verre transparent et prendre la forme de ce contenant afin de transmettre la lumière et la saveur d'un auteur. (Nevill Coghill, dans Levinson, 1971 : 301. Traduction)

1459. Une bonne traduction, pour être exacte, doit ne pas être servile et, au contraire, tenir un compte infiniment subtil des valeurs, en un mot être une véritable transsubstantiation. (Paul Claudel, dans Mallet, 1949 : 331)

1460. Une magnifique traduction n'est pas un éclat de verre, mais un diamant. Pour rester dans la bijouterie, je dirai que c'est une perle sans prix. (Beatrice Joy Chute, 1970 : 67. Traduction)

1461. Si traduire, c'est embrasser le corps d'une femme à travers un drap, Ben Gourion le disait, que celui-ci devienne un voile aussi transparent que possible. (André Chouraqui, 1990 : 468)

1462. Si traduire, c'est contempler un texte à travers des lunettes, que celles-ci soient les moins déformantes possibles. (André Chouraqui, 1990 : 468)

1463. Une œuvre traduite peut aussi avoir le statut d'œuvre *réfugiée*… (Yves Chevrel, 1997 : 358)

1464. Une traduction vagabonde et distendue introduit l'équivoque et conduit aux aventures sordides. C'est le reniement de toute honnêteté. (Abel Chevalley, dans « L'enquête des *Cahiers du Sud* », 1927 : 263)

1465. La traduction la plus casanière, la plus littérale, est aussi, très souvent, la plus facile. Sous le couvert du mot à mot, le sens et la lettre s'y livrent au vilain adultère, celui qu'abrite le domicile conjugal. (Abel Chevalley, dans « L'enquête des *Cahiers du Sud* », 1927 : 263)

1466. Il me semble que traduire d'un idiome dans un autre (lorsque ce n'est point du grec ou du latin : langues royales), c'est comme regarder l'envers d'une tapisserie de Flandre : on y distingue encore les figures, mais toutes brouillées de brins qui pendent ; on ne les voit pas nettes et brillantes comme sur l'endroit. (Miguel de Cervantès, 1962 [c1605-1615], II : 443. Traduction : Francis de Miomandre)

1467. Si traduire n'est pas forcément trahir – selon le stéréotype bien connu –, c'est assurément *voler* : une part de création… (Claire Cayron, dans *Actes des premières Assises…*, 1985 : 94)

1468. Essayer de rendre en sculpture une sonate de Mozart. N'est-ce pas une définition très exacte de toute traduction ? (Edmond Cary, 1949 : 84)

1469. Tout comme deux pianistes n'interpréteront pas de la même manière un même concerto de Beethoven, deux traducteurs traduisant le même texte ne rendront pas la même copie. (Jean-Claude Capèle, 1999 : n. p. En ligne)

1470. Une traduction doit être une recréation. C'est pourquoi, de tous les arts, celui qui se rapproche le plus de l'art de traduire est celui de l'acteur, mais selon moi, un acteur déploie plus de talent créateur qu'un traducteur. (Moura Budberg, 1970 : 146. Traduction)

1471. La traduction est une forme étrange d'hospitalité où celui qui accueille est aussi celui qui fait parler. L'autre que l'on reçoit n'apparaît et ne fait sens qu'à la condition même d'être accueilli. (Frédéric Boyer, 2002 : 77)

1472. Traduire c'est peut-être savoir accomplir avec un texte et une langue ce voyage linguistique et littéraire si bien rendu par l'anglais *translation*. (Michelle Bourjea, 1996 : 232)

1473. La traduction n'est toujours qu'un travestissement. Semblable à un Indien qui vêtirait un jean, *elle fait le jeu de l'occupant*. (Michelle Bourjea, 1996 : 232)

1474. Il est des traductions qui sont comme des conquêtes. (Michelle Bourjea, 1996 : 231)

1475. Traduire, c'est se promener en pays étranger. C'est voyager. Plus que lire, cette activité témoigne des capacités de l'être à établir des relations à l'Autre, révèle la qualité de ces relations, leurs motivations profondes. (Michelle Bourjea, 1996 : 231)

1476. Traduire c'est verser du français dans les moules des Anciens, afin de s'accoutumer aux belles formes. (François Blanchet, dans D'hulst, 1990 : 137)

1477. Quand on écrit, on veut être aimé. Quand on est traduit, on veut aussi être aimé, on cherche à naître une autre fois dans un autre pays. (Augustina Bessa Luis, dans *Cinquièmes Assises...*, 1989 : 193)

1478. Un livre traduit, c'est comme un cadavre qui a été mutilé par une voiture jusqu'à le rendre méconnaissable. Vous pouvez toujours rassembler les morceaux, mais c'est trop tard, ça ne sert à rien. (Thomas Bernhard, dans Batista 2003 : 86)

1479. La traduction est le règne de l'ombre. (Antoine Berman, 1984 : 280)

1480. La traduction est et n'a toujours été qu'un pont, oui, une passerelle entre les cultures. (Albert Bensoussan, 1995 : 88)

1481. Une traduction exacte & fidelle est en quelque manière semblable à la peinture, qui doit approcher du naturel, autant qu'il est possible ; & où il y a d'autant plus d'art qu'il en paroît moins. C'est en quoi consiste la difficulté de la traduction. (Jean-Baptiste Morvan de Bellegarde, « Des règles de la traduction » [c1695], 1706 : 454)

1482. Toute traduction [...] est une œuvre d'art au second degré où le traducteur s'inspire de l'original comme celui-ci a pu s'inspirer de la nature. (Abraham-Henri Becker, 1969 [c1896] : 78)

Métaphores du traducteur

1483. Le traducteur n'est qu'un pauvre marin sans rames ni voilure, emporté par les courants fantasques et néanmoins dictatoriaux de la vie quotidienne. (Erik Orsenna, 1997 : 86)

1484. Le traducteur professionnel est un acteur qui accepte tous les rôles : il est capable d'être un autre, de parler comme un autre. (François Vermeulen, 1976 : 53)

1485. Au traducteur on demande de redire, d'être une oreille qui parle, une main au service d'une tête qui n'est pas la sienne. (Jacques Perret, 1975 : 14)

1486. Un traducteur, tel un témoin à la barre, doit lever la main droite et jurer de « dire la vérité, toute la vérité et rien que la vérité ». (Henry Wadsworth Longfellow, « Letter to John Neal, August 2, 1867 », 1982 : 166. Traduction)

1487. Je considère depuis longtemps la traduction comme une pratique du faux. Le traducteur est un faussaire. Il crée un double original, un faux original, si vous voulez, ou une copie authentique. (Marie José Thériault, dans Kellett-Betsos, 2005 : 312)

1488. *À propos du traducteur :* « Je le compare à l'écuyer qui prétend faire exécuter à son cheval des mouvements qui ne sont pas naturels à celui-ci. » (André Gide, 1959, I : XI)

1489. Le traducteur n'est pas qu'un lutteur. Il est aussi un funambule. (Anne Wade Minkowski, dans *Actes des deuxièmes Assises…*, 1986 : 70)

1490. Le traducteur est valet de deux maîtres qui, par définition, ne s'entendent point entre eux : il doit servir l'auteur, mais aussi et tout autant le public auquel s'adresse sa traduction et dont il doit parler la langue, quitte à la renouveler quelque peu. (Bernard Lortholary, 1993 : 13)

1491. Un bon traducteur est comme un statuaire qui travaille d'aprés l'ouvrage d'un peintre, ou comme un peintre qui travaille d'aprés l'ouvrage d'un statuaire. (Anne Dacier, « Préface », *L'Illiade* [c1699], 1719, I : XLIV)

1492. Le traducteur est un peseur perpétuel d'acceptions et d'équivalents. Pas de balance plus délicate que celle où l'on met en équilibre les synonymes. (Victor Hugo, 1973 [c1864] : 440)

1493. Le traducteur est un grand-prêtre. Il a les clés du tabernacle. Lui seul peut, aux heures solennelles, dévoiler à la foule profane les mystères que cache la langue étrangère, mettre les arcanes en pleine lumière. Il le sait, et la noblesse de sa tâche le remplit d'une fierté inquiète. (Jacques Olivier Grandjouan, 1971 : 197)

1494. Le traducteur est trop souvent un sacritain blasé, qui époussète [*sic*] de temps en temps, d'un plumeau distrait, les objets du culte, et les exhibe sans même y penser, en bâillant, en se grattant la tête, un mégot au coin des lèvres. Autant ça que peigner la girafe. (Jacques Olivier Grandjouan, 1971 : 197)

1495. Le Coran dit : « Dieu a donné à chaque peuple un prophète dans sa propre langue. » Ainsi chaque traducteur est un prophète parmi son peuple. (Johann Wolfgang von Goethe, compte rendu de *German Romance* [c1828], 1983 : 263. Traduction : Jean-Marie Schaeffer)

1496. Il faut savoir distinguer parmi les traducteurs les savetiers des véritables artisans. (Thomas Fuller, 1662. Traduction)

1497. Le traducteur peut être assimilé au plongeur téméraire qui cherche des trésors cachés au fond de la mer. (Afanassi A. Fet, « Quelques opinions russes… », 1979 : 57)

1498. L'écrivain est ce découvreur, cet explorateur qui marquera ces terres, ces eaux, cette langue de son nom. Le traducteur n'est que pirate. Un pirate prend ce qu'il trouve. (Sylvie Durastanti, 2002 : 116)

1499. Traducteurs, nous travaillons en esclaves dans la plantation d'un maître. Nous cultivons sa vigne, mais le vin lui appartient ; si le sol est peu fertile, il nous châtie ; s'il produit en abondance grâce à notre travail, il ne nous remercie même pas. (John Dryden, « Dedication of the *Aeneis* » [c1697], 1961, II : 232. Traduction)

1500. Les traducteurs des grands écrivains antiques ressemblent à ces hommes de peine qui marchent dans la rue portant une glace sur leur dos. Ce ne sont que de pauvres portefaix, et tout en cheminant, la sueur au front, ils envoient aux passants des éblouissements. (Victor Hugo, 1973 [c1864] : 544)

1501. Paria d'un genre particulier, nègre de la littérature, le traducteur recrée sous une autre forme ce qui a déjà été créé ; mais il crée sans vraiment créer, il emploie des mots qui sont les siens, sans véritablement l'être. (Lydia Davis, 1981 : XIII. Traduction)

1502. Les traducteurs sont des corsaires. Quand un bateau étranger lui plaît, il l'arraisonne. Jette l'équipage à la mer et le remplace par des amis. Puis hisse les couleurs nationales au sommet du plus haut mât. (Erik Orsenna, 1997 : 27-28)

1503. Le traducteur de poésie se sent bien souvent comme un séducteur sans conquêtes ; ou un aveugle tâtonnant [...] ; ou comme un médium dépassé par le message qui le traverse ; un serviteur qui passe des plats dont il ne connaîtra que l'odeur. Et surtout – il se l'avoue avec un mélange de honte et d'ivresse – il a une sacrée tête d'imposteur. (Michel Volkovitch, dans *Treizièmes Assises...*, 1997 : 155-156)

1504. *À propos de tout traducteur de Dante :* « Tout ce que le traducteur peut espérer, c'est de donner des illusions très approximatives à celui qui le lira. Il n'est pas mieux armé que le jongleur dont les prestiges s'évanouissent s'il laisse aux badauds le temps de s'arrêter et de dépister le *truc*. (André Pézard, 1965 : XII)

1505. On loue souvent, à juste titre, le dévouement et l'altruisme du traducteur qui « sert » l'œuvre, ses qualités de renonciation ancillaire. Il serait bon – et utile – de penser aussi, parfois, au traducteur comme sangsue amoureuse, comme aimable et nécessaire parasite. Au nombre de ses motivations figure nécessairement un vampirisme jouisseur : traduire c'est aussi un peu écrire, forcément. (Marc Chénetier, 1995 : n. p. En ligne)

1506. Le traducteur est une espèce d'aventurier. Il m'est arrivé de traduire des langues que je ne connaissais pas ou très mal grâce au relais amical d'un collaborateur. (François Xavier Jaujard, dans *Actes des premières Assises...*, 1985 : 118)

1507. Le traducteur est, si j'ose dire, le « *go-between* » entre l'auteur et ses lecteurs potentiels dans une autre langue. Une sensibilité et une vision du monde communes ne sont pas de trop pour réussir une traduction. Il s'agit d'un nouveau partage vers de nouvelles frontières. (Güzine Dino, dans *La traduction littéraire...*, 1987 : 57)

1508. Quiconque a approché la traduction sait que les traducteurs sont les sans-grade de la littérature. Paradoxalement, cette situation les amène souvent à se laisser aller soit à l'arrogance qui affirme que tout est traduisible, soit au désespoir qui voudrait que rien ne le soit. (Jean-Claude Capèle, 1998 : n. p. En ligne)

1509. Quand je traduis un Ancien, je vais presque jouster contre lui, & j'entre dans une espece de lice, où tout me décourage, & où dès l'entrée je dois me reconnoistre vaincu. (Jacques de Tourreil, « Préface », 1721, II : 7-8)

1510. *À propos de sa traduction de* 95 poèmes *de E. E. Cummings :* « J'espère avoir traduit comme un voleur plutôt que comme un serrurier. » (Jacques Demarcq, 1983 : quatrième de couverture)

1511. Le traducteur est celui qui *fait passer*. Passeur d'imaginaire, passeur de mots. Il est celui qui connaît les deux rives mais qui toujours se tient sur les eaux incertaines du fleuve : pour faire passer. (Céline Zins, dans *Actes des premières Assises...*, 1985 : 47)

1512. Un traducteur (surtout quand il traduit en vers) ressemble à quelqu'un qui fait sa valise. Elle est ouverte devant lui ; il y met un objet, et puis il se dit qu'un autre serait peut-être plus utile, alors il enlève l'objet puis le remet, parce que, réflexion faite, on ne peut s'en passer. (Marguerite Yourcenar, 1980 : 205)

1513. Le traducteur de bon aloi devrait avoir l'attitude du skieur qui suit les traces du moniteur-auteur, en s'en écartant le moins possible, en épousant les mouvements, la dynamique, le tempo du corps qu'il suit de près. Car si l'auteur a du génie, le traducteur ne peut se contenter de n'avoir que du talent. (Françoise Wuilmart, « L'auteur et son double, le texte et sa lecture », dans Awaiss, 2002 : 83-84)

1514. Il y a une certaine parenté entre l'art du traducteur et celui du comédien. (Antoine Vitez, 1959 : 18 juin)

1515. Quand tu traduis, tu te comportes comme un acteur de théâtre, qui doit endosser le costume d'un personnage. Ou mieux, [...] qui doit trouver *à l'intérieur de lui-même* ce personnage, et dans le cas du traducteur, c'est souvent un *je* lyrique [...] différent du *je* personnel. (Fabio Pusterla, « Quatre lettres sur la traduction », dans Graf, 1998 : 82. Traduction : Adrien Pasquali)

1516. Traducteurs et comédiens n'ont-ils pas quelque chose en commun, puisqu'ils écrivent ou disent le mieux possible des choses qui ne viennent pas d'eux ? (Dom Michel Coune, 1976 : 5)

1517. Le traducteur est un acteur. Il doit entrer dans la peau non de son personnage, mais de son auteur – qui est toujours Madame Bovary. Pour cela, son attitude doit être confiante et pieuse. (Albert Bensoussan, 1995 : 35)

1518. Le traducteur idéal serait un pèlerin qui jalonne son itinéraire par les titres qu'il entreprend de traduire. (François Vermeulen, 1976 : 64)

1519. Loin de n'être que les humbles rapiéceurs d'un unique tissu linguistique déchiré, vous êtes, vous autres traducteurs, les tisserands de l'unité future, idéale encore, mais qui constitue le projet le plus exaltant de l'aventure humaine. (Jean-Pierre Van Deth, 2003 : 12)

1520. L'écrivain et le traducteur « passent à gué » l'un et l'autre, mais l'écrivain passe à gué dans la nuit, et le traducteur dans le jour. (Donald Michael Thomas, dans *Actes des premières Assises…*, 1985 : 150)

1521. Le traducteur est un artiste, mais un artiste de concert qui, jouant la musique d'un autre, est en l'occurrence l'exécutant d'une œuvre réclamant du talent et de l'humilité. (Claude Tatilon, 2003 : 117)

1522. Parce qu'il pratique la contrebande, le traducteur n'est pas plus le bienvenu de l'autre côté de la frontière. Il ne pourra jamais prétendre à devenir l'égal des gens de lettres du pays exportateur, qui tout au plus voient en lui un mercenaire utile. Il doit donc se résigner à n'être qu'un étranger dans les deux pays. (Philip Stratford, 1993 : 121. Traduction : François Bilodeau)

1523. Comme Rimbaud disait que le poète est voleur de feu, je dirais que le traducteur est voleur d'écriture. (Nadine Stabile, dans *Dixièmes Assises…*, 1994 : 43)

1524. On dit que Mme de Sévigné comparoit les traducteurs à des domestiques qui vont faire un message de la part de leur maître, & qui disent souvent le contraire de ce qu'on leur a ordonné[12]. (Louis de Jaucourt, 1765, XVI : 510)

1525. Madame la Fayette [*sic*] comparoit un sot traducteur à un laquais que sa maîtresse envoie faire un compliment à quelqu'un. Plus le compliment est délicat, disoit-elle, plus on est sûr que le laquais s'en tire mal. (Jean-François Marmontel, 1751, IV : 954)

1526. Celui qui fait du doublage n'est pas un cannibale, il est tout au plus un conspirateur, un clandestin ou ce que, dans le langage des stades, on appelle un « resquilleur ». (Massimo Raffaeli, « Quatre lettres sur la traduction », dans Graf, 1998 : 90. Traduction : Adrien Pasquali)

1527. Les traducteurs sont les chevaux de poste de la culture. (Alexandre Pouchkine, 1958 : 725. Traduction : Jacques Lépissier)

1528. Le traducteur est un passeur qui connaît bien les deux rives avec toutes leurs différences et qui fait passer de l'une à l'autre sans écueil et sans noyade, mais avec enchantement. (Michel Plourde, dans *Traduire*, 1983, 115 : 1)

1529. Le traducteur est comme le peintre persan qui rapporte à son seigneur la miniature d'une princesse digne d'être épousée par amour – afin que le seigneur meure d'envie de la voir en chair et en os, et se mette en route lui-même. (André Pézard, 1965 : XLIV)

1530. Le traducteur est un comédien, un chanteur de l'écriture. (Paul Memmi, dans *Quinzièmes Assises…*, 1999 : 122)

1531. Le traducteur est aussi, et peut-être d'abord, un témoin. Poèmes et romans, en toutes langues, s'efforcent, tant bien que mal, de

12. Cette citation est aussi attribuée à Madame de La Fayette. V. la citation suivante.

dire l'indicible dans des langues qui élèvent des frontières, des murs de la honte, de l'exclusion et du mensonge, autant qu'elles créent un espace de civilité. (Charlotte Melançon, 2000 : 5)

1532. Intermédiaire entre l'auteur et le lecteur, passeur entre les langues et les cultures, errant aux frontières et aux confins, le traducteur n'est pas qu'un technicien bien qu'il sache tout ce qu'il entre de technique dans le texte le plus inspiré, parce qu'il s'est mesuré concrètement, difficilement, dans le maquis des dictionnaires et des grammaires, aux problèmes techniques qui séparent un texte de sa transformation en une autre langue. (Charlotte Melançon, 2000 : 5)

1533. Il a beau s'ingénier à mériter le *crédit* qu'on ne lui accorde que parce qu'on le lui refuse aussi un peu, le traducteur a toujours plus ou moins l'air d'un faussaire. Mais c'est un faussaire qui signe. (Jean-Yves Masson, 1990 : 157)

1534. Il y a dans tout traducteur un bricoleur qui doit se débrouiller avec les moyens du bord, c'est-à-dire avec le vocabulaire de son temps. (Bernard Lortholary, dans Stanké, 1988 : 428)

1535. Un traducteur est un esclave, mais c'est là justement que réside sa noblesse. De là aussi que lui viennent bien des déboires. (Bernard Lesfargues, « Enquête de la FIT… », 1959 : 103)

1536. Un prestidigitateur fait disparaître les objets, mais lui-même ne disparaît jamais ! Tandis que le traducteur, lui, fait apparaître des objets et disparaît. C'est beaucoup plus fort ! Quand il a réussi son coup, il n'est plus là ! S'il est mauvais, on le voit encore ! (Jean-Pierre Lefebvre, dans *Cinquièmes Assises…*, 1989 : 174)

1537. Un traducteur, et sur-tout le traducteur d'un poëte, doit se comporter comme ces députés qui étoient tenus de répéter les mots qui leur avaient été dictés avant leur départ. (Pierre-Charles Le Monnier, 1771 : XIII)

1538. On nous a surnommés « jeteurs de ponts », « maillons de la chaîne des connaissances », « courants vivants de la culture »,

« découvreurs de nouveaux mondes » et révélateurs de nouvelles facettes de celui dans lequel nous vivons. Nous sommes tout cela, mais avant tout nous sommes des soldats de l'humble armée qui lutte pour racheter le péché d'orgueil commis à Babel. (Lorenzo Lanza di Trabia, dans « Réflexions sur la traduction », 1987 : 81. Traduction)

1539. Le traducteur n'est pas le serviteur inconnu, mais le Maître absent. (François Vaucluse, 2001 : n. p.)

1540. Le traducteur ? Un auteur-interprète, mais sans guitare. (François Vaucluse, 2001 : n. p.)

1541. [L'auteur d'une traduction littérale] n'a que le mérite de ces artisans grossiers qui ne savent qu'étendre du plâtre sur un visage pour en tirer une ressemblance exacte, mais toujours insipide. (Antoine Houdar de La Motte, « Discours sur Homère » [c1714], 2002 : 224)

1542. [L'auteur d'une traduction élégante] ressemble à un peintre habile, qui en copiant les traits d'un homme sait encore donner de l'âme à la ressemblance, et réveille ainsi par une imitation vive dans ceux qui ne voient que l'image toute l'idée que l'original pourrait leur donner. (Antoine Houdar de La Motte, « Discours sur Homère » [c1714], 2002 : 224)

1543. Le traducteur doit ressembler à Protée et prendre, comme lui, les couleurs variées du caméléon. (Pierre Daniel Huet, « De Interpretatione » [c1661], dans Tolmer, 1949 : 222)

1544. Un traducteur est un peintre qui s'assujettit à reproduire un tableau original. Il lui faut rendre exactement les *traits* de son modèle. Il copie, il ne compose pas. S'il outrepasse ces bornes, il cesse d'être *Traducteur* et devient *Auteur*. (Isaac D'Israeli, 1971 [c1791], I : 227-228. Traduction)

1545. Le traducteur n'est pas un eunuque à qui l'on confie la garde des mots. (Jean Delisle, 2005 : 842)

1546. Le lecteur-traducteur, tel un voyageur attiré par quelque lointaine sirène, doit être séduit par le texte à traduire, tout en cherchant à combler l'absence qui le sollicite. (Louis Jolicœur, 1995 : 7)

1547. Il y a du clandestin chez le traducteur – cet expert en obligés trucages n'est trop souvent qu'un mauvais truqueur. (Dominique Grandmont, 1997 : 79)

1548. Le traducteur est parfois un contrebandier. Il lui faut voir les yeux bandés. Le premier mot qu'il écrit recouvre celui de l'auteur, il faut savoir se taire en traduisant. Il faut savoir se taire en plusieurs langues. (Dominique Grandmont, 1997 : 54)

1549. Faussaire s'avère tout traducteur œuvrant à introduire en fraude, tout en les redorant de ses propres mots, des idées frappées au coin de termes étrangers. (Sylvie Durastanti, 2002 : 74)

1550. La traduction est gymnastique mentale, acrobatie verbale. Comme l'exercice physique, le maniement de la langue suppose beaucoup d'assouplissements, beaucoup d'enchaînements. (Sylvie Durastanti, 2002 : 27)

1551. À quoi bon se lancer dans la traduction, se plonger dans la langue, si ce n'est pour s'offrir un numéro de trapèze volant ? (Sylvie Durastanti, 2002 : 22)

1552. Demande-t-on à un taxidermiste de rendre la vie à une dépouille ? C'est pourtant exactement ce qu'on attend d'un traducteur. (Sylvie Durastanti, 2002 : 19)

1553. Le traducteur est un névrosé obsessionnel. Il s'obsède et s'enivre de mots, bâtit dans sa tête des cathédrales de mots jusqu'à ce que le rythme de la phrase qu'il traduit soit juste, jusqu'à ce que la phrase « tombe ». (Jean-Michel Déprats, dans *Dix-neuvièmes Assises…*, 2003 : 122)

1554. Le traducteur, détective à sa manière, développe un sens aigu de l'observation, scrute le texte à la loupe, tâte diverses hypothèses, mûrit ses décisions. En enquêteur minutieux, il prend le sens en filature, interroge chaque mot, chaque structure de phrase, ne laisse aucun indice au hasard. Avec une logique implacable, il reconstitue la scène en rassemblant toutes les pièces jusqu'à ce qu'il finisse par résoudre l'énigme du sens que cache le texte original. La « science de la traduction » n'est-elle pas aussi une « science de la déduction » ? (Jean Delisle, 1999 : 269)

1555. Le traducteur est le visiteur le plus attentif d'un texte, le seul qui aille vraiment dans les coins, à qui rien n'échappe. (Jacques De Decker, dans *Dix-septièmes Assises…*, 2001 : 29)

1556. Le pianiste de bar et le traducteur ont ceci en commun qu'ils n'ont pas le droit d'ennuyer sous prétexte de suivre la partition. On joue pour son public, c'est aussi pour lui que l'on traduit. On a le droit d'ennuyer uniquement sur « demande spéciale ». (Roch Côté, 1992 : D-1)

1557. On pourroit comparer un Traducteur avec un Plénipotentiaire. La comparaison est magnifique, & je crains bien qu'on ne me reproche de faire un peu trop valoir un métier qui n'est pas en grand crédit dans le Monde. Quoi qu'il en soit, il me semble que le Traducteur & le Plénipotentiaire ne sauroient bien profiter de tous leurs avantages, si leurs Pouvoirs sont trop limités. (Pierre Coste, 1972 [c1755] : XIII)

1558. Le traducteur est le singe du romancier. Il doit faire les mêmes grimaces, que cela lui plaise ou non. (Maurice-Edgar Coindreau, 1974 : 132)

1559. Un traducteur n'est pas un fabricant de mot à mot que l'on jetterait à la poubelle une fois que quelqu'un d'autre aurait signé l'œuvre. (Françoise Cartano, dans *Sixièmes Assises…*, 1990 : 114)

1560. Un traducteur est un artisan, ce n'est pas un programme d'IBM. Comme tout bon cuisinier, il maîtrise l'art du dosage. Il a des intuitions, tente des expériences et, cela est inévitable, commet des erreurs. (Raffel Burton, 1971 : 14. Traduction)

1561. *Au sujet de M. Bouillon, traducteur de l'Arioste :* « On peut dire de M. Bouillon que c'est un valet timide, qui n'oseroit faire un pas sans le congé de son maître, et qui ne le quitte jamais que quand il ne le peut plus suivre. » (Nicolas Boileau, « Dissertation sur la Joconde » [c1665], 1860 : 164)

1562. Les traducteurs sont dans le cas des voyageurs, dont les rapports ne sont pas toujours dignes de foi. (Paul-Jérémie Bitaubé, 1779, III : 461)

1563. Un traducteur est un musicien barbare qui veut absolument jouer sur la flûte un air qui a été écrit pour le violon. (Philippe Gerfaut, 1885, dans *Le Figaro*, 17 février 1886, p. 6. En ligne)

1564. Bien qu'effacé, scribe de l'ombre et voué au silence, bien que plumitif de second plan, le traducteur n'est pas ce néant d'écriture que supposerait le parti pris strictement littéral. (Albert Bensoussan, dans *Actes des deuxièmes Assises…*, 1986 : 77)

1565. Le traducteur est-il vraiment une plume, comme l'on dit du parfumeur qu'il est un nez ? Une plume creuse, assurément, car elle doit résonner de l'écho original. (Albert Bensoussan, 1995 : 62)

1566. *Bensoussan, traducteur du prix Nobel Mario Vargas Llosa :* « J'ai habité ses rêves, mettant mes pas dans ceux du grand homme […]. Moi, son double, son singe, son autre moi. » (Albert Bensoussan, 1995 : 60)

1567. Le traducteur est diamantaire. Mineur de fond, accoucheur de verbe adamantin. (Albert Bensoussan, 1995 : 9)

1568. Un traducteur sera toujours vu comme le terroriste qui prend en otage une langue étrangère. (Carlos Batista, 2003 : 90)

1569. Au fond, un traducteur n'est qu'un tourier : il abaisse pour le lecteur étranger le pont-levis d'un château dont il faudrait, sans lui, qu'il traverse les douves et escalade les remparts. (Carlos Batista, 2003 : 88)

1570. Plagiaire éperdu, le traducteur n'est qu'un singe avec un peu plus ou beaucoup moins de cervelle. (Carlos Batista, 2003 : 47)

1571. Le traducteur, pour traduire une seule phrase, doit en abondance extraire des entrailles de la langue le minerai des mots. C'est pourquoi le traducteur accompli sera toujours le plus mineur des traducteurs… (Carlos Batista, 2003 : 14)

1572. Comme l'interprète musical, le traducteur joue le texte initial avec ses tripes, son cœur ou sa cervelle. Gare à lui s'il se trompe de manière et joue de façon cérébrale, par exemple, un auteur « viscéral ». (Laure Bataillon, 1991 : 56)

Métier de traducteur

1573. Le métier de traducteur n'est pas un métier de saint. (Sylvère Monod, dans *Dixièmes Assises…*, 1994 : 38)

1574. Si vous traduisez toujours, on ne vous traduira jamais. (Charles de Montesquieu, « Lettre 128 de Rica à Usbek » [c1721], 1975 : 269)

1575. Ne sont traduits que ceux qui traduisent. (Jacques Brault, 1977 : 28)

1576. Si vous voulez qu'on vous traduise un jour, commencez par traduire vous-même. (Jean d'Alembert, « Éloge de La Motte » [c1775], 1967, III : 64)

1577. On ne peut traduire vraiment que si l'on a la foi, si l'on ressent le langage comme sacré, si l'on écrit comme on prie, avec ferveur et humilité. (Albert Bensoussan, 2005 : 14-15)

1578. Les traducteurs vivent de la différence des langues, mais travaillent à la réduire. (Edmond Cary, 1956 : 181)

1579. Traduire, Monsieur, ce n'est pas une profession, c'est un mode de vie ! (Anonyme)

1580. La traduction […] reste une des plus nobles des tâches serviles. (Jacques Olivier Grandjouan, 1971 : 197)

1581. Quand elle est rémunérée, la traduction littéraire est payée à un tarif équivalent au salaire horaire des baby-sitters. (David Bellos, 2012 : 311. Traduction : David Loaysa)

1582. Les traducteurs, dont la vie professionnelle n'a vraiment rien de torride, recourent au langage de l'amour pour parler de leur travail. Étrange ! (David Bellos, 2012 : 338. Traduction : David Loaysa)

1583. Étrange métier que celui de traducteur à qui il lui faut la création d'un autre pour exister. (Jean Delisle)

1584. Contrairement aux membres de la plupart des autres professions, le traducteur littéraire ne doit passer aucun examen et ne reçoit aucune formation spécialisée. Mais, contrairement aux membres de la plupart des autres professions, lui, ne peut pas se permettre d'être incompétent. (Josef Škorecký, 1968 : 83. Traduction)

1585. La traduction doit devenir une profession honorable, mais un art avant tout. (Isaac Bashevis Singer, 1970 : 112. Traduction)

1586. Les traducteurs en général et les traducteurs indiens en particulier, sont aussi réticents à partager leurs connaissances sur leur métier que les charmeurs de serpents. (Lila Ray, dans Sastry, 1994 : 149. Traduction)

1587. Notre métier de Traducteurs est un commerce intime et constant avec la Vie, une vie que nous ne nous contentons pas d'absorber et d'assimiler comme nous le faisons dans la Lecture, mais que nous possédons au point de l'attirer hors d'elle-même pour la revêtir peu à peu, cellule par cellule, d'un nouveau corps qui est l'œuvre de nos mains. (Valery Larbaud, 1946 : 85)

1588. L'humble traducteur de dépêches, à sa façon, analyse constamment la pression artérielle de notre civilisation. (Pierre Benoît, 1981 : 161)

1589. Plus qu'un artisanat, plus qu'un métier, plus qu'une technique, un art ou une science, la traduction est d'abord et avant tout une profession intellectuelle axée sur la communication et exigeant d'être pratiquée avec ferveur, voire avec passion, pour se réaliser pleinement selon les règles de l'art. (Jean Delisle, 1990a : 431)

1590. À chacun son métier et la traduction sera bien faite. (Jean Delisle, 1983 : 187)

1591. On ne s'improvise pas traducteur. (André Gide, « Lettre à André Thérive » [c1928], 1931 : 190)

1592. Bien que pour ses fins le traducteur ait décidé de ne pas tenir compte des frontières et qu'en un sens il œuvre à leur abolition, il dépend totalement d'elles ; il fonde son action sur leur existence et sur son aisance à les franchir. (Philip Stratford, 1993 : 121-122. Traduction : François Bilodeau)

1593. Le traducteur n'est pas capable, durant toute sa vie, de traduire tout ce qu'il veut. Quoi qu'il fasse, son œuvre sera toujours incomplète. (Aloys Skoumal, 1970 : 74)

1594. L'interprète exerce son office dans le domaine des affaires, le véritable traducteur essentiellement dans le domaine de la science et de l'art. (Friedrich Schleiermacher, 1999 : 33. Traduction : Antoine Berman)

1595. Seul un traducteur peut comprendre le poids du silence qui pèse sur le travail de traduction et lui seul est à même de juger s'il faut en faire l'éloge ou la critique. (Wilson Orozco, 2004 [c2000] : 650. Traduction : Jean Delisle et Anna Maria Salvetti)

1596. La traduction est plus qu'une profession. C'est une véritable industrie qui, en fait de titres de noblesse, a ses « chevaliers ». (John P. Oatmill, dans *Traduire*, 1988, 135 : 1)

1597. Le traducteur s'attarde aux frontières nationales y cherchant ce qu'il peut rapporter chez lui dans cet espace étrange et indéfini qui existe entre deux langues. Sa peine est grande et sa récompense bien mince. (Levi Robert Lind, 1949 : 371. Traduction)

1598. Le traducteur, n'est guère respecté. On confond ses compétences avec celles du spécialiste des langues, du documentaliste, de la secrétaire bilingue. (Antoine Berman, 1987 : 13)

1599. Dans un monde où il vaut mieux ne pas penser, le métier de la traduction est le seul qui puisse permettre cette absence de pensée. Quand on traduit on ne pense pas, on se glisse dans quelque chose qui n'a rien à voir avec la pensée. C'est un terrain ambigu. (Jean-Paul Manganaro, 1997 : n. p. En ligne)

1600. Un moyen d'améliorer la qualité des traductions est de reconnaître davantage le travail du traducteur et de mieux le rémunérer. Les critiques pourraient amorcer cette réhabilitation en signalant la valeur de ce travail, avec générosité si possible, au lieu de le passer sous silence, comme c'est si souvent le cas. (Levi Robert Lind, 1949 : 376. Traduction)

1601. Le traducteur a ce privilège particulier et inestimable de n'avoir aucune opinion, et c'est précisément ce qui rend attrayant le travail ardu de la traduction pour une personne qui a du mal à concevoir des pensées cohérentes d'adulte. (Sarah Austin, 1836 : 3. Traduction)

1602. Être prophète est une chose, être traducteur en est une autre. (Saint Jérôme, dans Gerlo et Foriers, 1967-1984, I : 385)

1603. Si écrire peut s'apprendre, ça s'apprend tout seul. Traduire aussi s'apprend tout seul. Ces réserves faites, on peut parler de vocation de traducteur ; sans vocation, comment accepter la dure et désuète ascèse, l'indubitable misère de ce métier ? (Sylvie Durastanti, 2002 : 27)

1604. Le métier de traducteur a quelque chose d'interlope. Un faux air déplaisant : apache de l'édition, voyou de la littérature… (Sylvie Durastanti, 2002, quatrième de couverture)

1605. Plus le métier de traducteur sera reconnu, plus on s'attendra à ce que les traductions soient de qualité et plus il s'en publiera. (Beatrice Joy Chute, 1970 : 67. Traduction)

1606. Traduire d'après une langue facile n'implique ni plus de talent ni plus de style que de copier ce qui est écrit sur un autre papier. Je ne veux point dire par là que le métier de traducteur ne soit pas estimable, car on peut s'occuper de choses pires et d'un moindre rapport. (Miguel de Cervantès, 1962 [c1605-1615], II : 443. Traduction : Francis de Miomandre)

1607. Au lieu de servir plus long-temps de truchement aux livres des Etrangers, je me suis proposé désormais d'expliquer moy-mesme mes pensées et de les mettre par écrit. De cette façon je tâcheray de monstrer combien est ridicule l'opinion de plusieurs, qui croyent que traduire et faire de son invention soient deux choses incompatibles. (Jean Baudoin, « Lettres » [c1635], dans Zuber, 1968 : 35)

1608. La traduction à temps plein est une activité trop lugubre pour que l'on puisse la supporter sans aide d'excitants. (Carlos Batista, 2003 : 93)

1609. Le tâcheron se débarrasse d'une entreprise qui n'est qu'un gagne-pain. Même une traduction doit être une œuvre d'amour. (Maurice Zermatten, dans « Enquête de la FIT… », 1959 : 65)

1610. Il n'y a qu'en s'enroulant sur l'original comme un serpent, qu'en s'attachant à lui comme un virus, jour et nuit, sans relâche, qu'on peut avoir l'espoir de réussir sa traduction (et de frôler la dépression). (Carlos Batista, 2003 : 13)

1611. Les Français n'ont pas encore vraiment l'habitude de considérer qu'un vrai poète, lorsqu'il se fait traducteur, ne galvaude pas pour autant son talent. (Jean-Louis Backès, 1997 : 442)

1612. Ce n'est pas de gaieté de cœur que l'on devient traducteur, mais après bien des tergiversations, des échecs, des entreprises avortées. Comment dès lors parler de « choix » ? C'est un choix qui n'en est pas un, et l'on serait davantage porté à parler de planche de salut. (Anonyme, dans Beattie, 1972 : 364)

1613. Le fait que la traduction soit une profession reconnue juridiquement[13], mais sans droit d'exercice exclusif, ne convainc pas

13. Trois provinces canadiennes (Ontario, Québec et Nouveau-Brunswick) ont reconnu par voie législative le titre réservé de Traducteur agréé (Trad. a.) aux membres des associations professionnelles de ces provinces.

encore tous les traducteurs du caractère professionnel de leur travail. (André Senécal, 2016 : 41)

1614. Pour certains clients, un traducteur est estimé non pour son art, mais pour le respect des délais qui lui sont impartis. (André Senécal, 2016 : 135)

1615. Un traducteur qui veut garder ses clients doit se rendre indispensable. (François Gauthier, 2016a : n. p.)

1616. Les éditeurs me demandent de traduire vite, bien et pour rien ; moi, je ne peux faire que deux de ces choses à la fois. (Marie Canavaggia, dans Gresset, 1996 : 12)

Métier d'interprète

1617. L'interprétation est certainement la profession au monde la plus exubérante, la plus déconcertante et la plus surréaliste qui soit. (Thérèse Romer, 1969 : vii. Traduction)

1618. On a tendance à exiger l'impossible d'un interprète. (James F. Hendry, 1969 : 45. Traduction)

1619. Les interprètes sont des êtres humains, généralement très occupés, parfois très fatigués, mais rarement très malheureux. (George B. Joslin, dans Kelly, 2012, n° 9 : n. p. En ligne. Traduction)

1620. Les interprètes n'ont rien de palpable à vendre, hormis leur temps, le produit de leur matière grise et leur habileté à capter en vol la plus fugace des denrées : la parole. (Thérèse Romer, 1985 : 103)

1621. L'interprétation est le saut que l'on effectue après s'être arraché à la langue. (Danica Seleskovitch, 1975 : 164)

1622. Le traducteur a des meubles, l'interprète, des valises. (Jean Delisle)

1623. L'interprète doit improviser du définitif. Il doit se décider instantanément : une fois son trait parti, son sort est joué, il est sauvé ou il est perdu avec son verbe. (Constantin Andronikof, 1962 : 8)

1624. Être interprète ne requiert pas des capacités surhumaines, mais nous aimons le faire croire. (Nataly Kelly, 2011, n° 2 : n. p. En ligne. Traduction)

1625. L'interprétation peut être une occupation captivante, stimulante et exaltante, mais aussi un esclavage inhumain et tuant, dont on arrive à évacuer les frustrations au moyen d'activités créatrices. (Thérèse Romer, 1969 : 49. Traduction)

1626. On dit qu'une bonne interprétation, c'est comme l'air : personne ne le remarque tant qu'il n'est pas pollué. (Kumiko Torikai, dans Kelly (2011), n° 6. Traduction)

1627. Une interprète fait partie du décor, rien de plus, comme un domestique dont on ignore la présence mais dont on ressent l'absence. (Christiane Villon, 1985 : 98)

1628. Les interprètes sont des voyageurs et des parleurs, ils savent traiter en deux ou trois langues de choses qu'ils ne comprennent dans aucune. (Lori Saint-Martin, 1991 : 31-32)

1629. À force d'interpréter les pensées des uns et des autres, elle avait de la difficulté à considérer une opinion comme sienne et encore plus à y accorder la moindre importance. (Christiane Villon, 1985 : 96)

1630. Interpréter c'est d'abord comprendre. (Danica Seleskovitch, 1968 : 41)

1631. *Au procès de Nuremberg, Goering s'adressant aux interprètes en cabine :* « Vous écourtez ma vie de plusieurs années. » (Hermann Goering, dans Bowen et Bowen, 1985 : 77. Traduction)

1632. *Une interprète à une jeune interprète en cabine :* « Il faut fonctionner comme une machine. Tu ne dois pas avoir d'opinion personnelle. Jamais. Contente-toi de traduire. » (Christine Arnothy, 1980 : 9)

1633. Je me suis souvent demandé si la meilleure façon de parvenir à la paix dans le monde ne serait pas que tous les traducteurs et interprètes de la planète se mettent en grève tant que le désarmement n'aura pas eu lieu. Je suis sûr que la population de tous les pays les approuverait ! (James F. Hendry, 1969 : 46. Traduction)

1634. Il y a relativement peu de documents concernant tout ce qui se rapporte à l'interprétation en raison du caractère éphémère de la parole et du fait que les interprètes sont souvent des acteurs subalternes des événements historiques. (Jesús Baigorri-Jalón et Kayoko Takeda, 2016 : viii. Traduction)

1635. *Dans les années 1950 :* « On attendait d'un interprète travaillant seul, dans des conditions épouvantables et pour une bouchée de pain qu'en plus il fasse des miracles. (Thérèse Romer, 1969 : 31. Traduction)

1636. Du point de vue de la communication, une interprétation médiocre est pire que l'absence d'interprètes. Financièrement, cela équivaut à jeter de l'argent par les fenêtres. (Thérèse Romer, 1969 : 9. Traduction)

1637. Les interprètes font office de radeaux de sauvetage portatifs pour les naufragés linguistique sur les eaux dangereuses des relations internationales. (Allistair Sarre, dans Kelly, 2011, n° 5 : n. p. Traduction)

1638. Un mauvais interprète peut ruiner toute une conférence. (Mary Phelan, dans Kelly, 2011, n° 4 : n. p. Traduction)

1639. Un bon interprète est un diamant qui n'a pas de prix. (Jay McLaughlin, dans Kelly, 2011, n° 3 : n. p. Traduction)

1640. Étonnamment, la personne-clé qu'il faut avoir auprès de soi ce n'est pas son conseiller officiel, mais son interprète. (Madeleine Albright, dans Kelly, 2011, n° 2 : n. p. Traduction)

1641. Lorsque la simultanée a remplacé la consécutive dans les conférences internationales, la technique a remporté une victoire sans précédent sur le temps dans la longue histoire de l'interprétation. L'interprétation à distance a marqué une autre victoire de la technologie, sur l'espace cette fois. (Jesús Baigorri-Jalón, 1999 : 37. Traduction)

Modestie du traducteur

1642. Le traducteur est un créateur modeste qui, comme Cyrano de Bergerac, accepte de séduire une dame pour un ami ! (Mario Vargas Llosa, 1988 : 35)

1643. Si les traducteurs ont soif de reconnaissance, ils ne réclament pas la notoriété. (André Senécal, 2016 : 145)

1644. Traduire est une école d'humilité. Plus l'auteur auquel nous osons nous mesurer est grand, plus cela est vrai. (Erik A. Saudek, 1971 : 12. Traduction)

1645. Le traducteur est un serviteur voué à la modestie. Rien qu'un intermédiaire qui se glisse parmi les maîtres pour faire proprement sa petite besogne. (François Vermeulen, 1976 : 112)

1646. Traduire exige beaucoup d'humilité et de courage : il faut refuser la tentation si fréquente de dire autrement et parfois mieux que l'auteur. (Bernard Lesfargues, « Enquête de la FIT… », 1959 : 103)

1647. Le traducteur est habituellement une personne timorée. C'est par timidité qu'il a choisi une telle occupation, la plus négligeable. (José Ortega y Gasset, 2013 [c1937] : 6-7. Traduction : François Géal)

1648. Comme on est fort accoutumé à imputer à Homere les fautes & les bassesses de ses traducteurs, j'avertis au moins qu'on ne luy attribuë pas celles qui pouront m'estre échappées. Je declare qu'Homere en est innocent, & qu'elles doivent estre toutes mises sur mon compte. (Anne Dacier, « Préface », *L'Illiade* [c1699], 1719, I : XLVI)

1649. Le traducteur devra être modeste car, la chose est bien connue, si la pièce réussit, tout le mérite en revient à l'auteur. Si elle tombe brutalement, c'est bien entendu au traducteur qu'incombe toute la responsabilité. (Maurice Gravier, 1973 : 49)

1650. Les traducteurs ne sont ni des Pic de la Mirandole ni des fainéants montés en grade. Ce sont de modestes travailleurs intellectuels qui ne cherchent ni la fortune, ni la gloire. (Hector Carbonneau, s. d.-2, CRCCF, fonds P 14/7/5 f.25)

1651. Toute traduction représente un échec et un succès relatifs. De là, la nécessaire modestie du traducteur qui n'est qu'un scribe de truchement. (Albert Bensoussan, 1995 : 88)

1652. Le traducteur, trop souvent forcé de rester au-dessous de son auteur, ne doit-il pas se mettre au-dessus quand il le peut ? (Jean d'Alembert, « Observations sur l'art de traduire » [c1763], 1967, IV : 36)

Nature de la traduction

1653. Une traduction peut être une œuvre d'art à part entière. (Charlotte Melançon, dans Buzelin, 2005 : 222)

1654. La traduction multiplie le génie. (Roger Caillois, dans Bensoussan, 2005 : 44)

1655. La traduction est devenue une des fonctions humaines fondamentales. (Edmond Cary, 1958 : 10)

1656. La traduction est l'un des noms de la condition humaine. (David Bellos, 2012 : 346. Traduction : David Loaysa)

1657. La traduction est une prison magique. On est « prisonnier » de deux langues différentes, de systèmes différents, de culture. [...] Mais on trouve des fenêtres. (Charlotte Melançon, dans Buzelin, 2005 : 237-238)

1658. Traduire signifie toujours « raboter » quelques-unes des conséquences que le terme original impliquait. En ce sens, en traduisant, *on ne dit jamais la même chose.* (Umberto Eco, 2003 : 110)

1659. Toute traduction est une prise de sens par son époque et donc en reflète l'éthique, la déontologie, voire la mentalité et les manies. Dans les pires cas, c'est hélas aussi une prise de sens réductrice par un individu. (Françoise Wuilmart, 2013a)

1660. Une traduction d'écrivain est toujours une œuvre, elle donne toujours quelque chose à lire. (Georges-Arthur Goldschmidt, 2013 : 171)

1661. De la traduction. Son but est de faire connoître. Son mérite est de ressembler. (Joseph Joubert, 1938, I, « 25 février 1799 » : 195)

1662. La traduction est interprétation dans son étymologie même. Elle est aussi critique, et de la manière la plus créatrice. (George Steiner, 1991 : 35. Traduction : Michel R. de Pauw)

1663. La traduction, qu'elle soit bonne ou mauvaise, est une œuvre en soi. (Marcel Schwander, « Traduire Amélie Plume », dans Graf, 1998 : 107. Traduction : Marion Graf)

1664. *La traduction :* « Il est facile de dire ce qu'elle n'est pas. Il n'est guère aisé de dire ce qu'elle est. » (Philippe de Rothschild, 1969 : 36)

1665. Ce qui rapproche le travail du traducteur de celui de l'écrivain est que toute traduction est une traduction d'une traduction. (Olivier Rolin, « Écriture et traduction », dans Awaiss, 2002 : 54)

1666. La traduction est probablement l'activité la plus complexe qu'ait produite l'évolution du cosmos. (Ivor Armstrong Richards, « Toward a Theory of Translating » [c1953], 1976 : 250. Traduction)

1667. Le texte-traduction n'est pas l'œuvre originale, il est sa présence par la représentation. (Arno Renken, 2002 : 96)

1668. La traduction est un genre littéraire en soi et mérite d'être étudiée comme telle et non pas uniquement comme source d'influence. (Levi Robert Lind, 1949 : 371. Traduction)

1669. Plutôt qu'à nous rendre l'original, la traduction vise à nous faire oublier sa perte, à nous épargner le deuil de son absence. (Carlos Batista, 2003 : 66)

1670. La traduction d'une langue en une autre est une tâche mathématique et traduire un poème lyrique en langue étrangère est tout à fait analogue à un problème de mathématiques. (Ludwig Josef Wittgenstein, dans *Actes des troisièmes Assises…*, 1987 : 31)

1671. Toute traduction est une déformation du texte-source par le jeu en boomerang du « génie des langues » qui nourrit cette déformation et qui s'en nourrit. (Marie Viallon, 2001 : 7)

1672. Un texte-traduction ne consiste pas simplement en un redire, mais aussi et surtout en un redire autrement. (Arno Renken, 2002 : 86)

1673. Une traduction ne peut remplir sa tâche que dans la mesure où elle se montre *comme* traduction. (Arno Renken, 2002 : 52)

1674. La traduction n'a pas été d'abord un problème poétique ou esthétique, mais bien moral et méthodologique. (Arno Renken, 2002 : 13)

1675. Une traduction est un commencement d'explication. (André Pézard, 1965 : XLIV)

1676. Même lorsque l'objectif principal du traducteur est de transmettre une information, comme dans le cas de textes scientifiques, la traduction implique toujours une transformation de l'original. (Octavio Paz, « Translation : Literature and Letters » [c1971], dans Schulte et Biguenet, 1992 : 154. Traduction)

1677. La traduction consiste à produire dans la langue d'arrivée l'*équivalent naturel le plus proche* du message de la langue de départ, d'abord quant à la signification, puis quant au style. (Eugene A. Nida, 1969 : 12. Traduction : Georges Mounin, 1963 : 278)

1678. Toute traduction est toujours un décalage par rapport au texte et un décalage par rapport au temps. (Annie Morvan, dans *Neuvièmes Assises…*, 1993 : 114)

1679. Une traduction montre d'abord sa représentation du langage et de la chose littéraire, avant de montrer ce qu'elle est censée avoir traduit. (Henri Meschonnic, 2004a : 21)

1680. Je ne veux pas donner un côté « définitif » à la traduction. Je veux que le lecteur comprenne que le texte qu'il a sous les yeux est une proposition. (André Markowicz, dans Arsenault, 2002 : 56)

1681. Traduire n'est pas rendre systématiquement tout ce qui s'écrit ailleurs. Traduire, c'est bâtir. (Hughes Labrusse, dans *Huitièmes Assises…*, 1992 : 82)

1682. Traduire, c'est confondre incarnation et résurrection. (François Vaucluse, 2001 : n. p.)

1683. La traduction n'est pas l'œuvre, mais un chemin vers l'œuvre. (José Ortega Y Gasset, 2013 [c1937] : 61. Traduction : François Géal)

1684. À la notion de traduction, il faudra substituer une notion de transformation : transformation réglée d'une langue par une autre, d'un texte par un autre. (Jacques Derrida, *Positions* [c1972], dans Norton, 1984 : 183)

1685. La traduction poétique est avant tout affaire de poésie, la traduction littéraire affaire de littérature, le doublage de films affaire de cinéma. (Edmond Cary, 1985 [c1958] : 71)

1686. La notion de traduction s'est graduellement précisée dans l'esprit des hommes au cours des siècles et chacun de ceux qui se mêlent d'en parler s'en fait une notion fort claire. Le malheur est qu'il existe autant d'idées claires que d'hommes et que ces notions sont contradictoires entre elles. (Edmond Cary, 1985 [c1958] : 83)

1687. Il n'existe pas de traduction dans l'abstrait. (Edmond Cary, 1956 : 25)

1688. Traduire ce n'est jamais trahir. C'est instituer. Un texte ne prend son sens qu'à la lumière de ce qu'est effectivement la vie de ceux qui le reçoivent, le lisent ou l'expliquent. (Frédéric Boyer, 2002 : 73-74)

1689. Traduire n'est pas effacer les paroles qui nous précèdent. C'est ajouter au sens de l'œuvre elle-même. (Frédéric Boyer, 2002 : 42)

1690. Traduire est plus que communiquer. (Walter Benjamin, 1971 [c1923] : 268. Traduction : Maurice de Gandillac)

1691. Alors que la parole de l'écrivain survit dans sa propre langue, le destin de la plus grande traduction est de disparaître dans la croissance de la sienne, de périr quand cette langue s'est renouvelée. (Walter Benjamin, 1971 [c1923] : 266. Traduction : Maurice de Gandillac)

1692. La traduction, c'est de l'internationalisme prolétarien. (Carlos Batista, 2003 : 88)

1693. Changer de langue c'est changer de monde, ce n'est pas retranscrire dans un autre système de signes un monde qui serait le « même ». (Étienne Barilier, 1990 : 6)

1694. Il y a un devoir de traduction, qui se confond avec l'activité même de l'esprit. Traduire est un humanisme. (Georges Banu et Danièle Sallenave, « De la traduction généralisée », dans Sallenave et Banu, 1991 : 585)

1695. La traduction n'est pas un exercice libre, elle doit s'accommoder d'un original qui la taraude parfois, l'oriente toujours. C'est un exercice d'équilibre, où le balancier oscille entre le respect de l'auteur et celui du récepteur. (Christian Balliu, 2002 : 29)

1696. L'auteur original, non seulement nous le traduisons dans notre langue, mais nous le transformons en notre substance. Il n'y a plus lieu de parler ici d'original et de traduction, mais d'œuvres semblables. (Pierre Baillargeon, 1947a : 180)

1697. Le commentateur essaye d'adapter le public à l'œuvre, tandis que l'imitateur adapte l'œuvre au public, – il est plus facile de changer une œuvre que de changer le monde. Quant au traducteur, en changeant les mots, il ne change ni le public ni l'œuvre. (Pierre Baillargeon, 1947a : 134)

1698. La traduction relève moins d'un catéchisme linguistique que d'une *idée* de la traduction. La traduction peut être servile, craintive, fidèle, infidèle, rebelle, audacieuse, complice, relative, désinvolte, aimante ou passionnée, critique, symbolique… (Hubert Nyssen, dans *Vingtièmes Assises…*, 2004 : 84)

1699. Le monde est ainsi fait que l'argent et le prestige sont de puissants incitatifs pour arriver à réaliser une œuvre d'art, comme l'est toute bonne traduction. (Levi Robert Lind, 1949 : 376. Traduction)

Notes du traducteur (NdT)

1700. La note en bas de page est la honte du traducteur… (Dominique Aury, « Préface », dans Mounin, 1963 : XI)

1701. La note au bas de la page – honte du traducteur – est une sorte d'explicitation. (Marcel Govaert, 1971 : 432)

1702. La note de bas de page est toujours un signe de faiblesse de la part du traducteur. (Umberto Eco, 2001 : 50. Traduction)

1703. Les notes en bas de page du traducteur sont les échafaudages qu'il a laissés en place. (Jérôme Daviault, 1987)

1704. La pratique de la note, marquée du sceau *N.d.T.*, est une forme d'appropriation redoutable, parfois caricaturale. (Claire Cayron, dans *Actes des premières Assises…*, 1985 : 99)

1705. Le traducteur voudrait sans cesse mettre des notes pour demander pardon. (François Vaucluse, 2001 : n. p.)

1706. Les notes du traducteur sont une distraction, je dirais presque une importunité, car, plus elles sont spirituelles, moins on peut se résoudre à les passer, et il devient impossible de lire avec entraînement. (Albertine Necker de Saussure, 1971 [c1814] : XVIII)

1707. Le traducteur a souvent envie de montrer qu'il existe, même inconsciemment, et je crois que je suis tombée dans ce travers, moi aussi, en mettant des notes du traducteur. (Nadine Stabile, dans *Dixièmes Assises...*, 1994 : 45)

1708. Les notes rappellent les sous-titres d'un film. Je sous-titre le texte comme on sous-titre un film. On préfère en général voir le film en version originale sous-titrée, parce qu'on entend la mélodie, mais les sous-titres permettent de comprendre. (Georges-Michel Sarotte, dans *Treizièmes Assises...*, 1997 : 127)

1709. Si les notes du traducteur se bornent à censurer les expressions, elles s'adressent à l'auteur lui-même bien plus qu'à ses idées. Ce genre de critique est celui que doit le plus s'interdire un traducteur. (Albertine Necker de Saussure, 1971 [c1814] : XIX)

1710. Les notes du traducteur, pour être indépendantes de l'ouvrage, ne laissent pas de lui ôter cette unité de couleur qui en fait un des grands mérites ; elles changent un discours en dialogue, et en dialogue où un seul des interlocuteurs interrompt l'autre quand il lui plaît. (Albertine Necker de Saussure, 1971 [c1814] : XVIII)

1711. Que les traductions soient accompagnées de copieuses notes de bas de page, de notes qui s'élèvent comme des gratte-ciel jusqu'en haut d'une page de manière à ce qu'il n'y ait que la lueur d'une ligne de texte entre le commentaire et l'éternité. (Vladimir Nabokov, 1955b : 512. Traduction)

1712. Il faut avoir la discrétion de garder dans ses tiroirs les matériaux et les outils du travail, pour ne servir au lecteur confiant que le résultat du travail, lequel seul importe. Si ce résultat n'est pas clair et satisfaisant par lui-même, ce ne sont point les notes qui l'amélioreront. Nous nous sommes fait un devoir de les proscrire. (Joseph Charles Mardrus, 1926 : 23)

1713. Chaque proverbe doit être rendu littéralement, même s'il n'a pas beaucoup de sens ; s'il n'a pas de sens du tout, il doit être expliqué dans une note. (George Moore, 1986 [c1888] : 133. Traduction : Gérard-Georges Lemaire)

1714. Les notes de la traductrice entrent dans la composition de l'intertexte féministe. Elles attestent de l'ampleur et de la richesse de la production littéraire des femmes. (Susanne de Lotbinière-Harwood, 1991 : 46)

1715. En bordure du texte traduit, les notes et les préfaces sont autant de lieux où la traductrice peut prendre la parole en son nom propre et s'adresser directement aux lectrices. Entre autres raisons, dans le but de combler les lacunes dues à ce qui se perd fatalement dans le passage. (Susanne de Lotbinière-Harwood, 1991 : 46)

1716. Les défauts les plus ordinaires des Notes, c'est d'être communes, longues, ennuyeuses, pédantesques, & écrites avec beaucoup de négligence. (Guillaume Massieu, « Préface de l'éditeur », dans Tourreil, 1721, I : xxxviii)

1717. J'ai du mal à imaginer que les Occidentaux puissent lire avec profit *Les Mille et Une Nuits* sans notes d'accompagnement. (Richard Francis Burton, 1934 [c1885] : xvi. Traduction)

1718. Redisons qu'en matière de traduction la note en bas de page, outre qu'elle gêne la lecture, est surtout jugée comme un aveu de faiblesse ou d'échec. Le texte doit se présenter au lecteur en parfaite lisibilité, sans nul écran, sans l'intervention active du traducteur qui n'est jamais meilleur que lorsqu'il est effacé, absent (apparemment) au texte. (Albert Bensoussan, 1995 : 99)

1719. Rien ne doit faire écran entre l'œuvre originale et la version donnée dans la langue d'arrivée. D'où le bannissement de la note en bas de page. (Albert Bensoussan, 1995 : 27)

1720. La note devrait être réservée au moment où le traducteur, de par les problèmes liés au français, n'a pas réussi à traduire, mais non pas à transformer un roman irlandais en une espèce de catalogue civilisationnel. (Marc Amfreville, dans *Treizièmes Assises...*, 1997 : 139)

Objet, enjeu de la traduction

1721. L'objet de la traduction, ce n'est pas l'étrangeté culturelle et linguistique d'un texte-source, mais sa singularité en tant qu'œuvre. (Jean-René Ladmiral, 1998 : 26)

1722. L'enjeu de la traduction n'est pas dans les mots. Tout au plus pourrait-il se situer entre eux, un peu comme la musique se situe entre les notes... (Jean-Claude Capèle, 1999 : n. p. En ligne)

1723. Écrivain et traducteur, l'un et l'autre vont à tâtons, à l'aveugle dans les obscures contrées du sens. (Agnès Whitfield, 2005 : 18)

1724. Le commentaire couche Shakespeare sur la table d'autopsie, la traduction le remet debout ; et après l'avoir vu disséqué, nous le retrouvons en vie. (Victor Hugo, 1973 [c1864] : 347)

1725. Traduire, non pas ce que l'on ne comprend pas, mais ce que l'on comprend si intensément que l'on en ressent l'absence. (Fabio Pusterla, « Quatre lettres sur la traduction », dans Graf, 1998 : 82. Traduction : Adrien Pasquali)

1726. Nombreux sont les traducteurs qui prétendent qu'on ne traduit pas des mots, mais des phrases, des idées, des messages. Ils se leurrent. Il n'y a rien d'autre que des mots dans le texte de départ. (Peter Newmark, 1988 : 36-37. Traduction)

1727. Nous traduisons bel et bien des mots, car il n'y a rien d'autre à traduire sur la page blanche, rien d'autre. (Peter Newmark, 1988 : 73. Traduction)

1728. Derrière la frêle enveloppe des mots se cache une substance spirituelle, que le traducteur s'efforce de dégager. (Charles Michaud, 1945 : 127)

1729. Traduire, c'est savoir extraire l'invariant. (Henri Poincaré, dans *Traduire*, 1979, 99 : 1)

1730. Si tu veux traduire sans faire de fautes, manifeste-moi fidèlement l'esprit, la force de l'original. (Alexandre Soumarokov, « Épître sur la langue russe » [c1748], dans Étiemble, 1970 : 228. Traduction : René Étiemble)

1731. La traduction a ceci de particulier, qu'alors que son objet avoué est la fidélité et la vérité, elle fait toujours apparaître des partis-pris [*sic*] linguistiques et culturels, que ce soit celui de l'ouverture ou de la fermeture, de l'acceptation ou du rejet. (Michel Ballard, 1995 [c1992] : 12)

1732. Traduire devroit être une opération très philosophique ; c'est un effort, une tendance de ramener deux langues à un principe commun, de les rapprocher de leur origine, de leurs racines. (Paul-Jérémie Bitaubé, 1775, II : 477)

1733. On a raconté Shakespeare aux Français, et si traduire est s'attacher à l'accent d'une œuvre, à cet accord d'une expérience et d'une parole qui fait la profondeur poétique, on ne l'a pas encore beaucoup traduit. (Yves Bonnefoy, « Shakespeare et le poète français » [c1962], 1998 : 174)

1734. Traduire signifie bien dire la même chose que le texte original, mais cela ne signifie pas pour autant dire les choses de la même façon. (Jean Delisle, 2013 : 300)

1735. La traduction ne doit jamais être un déchiffrement. On ne traduit pas pour comprendre, on comprend afin de traduire. (Jean Darbelnet, 1952 : 106)

1736. Ce qu'il faut atteindre, c'est l'identité non pas seulement d'*expression* mais d'*impression*. On ne la rencontre qu'en catalysant la lettre par l'esprit, et c'est l'imagination qui est le catalyseur. (Abel Chevalley, dans « L'enquête des *Cahiers du Sud* », 1927 : 263)

1737. Traduire, ce n'est pas rendre des mots par des mots. Le texte à traduire ne présente la pensée de l'auteur qu'à l'état de matière brute à ouvrer. Il faut donner à cette matière la forme qui lui confèrera un sens plein. (Hector Carbonneau, s. d.-1, CRCCF, fonds P 14/7/6 f.2)

1738. Il n'y a rien dans le travail du traducteur qui à son heure ne devienne essentiel. (Arnaldo Calveyra, dans Bataillon, 1991 : 42)

1739. On ne traduit pas une langue, mais un écrivain. (Albert Bensoussan, 1995 : 117)

1740. Le traducteur fait écho à l'auteur, il renvoie le son de son œuvre aux quatre points cardinaux, il renverse et abolit le silence, il disperse sa voix, il la diffuse, il la fait connaître partout. (Albert Bensoussan, 1995 : 88)

1741. Aucune œuvre littéraire n'est insipide comme un verre d'eau distillée ; elle a sa saveur, sa couleur, sa texture, et le traducteur doit transposer cela dans sa traduction. (Leonard W. Tancock, 1958 : 29. Traduction)

1742. L'alpha et l'oméga de la traduction : *horse* = cheval. Tout acte de traduction se ramène toujours à une simple équation. (Albert Beaudet, 1970 : 5)

1743. Où sont art et science dans la traduction de *horse* par « cheval » ? Toute traduction se ramène à cet enfantillage. Le faux traducteur le niera. Le bon traducteur le confirmera. S'il y a difficulté, elle est rarement dans le texte. C'est dans le cerveau du traducteur qu'elle réside. (Albert Beaudet, 1971 : 4)

Paradoxe de la traduction

1744. La traduction semble victime d'un étrange paradoxe : d'une part, un large consensus admet son rôle fondamental dans la culture, d'autre part, elle a longtemps occupé une position marginale dans la réflexion philosophique. (Arno Renken, 2002 : 11)

1745. Paradoxalement, plus une œuvre exprime un trait particulier du génie d'une nation, plus elle attire les traducteurs. (Paul Francis Jennings, « Beatrix Potter Translated » [c1953], dans Potter, 1954 : 109. Traduction)

1746. Chaque époque adapte et rajeunit par la traduction les grandes œuvres du passé et, en même temps, sa propre image s'y réfléchit. Telle une psyché, la traduction révèle une époque à elle-même. Paradoxe de la traduction. (Jean Delisle)

1747. Nécessaire, puisque la diversité des langues entrave l'avidité du savoir, la traduction est, théoriquement, impossible. Mais l'art aussi est impossible. (François Vermeulen, 1976 : 111)

1748. C'est dans la traduction que l'innocence perdue après la première lecture est rétablie sous d'autres atours, puisque le lecteur se retrouve face à un nouveau texte et au mystère attenant. Tel est l'inévitable paradoxe de la traduction, et aussi sa richesse. (Alberto Manguel, 1998 : 320. Traduction : Christine Le Bœuf)

1749. Je me disais qu'il serait bon de traduire, enfin d'essayer. Alors j'ai connu que traduire est impossible, que traduire est inévitable. (Jacques Brault, 1975 : 15)

1750. La traduisibilité et l'intraduisibilité sont comme déterminées *a priori* par la nature même des œuvres. Paradoxe pouvant se formuler ainsi : ce qui ne s'est pas déjà traduit soi-même n'est pas traduisible, ou ne mérite pas d'être traduit. (Antoine Berman, 1984 : 34)

1751. L'imperceptibilité du traducteur cache une illusion : le texte traduit semble « naturel », c'est-à-dire non traduit. (Pascale Casanova, 2015 : 125)

Paraphrase

1752. J'appelle paraphrase toute tentative de traduction qui s'écarte du *sens*. (Leonard W. Tancock, 1958 : 29. Traduction)

1753. Une phrase française, transcrite telle quelle, aboutit en anglais à une phrase qui compte cinq mots de trop. L'élégance et la force du français traduit mot à mot se transforment en une longue bande élastique effilochée. (Mavis Gallant, 1997 [c1985] : 190. Traduction)

1754. Dès que l'on abandonne la fidélité au profit de la liberté sans retenue, la traduction prend la forme d'une paraphrase. (Theodore Savory, 1968 [c1957] : 152. Traduction)

1755. Dans l'histoire de la traduction, à l'intérieur de notre culture européenne et proche-orientale, la paraphrase a précédé la traduction littérale presque partout. (Chaïm Rabin, 1958 : 132. Traduction)

1756. Toute paraphrase déguise le texte. Loin de presenter l'image qu'elle promet, elle peint moitié de fantaisie, moitié d'après un original ; d'où se forme je ne sçais quoi de monstrueux, qui n'est ni original ni copie. (Jacques de Tourreil, « Préface », 1721, II : 10)

1757. La paraphrase est bonne à toute petite dose, et souvent pour entrer en matière. Devenue routine, elle est l'œdème de la traduction et le boulet du style. (Jacques Olivier Grandjouan, 1971 : 206)

1758. La paraphrase, n'étant qu'une espèce d'amplification, ne peut guère que défigurer les bons ouvrages, et doit être regardée comme un genre propre à favoriser le mauvais goût. (Jean-L. Ferri de Saint-Constant, 1811 [c1808], II : 264)

1759. J'ai refusé de me déclarer paraphraseur, de me préparer ces refuges où beaucoup d'autres cachent leur ignorance et, à la manière des seiches, pour ne pas être pris, s'abritent dans leurs propres ténèbres. (Didier Érasme, « Lettre à William Warham » [c1506], dans Gerlo et Foriers, 1967-1984, I : 396)

1760. Toute paraphrase est vicieuse. Ce n'est plus traduire, c'est commenter. (Charles Batteux, 1748, II : 78)

1761. Ou bien traduire n'a aucun sens, ou bien le lien avec l'original doit être plus étroit qu'il n'est d'usage. La correspondance des textes est un lien trop faible pour légitimer la traduction. De telles versions ne tiennent pas leurs promesses, leur pâle paraphrase ne donne aucune idée de l'essentiel de l'objet qu'elles s'attachent à exprimer, c'est-à-dire de sa force. (Boris Pasternak, « Remarques d'un traducteur » [c1944], 1990 : 1343. Traduction : Catherine Perrel)

1762. Une traduction n'est déjà pas le texte, une paraphrase biblique n'est pas une traduction. Elle peut d'autant moins passer pour le texte. Même quand elle se fait passer pour une traduction. (Henri Meschonnic, 2004a : 260)

1763. On retirera un grand bénéfice de la paraphrase même du latin. [...] Et je ne veux pas que la paraphrase se réduise à une simple interprétation, mais qu'il y ait autour des mêmes pensées, lutte et émulation. (Quintilien, 1975 [c95], VI : 127. Traduction : Jean Cousin)

1764. *À propos de sa traduction d'une comédie de Térence :* « La liberté d'ung traducteur, tel que les Graecz appelloient *paraphraste* (c'est-à-dire, qui rend le sens, la phrase, et l'esprit d'une matiere, sans contrainte du langaige), facilement se pert soubz la subjection du vers. » (Charles Estienne, « Préface » à l'*Andrie* de Térence [c1542], dans Weinberg, 1970 : 90)

1765. *À propos des emprunts étrangers :* « Ces motz la seront en notre Langue comme etrangers en une cité : aux quelz toutesfois les periphrazes serviront de truchementz. Encores seroy'je bien d'opinion que le scavant translateur fist plus tost l'office de paraphraste que de traducteur. » (Joachim du Bellay, 1966 [c1549] : 59-60)

1766. La traduction est une forme de paraphrase qui repose sur le principe de synonymie, or chacun sait que la synonymie totale n'existe pas, même si la visée en l'occurrence est de préserver l'identité du texte. (Michel Ballard, 2003 : 73)

Perte, entropie[14]

1767. Dépouiller des idées de leurs habits originaux pour les revêtir de nouveaux costumes entraîne inévitablement beaucoup de perte. (William Hume Blake, 1924 : 12. Traduction)

1768. Toujours déchiré par les exigences contraires de l'exactitude et de la beauté, le traducteur sacrifie tantôt l'une et tantôt l'autre. (Roger Zuber, 1968 : 17)

1769. Il y a toujours des choses que la traduction ne laisse pas transparaître, alors que l'art du traducteur serait de ne rien laisser perdre. (Marguerite Yourcenar, 1980 : 205)

1770. Telle une fleur parvenue à son plein épanouissement, une pensée perd la moitié de ses pétales lorsqu'elle est formulée et les trois quarts lorsqu'elle est traduite. (Dharma Dutta Sherma, 1966. Traduction)

1771. Les pertes en traduction surviennent uniquement lorsque les mots de l'original évoquent quelque chose de plus que leur signification courante. Ce quelque chose réside dans l'harmonie qui se crée entre le sens et la sonorité des mots, dans une subtile allitération, ou dans l'effet d'un procédé littéraire. (Theodore Savory, 1968 [c1957] : 77. Traduction)

1772. Toute traduction transforme. Elle appauvrit. Je ne connais aucun traducteur qui n'ait désespéré de rendre ce qu'il avait aperçu dans l'original. (Robert Melançon, « Éloge de la diversité », dans Beaudet, 1999 : 113)

1773. On dit qu'il n'y a pas d'amour heureux. Peut-être qu'il n'y a pas de traduction heureuse non plus. (Harry Guest, dans *Huitièmes Assises…*, 1992 : 124)

1774. Le traducteur ne doit pas perdre trop de temps à essayer de ne rien ajouter au texte, parce que lorsqu'on traduit les pertes l'emportent généralement sur les gains. (Umberto Eco, 2001 : 47. Traduction)

---

14. V. la note 6 de l'Avant-propos, p. XXVIII.

1775. Traduire, c'est lent et c'est toujours raté. Il faut choisir entre le sens et l'élégance de la langue et, quelle que soit la décision qu'on prenne, on n'arrête pas de compter ce qu'on perd. (Jean Grosjean, « *La Vie*, 30 mars 1995 », dans Duhamel, 2003 : 153)

1776. L'esprit est le premier don à disparaître dans une langue étrangère. (Virginia Woolf, 1957, I : 56. Traduction)

1777. Citer du traduit, c'est attribuer à un écrivain ce qu'il n'a pas dit. (François Vermeulen, 1976 : 21)

1778. Une idée ne peut passer d'une langue à l'autre sans subir quelque modification. (Miguel de Unamuno, 1962 [c1912] : 19. Traduction)

1779. La traduction d'une œuvre échappe toujours un peu aux intentions originales de l'auteur. (Gail Scott, « Mon Montréal : notes d'un écrivain anglophone », dans Beaudet, 1999 : 96)

1780. Prose ou poésie, il n'est pas de traduction qui ne doive se résigner à une perte et se construire à partir de cette perte. Il me semble que le plus grave pour une traduction est de chercher à la masquer : c'est vouloir faire oublier que la copie n'est pas l'original. (Jean-Yves Masson, 1997 : n. p. En ligne)

1781. Du plus scrupuleux au plus effronté, tous les traducteurs contemporains décrivent leur travail comme une tâche qui oscille entre l'heureuse approximation et la mission impossible. (Claire Jaquier, dans Graf, 1998 : 225)

1782. La traduction paraît toujours marquée d'un défaut. (Claire Jaquier, dans Graf, 1998 : 225)

1783. Plus un original est parfait dans le grand & dans le sublime, plus il perd dans les copies. (Anne Dacier, « Préface », *L'Illiade* [c1699], 1719, I : XXXI)

1784. La traduction est, au mieux, un écho. (George Borrow, 1948 : 155. Traduction)

1785. *À propos de la traduction de l'*Iliade *par Alexander Pope en 1716 :* « Votre traduction : c'est un joli poème, Mr Pope, mais il n'est plus d'Homère. » (Richard Bentley, dans Boswell, 1971, III : 256-257. Traduction)

1786. Si l'on se méfie de la traduction, c'est surtout parce qu'on la croit susceptible de fausser l'œuvre et de la dénaturer. (Betty Bednarski, 1989 : 112)

1787. La traduction relève d'un trafic : on ne saurait y faire de profits sans s'exposer à des pertes. (Carlos Batista, 2003 : 35)

1788. Si une œuvre littéraire était traduisible, on pourrait en changer tous les mots par des synonymes sans rien perdre. Mais cela ne se peut faire sans dégradation. Ce que montre bien le pastiche. (Pierre Baillargeon, 1951a : 50)

1789. L'esprit, au moins quand il mérite ce nom, peut toujours se traduire ; malheur à celui qui disparaît en passant d'une langue dans une autre. (Jean d'Alembert, « Éloge de Sacy » [c1779], 1967, III : 65)

1790. Les langues ont leurs frontières, leurs limites et leur douane. Lorsqu'il est traduit en français, l'auteur note immédiatement que la moitié de ses bagages sont retenus. (José Ortega y Gasset, « Gracia y desgracia de la lengua francesa » [c1937], 2013 : xi. Traduction : François Géal)

1791. Cessons de regarder la traduction par le petit bout de la lorgnette et de nous lamenter des « pertes » qu'elle entraîne, pour nous féliciter de l'apport qu'est son existence même. (Mariane Lederer, 2004 : 74)

Plaire aux lecteurs

1792. En faisant passer un *roman* d'une langue dans une autre, le premier devoir d'un traducteur est de le mettre en état de plaire aux nouveaux lecteurs qu'il veut lui procurer. (Jean-Baptiste Defauconpret [c1819], dans Bereaud, 1971 : 232)

1793. Les divers temps veulent non seulement des paroles, mais des pensées différentes ; et les Ambassadeurs ont coutume de s'habiller à la mode du pays où l'on les envoie de peur d'estre ridicules à ceux à qui ils tâchent de plaire. (Nicolas Perrot d'Ablancourt, « À Monsieur Conrart », *Lucien* [c1664], dans Zuber, 1972 : 186)

1794. Comme dans les beaux visages il y a tousjours quelque chose qu'on voudroit qu'il n'y fust pas ; aussi dans les meilleurs Auteurs, il y a des endroits qu'il faut toucher ou éclaircir, particulièrement quand les choses ne sont faites que pour plaire, car alors on ne peut souffrir le moindre defaut : et pour peu qu'on manque de delicatesse, au lieu de divertir on ennuye. (Nicolas Perrot d'Ablancourt, « À Monsieur Conrart », *Lucien* [c1664], dans Zuber, 1972 : 185-186)

1795. Il faut, de l'aveu de tout le monde, qu'une Traduction pour plaire, ait un air libre & original ; ce qui ne s'allie guère avec une dépendance servile. (Pierre Desfontaines, 1765, I : XLI)

1796. *À propos de sa traduction de l'*Iliade *:* « J'ai voulu que ma traduction fût agréable ; et dès là, il a fallu substituer des idées qui plaisent aujourd'hui à d'autres idées qui plaisaient du temps d'Homère. » (Antoine Houdar de La Motte, « Discours sur Homère » [c1714], 2002 : 229)

1797. *À propos des « traductions élégantes » qu'il oppose aux « traductions littérales » :* « L'autre espèce de traduction est plus ambitieuse ; c'est peu qu'elle soit utile, elle doit plaire ; ce n'est pas assez d'y exprimer le sens d'un ouvrage, si l'on n'en rend encore toute la force et tout l'agrément, si l'on ne lui en prête même dans les endroits où il en manque. (Antoine Houdar de La Motte, « Discours sur Homère » [c1714], 2002 : 224)

1798. Par le droit suprême de tout écrivain qui cherche à plaire dans sa langue naturelle, j'ai changé ou supprimé ce que je n'ai pas jugé conforme à cette vue. (L'abbé Prévost, 1978 [c1751], VII : 371)

1799. Si je me suis éloigné en quelques endroits des termes de mon Autheur, je ne l'ay pas faict pour ne les avoir point entendus,

[…] mais je l'ay faict, parce que je scay que les goûts des Nations sont différents ; que ce qui est galant à Rome, est quelquefois ridicule à Paris ; qu'ainsi pour vouloir trop bien traduire, l'on traduit souvent fort mal. (Georges de Scudéry, 1651 [c1642] : 3-4)

1800. Mon intention a été de tirer de l'Young Anglois, un Young François qui pût plaire à ma nation, & qu'on pût lire avec intérêt, sans songer s'il est original ou copie. (Pierre Le Tourneur, 1770, I : LXVII)

1801. Dans une traduction où l'on veut plaire, le traducteur doit suppléer à la distance des temps et tâcher toujours de rendre l'équivalent, aussi bien pour les faits que pour les pensées. (Antoine Houdar de La Motte, « Discours sur la poésie » [c1707], 2002 : 99)

1802. On peut dire de la traduction en elle-même ce que Cicéron dit de l'histoire : *Quoquo modo scripta, placet*[15]. (Victor Hugo, 1973 [c1864] : 436)

Poésie

1803. C'est en abordant la poésie que l'art de traduire provoque son plus bel effet de prisme. (Miguel Mandarès, dans Natale, 1991 : 101)

1804. J'aime dire, avec précaution, que je pourrais définir la poésie ainsi : c'est ce qui, en prose comme en vers, se perd à la traduction. (Robert Frost, dans Bellos, 2012 : 367. Traduction : David Loaysa)

1805. Ne *citer* qu'une traduction d'un poète, *c'est* ne *montrer* que l'envers d'une belle étoffe. (Jacques-Henri Bernardin de Saint-Pierre, dans Chevrel, D'hulst et Lombez, 2012 : 93)

1806. Composer ou traduire un poème est un acte viril : il s'agit de traiter la langue non comme une mère, mais comme une femme. (Jean-Paul Savignac, dans *Huitièmes Assises…*, 1992 : 109)

15. « L'histoire plaît, quelle que soit la façon dont elle est écrite. »

1807. De deux choses l'une, – si le traducteur est un bon poète, il substitue son vers à celui de l'original ; ce n'est pas son vers que je veux, c'est celui de l'original ; – si c'est un mauvais poète, il nous donne un mauvais vers, ce qui est insupportable. (George Moore, 1986 [c1888] : 131. Traduction : Gérard-Georges Lemaire)

1808. Traduire de la poésie est un exercice aussi irrésistible qu'inutile ; un saut dans le vide, une lanterne pointée vers les étoiles. (Pierre Assouline, 2011, blogue)

1809. Il n'y a pas plus moyen de transfuser la poésie dans une langue étrangère que le sang d'un être vivant dans les veines taries d'un homme mort. (Jules Barbey d'Aurevilly, *Littérature étrangère* [c1890], dans Uzanne, 1908 : 336)

1810. Seul un poète peut traduire un poète. (Alexander Fraser Tytler, 1907 [c1791] : 111. Traduction)

1811. Traduire un poète, ce n'est pas prendre un compas, et copier les dimensions de l'édifice ; c'est animer du même souffle de vie un instrument différent. (Madame de Staël, 1821, XVII : 395)

1812. C'est à leurs *traductions* – non pas à leurs *originaux* – qu'on reconnaît les poètes. (Felix Philipp Ingold, dans Graf, 1998 : 47. Traduction : Étienne Barilier)

1813. Un poème doit être traduit comme le poète lui-même l'aurait composé s'il avait appartenu à la nation pour laquelle il est traduit. (Henrik Ibsen, 1964 : 117. Traduction)

1814. Lorsque les poèmes sont médiocres, on peut les traduire presque à la perfection. Leur contenu est si pauvre que l'on ne s'expose pas à perdre grand'chose en route. (Horst Günther, « Le traducteur des sciences humaines, un serviteur de la clarté », dans Graf, 1998 : 174. Traduction : Marion Graf)

1815. La traduction poétique exige beaucoup d'acharnement, de connaissances, de talent, de désintéressement et d'amour de la poésie. (Efim Etkind, 1977 : 125. Traduction : Monique Slodzian)

1816. Traduire la poésie est un acte aussi risqué que rare. (Jo-Anne Elder, 2004 : 12. Traduction : Patrick Imbert)

1817. S'agissant de la poésie, on s'aperçoit que trop souvent ceux qui s'y attaquent traduisent au radar, au pathos, à l'émotion, mais que la compréhension du texte n'est pas assurée. Pour moi, ce n'est déjà pas mal quand le traducteur a bien repéré l'enjeu de pensée… (Jean-Pierre Lefebvre, 2007 : 8)

1818. Traduire la poésie, c'est écrire la poésie. (Jo-Anne Elder, 2004 : 13. Traduction : Patrick Imbert)

1819. La traduction et la création de la poésie nous confrontent aux mêmes exigences, aux mêmes défis, aux mêmes soucis. La traduction de la poésie ressemble donc beaucoup plus à la création de la poésie qu'à la traduction de n'importe quel autre genre littéraire. (Jo-Anne Elder, 2004 : 13. Traduction : Patrick Imbert)

1820. Le texte poétique est certainement plus facile à traduire que le texte philosophique. (Yves Bonnefoy, 2000 : 72)

1821. Pour peu qu'elle sache reconnaître l'essence de la poésie et veuille activement lui rester fidèle, la traduction des poèmes est assurément aujourd'hui on ne peut plus nécessaire. Elle est une des activités de notre temps malheureux qui pourraient contribuer à sauver le monde. (Yves Bonnefoy, 2000 : 44)

1822. Que de poèmes, que de grands poèmes sont nés à proximité de traductions entreprises d'une façon intrépidement novatrice ! (Yves Bonnefoy, 2000 : 25)

1823. En traduction il importe de produire la même formule d'acide poétique plutôt qu'une stricte équivalence de mots. (Gavin Bone, 1943 : 20. Traduction)

1824. La traduction poétique est au service de la poésie ; est un acte poétique. (Antoine Berman, 1995 : 216)

1825. Quand il s'agit d'un poème, l'impuissance du traducteur éclate : il rend le sens et laisse tomber le son, ce qui est une sorte de mort rompant leur mariage indissoluble. (Pierre Baillargeon, 1951a : 50)

1826. *À propos de la traduction des mots d'un poème :* « On ne traduit pas la tige de la rose, ni ses feuilles ; on traduit son parfum. » (Adonis, dans *Vingtièmes Assises…*, 2004 : 12. Traduction : Anne Wade Minkowski)

1827. *À propos d'Alexander Pope :* « Vous le connaissez par les traductions ; mais les poëtes ne se traduisent point. Peut-on traduire de la musique ? (Voltaire, « À Madame du Deffant, 19 mai 1754 », 1879, XXXVIII : 219)

1828. On peut « translater » la prose, mais la poésie on ne peut que la « transmutiler ». (Evan Esar, 1968 : 822. Traduction)

1829. Je ne suis pas de ceux qui croient que le sel brillant de toute poésie se volatilise et s'évapore dans le creuset d'une traduction, fût-elle médiocre. Je dis hardiment qu'où poète il y a, poète se retrouve toujours ! (Jules Barbey d'Aurevilly, *Les philosophes et les écrivains religieux* [c1887], dans Uzanne, 1908 : 335)

1830. Les mauvaises traductions sont la meilleure épreuve des poètes. Ce qui reste d'eux *là-dedans* est la partie, plus forte que tout, la partie irréductible de leur génie… partie indécomposable à la sottise d'un traducteur, diamant de poésie, vainqueur des platitudes de toute prose ! (Jules Barbey d'Aurevilly, *Les philosophes et les écrivains religieux* [c1887], dans Uzanne, 1908 : 335-336)

1831. La poésie est plus que jamais pour moi le lieu par excellence d'une relation intime et fervente. Pour chacun de nous traducteurs, tout poème traduit est un peu comme une lettre à quelqu'un. (Michel Volkovitch, dans *Treizièmes Assises…*, 1997 : 156)

1832. On serait tenté de dire que c'est à ce poème d'avant les mots d'une langue donnée que le traducteur va dessiner le chemin d'une autre naissance. (Robert Vivier, dans Vermeulen, 1976 : 74)

1833. Le traducteur de poésies travaille les mains vides, sans outils et sans programme. D'avoir réussi à traduire sans trop de mal dix vers, le laisse toujours novice devant le onzième. Il y a des traducteurs heureux, il n'en est pas d'expérimentés. (François Vermeulen, 1976 : 75)

1834. Le traducteur de prose obéit à des lois, mais s'il veut traduire un poète, il faut qu'il les transgresse. Exactitude, précision, logique, sont des entraves dont il doit se libérer. (François Vermeulen, 1976 : 71)

1835. La traduction poétique nous enrichit en nous révélant notre indigence. (George Steiner, 1970 : 28. Traduction)

1836. Chaque fois qu'un poème est traduit, qu'il donne lieu à un nouveau poème, l'original se renouvelle et reprend vie dans la conscience du temps présent. (George Steiner, 1970 : 27. Traduction)

1837. Un des premiers principes de l'art de traduire est de respecter la métrique du poème original, dans la mesure où la langue d'arrivée le permet. (August Wilhelm von Schlegel, dans Robinson, 1997 : 219. Traduction)

1838. La traduction poétique est un art extrêmement difficile qui pourrait faire l'objet d'un long traité théorique. (August Wilhelm von Schlegel, dans Robinson, 1997 : 219. Traduction)

1839. Disons du poème qu'il doit être mimé. Il s'agit alors de toucher les sens, la sensualité plus que l'esprit. (Philippe de Rothschild, 1969 : 35)

1840. Contrairement à l'opinion généralement admise à la fois par les poètes et les linguistes, *il n'y a théoriquement pas de poésie intraduisible*. (Léon Robel, 1973 : 9)

1841. La traduction est le plus pur des processus par lesquels s'affirme le talent poétique. (Rainer-Maria Rilke, dans Manguel, 1998 : 309. Traduction : Christine Le Bœuf)

1842. En théorie, seuls les poètes devraient traduire la poésie ; en pratique, les poètes sont rarement de bons traducteurs. Ils utilisent presque toujours le poème étranger comme point de départ pour créer leur propre poème. (Octavio Paz, « Translation : Literature and Letters » [c1971], dans Schulte et Biguenet, 1992 : 158. Traduction)

1843. Traduire est autant faire de la poésie que produire des œuvres propres – et plus difficile, plus rare. En fin de compte, toute poésie est traduction. (Novalis, dans Berman, 1986 : 95)

1844. Je considère mes traductions de poésie comme une continuation de mon œuvre de poète. (Jaume Pérez Muntaner, 1993 : 638)

1845. La traduction de la poésie est un problème de poésie avant d'être un problème de langues. (André Miquel, dans *Actes des troisièmes Assises…*, 1987 : 60)

1846. Croire que le littéralisme convient à la poésie, à l'attitude poétique, est une grossière erreur parce que la poésie n'est pas faite de mots. Parce que de toute façon le mot n'est pas l'unité du discours, mais une unité de la langue. On croit traduire de la poésie, on traduit le signe. On croit être fidèle au texte. On est fidèle au signe. (Henri Meschonnic, 2004a : 160)

1847. Je n'ai jamais traduit de poèmes de Klein en français : j'ai inséré le français dans quelques poèmes de Klein[16]. (Robert Melançon, « Éloge de la diversité », dans Beaudet, 1999 : 116)

1848. Un poème trouvera sans doute autant de traductions qu'il trouvera de traducteurs. Cela n'entraîne pas qu'elles soient égales, ni que le traducteur ne doive mettre aucun frein aux libertés qu'il prend. (Robert Melançon, « Éloge de la diversité », dans Beaudet, 1999 : 115)

---

16. Abraham Moses Klein, avocat, écrivain et poète juif canadien, né en Ukraine en 1909 et mort à Montréal en 1972. Il a été rédacteur en chef du *Canadian Jewish Chronicle* de 1938 à 1955 et chargé de cours de poésie à l'Université McGill, où il avait fait ses études.

1849. Tout poème est une miraculeuse coïncidence entre un rythme et une pensée. Aussi traduire un poème est-il difficile : le traduire en vers presque impossible. La probabilité pour que soit obtenue la quadruple coïncidence entre deux rythmes et deux pensées est très faible. (André Maurois, « De la traduction des poèmes » [c1948], dans Cary 1956 : 79)

1850. L'une et non la moindre des merveilles que la poésie nous dispense est qu'elle force le traducteur (s'il est conquis par la grâce) à user d'un langage différent de celui qui lui était habituel. (André Pieyre de Mandiargues, 1969 : 12)

1851. On peut traduire de la poésie sans faire pour autant de la traduction poétique. (Mario Laranjeira, 1996 : 217)

1852. À mon avis, les poètes peuvent *bien* traduire la poésie. (Jascha Kessler, dans « On Translation », 1979 : 245. Traduction)

1853. Une poésie traduite n'est valable que si elle n'est pas ressentie par le lecteur comme une traduction. (Adam Wazyk, dans Cary 1985 : 44)

1854. Le poème et sa traduction se mirent, dans une heureuse incertitude, comme les visages des amants deviennent flous quand ils se rapprochent. (François Vaucluse, 2001 : n. p.)

1855. Quand on traduit, survient toujours un moment quelconque où, ne serait-ce qu'un instant, la cloison tombe qui sépare poème et traduction. (Franz Rosenzweig, « Jehuda Halévi » [c1924], 1998 : 169. Traduction : Jean-Luc Évard)

1856. Il est tout à fait possible de traduire la poésie et il faut le faire. (John S. Pudney, dans « On Translation », 1979 : 246. Traduction)

1857. Dans l'impossibilité d'entendre le Poëte lui-même, contentons-nous du Traducteur. (Élie Fréron, « Lettre II, 12 janvier 1750 », 1966, I : 198)

1858. Aucun poème traduit n'est une réplique de l'original, mais rendre ne serait-ce que la moitié du sens d'un grand poème est mieux que rien. (Paul Engle, dans « On Translation », 1979 : 245. Traduction)

1859. Si les plus grandes beautés se transmettoient le mieux dans une autre langue, il en résulteroit que les plus excellens proëtes offriroient le moins d'obstacles à la traduction. Or c'est précisément le contraire. (Paul-Jérémie Bitaubé, 1779, III : 455)

1860. Nous savons d'expérience qu'il y a quelque fausseté à croire que la poésie ne se traduit pas. (Douglas Gordon Jones, 1977 : 67. Traduction : Joseph Bonenfant)

1861. Il se peut que le poème soit la sorte de discours qui résiste le plus à la traduction. Que le poème de langue étrangère soit toujours une mauvaise traduction, c'est sans doute vrai ; c'est sans contredit toujours une interprétation. Mais toute lecture d'un poème est-elle jamais autre chose ? (Douglas Gordon Jones, 1977 : 73. Traduction : Joseph Bonenfant)

1862. La poésie est intraduisible et, par conséquent, ce sont les poètes qui sont les gardiens des langues. Nous pourrions faire l'économie de l'apprentissage d'une langue étrangère, si nous avions en traduction tout ce qui a été écrit dans cette langue. (Samuel Johnson, « 11 avril 1776 », dans Boswell, 1971 [c1791], III : 36. Traduction)

1863. Le traducteur n'est pas le greffier que l'on dit, mais l'acteur principal, le moteur de l'acte poétique dans sa langue. (François Xavier Jaujard, dans *Actes des troisièmes Assises…*, 1987 : 44)

1864. La poésie, c'est pour moi d'abord et presque toujours une voix et un ton. Quand je traduis, j'ai l'illusion que j'entends la voix de l'écrivain, et j'essaie très intuitivement, de l'épouser de mon mieux. De copier, de calquer. (Philippe Jaccottet, 1997b : 30)

1865. La traduction ou transposition poétique, c'est la création d'un nouveau poème par la collaboration de deux poètes et de deux langages ; Milosz l'appelait « un miracle d'amour ». (Armand Godoy, 1961 : 6)

1866. J'aime la poésie traduite en prose, et traduite avec une fidélité religieuse. (Ugo Foscolo, 1985 : 5. Traduction : Jean Bruno)

1867. Sur son versant poétique, un texte ne saurait se réduire à la naïve ambition de communiquer, même s'il fait semblant de le faire. La traduction doit aussi communiquer du semblant. (Sylvie Durastanti, 2002 : 11)

1868. Celuy qui voudra faire œuvre digne de prix en son vulgaire, laisse ce labeur de traduyre, principalement les poëtes, à ceux qui de chose laborieuse & peu profitable, j'ose dire encor'inutile, voyre pernicieuse à l'accroissement de leur Langue, emportent à bon droict plus de molestie que de gloyre. (Joachim du Bellay, 1966 [c1549] : 41-42)

1869. Je croyais, avec tout le monde, qu'un poète pouvait être traduit par un autre : c'est une erreur, et me voilà désabusé. (Denis Diderot, « Lettre sur les Sourds et Muets » [c1751], 1975-1984, IV : 170-171)

1870. L'esprit de la poésie est si subtil qu'il s'évapore lorsqu'on le transvase d'une langue à une autre. Si l'on n'y ajoute pas un autre esprit lors de l'opération, seul subsistera un *Caput mortuum*[17]. (John Denham, « The Preface to the Destruction of Troy [c1656], dans Steiner, 1975 : 65. Traduction.

1871. Je suis convaincu que la poésie, rigoureusement parlant, ne se traduit pas. (Benedetto Croce, 1973, IV : 125)

1872. Un grand nombre d'œuvres poétiques qui font « verser des larmes » aux lecteurs, une fois traduites littéralement ne sont plus qu'une suite de mots vides. (Korneï Tchoukovski, 1984 : 73. Traduction)

1873. La poésie est limitée dans l'espace parce qu'elle se refuse à la traduction. (Robert Charbonneau, 1947 : 51)

---

17. Tête morte. Expression par laquelle les alchimistes désignaient le résidu non liquide de leurs expériences.

1874. La traduction des poètes est une entreprise d'ordre poétique. (Edmond Cary, 1963b : 9)

1875. Traduire un poème, c'est proprement écrire un poème relatif à une expérience de lecture poétique. (Jacques Brault, 1977 : 26)

1876. Que de poèmes, que de grands poèmes innovateurs, sont nés à proximité de traductions faites, ou projetées, d'une façon novatrice ! (Yves Bonnefoy, dans *Treizièmes Assises…*, 1997 : 28)

1877. La traduction poétique est un puzzle aux pièces tellement nombreuses : forme et fond, rime et rythme, musique et couleur, que le traducteur doit nécessairement sacrifier l'une ou l'autre. (Henri Van Hoof, 1957 : 3)

Poétique du traduire

1878. Seule une poétique de la traduction peut théoriser le succès ou l'échec des traductions. (Henri Meschonnic, 1973 : 349)

1879. La force d'une traduction réussie est qu'elle est une poétique pour une poétique. Pas du sens pour le sens ni un mot pour le mot, mais ce qui fait d'un acte de langage un acte de littérature. (Henri Meschonnic, 1999 : 57)

1880. Pour la poétique, la traduction n'est ni une science, ni un art, mais une activité qui met en œuvre une pensée de la littérature, une pensée du langage. (Henri Meschonnic, 1999 : 18)

1881. Il y a une poétique du traduire, comme il y a la poétique d'une écriture. Et une traduction peut être la métaphore d'un texte. (Henri Meschonnic, 2004a : 175-176)

1882. Traduire dans la poétique suppose que ce n'est plus de la langue qu'on traduit, mais du discours, et un discours spécifique qui ressortit non plus à ce que disent les mots, mais à ce que fait ce discours. Non plus son sens seulement, mais sa force. (Henri Meschonnic, 2001 : 15)

Problèmes de traduction

1883. On traduit toujours un texte et non une langue : il est donc capital de distinguer l'un de l'autre pour poser correctement les problèmes de la traduction. (Mariane Lederer, « Implicite et explicite » [c1976], 1984b : 43)

1884. Il n'est pas étonnant qu'une théorie de la traduction se dissolve en une « rhapsodie » de *problèmes* : il n'y a pas « la traduction », mais de nombreux *aspects* ou *modes de traduire*, des traductions. (Jean-René Ladmiral, 1979 : 43)

1885. Toute discussion sur des problèmes de traduction s'enlise en général dans les détails. (Dominique Aury, « Préface », dans Mounin, 1963 : IX)

1886. Le traducteur résoud la plupart des problèmes au fur et à mesure qu'ils se présentent à lui. C'est après coup seulement qu'il en dégage des principes pour se justifier ou se défendre. (Richmond Lattimore, 1966 : 48. Traduction)

1887. Il y a souvent une physionomie dans la position des mots qu'aucune traduction ne saurait rendre. (Stendhal, dans Bensoussan, 2005 : 57)

1888. Notre versification, entravée par la rime, est rebelle à la traduction. (Marcel Schwob, 1927, I : 85-86)

1889. Il est impossible que la langue du traducteur ait la même cohérence que celle de son auteur. Une uniformité telle qu'un mot ne reçoive pas une multiplicité de correspondants totalement différents, et que ne règne pas dans la traduction une diversité bigarrée, alors que dans la langue d'origine règne une constante unité d'expression. (Friedrich Schleiermacher, « Des différentes méthodes du traduire » [c1813], 1999 : 61. Traduction : Antoine Berman)

1890. Toute phrase écrite suppose une part de non-dit, et c'est à rendre cette absence qu'achoppent tous les traducteurs. (Albert Bensoussan, dans *Actes des deuxièmes Assises...*, 1986 : 115)

1891. Les traducteurs (obéissant aux professeurs de lycée) ont tendance à limiter les répétitions. (Milan Kundera, 1993 : 135)

1892. Signalons la terreur qu'éprouvent tous les traducteurs du monde entier devant les mots « être » et « avoir » ! Ils feront n'importe quoi pour les remplacer par un mot qu'ils considèrent moins banal. (Milan Kundera, 1993 : 132)

1893. Rien n'exige, de la part d'un traducteur, plus d'exactitude que la traduction d'une métaphore. C'est là que l'on touche le cœur de l'originalité poétique d'un auteur. (Milan Kundera, 1993 : 126)

1894. Il te fault garder d'usurper mots trop approchants du Latin, & peu usités par le passé : mais contente toy du commun, sans innover aulcunes dictions follement, & par curiosité reprehensible. (Étienne Dolet, 1540 : [14])

1895. Plus le texte original est ancien, plus les traductions diffèrent les unes des autres et plus nombreuses sont les difficultés que rencontre le traducteur. (Amparo Hurtado Albir, 1990 : 157)

1896. Shakespeare est un des poëtes qui se défendent le plus contre le traducteur. La vieille violence faite à Protée symbolise l'effort des traducteurs. Saisir le génie, rude besogne. Shakespeare résiste, il faut l'étreindre ; Shakespeare échappe, il faut le poursuivre. (Victor Hugo, 1973 [c1864] : 343)

1897. Un nuage flotte toujours dans la phrase anglaise. Ce nuage est une beauté. Il est partout dans Shakespeare. Il faut que la clarté française pénètre ce nuage sans le dissoudre. Quelquefois la traduction doit se dilater. (Victor Hugo, 1973 [c1864] : 344)

1898. Shakespeare résiste par le style ; Shakespeare résiste par la langue. Est-ce là tout ? non. Il résiste par le sens métaphysique ; il résiste par le sens historique ; il résiste par le sens légendaire. (Victor Hugo, 1973 [c1864] : 344)

1899. Le traducteur n'a pas à se laisser prendre au piège de la pluralité des significations dans le texte. (Yves Bonnefoy, 2000 : 37)

Processus de traduction

1900. On a souvent tendance à rendre le processus de la traduction responsable de difficultés qui sont dues à la méconnaissance des langues ou à l'ignorance des choses. (Danica Seleskovitch, 1975 : 39)

1901. J'apprécie les traductions qui présentent des arêtes, des aspérités, même des pointes, j'aime bien celles qui font trébucher le lecteur de manière créative. Ce frottement suscite une prise de conscience, notamment de ce processus qu'est la traduction. (Ilma Rakusa, « Six lettres sur la traduction », dans Graf, 1998 : 128. Traduction : Ursula Gaillard)

1902. Pour bien traduire, il faut beaucoup penser, parce qu'il faut beaucoup *peser*. (Robert Le Bidois, 1961 : 6)

1903. Traduire ce n'est pas une opération de clonage de mots. (Jean Delisle, 2005 : 839)

1904. Aucune traduction ne se laisse cantonner dans une opération linguistique : toute substitution de signes s'accompagne d'une transformation interprétative, au cœur de laquelle se rencontrent lectures, conceptions et goûts du traducteur. (Lieven D'hulst, 2002 : 22)

1905. Dans l'acte de traduire, tout choix est précédé de tâtonnements, d'incertitudes, d'une exigeante recherche de la justesse. (Mathilde Vischer, 2003 : 113)

1906. Si le traducteur n'était interprète, il serait inutile. (Alfred de Vigny, « Lettre à Lord*** » [c1830], dans D'hulst, 1990 : 94)

1907. Le travail du traducteur commence et s'achève dans le domaine de la forme verbale. (Pavel Toper, 1979 : 7)

1908. Traduire est un chemin vers l'interprétation, une variante de l'activité d'interprétation. (Jean Starobinski, « "L'école de Genève", de la traduction à la critique », dans Graf, 1998 : 264)

1909. La traduction ne transforme pas par faiblesse, mais parce que cela fait partie de sa fonction. (Arno Renken, 2002 : 38)

1910. L'idée d'une traduction dont soit exclue toute interprétation est totalement fantasmatique car elle implique que les langues seraient assimilables à des codes (*stricto sensu*), la traduction devenant un simple transcodage. (Jean-René Ladmiral, 1979 : 230)

Promotion, valorisation de la traduction

1911. Un texte non traduit n'est qu'à demi publié. (Ernest Renan, 1878 [c1853] : 279-280)

1912. Il n'y a pas de plus éminent service à rendre à la littérature, que de transporter d'une langue à l'autre les chefs-d'œuvre de l'esprit humain. (Madame de Staël, 1821, XVII : 387)

1913. Je crois à la traduction. Un monde sans traduction est inconcevable et fait peur. Mieux vaut un poème imparfaitement traduit que le silence absolu. (Arthur Miller, dans « On Translation », 1979 : 243. Traduction)

1914. Vivre dans un monde sans traduction, ce ne serait pas vivre sur une terre humaine. (Paul Engle, dans « On Translation », 1979 : 245. Traduction)

1915. Comme l'air, le soleil et un sol fertile dans la nature, la traduction est indispensable à la production d'œuvres de création. (Beatrice Joy Chute, 1970 : 73. Traduction)

1916. Sans la traduction, notre monde rétrécirait impitoyablement. (Beatrice Joy Chute, 1970 : 73. Traduction)

1917. Le monde a besoin de moins de langues et davantage de traductions. (Erskine Preston Caldwell, dans « On Translation », 1979 : 243. Traduction)

1918. Même si elles sont légèrement inexactes les traductions peuvent donner à un lecteur une certaine image d'une œuvre étrangère. Aussi, il est toujours mieux de traduire, je pense, que de ne pas traduire. (Vilem Závada, dans « On Translation », 1979 : 243. Traduction)

1919. Tous les textes de l'humanité constituent un seul grand même texte écrit dans des langues infiniment différentes, et tout nous appartient, et il faut tout traduire. (Antoine Vitez, « Le devoir de traduire » [c1982], dans Sallenave et Banu, 1991 : 289)

1920. Je souffrirais énormément à l'idée qu'on puisse laisser quelque chose d'« intraduit ». (Antoine Vitez, « Le devoir de traduire » [c1982], dans Sallenave et Banu, 1991 : 289)

1921. La traduction, de luxe princier qu'elle représente actuellement pour les petites nations, doit devenir une *seconde nature* de la *littérature* en tant que telle. (György Somlyó, dans « On Translation », 1979 : 244)

1922. Une nouvelle traduction d'une grande œuvre est toujours une bonne chose, beaucoup plus parce que toute forme d'art est intemporelle que parce que la langue ou les pratiques littéraires ont évolué. (Theodore Savory, 1968 [c1957] : 29. Traduction)

1923. Il faut traduire les beaux livres. Il faut traduire les poètes. (Hélène Rioux, 1995 : 176)

1924. Même une mauvaise traduction vaut mieux, selon moi, qu'aucune traduction. (Anthony Powell, dans « On Translation », 1979 : 246. Traduction)

1925. La traduction peut ébranler le monde, ainsi que le ferait un séisme. (Jean Marcel, 1990 : 170)

1926. Il est préférable de lire une bonne traduction que de déchiffrer péniblement un original. (Clara Malraux, 1970 : 196. Traduction)

1927. Encourageons cette œuvre de patience et de goût qu'on appelle *traduction* ; œuvre qui prend même quelquefois une teinte d'inspiration par le reflet du modèle, comme les vitraux de nos vieilles églises se colorent chaudement des feux du soleil. (Gustave Théry, 1855, XXIV : 202)

1928. Ce n'est pas une objection à sa possible splendeur que d'affirmer l'impossibilité de la tâche du traducteur. (José Ortega y Gasset, 2013 [c1937] : 25. Traduction : François Géal)

1929. Le monde actuel est un monde en mouvement ; la traduction, qui est elle-même passage, est une des composantes essentielles de notre civilisation. Nous vivons l'âge de la traduction. (Edmond Cary, 1985 [c1958] : 84)

1930. C'est une bien précieuse conquête qu'une bonne traduction, conquête au profit de la langue, au profit de nos pensées, de notre instruction, au profit de tous ; ce sont les dépouilles opimes[18] du génie étranger que nous suspendons aux voûtes de notre Panthéon. (Jean-Joseph-François Poujoulat, 1868 : 106-107)

Qualités d'une traduction

1931. La traduction doit avoir toute l'aisance d'une composition originale. (Alexander Fraser Tytler, 1907 [c1791] : 9. Traduction)

1932. La traduction doit reproduire toutes les idées de l'œuvre originale. (Alexander Fraser Tytler, 1907 [c1791] : 9. Traduction)

1933. La croyance fumeuse en la hiérarchie des valeurs selon la chronologie : l'« original » n'est pas *de soi* supérieur à toutes ses traductions, l'antériorité est historique, non métaphysique. (Jacques Brault, 1975 : 94)

1934. Une simple traduction peut comporter erreur, mais non crime. (Saint Jérôme, « Lettre LVII – À Pammachius » [c395], 1953, III : 59. Traduction : Jérôme Labourt)

1935. La longévité d'une traduction ne se mesure pas à l'aune de son exactitude philologique. (Jean Delisle, 2001 : 213)

1936. La traduction aura toutes les qualités qui doivent la rendre estimable ; l'air facile et naturel, l'empreinte du génie de l'original,

18. Sens propre : armes qu'un général romain saisissait à un général ennemi tué pour les offrir à Jupiter. Sens figuré : profit important, butin.

et en même temps ce goût de terroir que la teinture étrangère doit lui donner. (Jean d'Alembert, « Observations sur l'art de traduire » [c1763], 1967, IV : 37)

1937. Et comme une copie, pour estre bien faite, ne doit point paroistre une copie, mais un veritable original ; de méme une Traduction, pour estre excellente, ne doit point paroistre une Traduction, mais un ouvrage naturel, & une production toute pure de notre esprit. (Gaspard de Tende, 1660 : VIII)

1938. Une traduction n'est jamais finie ; il faut constamment la polir, en réduire les éléments de paraphrase et en resserrer la formulation. Plus une traduction est concise, meilleure elle est. (Peter Newmark, 1982 : 17. Traduction)

1939. Étudier la qualité dans la traduction littéraire, c'est poser deux questions, l'une de linguistique au sens le plus large du mot, l'autre d'esthétique. (Georges Mounin, « Enquête de la FIT… », 1959 : 85)

1940. Une traduction n'est qu'un moment d'un texte en mouvement. Elle est même l'image qu'il n'est jamais fini. Elle ne saurait l'immobiliser. (Henri Meschonnic, 1999 : 342)

1941. La clarté, la justesse, la précision, la correction, la décence font tout le mérite de la traduction, comme du style original. (Jean-François Marmontel, 1751, IV : 952)

1942. Sans l'observation des nombres[19] on ne peult estre esmerveillable en quelcque composition que ce soit : & sans yceulx les sentences ne peuvent estre graves, & avoir leur poix requis, & legitime. (Étienne Dolet, 1540 : 15)

1943. Si dans la Traduction des grands Poëtes, on n'a l'Art de soustenir leurs idées par la noblesse d'une diction qui y responde, il n'y a plus de Poësie. (Anne Dacier, 1970 [c1714] : 242)

1944. La facilité et la clarté demeurent toujours les qualités qu'un traducteur aura le plus de mal à obtenir et qu'il n'obtiendra jamais

19. V. la note 10, p. 181.

par la peine et le travail intensif ; il les doit le plus souvent à une première intuition heureuse. (Wilhelm von Humboldt, « Sur la traduction… » [c1816], 2000 : 43)

1945. *À propos de la traduction de son* Faust *par Gérard de Nerval :* « Je n'aime plus lire le *Faust* en allemand ; mais, dans cette traduction française, tout agit de nouveau avec fraîcheur et vivacité… » (Johann Wolfgang von Goethe, dans Nerval, 1947 [c1853] : 26)

1946. Le succès commercial d'une traduction ne saurait constituer un critère d'évaluation pour juger de sa qualité. (Jean Delisle, 2001 : 218)

1947. Une bonne traduction ne doit pas être mécanique. Elle est mécanique quand elle se borne à remplacer machinalement certains mots par d'autres, à n'être en somme que le mot à mot trop souvent pratiqué par le potache distrait ou le traducteur pressé et mal rémunéré. (Jean Darbelnet, 1952 : 106)

1948. Ce qu'on demande à une traduction, c'est d'être exacte et idiomatique, ce qui veut dire que dans la mesure du possible, non seulement le sens, mais même les nuances du texte doivent être rendus avec une fidélité qui ne fasse pas violence à la langue dans laquelle on traduit. (Jean Darbelnet, 1952 : 106)

1949. Une traduction, pour être lue, doit être de son siècle. Et je ne plaide pas ici la cause du néologisme : la nouveauté des mots ne fait pas celle du style. (Jean-Louis Burnouf, 1933 : XIX-XX)

Qualités du traducteur

1950. Au traducteur s'impose une double tâche, également nécessaire, d'intelligence et d'éloquence. (Roger Zuber, 1968 : 44)

1951. La traduction… Travail pénible, épuisant, irritant, désespérant. Travail enrichissant, nécessaire aux hommes, qui exige de l'abnégation, des scrupules, de l'honnêteté, de la modestie… Et, évidemment, du talent. (Elsa Triolet, 1965 : 15-16)

1952. La grande qualité morale du traducteur est, à mon sens, la probité devant la difficulté et la constance dans l'effort même ingrat. Quant à celle de l'interprète, c'est sans doute la discrétion. (Constantin Andronikof, 1956 : 4)

1953. Traduire, c'est se dévouer. Il faut s'armer de l'indifférence la plus philosophique contre les injustices de l'opinion ; il faut faire abnégation de toute espèce d'amour-propre, n'avoir en vue que l'utilité publique, n'ambitionner que la satisfaction d'ouvrir à ses concitoyens les trésors de la littérature étrangère. (Johann Wolfgang von Goethe, 1823 : 37-38. Traduction : Léonce de Saint-Geniès et Joseph-Henri de Saur)

1954. Le mérite du traducteur est un mérite volontaire, continu, modeste, courageux : une vertu encore plus qu'un talent. (Jules Barbey d'Aurevilly, *Littérature étrangère* [c1890], dans Uzanne, 1908 : 336)

1955. Le traducteur doit être capable de repérer un travail littéraire sur la langue. (Céline Zins, dans *Actes des premières Assises…*, 1985 : 113)

1956. Je recommanderais à un jeune traducteur les exercices préalables suivants : qu'il démêle, pendant des heures, une pelote de fils embrouillés et des mètres de ficelle pleine de nœuds. S'il n'a pas assez d'invention, de tact et de patience, je lui recommande de renoncer à devenir traducteur. (Aloys Skoumal, 1970 : 74)

1957. Le traducteur doit être bon rédacteur, bon psychologue et une personne de bon goût, sans quoi ses traductions seront des cauchemars. (Isaac Bashevis Singer, 1970 : 111. Traduction)

1958. Serait-ce trop dire que prétendre qu'un bon traducteur littéraire devrait joindre à des qualités d'artiste – goût naturel, sensibilité, finesse de perception, don d'expression –, des qualités d'homme de métier, travailleur, consciencieux, exigeant ? (J. F. Loloum, « Enquête de la FIT… », 1959 : 82)

1959. Une certaine forme d'abnégation s'impose au traducteur, cela dit en toute modestie. (Dante Gabriel Rossetti, *Dante and His Circle* [c1861], 1902 : xiv. Traduction)

1960. Il me semble que pour réussir en la version d'un excellent auteur, il ne faut guère moins de doctrine, de jugement, et d'éloquence, que dans les ouvrages d'invention. (Antoine Godeau, « Discours sur les œuvres de M. de Malherbe » [c1630], dans Malherbe, 1862, I : 368)

1961. Faire d'une bonne chose grecque une bonne chose latine est une œuvre telle qu'elle exige un ouvrier exceptionnel, qui ait largement enrichi sa connaissance des deux langues en accumulant un abondant matériel ; il doit aussi avoir un œil des plus perçants et toujours en éveil [...]. (Didier Érasme, « Lettre à William Warham » [c1506], dans Gerlo et Foriers, 1967-1984, I : 395)

1962. Avec de la chance, de la modestie et une grande patience, un bon écrivain peut traduire presque tout assez fidèlement. (Richard Wilbur, dans « On Translation », 1979 : 246. Traduction)

1963. Plus l'œuvre originale a une grande valeur littéraire, plus grand doit être le talent littéraire du traducteur. (Stanley Unwin, 1950 : 312-313. Traduction)

1964. Il ne suffit pas de connaître parfaitement une langue étrangère pour être bon traducteur ; il faut maîtriser une technique bien précise. (Stanley Unwin, 1950 : 312-313. Traduction)

1965. Un traducteur doit avant tout être un écrivain ; il n'est pas de traduction fidèle qui ne le soit à l'esprit au moins autant qu'à la lettre, qui ne procède d'une compréhension profonde de l'auteur de l'original, je dirai même, d'une communion avec lui. (Jaime Torres, dans Le Bidois, 1961 : 5)

1966. Il n'est pas douteux qu'il existe un talent spécifique de traducteur, talent de *réincarnation*, et on trouve la confirmation non seulement dans le fait que d'excellents traducteurs peuvent être des écrivains médiocres mais encore dans le fait que de grands écrivains se sont parfois montrés de faibles traducteurs. (Pavel Toper, 1979 : 10)

1967. Un traducteur doit connaître non seulement l'histoire de la littérature mais également l'histoire du développement de la personalité artistique de l'auteur qu'il traduit. Ce n'est qu'ainsi qu'il recréera de façon plus ou moins fidèle l'esprit de chaque ouvrage. (Korneï Tchoukovski, dans « Réflexions sur la traduction », 1987 : 79)

1968. Je ne suis pas certain que l'enthousiasme soit le propre de l'écrivain mais il faut qu'il soit le propre du traducteur. (Gustave Roud, dans Graf, 1998 : 48)

1969. Une traduction parfaite, si elle témoigne d'une connaissance approfondie des langues en cause, suppose aussi une docilité d'esprit et de cœur capable de rejoindre à sa source l'inspiration, qui a présidé à l'élaboration d'une œuvre. (Pie XII, 1956 : 53)

1970. Mais c'est ici qu'on attend du traducteur beaucoup d'intelligence et de compréhension, car s'il est injuste de déformer l'original sous prétexte de le rendre plus accessible, il ne faut point non plus rebuter le lecteur, mais lui préparer la tâche, l'inviter à un effort qu'on lui rend attrayant. (Pie XII, 1956 : 52)

1971. C'est plus qu'un traducteur que nous voulons. C'est un diplomate, c'est un ambassadeur. (Léa Pétrin, 1961 : 58)

1972. On naît traducteur, on ne le devient pas. (Eugene A. Nida, 1981 : 401. Traduction)

1973. Une traduction littéraire ne peut être l'œuvre que d'un critique capable de discerner et d'apprécier les ressorts d'un style, joint à un écrivain capable de l'interpréter, de le faire passer dans une autre langue. (Jean-Jacques Mayoux, dans « Enquête de la FIT… », 1959 : 80)

1974. Révision et correction ne peuvent guère s'adresser qu'à l'exactitude d'une traduction. Il est plus important d'avoir su trouver d'abord un traducteur doué de sens critique et de style. (Jean-Jacques Mayoux, dans « Enquête de la FIT… », 1959 : 80)

1975. Il faut qu'un traducteur soit un bon écrivain et en même temps, assez souple pour se plier au style de ceux qu'il traduit. (André Maurois, dans « Enquête de la FIT… », 1959 : 61)

1976. Un traducteur consciencieux choisit de traduire un livre à l'âge de quatorze ans et, cinquante ans plus tard, il le traduit toujours. (Clara Malraux, 1970 : 196. Traduction)

1977. Le goût exquis est nécessaire pour composer un ouvrage d'esprit, & pour le traduire. Rien n'a manqué peut-être au célèbre Dacier[20] qu'un goût exquis. (Jean-Baptiste de Secondat, 1786 : 404)

1978. Il n'y auroit qu'un traducteur de profession qui pût croire que la même mesure d'esprit & de génie qui suffit pour traduire un bon ouvrage, auroit suffi pour le composer. (Jean-Baptiste de Secondat, 1786 : 404)

1979. Point de bonne traduction, si le traducteur n'a eu lui-même du genie & du feu dans l'imagination. (Jean-Baptiste de Secondat, 1786 : 404)

1980. Le traducteur que nous souhaitons sera dans la langue qu'il écrit un écrivain très ingénieux et très hardi, rompu à toutes les adresses de l'écriture, conscient des possibilités de la langue, capable de les exploiter. Songeant toujours à ceux qui le liront, il saura cependant tenir en bride ses audaces. (Jacques Perret, 1975 : 23)

1981. Si un Traducteur ne s'instruit à fond, de tout ce qui concerne son Auteur ; s'il n'en étudie avec soin le stile, les inclinations, les mœurs, & le caractére ; s'il ne perce l'obscurité des temps passez, & ne s'enfonce dans l'histoire du siécle & du pays où cet Auteur a vécu ; il ne pourra jamais en bien sentir les beautez. (Guillaume Massieu, « Préface de l'éditeur », dans Tourreil, 1721, I : xxxvii)

1982. Ah, l'art de la traduction n'est pas à la portée du premier venu, en dépit de ce que pensent les apôtres insensés : pour bien traduire, il faut un cœur juste, pieux, loyal, persévérant, fervent, chrétien, savant, talentueux et expérimenté. (Martin Luther, *Ein Sendbrief vom Dolmetschen* [c1530], dans Bocquet, 2000 : 176. Traduction : Catherine Bocquet)

20. V. la note 7, p. 159.

1983. *À propos de la traduction de la Bible :* « Il est impossible à un mauvais chrétien ou à un esprit sectaire de faire une traduction fidèle. » (Martin Luther, *Ein Sendbrief vom Dolmetschen* [c1530], dans Bocquet, 2000 : 176. Traduction : Catherine Bocquet)

1984. À la différence des papistes, qui n'en savent pas autant que certaines bêtes de somme, je suis bien placé pour savoir que la traduction requiert une bonne dose de talent, de persévérance, de raison et d'intelligence : eux l'ignorent, faute de s'y être jamais essayés. (Martin Luther, *Ein Sendbrief vom Dolmetschen* [c1530], dans Bocquet, 2000 : 166. Traduction : Catherine Bocquet)

1985. Le rôle de traducteur est ingrat. Il réclame l'abnégation complète de soi, le pur dévouement à l'art, une connaissance de deux langues qui demande elle-même l'adjuvant de l'instinct, un monde de connaissances supérieur à celui de l'auteur, un grand désintéressement quant au profit aussi bien d'argent que de gloire. (Louis Fabulet, dans « L'enquête des *Cahiers du Sud* », 1927 : 269)

1986. *Au sujet de Frank Rosenzweig :* « Pour le Traducteur, il s'agit moins de se taire, les yeux fermés, que d'écouter, que de faire en sorte que les "yeux écoutent" et que les "oreilles voient" ». (Jean-Luc Évard, « Préface », dans Rosenzweig, 1998 : 6)

1987. *Au sujet de Jacques Amyot, traducteur de Plutarque :* « Il me semble que j'ai fait voir suffisamment son insuffisance, & qu'il n'avoit pas fait les provisions nécessaires pour s'embarquer sur un si vaste océan sans s'exposer au danger de faire naufrage. » (Claude-Gaspar Bachet de Méziriac, 1998 [c1635] : 46)

1988. C'est à la qualité de sa langue, à la structure de ses phrases, au rythme de sa traduction – bref, à sa musique propre qu'on juge un traducteur… (Michel Gresset, dans *Huitièmes Assises…*, 1992 : 95)

1989. La traduction est un défi qui mobilise notre créativité, mais un défi qui fait aussi appel à d'autres vertus, à commencer par la patience et la vigilance. (Luciana Frezza, dans *Huitièmes Assises…*, 1992 : 130)

1990. Il est vrai que le talent n'est pas tout pour réussir dans une traduction. (Émile Egger, 1846 : 518)

1991. Un traducteur professionnel doit être, à mon sens, une moitié d'écrivain. Un écrivain qui n'aurait pas besoin d'être inspiré, puisque son livre est déjà écrit, mais qui posséderait l'intelligence et les ressources du style. C'est beaucoup demander à quelqu'un qu'on paye six cents francs la page. (Jean Dutourd, « Enquête de la FIT... », 1959 : 62)

1992. Le traducteur doit être un caméléon, au moins bilingue, spirite et légèrement poète ! (Florence Herbulot, dans *Actes des deuxièmes Assises...*, 1986 : 70)

1993. La traduction est affaire de travail, et non de voyance. (Sylvie Durastanti, 2002 : 25)

1994. Il faut sçavoir jouer d'une main légere des piéces sur le clavecin, avant de s'adonner à l'accompagnement : de même avant d'être bon traducteur, il faut sçavoir être auteur. (Pierre Desfontaines, 1967a [c1744], I : 46)

1995. Du traducteur qui connaît son métier, on attend qu'il préserve le froment du sens sans nécessairement garder la paille des mots. (Jean Delisle, 1990b : 72)

1996. Mieux qu'un technicien, le traducteur doit être un artiste et un psychologue, qui sache s'élever au-dessus des vétilles de grammaire, des chicanes de dictionnaire et des littéralismes pesants, pour valoriser la physionomie propre d'un texte et la personnalité de son auteur. (Dom Michel Coune, 1976 : 5-6)

1997. Un traducteur n'a droit à aucune gloire ; il faut seulement qu'il montre qu'il a été patient, docile et laborieux. (François René de Chateaubriand, « Remarques », *Le Paradis perdu* [c1804], 1863, VI : 340)

1998. Traduire, c'est être soi-même capable de saisir les infinies résonances de chaque mot, de chaque mouvement de pensée, de chaque battement de cœur, et savoir les communiquer au lecteur, dont tout l'univers s'ordonne cependant selon un rythme antinomique. (Edmond Cary, 1956 : 18)

1999. Il ne suffit pas de traduire avec humilité ou nostalgie, il faut traduire avec amour. (Moura Budberg, 1970 : 149. Traduction)

2000. Le traducteur doit être capable de se mettre dans la peau d'un autre et *aimer* y être. Il doit aussi être à l'aise dans n'importe quel pays et dans n'importe quelle période de l'histoire. (Moura Budberg, 1970 : 148. Traduction)

2001. La traduction est un art. Elle ne suppose pas seulement des connaissances linguistiques, mais des qualités de style et un don particulier. Les grands écrivains ont été, à l'occasion, les meilleurs traducteurs. (Gaston Bridel, dans « Enquête de la FIT… », 1959 : 72)

2002. L'habileté du traducteur, comme celle de l'auteur, doit être inconsciente, impensée, involontaire : ce sera la soudaine agilité de l'amoureux qui n'a jamais su grimper aux arbres, et qui sous l'effet de son désir, escalade comme un acrobate la corde mince, et glissante, et fuyante, attachée au balcon de l'aimée. (Étienne Barilier, 1990 : 49-50)

2003. L'écrivain, le créateur, ne peut savoir qu'une langue, la sienne, et que cela lui suffise ; le traducteur, lui, est obligé d'en savoir deux, et aussi bien l'une que l'autre, mais de manière à ce qu'aucune des deux n'empiète sur l'autre. (Ivo Andrić, 1967 : 63)

Rapport auteur/traducteur

2004. Traduire est un acte d'amoureuse collaboration. (Maurice-Edgar Coindreau, 1974 : 137)

2005. *Une traductrice à son auteur :* « Chaque jour, pour être fidèle à votre texte, mes mots épousent les courbes de votre écriture, à la manière d'une amante qui se blottit dans les bras de son amoureux. » (Jacques Poulin, 2006 : 113)

2006. Le traducteur doit être l'auteur écrivant dans l'autre langue. (Georges-Arthur Goldschmidt, 2013 : 174)

2007. Traduire, c'est écrire sous le nom d'un autre au risque d'être méconnu. Mais c'est finir par mettre son nom sur un autre au risque d'être confondu avec lui. (Dominique Grandmont, 1997 : 54-55)

2008. Un traducteur est un acteur qui joue le rôle d'un auteur. (Eliot Weinberger, dans Russell-Bitting, 2001 : n. p. En ligne. Traduction)

2009. On partage un métier avec celui qu'on traduit, on est capable d'épouser sa logique. Sans établir de comparaisons défavorables avec les traducteurs patentés, je pense que les éditeurs viennent chercher notre sensibilité. Ça les intéresse qu'un auteur puisse mettre sa propre couleur dans un texte. (Catherine Leroux, dans Tardif, 2016 : F-1)

2010. Ce n'est pas tant l'auteur qui influence le traducteur, mais plutôt le traducteur qui, demandant un soutien à l'auteur pour une modification qu'il sait hardie, lui permet de comprendre le véritable sens de ce que lui, l'auteur, avait écrit. (Umberto Eco, 2003 : 177)

2011. L'auteur n'est pas l'auteur de la traduction. C'est le traducteur qui est, avec l'assentiment de l'auteur, le mieux placé pour trancher. Je dis cela et pourtant, lorsqu'on traduit mes textes, c'est moi qui ai le dernier mot ! (Marie José Thériault, dans Durin, 1996 : 16)

2012. La traduction est devenue affaire d'affinités électives : les féministes se traduisent entre elles, des écrivains qui s'admirent se rendent mutuellement le service. C'est sans doute ce que la traduction devrait être : un geste d'amitié ou de collaboration. (David Homel, 1993 : 132. Traduction : Marie-Andrée Lamontagne)

2013. Dans la foule innombrable des traducteurs, il y en a bien peu, il faut l'avouer, qui fussent dignes d'entrer en société de pensée & de sentiment avec un homme de génie. (Jean-François Marmontel, 1751, IV : 954)

2014. Quand un poète traduit, tout est un peu à son image ; quand un artisan traduit, tout se ressemble un peu. (Hanno Helbling, « Cordonnier ou poète ? », dans Graf, 1998 : 79. Traduction : Marion Graf)

2015. Le labeur de traduire n'est pas toujours ingrat. Quand l'original est illustre et l'interprète habile, ils deviennent comme inséparables, et s'immortalisent l'un l'autre. (Frédéric Hennebert, 1968 [c1861] : 260)

2016. On traduit parce que l'on chérit, et c'est alors qu'on traduit bien. (Frédéric Hennebert, 1968 [c1861] : 5)

2017. Le traducteur et son auteur doivent interpréter sans cesse la fable de l'Aveugle et du Paralytique : je marcherai pour vous, vous y verrez pour moi. (Maurice-Edgar Coindreau, 1974 : 137)

2018. L'art de la traduction s'avère une expérience humaine et fraternelle à nulle autre pareille. (Jean Simard, dans Lane-Mercier, 2005 : 147)

2019. Le traducteur a des comptes à rendre à un auteur et à un texte, même si l'auteur est mort ; le texte représente l'auteur. Il n'a pas de comptes à rendre au lecteur. (Céline Zins, dans *Actes des deuxièmes Assises…*, 1986 : 69)

2020. Nul ne t'y oblige, mais si tu as choisi de traduire – soumets-toi à l'auteur. (Piotr Viazemski, dans « Quelques opinions russes… », 1979 : 57)

2021. Du traducteur et de l'auteur, il n'y a que le nom qui diffère. (Vassili Kirillovitch Trediakovski, dans « Quelques opinions russes… », 1979 : 57)

2022. Ce que l'écrivain a créé, le traducteur le recrée. Il ne va pas du même pas, il suit un autre itinéraire, mais il prétend arriver au même endroit. (François Vermeulen, 1976 : 35)

2023. À traduire des poèmes on a toujours, quoi qu'on fasse, un peu raison et un peu tort. On n'est jamais tout à fait soi-même et totalement l'autre. On se donne, se reprend, on s'imprègne, on oublie, refait, confronte et se désespère. On est deux. Le couple impossible. (Philippe de Rothschild, 1969 : 35)

2024. En traduisant [les histoires des auteurs que je traduis], je m'approche de leur vérité. Je m'approche aussi de la mienne, car la traduction est un miroir. (Hélène Rioux, 2001 : 25)

2025. Traduire, c'était plus que modifier l'auteur, c'était en quelque sorte le rendre semblable à soi-même. (Jean Marcel, 1990 : 154)

2026. Tout traducteur adore l'homme qu'il traduit ; car, Dieu *le* damne ! il faut aimer diablement un homme pour se fourrer les pieds dans les sabots en plomb d'une traduction. (Jules Barbey d'Aurevilly, *Littérature épistolaire* [c1892], dans Uzanne, 1908 : 336)

2027. Le lecteur mêle forcément sa personnalité à la vision qui lui est proposée, lire est aussi poursuivre l'écriture de l'auteur, la compléter dans un sens ou un autre, la tronquer dans un sens ou dans l'autre, le lecteur est un co-écrivain. Le traducteur quant à lui devrait se garder de cette fonction réductrice pour le texte. (Françoise Wuilmart, « L'auteur et son double, le texte et sa lecture », dans Awaiss, 2002 : 76-77)

2028. C'est un des progrès de la raison humaine dans ce siècle, qu'un traducteur ne soit plus idolâtre de son auteur, et qu'il sache lui rendre justice comme à un contemporain. (Voltaire, « Discours de M. de Voltaire à sa réception à l'Académie française » [c1746], 1879, XXIII : 207)

2029. Ce sont très souvent les traductions effectuées par des écrivains, et dont la forme est marquée par le style propre à l'auteur, qui sont assurées d'une plus grande durabilité, et cela parce qu'elles acquièrent dès lors le statut d'œuvres (de l'auteur-traducteur). (Mathilde Vischer, 2003 : 56)

2030. *À propos du traducteur qui suit à la trace l'auteur traduit :* « Aucun autre parasite du monde des lettres – ni le critique, ni le professeur, ni l'étudiant, ni l'acteur, ni le metteur en scène – n'a la chance de s'approcher si près de l'écrivain en plein travail. » (Philip Stratford, 1993 : 126. Traduction : François Bilodeau)

2031. Le traducteur n'a pas à se replier sur une position modeste : certes il n'est qu'un passeur mais sa responsabilité est de faire traverser le temps au poète qu'il traduit. D'où la nécessité de se mesurer à lui comme écrivain. (Éloi Recoing, « Antoine Vitez ou l'esprit de traduction », dans Déprats, 1996 : 100)

2032. Ce livre essentiel, le seul livre vrai, un grand écrivain n'a pas, dans le sens courant, à l'inventer, puisqu'il existe déjà en chacun de nous, mais à le traduire. Le devoir et la tâche d'un écrivain sont ceux d'un traducteur. (Marcel Proust, *Le temps retrouvé* [c1927], 1987, IV : 469)

2033. Je voudrais savoir pourquoi, si un traducteur est accusé d'infidélité parce qu'il travaille avec plusieurs auteurs, un écrivain, lui, peut s'afficher sur une estrade flanqué de deux traducteurs avec lesquels il a collaboré. (Sylvère Monod, dans *Dixièmes Assises…*, 1994 : 60)

2034. Tout auteur, quel qu'il soit, en vient fatalement à se demander, un jour ou l'autre, ce qu'a pu devenir son œuvre entre les mains des traducteurs, surtout lorsque les traductions sont dans des langues qu'il ne connaît pas du tout. (Henry Miller, dans Stanké, 1988 : 428)

2035. Le traducteur est toujours un imposteur qui se met à la place de l'auteur. Il écrit les mots de l'auteur. Bien entendu, il se met au service de l'auteur. Mais est-ce que ce n'est pas l'auteur qui se met à son service ? Moi, je suis au service de l'idée que j'ai de l'auteur. (André Markowicz, 1993 : 24)

2036. Seule une discussion entre deux poètes sur la source même du processus créateur rend possible la transposition d'un poème dans une langue étrangère. (Gilles Marcotte, 1962 : 9. Traduction)

2037. Traduire, à la fin, ce n'était pas changer la langue mais en changer l'auteur même. (Jean Marcel, 1990 : 154)

2038. Le traducteur est un écrivain fidèle à une source, l'auteur à toutes. (François Vaucluse, 2001 : n. p.)

2039. Comme les parfaits valets de chambre des romans victoriens, le traducteur partage tous les sentiments de son maître, mais n'en trahit aucun. (François Vaucluse, 2001 : n. p.)

2040. Le traducteur est un simulateur et un faussaire, soit. Mais l'auteur, lui, est-il le créateur authentique de ses œuvres ? (Sherry Simon, 1994 : 81)

2041. L'auteur et son traducteur sont des amis-rivaux. C'est ainsi seulement que je peux concevoir le problème de l'adaptation littéraire, problème dont il serait difficile de surestimer l'importance. (Marc Sergeev, dans « On Translation », 1979 : 243)

2042. Par le choix des mots
Reproduire une âme parallèle,
être avec elle jusqu'au bout de sa route
(Armand Robin, 1992 : 49)

2043. *Ode à Messieurs de l'Académie Françoise :*
Les Plines & les Démosthénes,
Les Travaux de Rome & d'Athénes
Deviennent nos propres Travaux ;
Et ceux qui nous les interprétent,
Sont moins, par l'éclat qu'ils leur prêtent,
Leurs Traducteurs que leurs Rivaux.
(Antoine Houdar de La Motte, dans Basnage de Beauval, 1687-1709, II : LIII)

2044. Il en est de la plûpart des Traducteurs comme des Faiseurs d'Oraisons Funébres ; les uns & les autres honorent d'un culte, qui va jusqu'à l'idolâtrie, les Ecrivains & les Héros dont ils célébrent le génie & la gloire. (Élie Fréron, « Lettre X, 12 décembre 1749 », 1966, I : 164)

2045. Dans un certain sens, le traducteur du poète est lui-même auteur original. (Vassili Andreïevitch Joukovski, dans « Quelques opinions russes… », 1979 : 57)

2046. La tâche est rude de traduire. La lutte est presque toujours disproportionnée entre le traducteur et l'écrivain traduit. C'est un corps à corps entre deux statures inégales. L'un, ordinairement, n'est qu'un talent, tandis que, souvent, l'autre est un génie. (Victor Hugo, 1973 [c1864] : 437)

2047. Éprouver une grande affection pour l'auteur ou un thème n'est pas *en soi* garant de la qualité d'une traduction ; inversement, un manque d'affinité avec l'auteur ou d'intérêt pour un sujet n'aboutit pas forcément à une mauvaise traduction. (Elsa Gress, 1970 : 61. Traduction)

2048. Chaque fois qu'un traducteur aborde l'œuvre d'un écrivain nouveau, il lui faut se livrer à de patientes manœuvres d'approche et tenter de conquérir le nouvel auteur, ou, plus modestement, de se laisser dominer et habiter par lui. Il faut qu'il vive, respire, parle avec lui. (Maurice Gravier, 1973 : 46)

2049. Il importe que le traducteur soit de la même famille que l'écrivain qu'il traduit. (Bernard Grasset, dans Lefebvre, 1955 : 9)

2050. Attentif à la moindre syllabe, au moindre vocable, au jeu des connotations et aux glissements de sens, le traducteur suit à la trace l'écrivain parti à la recherche du *mot juste*. (Philip Stratford, 1993 : 126. Traduction : François Bilodeau)

2051. S'il se trouve des traducteurs ne traduisant que des textes choisis au nom de mystérieuses affinités électives, ce sera souvent au risque de donner de belles infidèles, exclusivement modelées à leur propre image. (Sylvie Durastanti, 2002 : 85)

2052. Le traducteur doit être ce lecteur d'élection dont rêve tout écrivain. C'est dire qu'il peut se trouver amené, au fil des pages, à se demander par moments qui, de lui ou de l'autre, est le véritable auteur du texte. (Sylvie Durastanti, 2002 : 71)

2053. Tout Traducteur a, pour ainsi dire, un Maître, c'est son Auteur. Mais le Maître ne doit pas exercer sur lui un empire oriental & despotique, ni le charger de chaînes comme un vil esclave. (Pierre Desfontaines, 1765, I : XLI)

2054. Le traducteur doit adopter l'âme de l'auteur. (Pierre Daviault, 1936 : 8e cours)

2055. Toute traduction est une transposition, et la réussir exige entre auteur et traducteur empathie et connivence. (Albert Bensoussan, 1995 : 60)

2056. Reconnaissant aujourd'hui avec optimisme que les « belles infidèles » sont caduques, on peut affirmer que, dans ce couple nécessaire auteur/traducteur qui fonctionne si bien, il ne peut y avoir de fidélité sans amour. (Albert Bensoussan, 1995 : 40)

2057. Savez-vous pourquoi j'ai patiemment traduit Poe ? Parce qu'il me ressemblait. (Charles Baudelaire « Lettre à Théophile Tauré » [c1864], 1948, IV : 277)

2058. Écrivain et traducteur : tous deux créent des formes, mais l'un est sculpteur, l'autre mouleur. (Carlos Batista, 2003 : 97)

2059. Un traducteur devrait être l'auteur de son auteur. (Carlos Batista, 2003 : 61)

2060. Une œuvre et son traducteur peuvent s'aimer, sans pour autant s'accorder. (Carlos Batista, 2003 : 23)

2061. Traduire, c'est me fondre entièrement dans la traduction d'un autre pour me traduire *moi-même*. (Carlos Batista, 2003 : 14)

2062. *Au sujet de Pierre Le Tourneur, traducteur de Shakespeare :* « Pour traduire un fou, il faut être un sot. » (Anonyme, attribuée à un lord anglais, dans Larousse, 1866-1890, XV : 389)

2063. Les hommes de génie ne devraient être traduits que par ceux qui leur ressemblent, et qui se rendent leurs imitateurs, pouvant être leurs rivaux. (Jean d'Alembert, « Observations sur l'art de traduire » [c1763], 1967, IV : 34)

2064. Le traducteur n'est pas seulement quelqu'un qui fait passer un texte préexistant, c'est quelqu'un qui est un partenaire à part entière de la création littéraire. (Sonallah, Ibrahim, dans *Vingtièmes Assises…*, 2004 : 108)

Règles, lois, principes de traduction

2065. La traduction est une activité où l'on suit des règles sans disposer de règles pour appliquer les règles. (Christian Berner, 1999 : 18)

2066. Il est absurde et réducteur de croire que la traductologie a pour objet de formuler des « règles » de traduction. (André Lefevere, 1992a : 59. Traduction)

2067. Ceux de nos bons écrivains qui se sont exercés avec succès dans l'art de traduire ont mieux fait que de transcrire des règles, ils ont donné des exemples. Étudions l'art dans leurs ouvrages, et non dans quelques décisions mal assurées, sur lesquelles on dispute. Quels préceptes en effet sont préférables à l'étude des grands modèles ? (Jean d'Alembert, « Observations sur l'art de traduire » [c1763], 1967, IV : 31)

2068. Pour donner des règles à l'art de traduire, il manque encore un Ovide ou un Einstein. (Carlos Batista, 2003 : 63)

2069. Les règles de la traduction, comme celles de tous les arts, sont fondées en théorie sur l'objet même de l'art, et se modifient, jusqu'à un certain point, dans la pratique, par la difficulté de l'application. (Marie-Claude-Frédéric Vaultier, *De la traduction* [c1812], dans D'hulst, 1990 : 72)

2070. Si l'on pouvait définir avec précision ou peut-être, plus exactement, décrire ce qu'on entend par une *bonne traduction*, on réaliserait des progrès considérables du point de vue de l'élaboration des règles de cet *Art*. (Alexander Fraser Tytler, 1907 [c1791] : 7. Traduction)

2071. Il n'y a pas de principes universels de traduction parce que les seules personnes compétentes pour les formuler ne se sont jamais entendues à ce sujet. Elles se sont contredites si souvent et pendant si longtemps qu'elles nous ont légué une masse de réflexions confuses dont on chercherait en vain d'autres exemples en littérature. (Theodore Savory, 1968 [c1957] : 49-50. Traduction)

2072. Énoncer succinctement les principes régissant la traduction est impossible. Les formuler sous quelque autre forme est plus difficile qu'on imagine, et cela est dû aux traducteurs eux-mêmes et à ce qu'ils ont écrit sur le sujet. (Theodore Savory, 1968 [c1957] : 49. Traduction)

2073. L'une des règles de la traduction théâtrale et de la traduction en général est de ne jamais apparaître comme une interprétation du texte mais de se tenir toujours en retrait pour maintenir l'énigme. (Danièle Sallenave, dans *Sixièmes Assises...*, 1990 : 73)

2074. Il ne faut rien mettre dans notre traduction dont on ne puisse rendre raison, & que l'on ne puisse dire pourquoi on l'a mis ; ce qui est plus difficile qu'on ne pense. (Antoine Le Maistre, dans Fontaine, 1970 [c1736], II : 186)

2075. La règle si souvent prescrite aux traducteurs, d'écrire comme leur auteur eût écrit dans leur langue, ne leur est pas d'un grand secours, & elle peut même quelquefois les égarer. (Paul-Jérémie Bitaubé, 1775, II : 482)

2076. La traduction ne se réduit pas à une opération linguistique, mais chaque genre possède ses règles propres. (Edmond Cary, 1985 [c1958] : 49)

2077. La traduction supporte mal les corsets de règles et de principes théoriques trop astreignants. La réalité complexe des textes inflige souvent de cinglants démentis aux théories. (Jean Delisle, 2001 : 212)

2078. *La « loi de Buisseret » :* « Moins un traducteur connaît le français, plus sa traduction est prolixe. » (Irène de Buisseret, 1975 : 9)

2079. Règles de conduite et garde-fous, tel me paraît être le produit de la réflexion théorique dans le travail du traducteur. (Claire Cayron, dans *Actes des premières Assises...*, 1985 : 97)

Religion, liturgie

2080. En traduction religieuse, plus on est littéral, plus on est, croit-on, près de la « vérité scripturaire », plus on a l'impression d'être le fidèle porte-parole de l'auteur initial. Indéracinable mythe !.... (Jean Delisle, 2005 : 842)

2081. Toutes les religions ont raison au fond et tort dans la forme. Texte : Dieu. Traducteur, trahisseur. Une religion est un traducteur. (Victor Hugo, *Tas de pierres* [c1942], 1961, III : 1599)

2082. Les fondements de la foi seraient une traduction, cet à-peu-près, et la tradition orale, cet on-dit. (Pierre Baillargeon, 1962 : 136)

2083. La Réforme n'est-elle pas au premier chef une querelle de traducteurs ? (Edmond Cary, 1963a : 9)

2084. Les traductions confessionnelles, dont la foi et la bonne volonté sont indéniables, affaiblissent et ruinent l'objet de leur culte sans même le savoir. (Henri Meschonnic, 2001 : 19-20)

2085. La traduction des livres liturgiques requiert non seulement des connaissances d'un degré élevé, mais aussi un esprit de prière et la confiance en l'aide de Dieu, qui n'est pas accordé seulement aux traducteurs, mais à l'Église elle-même. (Jorge A. Medina Estévez, 2001 : n. p. En ligne)

2086. Plus que toute autre institution, l'Église catholique souffre de la malédiction de Babel. (Jean Delisle, 2005 : 832-833)

2087. Prétendre que la théologie est trop grande pour se plier aux lois de la grammaire et que tout le travail de la traduction dépend de l'inspiration du Saint-Esprit, c'est vraiment donner aux théologiens une dignité toute nouvelle ! (Didier Érasme, « Lettre à Christophe Fisher » [c1505], dans Gerlo et Foriers, 1967-1984, I : 385)

2088. L'exégèse est en grande partie faite d'une étude de traductions comparées. (Edmond Cary, 1956 : 67)

2089. Je fais l'hypothèse que traduire est le mouvement originel du christianisme. Le dieu chrétien est un dieu qui se traduit. (Frédéric Boyer, 2002 : 120)

Retraduction

2090. L'histoire de la traduction est surtout l'histoire des retraductions. Ce sont les retraductions qui procurent la série la plus documentée des transformations d'un texte, de ses mouvements, par lesquels une culture se montre poétiquement. (Henri Meschonnic, 1999 : 175)

2091. Le développement de la traduction suit toujours le développement spirituel et culturel des nations, de sorte qu'à *un esprit nouveau doit correspondre une traduction nouvelle*. (Charles Le Blanc, 2008 : 14)

2092. La possibilité et la nécessité de la retraduction sont inscrites dans l'acte même de la traduction. (Antoine Berman, 1990 : 1)

2093. Si l'histoire de la traduction est l'histoire des retraductions, cela est doublement vrai de la Bible. (Jean Delisle, 2001 : 218)

2094. Préfaces et textes d'accompagnement donneraient à penser que la raison de la version dernière est toujours la meilleure. (Annie Brisset, 2003 : 39-40)

2095. C'est dans la retraduction, et mieux, dans *les* retraductions, successives ou simultanées, que se joue la traduction. (Antoine Berman, 1995 : 84)

2096. Un traducteur qui retraduit une œuvre déjà maintes fois traduite a avantage à connaître l'histoire de ses traductions, soit pour s'inscrire dans une lignée, soit pour s'inspirer de l'une des traductions de cette lignée, soit pour rompre avec cette lignée. (Antoine Berman, 1995 : 61)

2097. Lorsque la traduction est re-traduction, elle est implicitement ou non « critique » des traductions précédentes. (Antoine Berman, 1995 : 40)

2098. La re-traduction, indépendamment de ses aspects structurels, est toujours et d'abord un *mouvement historique*. (Antoine Berman, 1999 [c1985] : 117)

2099. Toute nouvelle traduction, qu'elle s'appuie ou non sur des versions antérieures, apporte une autre réflexion sur les textes. (Mathilde Vischer, 2003 : 31)

2100. C'est le privilège de la Traduction de pouvoir estre reiterée dans tous les Siècles, pour refaire les Livres selon la Mode qui court. (Charles Sorel, 1664 : 194)

2101. C'est dans la retraduction qu'on observe le mieux la pulsion de traduction entretenue par l'insatisfaction à l'égard des traductions existantes. (Paul Ricœur, 2004 : 15)

2102. En ce qui concerne les grands textes de notre culture, nous vivons pour l'essentiel sur des re-traductions à leur tour remises sans fin sur le métier. (Paul Ricœur, 1999 : 15)

2103. Les partisans de traductions nouvelles pensent qu'il est difficile, dans la révision, de faire circuler le même sang d'un bout à l'autre du texte traduit, si plusieurs mains, plusieurs esprits, plusieurs styles, plusieurs époques ont participé à son élaboration. (Sylvère Monod, dans *Septièmes Assises...*, 1991 : 59)

2104. Il n'y a jamais de traduction définitive. Compagnons d'infortune de Sisyphe, les traducteurs sont condamnés à réviser sans fin leurs propres traductions et à refaire celles de leurs prédécesseurs. (Jean Delisle, 2005 : 847)

2105. Comme celle du traducteur, l'écriture du retraducteur est traversée par la langue de son époque. (Paul Bensimon, 1990 : IX)

2106. Un traducteur ne doit pas traiter l'œuvre étrangère comme une fiancée, en lui passant la bague au doigt, mais au contraire souhaiter que d'autres séduisent à leur tour la belle... (Carlos Batista, 2003 : 44)

2107. Le traducteur est un interprète comme le violoncelliste qui joue du Bach ; c'est pourquoi on peut traduire plusieurs fois un grand texte. (Henri Mendras, dans *Vingtièmes Assises...*, 2004 : 90)

2108. Il faut décomplexer le retraducteur : il arrive que de nombreux éléments ne puissent pas sans contorsions artificielles différer de celles des prédécesseurs, sauf à redéfinir la retraduction comme un rewriting total de ce qui a été fait. (Jean-Pierre Lefebvre, 2007 : 7)

2109. *Au sujet des retraductions :* « Je n'aime pas trop cette posture. J'ai l'impression d'être le pion qui arrive derrière pour corriger ses prédécesseurs. » (Bernard Lortholary, 2001 : 8)

Rythme, musicalité, sonorités, ton

2110. C'est du côté des rythmes et des sonorités qu'il faut chercher ses meilleures équivalences. C'est ce tissu fragile et primordial qu'il convient de ne pas déchirer. (Laure Bataillon, 1991 : 56)

2111. La traduction n'est pas dans l'exactitude littérale d'un texte. Elle est davantage dans une approche d'ordre musical, rigoureusement personnelle et même, s'il le faut, aberrante. Les erreurs musicales sont les plus graves. (Marguerite Duras, dans *Actes des quatrièmes Assises...*, 1988 : 89-90)

2112. S'il y a quelque chose à transposer, et de transposable, c'est à mon avis, le rythme du texte original. Et si le rythme naît des pauses et des silences, on pourrait dire qu'en traduisant on transpose plutôt les syncopes, les intervalles, les blancs que les mots proprement dits. (Christina Viragh, « Six lettres sur la traduction », dans Graf, 1998 : 121. Traduction : Ursula Gaillard)

2113. La première tâche d'un traducteur de poésie est de produire un rythme vivant, sans songer à imiter ou à restituer celui de son modèle étranger. (Claude Vigée, dans *Huitièmes Assises...*, 1992 : 31)

2114. Une traduction n'est pas une traduction si elle ne reproduit pas la musicalité d'un poème en même temps que les mots. (John Millington Synge, 1907 : 180. Traduction)

2115. Un habile traducteur doit pouvoir faire sentir à ses lecteurs le rythme de l'original, tout comme un dessin au crayon ou au fusain peut donner l'impression de la couleur. (Theodore Savory, 1968 [c1957] : 31. Traduction)

2116. Traduire, c'est entrer dans l'autre, trouver sa musique. La traduction est d'abord une oreille attentive. Elle s'attache au son autant qu'aux mots. (Hélène Rioux, 2001 : 21)

2117. Il s'agit moins de traduire à la perfection que de manière vivante. De ce point de vue, les écarts sémantiques font sens, pour autant que la « musique » y soit. (Ilma Rakusa, « Six lettres sur la traduction », dans Graf, 1998 : 132. Traduction : Ursula Gaillard)

2118. Le rythme est le sens profond d'un texte. (Henri Meschonnic, « Pour une poétique de la traduction » [c1970], 1986a : 15)

2119. N'avez-vous jamais éprouvé de gêne en lisant une traduction et n'êtes-vous pas de cette opinion que votre gêne est analogue à la gêne que procure un instrument accordé trop haut ou trop bas ? (Julien Green, « Mon premier livre en anglais » [c1943], 1972, III : 1437)

2120. *À propos de la (mauvaise) traduction anglaise du* Docteur Jivago *:* « Quant aux traducteurs du *Docteur Jivago,* il ne faut pas trop les blâmer. Ce n'est pas leur faute. Ils ont l'habitude, comme tous les traducteurs, de reproduire le sens littéral de ce qui est dit plutôt que le ton. Et bien sûr, c'est le ton qui compte. » (Boris Pasternak, dans *Romanciers au travail,* 1967 : 28. Traduction : Jean René Major)

2121. Nulle traduction ne saurait garder ces secrets insaisissables qui ne viennent à l'âme que par l'oreille. (Karl Vossler, 1926. Traduction)

2122. Les bons textes dramatiques sont marqués par un rythme. Les traducteurs sont en général incapables de retrouver ce rythme et de le rendre sensible dans leurs traductions. J'aime à être porté par la *respiration* d'un texte. Les textes des traducteurs ne respirent pas. (Jean Vilar, dans Gravier, 1973 : 44)

2123. Il est clair que la musicalité et la cadence des vers ne pourront que difficilement être rendus dans une traduction. Mais ce n'est pas le cas de l'esprit et de la beauté du texte, même si ce doit être en vers libres ou dans une forme prosaïque. (Marcello Venturi, dans « On Translation », 1979 : 245)

2124. Pour transposer certains poèmes il me semble qu'il n'est possible de rendre le *jeu* que par un jeu autre. L'allégresse, le mouvement de danse étant plus importants qu'une exactitude sans écho, sinon pédante. (Philippe de Rothschild, 1969 : 34)

2125. Les textes bibliques, plus que tous les autres, imposent une réflexion et une pratique : la pratique du rythme comme signifiant majeur du langage, car celle-ci est inscrite dans ces textes comme nulle part ailleurs. (Henri Meschonnic, 1999 : 460)

2126. Dans un texte littéraire, c'est l'oralité qui est à traduire. Toute traduction qui montre qu'elle n'en a pas la moindre idée se juge aussitôt elle-même. Forme traductionnelle du suicide. (Henri Meschonnic, 1999 : 29)

2127. Le traducteur doit saisir et essayer de restituer la musicalité propre au texte original. Et c'est ici, bien souvent que le bât blesse. (Maurice Gravier, 1973 : 44)

2128. Il faut que le traducteur ait de l'oreille et qu'il se puisse fier au jugement de celle-ci pour ne point porter à la ruine, ni non plus troubler, ce qui est exprimé avec élégance et harmonie. (Leonardo Bruni, 2008 (c1424/1426) : 43. Traduction : Charles Le Blanc)

Sens

2129. Le traducteur a bien peu fait, qui n'a donné d'un texte que le sens. (André Gide, « Lettre à André Thérive » [c1928], 1931 : 191)

2130. Aux yeux de l'érotique, il y a, une (f)rigidité de la lettre comme il y a un exhibitionnisme du sens. (Sathya Rao, 2005 : n. p. En ligne)

2131. La réflexion sur la traduction s'est développée à partir d'une sorte de mystique du sens qui convergeait avec une mystique de la lettre. (Charles Le Blanc, 2009 : 26)

2132. Interpréter, c'est, entre autres, faire un pari sur le sens d'un texte. Le traducteur peut évidemment compter sur l'histoire de toute une culture pour limiter ses risques, comme le parieur qui joue à la roulette peut s'appuyer sur la théorie de la probabilité. (Umberto Eco, 2001 : 16-17. Traduction)

2133. La traduction n'est pas que miroir et reproduction : elle est aussi production de sens nouveaux. (Sherry Simon, 1991 : 11)

2134. Ce que je trouve agaçant, c'est qu'on réduise le plus souvent le rôle du traducteur à celui de porteur de sens, ce qui est extrêmement réducteur. Surtout pour la poésie. (Madeleine Santschi, « Ce bruit de rochers qui dévalent », dans Graf, 1998 : 115)

2135. Ce n'est pas le sens qui doit suivre les mots, mais les mots qui doivent être au service du sens. (Martin Luther, *Summarien über die Psalmen* [...] [c1531], dans Bocquet, 2000 : 81. Traduction : Catherine Bocquet)

2136. La traduction oblige à un choix entre plusieurs significations possibles et fixe le sens d'une manière univoque, éliminant ainsi la richesse virtuelle de multiples possibilités signifiantes. (Benjamin Gross, 2003 : 79)

2137. Pour traduire le sens de l'original il faut trahir ses mots. (Amparo Hurtado Albir, 1990 : 118)

2138. Il n'importe pas d'être fidéle dans les paroles qui ne sont que l'accessoire, quand c'est pour être plus fidéle dans le sens, qui est le principal & l'essentiel. (Abraham Nicolas Amelot de la Houssaie, 1683 : XXXII)

2139. Traduire signifie prendre position sur le sens des mots dans le contexte établi par l'auteur et ce pari sur le sens est déjà une interprétation du texte. (Marie Viallon, 2001 : 7-8)

2140. Un texte ne peut exister sans traduction ; un texte qui ne peut être traduit n'a aucun *sens* ; c'est la traduction qui dit le sens du texte. (Léon Robel, 1973 : 8)

2141. Rien en littérature n'est indépendant. Le sens est l'accumulation du rythme, des mots, des connotations, etc. Il ne faut rien sacrifier. Il faut rendre l'intrication des éléments. (André Markowicz, dans Arsenault, 2002 : 55)

2142. Ce que rend le traducteur, ce n'est que le sens qui n'est pas, hélas ! d'une importance extraordinaire. (Georg Christoph Lichtenberg, 1980 [c1764-1799] : 144. Traduction : Marthe Robert)

2143. *À propos de sa traduction de* L'Octavius *de Minucius Felix :* « Par tout on voit le sens, ce qui suffit à un traducteur, car de vouloir rendre tous les mots dans une œuvre d'éloquence, ce seroit tenter une chose impossible. » (Nicolas Perrot d'Ablancourt, « Préface », *L'Octavius* [c1637] de Minucius Felix, dans Zuber, 1972 : 110)

2144. Traduire ne consiste pas tant à trouver, et à reproduire, le sens d'un texte, un sens qu'on estime toujours trop vite être le sens initial alors qu'il est le fruit légitime de notre interprétation. (Dominique Grandmont, 1997 : 126)

2145. Tout effort de translation d'une langue à l'autre devra non décalquer, mais inventer un nouvel arbre. Un arbre de sens. (Sylvie Durastanti, 2002 : 112)

2146. Il ne suffit pas de bien rendre le sens des mots d'un texte pour rendre tout le sens de ce texte. D'où l'illusion de la voie philologique. (Jean Delisle, 2001 : 213)

2147. Les poèmes qui s'appliquent à traduire ce que nous avons convenu d'appeler le « sens » ne traduisent le sens (et le poème) qu'à moitié, c'est-à-dire que ce qui nous reste est bien peu… (Arnaldo Calveyra, dans Bataillon, 1991 : 40)

2148. Les mots signifient une chose et leur sens, lui, une autre. (Leonardo Bruni, 2008 (c1424/1426) : 33. Traduction : Charles Le Blanc)

2149. Tout mot superflu engendre une pénurie de sens. (Carlos Batista, 2003 : 38)

2150. Le sens juste, resserrant les mots, aiguise la phrase en pointe d'aiguille. Le faux-sens, lui, fait accroc. (Carlos Batista, 2003 : 24)

2151. Une traduction ne peut être que le maillon d'une chaîne interprétative qui tente de saisir le sens du texte à une époque donnée, sens qui peut satisfaire une époque, mais pas nécessairement la suivante. (Charles Le Blanc, 2009 : 87)

Style

2152. Le sublime se traduit toujours, presque jamais le style. (Jean d'Alembert, « Réflexions sur l'éloquence » [c1754], 1967, IV : 306)

2153. La plûpart des Traducteurs prêtent leur stile à l'Auteur qu'ils traduisent. (Jean-Baptiste Morvan de Bellegarde, « Des règles de la traduction » [c1695], 1706 : 445)

2154. Un livre de vous qu'on a traduit n'est plus le vôtre : c'est principalement celui de votre traducteur, puisqu'il vous a imposé son style. Il faudrait donc le signer avec lui, et le présenter comme un ouvrage écrit en collaboration. (Emil Michel Cioran, 1997 : 489-490)

2155. La personnalité du traducteur finit par transparaître s'il a déjà un style. C'est bien évident. (Michel Tremblay, entrevue à Radio-Canada, 8 juin 2001, dans Whitfield, 2005 : 54)

2156. Pour bien traduire, quand on traduit longtemps, il faut un style un peu mou et qui puisse tout exprimer avec plus de facilité que de force. (Joseph Joubert, 1938, II, « 3 juin 1806 » : 554)

2157. Toute traduction dont le style a du nombre[21] et un rythme fixe, suspecte d'infidélité. À moins que l'ouvrage traduit n'ait aussi un rythme de la même espèce et de la même fixité. (Joseph Joubert, 1938, II, « 2 avril 1808 » : 652)

2158. On ne peut traduire que les auteurs *sans style*. D'où le succès des médiocres, ils passent facilement dans n'importe quelle langue ! (Emil Michel Cioran, 1997 : 525)

2159. Dans toutes les langues le style noble, élevé se traduit ; & le délicat, le léger, le simple, le naïf est presqu'intraduisible. (Jean-François Marmontel, 1751, IV : 953)

2160. L'autorité suprême, pour un traducteur, devrait être le *style personnel* de l'auteur. Mais la plupart des traducteurs obéissent à une autre autorité : à celle du *style commun*, du « beau français » (du bel allemand, du bel anglais, etc.). (Milan Kundera, 1993 : 133)

2161. Ce n'est rendre un Autheur qu'à demy, que de luy retrancher son éloquence. Comme il a esté agreable en sa langue, il faut qu'il le soit encore en la nostre, et d'autant que les beautez et les graces sont differentes, nous ne devons point craindre de luy donner celles de nostre pays, puis que nous luy ravissons les siennes. Autrement nous ferons une meschante copie d'un admirable original. (Nicolas Perrot d'Ablancourt, « Préface », *L'Octavius* [c1637] de Minucius Felix, dans Zuber, 1972 : 111)

2162. Une traduction *trop bonne* se caractérise par une tonalité ou une élégance de style absente de l'original. (Elsa Gress, 1970 : 60. Traduction)

2163. Le plus grand mérite d'une traduction seroit de vous laisser par rapport au stile la même impression qu'a fait l'original. Rien de

21. V. la note 10, p. 181.

plus difficile que de conserver l'attitude, si je puis parler ainsi, et la physionomie d'un mode d'expression. (Étienne Dumont, s. d. : « Sur l'art d'écrire », manuscrit inédit, Bibliothèque de Genève)

2164. L'art du traducteur consiste dans une large mesure à se laisser guider par son sens vital du style. (Korneï Tchoukovski, 1984 : 97. Traduction)

2165. Que celui qui est insensible au style se garde de traduire : il tenterait de reproduire un opéra qu'il a vu, mais sans en avoir entendu la musique. (Korneï Tchoukovski, 1984 : 97. Traduction)

2166. Le traducteur peut faire du neuf. Il recycle du style, comme on recycle de l'eau en vue de sa réutilisation. (Aline Schulman, dans *Dix-septièmes Assises…*, 2001 : 91)

2167. Traduire, ce n'est pas tant faire passer une langue dans une autre que faire passer un style dans un autre, une singularité linguistique dans une autre singularité linguistique. (Olivier Rolin, « Écriture et traduction », dans Awaiss, 2002 : 54)

2168. Le traducteur, autant que l'écrivain, doit éviter tout usage lexical qui ne soit pas pour lui d'emploi courant, et il doit fuir la stylisation, ce mensonge littéraire. (Boris Pasternak, « Remarques sur les traductions de Shakespeare » [c1946], 1990 : 1361. Traduction : Hélène Henry)

2169. Ce qui passe le plus malaisément d'une langue dans une autre, c'est le mouvement du style. (Friedrich Nietzsche, 1978 : 73. Traduction : Geneviève Bianquis)

2170. Les effets les plus subtils et les allusions les plus difficilement saisissables d'un style offrent presque toujours une traduction. Le style est traduisible aussi. (Georges Mounin, 1994 [c1955] : 53)

2171. *Au sujet de Raimond Sebond :* « Il faict bon traduire les autheurs comme celuy-là, où il n'y a guiere que la matiere à representer ; mais ceux qui ont donné beaucoup à la grace et à l'elegance du langage, ils sont dangereux à entreprendre : nommément pour les rapporter à un idiome plus foible. » (Michel de Montaigne, 1962 [c1580], II : 416)

2172. La traduction d'une œuvre au style éblouissant est une effronterie. (Helen Tracy Lowe-Porter, 1973 [c1924] : xxv. Traduction)

2173. Si le traducteur a un style littéraire qui lui est propre, il doit l'oublier complètement : les stylistes sont incapables de traduire. (José María Valverde, 1993 : 603. Traduction : Brigitte Lépinette)

Sujet traduisant

2174. « Dis-moi qui tu es, je te dirai comment tu traduis… » (Françoise Wuilmart, « L'auteur et son double, le texte et sa lecture », dans Awaiss, 2002 : 78)

2175. « Dis-moi qui tu traduis et je te dirai qui tu es. » (Valery Larbaud, 1946 : 95)

2176. Je me vois mal traduisant un ouvrage qui ne me plairait point. Je ne puis traduire fidèlement que *les seuls livres que j'eusse aimé écrire*. Des livres qui me tiennent à cœur, à l'égal des miens. Que je fais *miens*, en quelque sorte – par osmose. (Jean Simard, 1975 : 12)

2177. Un grand traducteur ne frappe pas ses traductions à son effigie ; il n'empêche que le revers de l'œuvre porte son empreinte. (Jean Delisle)

2178. Il y a autant de traductions qu'il y a de traducteurs, même si toutes ressemblent au texte source, à des degrés variables. (Claire Placial, 2012 : n. p. En ligne)

2179. Il est impossible d'apprécier le style d'un écrivain à la seule lecture de son œuvre traduite. Malgré ses efforts de dépersonnalisation, le traducteur suit la pente de son esprit et parfois de son talent. (François Vermeulen, 1976 : 21)

2180. Moins le traducteur abdique sa propre personnalité, plus il parvient à rendre celle de l'original. (Carlos Batista, 2003 : 87)

2181. Tout traducteur subit, qu'il le veuille ou non, l'influence secrète du goût propre à sa nation ; malgré lui, il fait passer dans sa version ses propres habitudes intellectuelles, ses façons de sentir : ainsi l'image qu'il donne d'un auteur étranger ne saurait être qu'inexacte. (Paul Hazard, 1921, I : 46)

2182. Les gens ne lisent pas une traduction, contrairement à une opinion fort répandue, mais un traducteur. (Claude Bleton, dans Abou Fadel et Awaiss, 2005 : 34)

2183. Le traducteur a si souvent l'impression qu'il est tu par le texte qu'il traduit... (François Xavier Jaujard, dans *Actes des quatrièmes Assises...*, 1988 : 24)

2184. Le traducteur est un sujet historique, influencé par son époque. (Amparo Hurtado Albir, 1990 : 153)

2185. Le traducteur subit son milieu. Le traducteur a pour collaborateur le moment donné. (Victor Hugo, 1973 [c1864] : 429)

2186. *Traduire n'est jamais neutre.* C'est l'acte d'une subjectivité à l'œuvre dans un contexte socio-politique précis. Le *je* qui traduit inscrit son savoir, ses choix, ses intentions, ses convictions dans le texte qui se réécrit. La traduction peut donc être un véritable outil politique. (Susanne de Lotbinière-Harwood, 1991 : 27)

2187. L'individualité du traducteur ne se manifeste pas par ce qu'il rajoute « de son propre chef » à l'original, elle se manifeste par sa manière de sentir, de comprendre l'œuvre et par les moyens concrets qu'il choisit pour arriver au bout de sa tâche. (Pavel Toper, 1979 : 10)

2188. Traduire, c'est indiscutablement imposer sa propre interprétation du modèle et substituer sa propre écriture, dans une autre langue, à celle de l'auteur. (Claude Tatilon, 2003 : 115)

2189. Chaque nouvelle traduction proposée représente le point qu'a pu atteindre le traducteur, avec les moyens dont il dispose. (Madeleine Santschi, « Ce bruit de rochers qui dévalent », dans Graf, 1998 : 116)

2190. Mon hypothèse est qu'il doit exister un *traducteur impliqué*, c'est-à-dire une instance présente dans le texte-traduction qui incarne la voix du traducteur réel. (Arno Renken, 2002 : 98)

2191. Le traducteur traduit non seulement avec ses connaissances, mais aussi, et surtout, avec son tempérament. (Charles Michaud, 1945 : 137)

2192. Autant les traductions de Nerval étaient Nerval, celles de Baudelaire, Baudelaire, les traductions de Guillevic sont Guillevic[22]. (Henri Meschonnic, 1999 : 311)

2193. La traduction dit aussi qui traduit et quand, de même que l'écriture écrit celui qui écrit. (Henri Meschonnic, 1973 : 410)

2194. Le traducteur est aussi – est d'abord – un citoyen et les textes qu'il réécrit pour de nouveaux lecteurs ne sont pas neutres. (Charlotte Melançon, 2000 : 5)

2195. Les traductions ne sont pas faites dans le vide. Les traducteurs vivent dans une culture donnée et à une époque donnée. L'opinion qu'ils ont d'eux-mêmes et de leur culture est un des facteurs qui influent sur leur manière de traduire. (André Lefevere, 1992a : 14. Traduction)

2196. Les traducteurs n'attachent pas tous la même importance aux contraintes sociales, puisque leur position sociale diffère au sein même de leur propre culture. (André Lefevere, dans *La traduction dans l'enseignement…*, 1983 : 27-28. Traduction)

2197. Le traducteur est forcément partial, qu'il ait travaillé pour un médiocre salaire ou, ce qui est plus fréquent, par admiration. (René Lalou, dans « L'enquête des *Cahiers du Sud* », 1927 : 282)

2198. Ce qui est sûr, c'est que le traducteur, aussi intensément, aussi profondément et aussi totalement qu'il adhère à l'original, reste toujours tributaire de ses propres solutions. (Hanno Helbling,

22. Eugène Guillevic (1907-1997), poète français, honoré de nombreuses distinctions, dont le prix Goncourt de la poésie en 1988.

« Cordonnier ou poète ? », dans Graf, 1998 : 77. Traduction : Marion Graf)

2199. On traduit de tout son corps. Traduire, c'est une façon d'être. (Dominique Grandmont, 1997 : 127)

2200. En traduisant les poèmes de Saint-Denys Garneau[23], j'ai adopté une façon de faire qui a abouti à une intrusion de ma personnalité dans son œuvre. Cette coloration personnelle, même si je ne la désirais pas et tentais de l'éviter, est inévitable. (John Glassco, 1961. Traduction)

2201. Un traducteur est contraint d'imprimer sa marque dans la langue d'arrivée. C'est, au reste, le propre de la traduction de toute grande œuvre. (Philippe di Meo, dans *Treizièmes Assises…*, 1997 : 210)

2202. S'il est vrai qu'un auteur verse son expérience personnelle, entendue au sens large, dans le texte qu'il écrit, il est tout aussi vrai que le traducteur infuse lui aussi sa propre expérience dans sa traduction. En le marquant de son empreinte, il lui donne son historicité. (Jean Delisle, 2001 : 214)

2203. Le créateur est indissociable de sa création, le traducteur, de ses traductions. (Jean Delisle, 2002a : 2)

2204. Le traducteur est femme, même si celle-ci est parfois un homme. (Suzanne Jill Levine, 1991 : 183. Traduction)

2205. Une traduction est toujours le reflet du traducteur, mais aussi le reflet d'un mode de pensée, d'une sensibilité. (Claude-Michel Cluny, dans *Huitièmes Assises…*, 1992 : 71)

2206. Le piège que le traducteur évitera rarement sera de s'interposer, lui et sa culture, entre l'œuvre originale et sa traduction. S'il le fait, il devient un miroir déformant et, sous des prétextes multiples, il trahit. (André Chouraqui, 1990 : 457)

23. Hector de Saint-Denys Garneau (1912-1943), poète et écrivain québécois, arrière-petit-fils de l'historien François-Xavier Garneau et petit cousin de la poète et romancière Anne Hébert.

2207. Le traducteur est entraîné par le mouvement public de son temps, il en reçoit l'impression, et son travail en réfléchit une image plus ou moins fidèle. (Jean-Louis Burnouf, 1933 : xx)

2208. En traduction, on ne peut pas, on ne doit pas être neutre. La neutralité n'est pas le correctif du dogmatisme. (Antoine Berman, 1995 : 63)

2209. Une des tâches d'une herméneutique du traduire est la prise en vue du sujet traduisant. (Antoine Berman, 1995 : 73)

2210. On dira qu'un peintre, médiocre dans ses tableaux, peut exceller dans les copies ; mais il n'a besoin pour cela que d'une imitation servile ; le traducteur copie avec des couleurs qui lui sont propres. (Jean d'Alembert, « Observations sur l'art de traduire » [c1763], 1967, IV : 34)

Tâche du traducteur

2211. La tâche du traducteur consiste à régler son pas – *le rythme de sa démarche* – sur celui de l'auteur ; sans pour autant s'annihiler, il s'efforce de conformer ses mouvements, ses gestes et sa respiration à ceux de l'autre. Il y a toujours deux marcheurs et chacun conserve sa personnalité propre. (Philip Stratford, 1993 : 129. Traduction : François Bilodeau)

2212. Le rôle du traducteur n'est pas de donner du lisible. Le rôle du traducteur est de rendre, de créer un texte littéraire à partir d'un autre texte littéraire. (Céline Zins, dans *Actes des deuxièmes Assises…*, 1986 : 69)

2213. Reproduire dans une langue étrangère un livre qui existe déjà est « le mystérieux devoir » du traducteur et il y a de quoi l'occuper ! C'est une tâche impossible et qui doit être accomplie. (George Steiner, 1978 [c1975] : 78. Traduction : Lucienne Lotringer et Pierre-Emmanuel Dauzat)

2214. Nos langues dites vivantes laissent mourir en elles des œuvres anciennes composées dans des langues dites mortes. La tâche d'un traducteur n'est-elle pas celle d'un historien : redonner vie, réinsuffler une âme ? (Jean Delisle)

2215. La traduction doit être capable de faire deviner au lecteur de la langue-cible l'utilisation unique et individuelle que l'auteur d'une œuvre fait de la langue-source. (Arno Renken, 2002 : 54)

2216. Le devoir le plus essentiel du traducteur est de donner au lecteur un texte qui s'explique de lui-même. (Ernest Renan, 1990 [c1860] : 11)

2217. Comme l'original, la traduction doit donner une impression de vie et non d'artifice littéraire. (Boris Pasternak, « Remarques sur les traductions de Shakespeare » [c1946], 1990 : 1361. Traduction : Hélène Henry)

2218. N'est-ce pas le devoir du traducteur de reproduire ou, du moins, de faire soupçonner les qualités de l'œuvre originale ? (Jean-Claude Noël, 1969 : 207-208)

2219. Qui dit traducteur, dit serviteur de la vérité. Le texte à traduire peut nous paraître spécieux, entaché d'erreurs de jugement et d'idées fausses, mais en tant que texte à traduire, d'édifice verbal ayant un sens précis, il est vérité, et le déformer ou le mutiler, c'est offenser la vérité. (Valery Larbaud, 1946 : 112)

2220. Le but du traducteur devrait être de ne jamais enlever l'illusion d'une œuvre étrangère. (George Moore, 1986 [c1888] : 133. Traduction : Gérard-Georges Lemaire)

2221. Un auteur n'est pas tenu à la rigueur ; un traducteur l'est, il est même *responsable* des insuffisances de l'auteur. (Emil Michel Cioran, 1997 : 387)

2222. Obéir, c'est là qu'éclate la puissance du traducteur. (Victor Hugo, 1973 [c1864] : 428)

2223. Un traducteur n'est pas le serviteur de son auteur, il est le serviteur du livre de son auteur. (Lewis Galantière, dans Chute, 1970 : 72. Traduction)

2224. Un traducteur doit rendre le plus possible le charme et le caractère de l'auteur, mais sans le peindre à sa propre image. (John Dryden, *Sylvae* [c1685], 1961, I : 252. Traduction)

2225. L'office d'un propre traducteur ne gist pas seulement à rendre fidelement la sentence de son autheur, mais aussi à representer aucunement et a adombrer la forme du style et manière de parler d'iceluy, s'il ne veut commettre l'erreur que feroit le peintre, qui ayant pris à pourtraire un homme au vif, le peindroit long, là ou il seroit court, et gros, là ou il seroit gresle, encore qu'il le feist naïfvement bien ressembler de visage. (Jacques Amyot, « Aux lecteurs », *Vies parallèles de Plutarque* [c1559], dans Chavy, 1988, I : 72)

2226. Loin d'être un simple caméléon, le traducteur a une personnalité et un style. Sa tâche, au sens strict, consiste à établir non pas une équation mais une tension féconde entre le style de l'auteur et le sien. (Philip Stratford, 1993 : 125. Traduction : François Bilodeau)

2227. Une fois qu'il a pénétré dans l'original, traversé la frontière de la langue, prononcé son appartenance, pourquoi le traducteur poursuivrait-il sa besogne ? Il est bien apparemment le dernier à avoir besoin d'une traduction. (George Steiner, 1978 [c1975] : 350. Traduction : Lucienne Lotringer et Pierre-Emmanuel Dauzat)

2228. La tâche du traducteur ne va pas du mot à la phrase, au texte, à l'ensemble culturel, mais à l'inverse : s'imprégnant par de vastes lectures de l'esprit d'une culture, le traducteur redescend du texte, à la phrase et au mot. (Paul Ricœur, 2004 : 56)

2229. La conformité de l'esprit du texte, sans contrainte, ni préjudice pour la langue traductrice, voilà le scrupule dominant du traducteur. (Georges Panneton, « Transposition et modulation », dans Vinay, 1952 : 86)

2230. Être serviteur de Shakespeare, c'est bien, mais être son rival, c'est mieux. (Jean-Claude Noël, 1969 : 209)

2231. Notre travail n'est pas de livrer une traduction précise mais bien plutôt de mettre en valeur le réseau des mots par lequel le texte prend un sens. (André Markowicz, dans Bélair, 2002 : C-3)

2232. « Peseurs de mots », et même peseurs « subtilissimi » nous, Traducteurs, devons être. (Valery Larbaud, 1946 : 82)

2233. Les traducteurs appartiennent à une époque, à un peuple ; interpréter l'original est leur droit imprescriptible. (Ivan Kachkine, dans « Quelques opinions russes… », 1979 : 57)

2234. Assujetti fidèlement à la qualité des pensées et des figures qui caractérisent un auteur, un habile traducteur tâche de les retracer. (Étienne de Silhouette, 1737 : 264)

2235. Le traducteur doit viser à rendre sensible ce qu'il a cru reconnaître comme la visée la plus personnelle de l'auteur. (Jacques Perret, 1975 : 17)

2236. La traduction, en particulier celle des poètes, est l'une des tâches les plus nécessaires dans une littérature. (Wilhelm von Humboldt, « Sur la traduction… » [c1816], 2000 : 35)

2237. Les demi-traducteurs sont des initiateurs utiles. Ils habituent l'œil peu à peu. Chaque nuance du crépuscule est formatrice du jour. Pas à pas, telle est la loi des traductions. Les poëtes de race ne peuvent être insérés tout d'une pièce dans l'esprit d'une nation qui ne les a point portés. Les introduire d'abord de profil, est sage. (Victor Hugo, 1973 [c1864] : 435)

2238. Le traducteur vrai, le traducteur prépondérant et définitif, étant intelligence, se subordonne à l'original, et se subordonne avec autorité. La supériorité se manifeste dans cette obéissance souveraine. (Victor Hugo, 1973 [c1864] : 428)

2239. Le lecteur doit se contenter de retrouver l'esprit d'un auteur dans une traduction. (John Dryden, « The Life of Lucian » [c1711], dans Schulte et Biguenet, 1992 : 30. Traduction)

2240. Le rôle du traducteur n'est-il pas d'oser, de franchir le seuil jusqu'à la transgression ? (Andrée Christensen et Jacques Flamand, 2003 : 15)

2241. L'écrivain travaille sur des mots, des idées, des images, des sentiments, etc., le traducteur travaille à établir des *rapports d'équivalence* entre mots, idées, images, etc. (Edmond Cary, 1956 : 17)

2242. Le traducteur étant le point de contact, le passage obligé entre deux univers culturels, il est aussi le lieu de tous leurs conflits. Sa tâche consiste donc à tenter de résoudre le dilemme dont il est le théâtre. (Jean-Claude Capèle, 1998 : n. p. En ligne)

2243. Faire du livre traduit un instrument d'humanisme, de paix et de progrès – telle est notre noble tâche. (Pierre-François Caillé, dans Lilova, 1981 : 23)

2244. De même que la traduction est une forme propre, on peut envisager la tâche du traducteur aussi comme une tâche propre et la distinguer avec précision de celle de l'Écrivain. (Walter Benjamin, 1971 [c1923] : 269. Traduction : Maurice de Gandillac)

2245. Un des premiers devoirs du traducteur avant de décoder un livre est d'interroger toute l'œuvre de l'auteur et d'essayer *avant tout* de prendre la liberté que prend cet écrivain par rapport à sa propre langue. (Laure Bataillon, 1991 : 23)

2246. Le traducteur a pour vocation de restituer le désir des mots, l'élan vers les mots. (Étienne Barilier, 1990 : 35)

Texte

2247. Chaque texte est unique, tout en étant la traduction d'un autre texte. (Octavio Paz, « Translation : Literature and Letters » [c1971], dans Schulte et Biguenet, 1992 : 154. Traduction)

2248. Une traduction n'est pas un texte mais un rapport *entre* textes. (Arno Renken, 2002 : 20)

2249. En traduction, le *texte* précède toujours la *théorie* et, dans une certaine mesure, il la fonde. (Charles Le Blanc, 2009 : 17)

2250. On ne traduit pas un auteur, mais un texte, et il n'y a pas toujours adéquation entre l'un et l'autre, loin s'en faut. (Françoise Wuilmart, « L'auteur et son double, le texte et sa lecture », dans Awaiss, 2002 : 75)

2251. Plus on en sait sur un texte, mieux on le sent. Et mieux on le traduit. (Susanne de Lotbinière-Harwood, 1991 : 71)

2252. Le traducteur est à part entière l'auteur du texte français, il n'est pas le créateur de l'œuvre. Un livre traduit a ainsi comme deux auteurs, dont l'un est évidemment au service de l'autre. (Bernard Lortholary, 1993 : n. p.)

Texte original

2253. Tous les arguments contre la traduction se résument en un seul : elle n'est pas l'original. (Georges Mounin, 1994 [c1955] : 13)

2254. Le texte traduit est d'abord une offrande faite au texte original. (Jean-Yves Masson, 1990 : 158)

2255. Le bon traducteur nous emplit d'amour pour l'original ; le mauvais, de désir. (François Vaucluse, 2001 : n. p.)

2256. Les œuvres qui pâlissent devant leur traduction ne sont pas des originaux. (François Vaucluse, 2001 : n. p.)

2257. L'original dont les imitateurs sont meilleurs n'en est pas un. (Karl Kraus, 1998 : 63. Traduction : Roger Lewinter)

2258. C'est bien le traducteur qui fabrique l'original, qui le constitue comme tel en le prenant pour objet de son travail, lequel consiste, à produire un deuxième original. (Dominique Grandmont, 1997 : 85-86)

2259. Traduire, c'est aussi réussir à faire – à tort ou à raison – son deuil de l'original. (Dominique Grandmont, 1997 : 86)

2260. Je ne voudrais pas traduire, disoit un quidam dans son orgueil d'auteur au dessous du médiocre. Il ne connaissoit pas le prix d'un bon original. (Étienne Dumont, s. d. « Sur l'art d'écrire », manuscrit inédit, Bibliothèque de Genève)

2261. Quand l'original est vide, une plainte funèbre traverse la traduction. (Carlos Batista, 2003 : 59)

2262. Le chantier de la traduction achevé, l'original prend des airs de ruines. (Carlos Batista, 2003 : 39)

2263. L'original est une cible : la vraie élégance consiste à faire mouche juste *à côté* de la lettre. (Carlos Batista, 2003 : 23)

2264. L'obstacle du texte préexistant représente la véritable motivation de tout grand traducteur, et non pas cette absurde résignation *d'écrivain frustré* que beaucoup de sots croient déceler dans le travail de traduire. (Juan José Saer, dans Bataillon, 1991 : 77)

2265. Lire un texte-traduction comme une œuvre originale n'est pas paradoxal. En tant que l'un est le représentant de l'autre, il ne peut pas être lu autrement. (Arno Renken, 2002 : 81)

2266. Les adaptations, ou les traductions, ne sont-elles pas faites pour qu'on oublie l'original ? N'empêche que toutes, à un moment ou un autre, sont rattrapées par l'original. (Henri Meschonnic, 1996 : 91-92)

2267. Le traducteur, s'il pratique bien son art, élargit l'irisation sémantique de l'original. (Robert Melançon, « Éloge de la diversité », dans Beaudet, 1999 : 115)

2268. Dans une traduction, la perte de l'original est inévitable, c'est même cette perte, absolue, qui fait peur, mais qui est fondatrice de la reconstitution éventuelle d'un sens. (Dominique Grandmont, 1997 : 125)

2269. Ce sont souvent, ce sont presque toujours les phrases les plus mal écrites, celles que l'auteur a écrites le plus vite, qui donnent au traducteur le plus de mal. Il lui faut souvent pallier les défauts de logique. (André Gide, « Lettre à André Thérive » [c1928], 1931 : 194)

2270. Le problème de *l'original* me tient sur la brèche. Non, je n'accepte pas de *reproduire* en traduisant. Pas plus que Rembrandt et Goya n'ont reproduit sur la plaque de cuivre une étude ou une esquisse. (Jacques Brault, 1975 : 33)

2271. Le traducteur aura beau faire, on continuera à bouder sa traduction pour revenir à l'original tout comme on déserte l'Église pour retourner à Dieu. (Carlos Batista, 2003 : 59)

2272. Une œuvre originale n'est vraiment achevée que le jour où elle quitte sa langue (coupe son cordon *littéral*). (Carlos Batista, 2003 : 17)

Théorie de la traduction

2273. La théorie de la traduction commence par des excuses ou des justifications. (Michel Ballard, 1995 [c1992] : 274)

2274. Si, pour sa survie, la traduction avait dû compter sur la théorie, elle serait disparue bien avant Cicéron. (Louis G. Kelly, 1979 : 219. Traduction)

2275. Il n'existe pas – et ne peut pas exister – de science de la traduction, bien que cette activité peut et doit être étudiée scientifiquement. (Octavio Paz, « Translation : Literature and Letters » [c1971], dans Schulte et Biguenet, 1992 : 157. Traduction)

2276. Une bonne théorie se fonde sur la pratique et une bonne pratique s'appuie sur une théorie bien conçue. Il y a entre la théorie et la pratique une interdépendance, une tension. (Mildred L. Larson, 1991 : 1. Traduction)

2277. Ce qu'il est permis d'attendre d'une théorie de la traduction, c'est précisément une aide à la *conceptualisation*, à la problématisation et à la formulation des difficultés que rencontre le traducteur dans son travail. (Jean-René Ladmiral, 1979 : 116)

2278. J'ai remarqué que les théories sur la traduction sont généralement produites par ceux qui l'ont peu pratiquée. On devient un peu suspicieux quant à l'utilité des théories dès que l'on pratique beaucoup quelque chose. (Serge Fauchereau, 1980 : 35)

2279. Les théories de la traduction sont des objets passionnants mais peu utilisables, on est obligé de développer sa propre théorie et sa propre pratique pour chaque auteur, voire pour chaque texte. (Stefan Zweifel, « Le sadomasochisme comme principe de traduction », dans Graf, 1998 : 135. Traduction : Gilbert Musy)

2280. *À propos du XVII*[e] *siècle :* « Il n'y eut pas dans toute l'histoire de la traduction en France, de période où la manière de traduire suscitât plus d'intérêt théorique. » (Roger Zuber, 1968 : 77)

2281. La raison d'être d'une théorie de la traduction est son applicabilité. (Jean-Paul Vinay, 1975 : 36. Traduction)

2282. Je conçois la théorie de la traduction comme le tremplin de la pratique. (Jean-Paul Vinay, 1991 : 159. Traduction)

2283. La théorie de la traduction doit d'abord et avant tout aider les traducteurs à produire une bonne traduction en leur servant de phare et de guide. (Jean-Paul Vinay, 1991 : 159. Traduction)

2284. J'estime que l'utilité principale, sinon la seule, d'une théorie de la traduction est d'aider les traducteurs dans leur travail. (Jean-Paul Vinay, 1991 : 157. Traduction)

2285. Une théorie de la traduction devra tenir compte de l'histoire. (Paul St-Pierre, 1990 : 120)

2286. La théorie de la langue est un tout dont la théorie de la traduction est une subdivision. (George Steiner, 1978 [c1975] : 261. Traduction : Lucienne Lotringer et Pierre-Emmanuel Dauzat)

2287. Depuis deux mille ans qu'on en débat et qu'on légifère, les certitudes et les désaccords sur la nature de la traduction sont, pour ainsi dire, les mêmes. (George Steiner, 1978 [c1975] : 330. Traduction : Lucienne Lotringer et Pierre-Emmanuel Dauzat)

2288. Une théorie de la traduction serait une théorie de la lecture poétique du texte littéraire. (Charles Le Blanc, 2009 : 114)

2289. En lisant certains articles sur la théorie de la traduction, j'ai l'impression que les théoriciens de la traduction ne font qu'appuyer leurs propres préjugés avec des raisons soi-disant plausibles. (Aloys Skoumal, 1970 : 74)

2290. Les traducteurs se sont librement contredits les uns les autres sur presque tous les aspects de leur art. (Theodore Savory, 1968 [c1957] : 9. Traduction)

2291. La théorie de la traduction ne saurait se contenter de confronter l'*original* et une ou deux ou trois traductions déjà faites. Elle doit être construite en grande partie expérimentalement ; le théoricien doit être traducteur et, en la circonstance, le traducteur doit être théoricien. (Léon Robel, 1973 : 9)

2292. Par sa nature même la poésie doit être l'objet privilégié d'une théorie de la traduction. (Léon Robel, 1973 : 6)

2293. La pratique de la traduction reste une opération risquée toujours en quête de sa théorie. (Paul Ricœur, 1999 : 10)

2294. Il y a une différence fondamentale entre une théorie de la traduction et une théorie du traduire ; la première porte sur la réception, la seconde sur la création. (Arno Renken, 2002 : 97-98)

2295. Il est impossible de fonder une théorie de la traduction sur la seule notion d'identification. (Arno Renken, 2002 : 19)

2296. La linguistique contrastive tend à s'ériger abusivement en science de la traduction, dont elle n'est en fait que le produit. (Maurice Pergnier, 1973 : 29)

2297. Les chapelles se disputent le traducteur qui se déchire souvent sur l'autel du remords de la théorie contradictoire, à force de ne savoir plus à quel saint se vouer. (Benito Pelegrin, dans *Actes des deuxièmes Assises…*, 1986 : 125)

2298. Une théorie de la traduction doit servir principalement à proposer des manières de traduire applicables au plus grand nombre de textes ou genres de textes possible. (Peter Newmark, 1982 : 19. Traduction)

2299. Une théorie de la traduction est futile si elle ne découle pas de la pratique, de la nécessité de faire un arrêt et de réfléchir pour analyser tous les facteurs tant à l'intérieur qu'à l'extérieur du texte avant de faire un choix. (Peter Newmark, 1988 : 9. Traduction)

2300. La théorie de la traduction n'est ni une théorie, ni une science, mais l'ensemble des connaissances que nous avons et que nous devons encore acquérir sur la manière de traduire. (Peter Newmark, 1982 : 19. Traduction)

2301. Dans les cas les meilleurs, les traducteurs proposent ou codifient des impressions générales, des intuitions personnelles, des inventaires d'expériences, et des recettes artisanales. En rassemblant, chacun selon son gré, toute cette matière, on obtient un empirisme de la traduction, jamais négligeable, certes, mais un empirisme. (Georges Mounin, 1963 : 12)

2302. Penser la théorie du traduire et penser son histoire, ses histoires, sont inséparables. (Henri Meschonnic, 1999 : 32)

2303. La théorie de la traduction n'est pas une linguistique appliquée. Elle est un champ nouveau dans la théorie et la pratique de la littérature. (Henri Meschonnic, 1973 : 330)

2304. Il n'y a pas de pratique du traduire sans théorie de ce qu'on fait. Une pratique sans théorie revient à refaire ce qui a déjà été fait. Ce n'est donc pas un retraduire. (Henri Meschonnic, 2001 : 15)

2305. Une théorie de la traduction des textes est nécessaire, non comme activité spéculative, mais comme pratique théorique, pour la connaissance historique du processus social de textualisation, comme une translinguistique. (Henri Meschonnic, 1973 : 305)

2306. Il n'y a pas de théorie de la traduction sans son histoire, pas d'histoire de la traduction sans en impliquer la théorie. (Henri Meschonnic, 1999 : 34)

2307. Écrire sur la traduction n'a de sens que si cela contribue à mieux faire connaître les agents qui influent sur la qualité du travail des traducteurs et nous renseigne sur l'effet produit sur les lecteurs par les manières de traduire choisies. (Jirí Levý, dans « Réflexions sur la traduction », 1987 : 84. Traduction)

2308. La théorie de la traduction doit décrire le processus de la traduction et non pas tenter de formuler des règles utiles pour produire de bonnes traductions. (André Lefevere, dans *La traduction dans l'enseignement…*, 1983 : 18. Traduction)

2309. Tout compte fait, la théorie de la traduction doit servir de guide au traducteur, éclairer les sentiers tortueux qu'il doit suivre et lui proposer des raccourcis utiles. (Vilen Komissarov, 1985 : 208. Traduction)

2310. C'est uniquement au moyen d'une typologie des fonctions qu'une théorie de la traduction pourra rendre justice à la fois à la traduction de la Bible et des boîtes de céréales bilingues. (Louis G. Kelly, 1979 : 226. Traduction)

2311. Tout au long de l'histoire de la traduction, il y a eu un tiraillement entre les considérations d'ordre rhétorique et linguistique. (Louis G. Kelly, 1979 : 121. Traduction)

2312. La théorie de la traduction a toujours été une branche de la linguistique appliquée. Mais, comme toute application doit être subordonnée à une fin, elle est aussi une branche de la théorie littéraire ou de la philosophie. Chercher à atteindre un but sans technique c'est tâtonner, posséder une technique sans avoir de but à atteindre est stérile. (Louis G. Kelly, 1979 : 65-66. Traduction)

2313. En tant que discipline, la stylistique a peu contribué à l'étude de la traduction. (Louis G. Kelly, 1979 : 23. Traduction)

2314. Les « théories de la traduction » sont une appellation erronée, arrogante. Impliquant comme il se doit celui d'expériences cruciales et de falsifications, le concept de théorie est largement spécieux quand il est invoqué par les sciences humaines. (George Steiner, 1998 [c1997] : 135. Traduction : Pierre-Emmanuel Dauzat)

2315. Ce ne sont pas les mêmes personnages qui théorisent (l'impossibilité) et qui traduisent ; il y a ceux qui parlent et ceux qui font. (Jean-René Ladmiral, 1979 : 88)

2316. Il n'y a pas de rupture entre théorie et pratique, et cette relation fonctionne dans les deux sens. La théorie naît de la pratique, et la théorie a une visée pratique plus ou moins forte, elle peut en tout cas avoir des retombées pratiques même si elle n'a pas eu cette visée. (Michel Ballard, 1995 [c1992] : 272)

2317. C'est dans les innombrables « Art de traduire » qu'on doit chercher les vues théoriques des siècles successifs sur la traduction. (Edmond Cary, 1962 : 127)

2318. Trop de théoriciens méditent *in vitro* sur des phénomènes en grande partie imaginaires, parce que non observés, ou bien se réfèrent à une réalité choisie pour être conforme à leurs théories. (Paul Chavy, 1984 : 118)

2319. Une pratique de la traduction requiert une théorie de la traduction des textes dans la proportion exacte où l'amour requiert une théorie de l'amour, ou l'écriture une théorie de l'écriture. (Marc Chénetier, 1995 : n. p. En ligne)

2320. Je suis dans une ignorance totale des théories de la traduction ; plus grave encore, je n'ai jamais réfléchi aux problèmes qu'elle pose ; j'ai donc toujours pratiqué cet art de façon à peu près uniquement instinctive, pour ne pas dire à la légère. (Philippe Jaccottet, dans Vischer, 2003 : 11)

2321. La théorie doit être mise au service de la pratique ; en fait, si elle n'a aucune utilité pratique, il est probable qu'elle sera vite oubliée. (Marilyn Gaddis Rose, dans Danaher, 1992 : 15. Traduction)

2322. La traduction est à la fois un problème littéraire et linguistique. Une théorie qui ignorerait la forme linguistique de l'œuvre désarmerait littéralement le traducteur. (Efim Etkind, 1963 : 135. Traduction : Christian Balliu)

2323. Avoir ou non une expérience concrète de la traduction n'est pas sans conséquence sur les réflexions théoriques que l'on peut formuler sur le sujet. (Umberto Eco, 2001 : 6. Traduction)

2324. On peut se demander si l'opération traduisante est suffisamment complexe pour justifier, au niveau du 1er cycle universitaire, une théorie très poussée. […] La guerre est un art simple et tout d'exécution. Il est permis de penser qu'il en est de même de la traduction. (Jean Darbelnet, 1981 : 265)

2325. Peut-être serions-nous sur un terrain plus solide et plus accessible aux jeunes esprits peu réceptifs aux abstractions, si au lieu de penser théorie, on pensait principes. (Jean Darbelnet, 1981 : 265)

2326. C'est le travail de traduction religieuse qui a amené la naissance de la théorie de la traduction. (Edmond Cary, 1956 : 68)

2327. Aucune « théorie » du traduire ne serait nécessaire si quelque chose ne devait pas changer dans la pratique de la traduction. (Antoine Berman, 1984 : 39)

2328. On peut décrire les opinions qui circulent sur la traduction comme un chaos de malentendus. (Ernest Stuart Bates, 1936 : 109. Traduction)

2329. Quand je traduis, je ne sais pas ce que je fais, et je me moque bien de le savoir ! Je n'ai aucune théorie. La théorie, elle vient après, à la rigueur. (Georges-Arthur Goldschmidt, 1995 : 15)

Traducteur

v. Métaphores du traducteur

Traduction au Canada, au Québec

2330. Bon gré, mal gré, nous sommes un peuple de traducteurs. (Léon Lorrain, 1936 : 9)

2331. Au Canada les questions de langue sont d'abord des questions de traductions. (Pierre Daviault, 1955 : 34)

2332. Nous parlons et écrivons un français de traduction. (Léon Lorrain, 1936 : 9)

2333. La traduction, dans un sens symbolique, me semble être au cœur de la problématique canada-québoise. (Ben-Zion Shek, 1977 : 111)

2334. Les traducteurs et les interprètes sont le miroir de la réalité canadienne. (Keith Spicer, dans Biron, 1977 : 1)

2335. On peut poser en principe qu'un journaliste canadien-français est un traducteur. (Pierre Daviault, 1938 : 435)

2336. On ne saurait surestimer l'importance de la traduction dans la vie nationale canadienne. (François Vézina, 1950 : 5)

2337. Nous traduisons pour exister, pour que notre identité particulière soit reconnue et renforcée dans notre regard mutuel. (Douglas Gordon Jones, 1977 : 85. Traduction : Joseph Bonenfant)

2338. Les manifestations de l'esprit au Canada se produisent à l'ordinaire dans l'ambiance de la traduction. (Pierre Daviault, 1944 : 67)

2339. La pâture intellectuelle du Canadien moyen est faite, pour une très large part, de traduction. (Pierre Daviault, 1944 : 67)

2340. Tout le monde est plus ou moins traducteur au Canada. (Pierre Daviault, 1933 : 8)

2341. Le parler de tous souffre de la traduction mal faite. (Pierre Daviault, 1933 : 9-10)

2342. La traduction s'infiltre partout, commande chaque geste de notre vie. (Pierre Daviault, 1944 : 67)

2343. Les traducteurs sont les principaux agents de l'évolution et de l'influence de la langue française, au Canada et aussi, dans les organisations internationales. (Pierre Daviault, 1955 : 33)

2344. Le rôle primordial du traducteur canadien-français consiste par-dessus tout à sauvegarder la pureté de la langue française. (Pierre Daviault, 1955 : 33)

2345. Le rôle du bon traducteur est de remédier au mal fait par le mauvais traducteur. Il doit participer à l'épuration de notre langue. (Pierre Daviault, 1955 : 34)

2346. La langue sera dans une large mesure, ce que sera la traduction. (Pierre Daviault, 1944 : 67)

2347. Traduire, dans l'environnement canadien, n'est pas seulement un moyen de communication, ni seulement un instrument de recréation littéraire et artistique ; traduire est aussi un instrument au service de l'identité nationale, un pont jeté entre « les deux solitudes » : la traduction se trouve ici investie d'une *fonction identitaire*. (Paul Bensimon, 1998 : 9)

2348. La publicité en langue française publiée au Québec est presque entièrement traduite de l'anglais – et le plus souvent, mal traduite. C'est pourquoi, en règle générale, la publicité, d'inspiration culturelle autre que la nôtre, nous dépersonnalise. (Maurice Watier, dans Turenne, 1973 : 17)

2349. Si au Canada la traduction littéraire n'est pas une tradition, il n'en reste pas moins qu'elle a son histoire. (Philip Stratford, 1977 : x-xi)

2350. *La traduction au Canada :* « Baromètre de l'emprise d'un peuple sur l'autre, la traduction à dose massive présente un grave danger pour la manière de parler et de penser du peuple qui la subit. » (Guy Bouthillier et Jean Meynaud, 1972 : 649)

2351. *Les traducteurs au Canada :* « Les traducteurs doivent assurément être chez nous parmi les Canadiens français qui possèdent le mieux leur langue, qui sont le plus sensibles à son génie, qui sont le plus imprégnés de civilisation française. » (Jean-Marc Léger, 1962 : 40)

2352. *Les traducteurs au Canada :* « Artisans du redressement qui doit être notre souci dominant, les traducteurs pourront effracer progressivement le crime contre la nation et contre l'esprit qu'a été trop longtemps une traduction servile, pourvoyeuse d'anglicismes et instrument d'abêtissement intellectuel. » (Jean-Marc Léger, 1962 : 40)

2353. Ce contre quoi je m'élève, c'est essentiellement le régime de traduction généralisée qui est en train de vider notre français de toutes ses valeurs idiomatiques ; c'est la traduction asservissante et asphyxiante qui compromet la pensée au Québec ; c'est la traduction en tant que facteur déguisé d'assimilation. (Jacques Poisson, 1968 : 4)

2354. Non contents de s'ignorer, les Canadiens ont préféré se cantonner dans une attitude coloniale et laisser à des traducteurs et à des éditeurs étrangers, de Paris, Londres ou New York, la prérogative de choisir, de traduire et de faire paraître les livres canadiens. (Philip Stratford, 1977 : x)

2355. *À propos de la traduction littéraire en 1977 :* « Les statistiques établies par l'UNESCO montrent que le volume annuel de la traduction au Canada se situe entre les niveaux de production de l'Islande et de l'Albanie. » (Philip Stratford, 1977 : x)

2356. Si, comme le dit Naim Kattan, « la traduction ouvre la porte d'une civilisation à une autre », on pourrait conclure que les relations entre les deux cultures au Canada ont été plutôt hivernales et témoignent d'un voisinage aussi indifférent qu'inhospitalier. (Philip Stratford et Maureen Newman, 1975 : v-vi)

2357. Réalité si intimement liée à la vie linguistique et culturelle au Québec qu'elle en devient presque invisible, la traduction a tout de même une histoire spécifique. (Sherry Simon, 1989b : 111)

2358. Plus qu'un art en soi, la traduction est un élément essentiel de cette entité politique qu'on appelle Canada. (Frank R. Scott, 1977 : VI. Traduction)

2359. Nous sommes une nation de traducteurs, monsieur. Une nation de serviteurs. (Léa Pétrin, 1961 : 88-89)

2360. C'est à la grandeur de cette patrie que, dans son humble sphère, le traducteur canadien a conscience de travailler. La mission est de haute noblesse. (Charles Michaud, 1945 : 141)

2361. La traduction n'est pas une solution aux problèmes politiques. (Naïm Kattan, 1974 : 31. Traduction)

2362. À bien des égards, faire l'histoire des relations entre écrivains de langue anglaise et française au pays dans la période d'après-guerre, c'est faire l'histoire des « faux amis » que sont les mots « canadien » et *canadian*. (Patricia Godbout, 2004a : 3)

2363. Le français au Canada, il faut le dire, a trop longtemps souffert, notamment dans l'Administration, d'être la langue vers laquelle on traduit. (D'Iberville Fortier, 1985 : 31)

2364. Il faudra toujours beaucoup traduire au Canada, mais tant que durera le phénomène du sens unique si profondément inscrit dans notre réalité nationale, on ne pourra vraiment parler, malgré tous les efforts consentis, d'égalité des langues. (D'Iberville Fortier, 1985 : 31)

2365. La pensée, habituée à se former dans un certain moule linguistique, en garde forcément les contours. Autrement dit, on n'emploie pas habituellement un mode de parler ou d'écrire sans que le mode de penser s'en ressente. Nous en sommes au point que nous ne *pensons plus français* ni l'anglais, nous *pensons traduction*. (Pierre Daviault, 1957 : 19)

2366. Si nous parlions huron ou iroquois, les travaux de nos écrivains attireraient l'attention du vieux monde. [...] On se pâmerait devant un roman ou un poème traduit de l'iroquois, tandis que l'on ne prend pas la peine de lire un livre écrit en français par un colon de Québec ou de Montréal. (Octave Crémazie, 1882 : 41)

2367. Traduire, c'est un peu travailler pour sa chère patrie. (Louis-Joseph Chagnon, 1925 : 119)

2368. Si, comme disent les Italiens, les traducteurs sont tous des traîtres, ceux d'Ottawa veulent réduire leurs trahisons à un minimum irréductible. (Hector Carbonneau, s. d.-1, CRCCF, fonds P 14/7/6 f.2)

2369. Si la Conquête a fermé plusieurs canaux de promotion aux Canadiens, il faudra admettre qu'elle a ouvert une nouvelle carrière : celle de la traduction. (Michel Brunet, 1969 : 24-25)

2370. Dans les pays « normaux », on traduit pour les siens ce qui a été pensé et conçu par d'autres ou encore on traduit pour d'autres ce qui a été pensé et conçu par les siens. Au Canada, les traducteurs traduisent pour les gens d'ici ce qui a été pensé et conçu ici. (Pierre Bourgault, 1975, n. p.)

2371. Le traducteur est une personne qui traduit des choses qui n'ont pas été pensées ici. Chaque traduction réalisée au Québec remplace, en quelque sorte, ce qui aurait dû être pensé ici... Ça réduit la créativité et le traducteur se présente comme un étouffeur ! (Pierre Bourgault, dans Thériault, 1975 : 17)

2372. Il y a un lien indéniable entre la traduction et l'idéal de l'unité nationale canadienne. (Betty Bednarski, « La traduction comme lieu d'échange », dans Beaudet, 1999 : 144)

2373. Promouvoir la langue française au Canada, c'est mener bataille en grande partie dans le domaine de la traduction. C'est elle, activité si répandue chez nous, qui corrompt ou revalorise notre français. (Albert Beaudet, 1970 : 5)

2374. Nos écrivains exercent tous un métier parallèle ; ils sont avocats, médecins, traducteurs, prêtres. (Pierre Baillargeon, 1944 : 53)

2375. Au Canada, deux langues sont officielles : la bonne entente dépend de l'exactitude de la traduction. De là, entre autres raisons, que la bonne entente ressemble souvent ici à un malentendu ; d'ailleurs, elle ne peut être qu'un à peu près. (Pierre Baillargeon, 1948 : 65)

2376. *Slogan scandé par les traducteurs du gouvernement du Canada lors de leur grève nationale en 1980 :* « Pas de traduction, pas de Canada. » (Anonyme)

2377. On pourrait définir ainsi le traducteur : être insatisfait, cultivé, qui ne peut faire profession de ses connaissances qu'en traduisant ; être incompris, dont la susceptibilité doit être ménagée ; enfin, être instable, pour qui la fonction publique fédérale représente un havre de paix où il trouve enfin la sécurité professionnelle longtemps recherchée. (Anonyme, dans Beattie, 1972 : 375)

2378. *À propos de la traduction au Canada :* « La traduction, c'est le mal nécessaire de la Confédération. » (Anonyme, dans Beattie, 1972 : 357)

Traduction automatique

2379. La traduction automatique est et restera la traduction de demain. (John P. Oatmill, dans *Traduire*, 1985, 128 : 1)

2380. Puisque le traducteur ne pense pas, se dit l'homme, faisons une machine à son image et à sa ressemblance. (Jean Delisle, 1983 : 173)

2381. Le traducteur avili à l'inconscience mécanique n'est pas pour demain. (Jean Delisle, 1983 : 177)

2382. Je ne me résignerai jamais à concevoir le traducteur comme un rafistoleur de phrases ineptes crachées par une machine. (Jean Delisle, 2016b : n. p. En ligne)

2383. Si les différences entre les langues renvoyaient à des structures communes, la traduction automatique ne poserait pas tant de problèmes. Plus exactement, toute traduction serait automatique. Nous sommes loin du compte, pour la raison bien connue que tout énoncé verbal exige non d'être décodé mais d'être compris. (Étienne Barilier, 1990 : 6)

Traduction dépaysante

2384. Le temps des traductions infidèles est passé. Il se fait un retour manifeste vers l'exactitude du sens et la littéralité. Ce qui n'était, il y a quelques années, qu'une tentative périlleuse, est devenu un besoin réfléchi de toutes les intelligences élevées. Le goût public s'est épuré en s'élargissant. (Alphonse Lemerre, 1866 : VII)

2385. La traduction doit intégrer ce qui, dans l'original, dérange. C'est le seul moyen de faire sentir au lecteur l'étrangeté de l'original. (Hanno Helbling, « C. F. Ramuz en allemand », dans Graf, 1998 : 164. Traduction : Jérôme Meizoz et Marion Graf)

2386. La traduction dépaysante en anglais peut être une forme de résistance à l'ethnocentrisme et au racisme, au narcissisme et à l'impérialisme culturels visant à préserver de bonnes relations démocratiques et géopolitiques. (Lawrence Venuti, 1995 : 20. Traduction)

2387. Une traduction ancienne n'a chance de nous charmer que si elle nous dépayse assez peu pour ne point nous paraître étrangère, assez cependant pour nous offrir autre chose que des expressions quotidiennes. Ce qui revient à dire que bien des versions anciennes ont chance de nous plaire mieux qu'aux contemporains pour qui elles furent écrites, parce que nous avons, par rapport à elles, le recul qui leur a manqué. (Marie Delcourt, 1925 : 217)

Traduction ethnocentrique

2388. La traduction ethnocentrique enferme le public dans un imaginaire verrouillé contre l'étranger. (Annie Brisset, 1986 : 12)

2389. Pour tirer de la traduction un véritable avantage, il ne faut pas, comme les Français donner sa propre couleur à tout ce qu'on traduit ; quand même on devrait par là changer en or tout ce que l'on touche, il n'en résulterait pas moins que l'on ne pourrait pas s'en nourrir ; on n'y trouverait pas des aliments nouveaux pour sa pensée, et l'on reverrait toujours le même visage avec des parures à peine différentes. (Madame de Staël, 1821, XVII : 389)

2390. Le traducteur doit réprimer cette complaisance intérieure qui ne cesse de nous ramener à nous, et de ramener tout au goût de notre nation et de notre temps, en sorte qu'au lieu de se faire à l'image des autres on se fait à la sienne. (Étienne de Silhouette, 1737 : 265)

2391. Donner aux auteurs anciens ou étrangers quelque chose de nos sentiments, de nos pensées, de notre langage même, pour les faire mieux goûter du public, c'est le plus souvent les rendre méconnaissable. (Pierre Larousse, 1866-1890, XV : 389)

2392. Il ne convient pas, en représentant les mœurs des héros de l'antiquité, de les dénaturer au point que ces héros paroissent être nés dans notre siècle ; mais il est assez difficile d'éviter cet écueil ; plusieurs nations modernes y sont tombées. (Paul-Jérémie Bitaubé, 1775, I : 463)

2393. Je suis persuadé que nous avons deux ou trois poëtes en France qui traduiraient bien Homère ; mais en même temps je suis très-convaincu qu'on ne les lira pas s'ils ne changent, s'ils n'adoucissent, s'ils n'élaguent presque tout. La raison en est, madame, qu'il faut écrire pour son temps, et non pour les temps passés. (Voltaire, « Scoliaste – À Madame Dacier sur Homère » [c1764], 1879, XX : 412)

2394. Très fiers de leur goût, les Français adaptent tout en fonction de lui au lieu d'essayer de s'adapter au goût d'une autre époque.

Homère entre en France en captif, vêtu à la mode du pays pour ne pas choquer ses habitants. (Johann Gottfried Herder, *Fragments*, 1766. Traduction)

2395. Je me suis efforcé de faire parler à Virgile l'anglais qui aurait été le sien s'il était né en Angleterre à notre époque. (John Dryden, « Dedication of the *Aeneis* » [c1697], 1961, II : 228. Traduction)

2396. Longtemps les pays d'Europe – les grandes langues de culture – ont pratiqué en matière de traduction un ethnocentrisme ravageur qui « traduisait » à son tour leur impérialisme intrinsèque. (Albert Bensoussan, 1995 : 118)

Traduction idéale

2397. Il faut abandonner le rêve de la traduction parfaite. (Paul Ricœur, 1999 : 16)

2398. Même en resserrant le mot perfection dans les limites étroites des facultés humaines, on peut affirmer qu'une traduction parfaite est une impossibilité. (Frédéric Hennebert, 1968 [c1861] : 257)

2399. Toute théorie linguistique sensée et rigoureuse apporte la preuve qu'une traduction parfaite est un rêve impossible. Et pourtant, on produit des traductions. (Umberto Eco, 2001 : IX. Traduction)

2400. La version intralinéaire du texte sacré est le modèle ou l'idéal de toute traduction. (Walter Benjamin, 1971 [c1923] : 275. Traduction : Maurice de Gandillac)

2401. La traduction idéale, ce serait celle, évidemment, qui retraduite dans la langue d'origine d'après le même principe, reproduirait intégralement le texte initial. (Henri Veslot et Jules Banchet, 1928 : III)

2402. La longévité d'une traduction dépend dans une grande mesure du talent du traducteur et de son « sens de l'actualité », mais personne n'a jamais pu prouver qu'une traduction unique, éternellement valable, située en dehors du temps et de l'histoire une traduction « absolue », avait seule droit à l'existence. (Pavel Toper, 1979 : 9)

2403. Il subsiste toujours un écart insurmontable entre un discours traduit et le discours original, et l'idéal utopique qui consiste à les voir s'identifier par la traduction. (Arno Renken, 2002 : 17)

2404. L'idée de reproduction absolue et littérale ne fait pas vraiment sens en littérature. (Sophie Rabau, 2002 : 237)

2405. Si la traduction est concevable, c'est dans la mesure où, idéalement, elle doit être aussi une œuvre d'art, et atteindre, à partir d'un texte commun, le niveau de l'original grâce à sa propre unicité. (Boris Pasternak, « Remarques d'un traducteur » [c1944], 1990 : 1344. Traduction : Catherine Perrel)

2406. Toute grande œuvre dans une langue ne peut, en un certain sens, être traduite qu'une seule fois dans une autre langue. (Franz Rosenzweig, « L'Écriture et Luther » [c1926], 1998 : 62. Traduction : Jean-Luc Évard)

Traduction libre

2407. Le Traducteur ne se sauve que par une sage liberté. (Jacques de Tourreil, « Préface », 1721, II : 9)

2408. *À propos de ses traductions de Lucien :* « Je ne m'atache pas tousjours aux paroles ni aux pensées de cét Autheur ; et demeurant dans son but, j'agence les choses à notre air et à nostre façon. » (Nicolas Perrot d'Ablancourt, « À Monsieur Conrart », *Lucien* [c1664], dans Zuber, 1972 : 186)

2409. Il est difficile de faire un habit à la mode d'un autre fait à l'antique, sans y changer quelque chose : Et comme un homme libre qu'un malheur a rendu esclave, se sent toujours de sa liberté, l'esprit du Traducteur ne peut s'empescher d'éclater en quelques endroits. (Nicolas Perrot d'Ablancourt, « Préface », *Les guerres d'Alexandre* [c1646] d'Arrian, dans Zuber, 1972 : 139-140)

2410. Les traductions libres, et même un peu les traductions soi-disant littérales, sont une suite d'altérations et d'arrangements. (George Sand, « À Monsieur Régnier » [c1856], 1860, III : 107)

2411. J'ai suivi de l'*Iliade* ce qui m'a paru devoir en être conservé, et j'ai pris la liberté de changer ce que j'y ai cru désagréable. Je suis traducteur en beaucoup d'endroits, et original en beaucoup d'autres. (Antoine Houdar de La Motte, « Discours sur Homère » [c1714], 2002 : 222)

2412. Le temps est révolu, malgré des survivances, où traduire signifiait s'emparer d'une œuvre, la dépecer, y tailler de fins morceaux, rejeter ceux qui étaient jugés inférieurs, puis recoudre, parer et disposer l'ensemble selon les exigences du client. Il fallait ôter aux auteurs ainsi « traduits » leur physionomie, leur saveur, leurs couleurs « barbares » pour ne pas choquer cette merveille de délicatesse et de pureté : le goût du public français et la sensibilité des familles. (Léon Bazalgette, dans « L'enquête des *Cahiers du Sud* », 1927 : 249)

2413. Le traducteur libre ose se mesurer avec son modèle ; sans cesser d'être copiste, il devient original. (Jean-L. Ferri de Saint-Constant, 1811 [c1808], II : 265)

2414. C'est la grâce, c'est l'harmonie,
Les images, la passion,
Non le mot, mais l'expression,
Que doit rendre un libre Génie.
(Ponce-Denis Écouchard, dit Le Brun, « Sur les traductions en vers », 1811, III : 176)

2415. Le traducteur doit savoir s'émanciper de la tyrannie des parties du discours qui n'ont rien de sacré, pas plus que les mots. (Leonard W. Tancock, 1958 : 32. Traduction)

2416. Tous les changemens qu'on fait dans une traduction libre sont particulièrement fondé sur cette maxime qu'il faut toujours faire parler dans notre Langue les Auteurs étrangers, comme il est à croire qu'ils auroient parlé eux-mêmes. (Étienne de Silhouette, 1737 : 266)

2417. Plus on a voulu s'assujettir a la lettre, et plus on a gêné la liberté du style : pour le rendre plus agréable, on s'est permis de ne plus traduire, mais de composer de nouvelles périodes, ensorte que de traducteur, on s'est fait Correcteur et même Auteur. (Maximilien-Henri de Saint-Simon, 1771 : xv)

2418. Bien souvent le Traducteur est libertin et l'Imitateur est servile. *O imitatores servum pecus*[24] *!* (Michel de Marolles, 1662 : 120)

2419. J'ay pensé qu'il valoit mieux exprimer vigoureusement le Génie de mon Autheur, que de conter ses paroles. (Jules Pilet de La Mesnardière, « Préface » [c1638], Pline le Jeune, *Panégyrique de Trajan*, dans Horguelin, 1981 : 89)

2420. Une traduction s'écarte d'autant plus qu'elle aspire péniblement à la fidélité. (Wilhelm von Humboldt, « Sur la traduction… » [c1816], 2000 : 35)

2421. La traduction libre est quelquefois une paraphrase et quelquefois une imitation. (Jean-L. Ferri de Saint-Constant, 1811 [c1808], II : 264)

2422. Il faut entièrement abandonner la manière du texte qu'on traduit, quand le sens l'oblige pour la clarté, ou le sentiment pour la vivacité, ou l'harmonie pour l'agrément. (Charles Batteux, 1748, II : 78)

Traduction littéraire

2423. Tout comme la littérature est une fonction spécialisée de la langue, la traduction est une fonction spécialisée de la littérature. (Octavio Paz, « Translation : Literature and Letters » [c1971], dans Schulte et Biguenet, 1992 : 157. Traduction)

2424. Une époque de grande effervescence littéraire s'accompagne presque toujours d'une intense activité de traduction, ou lui succède. (Ezra Pound, 1935 : 101. Traduction)

---

24. « Ô imitateurs, troupeau servil ! » (Horace, *Épîtres*, I, XIX)

2425. La littérature est l'épreuve de la traduction. La traduction est un prolongement inévitable de la littérature. Ainsi la littérature demande des comptes à la traduction. (Henri Meschonnic, 1999 : 82)

2426. La vie d'un auteur étranger hors de sa langue, c'est l'histoire de ses traductions. (André Markowicz, dans *Quinzièmes Assises…*, 1999 : 148)

2427. La traduction est aussi une façon de faire de la littérature. (André Markowicz, 1993 : 24)

2428. Un écrivain traduit est un écrivain en exil dans une langue étrangère. (Julien Green, dans Nicaise, 1999 : 248)

2429. Une traduction littéraire est une œuvre exécutée par un duettiste. (Jean Delisle)

2430. Une traduction littéraire est toujours une tentative, et n'atteint jamais le caractère achevé de l'original. (Anonyme, dans Assouline, 2011 : blogue)

2431. Un traducteur littéraire a deux fonctions : l'une de création, l'autre de vulgarisation. (Roger Zuber, 1968 : 334)

2432. La traduction littéraire ne peut que servir l'écriture. Ce que le fait d'être écrivain apporte à la traduction, c'est une liberté d'action que le simple traducteur ne se permettrait probablement pas. […] L'écrivain saura d'instinct jusqu'où s'arrêter dans la liberté qu'il prend ; le traducteur croira toujours trahir s'il n'est que traducteur. (Marie José Thériault, dans Durin, 1996 : 16)

2433. La traduction littéraire est un acte créateur non seulement parce que le traducteur est libre de choisir ses moyens linguistiques, mais en ce sens qu'il crée une nouvelle valeur culturelle dans un contexte linguistique national, social, historique nouveau. (Pavel Toper, 1979 : 7-8)

2434. La traduction littéraire demande plus de sensibilité, de sens créateur, c'est pour cette raison que les traducteurs/écrivains la recherchent. Ils aiment se mettre en contact avec l'inépuisable sens des mots, avec l'intraduisible même. (Agnès Whitfield, 2005 : 18)

2435. Une œuvre véritablement littéraire se déploie toujours dans un horizon de traduction. *Don Quichotte* en est l'exemple le plus frappant. (Antoine Berman, 1984 : 23-24)

2436. La traduction littéraire, au nom même de la fidélité, doit fuir comme la peste le littéral et tendre au littéraire. (Albert Bensoussan, 1995 : 110)

2437. La traduction permet de jeter un regard sur [les littératures étrangères] à travers une vitre déformante. (François Vermeulen, 1976 : 21)

2438. La traduction d'un auteur, à plusieurs points de vue, ressemble beaucoup à la critique littéraire (l'art consiste, dans les deux cas, à « se couler » dans la personnalité de l'autre). (Patricia Smart, 1989 : 38)

2439. Nous, traducteurs, nous évoluons dans le monde de l'imaginaire. Même si les écrivains puisent leur information dans le réel, ils la passent à la moulinette de leur imaginaire. C'est avec cela que les traducteurs doivent travailler, avec leur imaginaire. (Christine Raguet, dans *Dix-neuvièmes Assises…*, 2003 : 103-104)

2440. De Ronsard à Proust du moins, les sentiers de la traduction et de la littérature suivent des tracés qui se croisent souvent et parfois se confondent. (Jean-Marc Poliquin, 1955, II : 32)

2441. Toute littérature est traduction. (Hubert Nyssen, 1997 : 17)

2442. La traduction littéraire n'est peut-être, au fond, qu'une forme de la critique : la plus humble, la plus timide, mais aussi la plus facile et la plus agréable à pratiquer. (Valery Larbaud, 1946 : 75-76)

2443. Les bons écrivains qui, par goût, feraient volontiers des traductions admirables, ne peuvent sacrifier leur production personnelle à cette tâche. (André Thérive, dans Gide, « Lettre à André Thérive » [c1928], 1931 : 188-189)

2444. Tous les peuples cultivant la Littérature, le champ de la traduction est devenu immense. C'est un commerce d'échange qui se fait continuellement d'un pays à l'autre, commerce où il y a beaucoup de fraudes. (Paul-Jérémie Bitaubé, 1779, III : 477)

2445. Aucune littérature ne peut être considérée comme entièrement communicable en dehors de son pays d'origine. L'essentiel est donc, non pas de traduire tout ni beaucoup, mais de traduire, dans chaque pays, des œuvres assimilables et fertilisantes. (Benjamin Crémieux, dans « L'enquête des *Cahiers du Sud* », 1927 : 264)

2446. Le livre est produit : pour le traducteur, il est son pain et son beurre ; pour l'éditeur, un article à vendre dans le commerce ; pour l'acheteur, un livre à ranger dans sa bibliothèque. Pour la littérature ? Rien ! C'est parfois même un apport négatif. Zéro ou moins que zéro. (Johann Gottfried Herder, *Fragments*, 1766. Traduction)

2447. Pour recréer, le chef d'orchestre dispose de ses pupitres, des instruments de l'orchestre, le traducteur littéraire, lui, a recours à ses voix, à ce qu'il connaît de sa langue, à ce qu'il sait mimer, à toute la fiction qu'il a en lui. (Alain Gnaedig, dans *Quatorzième Assises…*, 1998 : 138)

2448. Le souci artistique qui tenaille le traducteur littéraire est inconnu du traducteur technique. Sa hantise, c'est le mot, voire même la chose que le mot désigne. (Edmond Cary, 1956 : 122)

2449. L'histoire ne justifie pas même le préjugé traditionnel suivant lequel les traducteurs importants seraient des écrivains et les écrivains sans importance de moins bons traducteurs. (Walter Benjamin, 1971 [c1923] : 269. Traduction : Maurice de Gandillac)

2450. Celui qui s'est fait fou pour la littérature, la traduction le rend sage ou plus fou encore. (Carlos Batista, 2003 : 35)

2451. Les traductions sont le compagnon de voyage obligé des littératures quand elles franchissent les frontières, elles en sont le meilleur ambassadeur. (Christian Balliu, 2002 : 221)

2452. Il n'y a pas de traduction littéraire. Ces deux mots-là jurent ensemble. (Pierre Baillargeon, 1956, 5 janvier : n. p.)

2453. L'école, c'est le théâtre à venir, la traduction, la littérature à réinventer. (Antoine Vitez, dans Déprats, 1996 : 6)

Traduction littérale

2454. Certains chefs-d'œuvre sont encore ensevelis sous le suaire glacé de la traduction littérale. (George Sand, « À Monsieur Régnier » [c1856], 1860, III : 106)

2455. Je ne dis pas qu'une traduction littérale soit impossible, je dis qu'elle n'est pas une traduction. (Octavio Paz, « Una poema de John Donne » [c1971], dans Bellos : 2012, 114. Traduction : Daneil Loayza)

2456. *À propos de la traduction littérale :* « Sur la scène de la création littéraire, le traducteur doit faire passer un vivant, pas un mort. » (Céline Zins, dans *Actes des deuxièmes Assises…*, 1986 : 52)

2457. Ne croyez pas que j'aie rendu ici l'anglais mot pour mot ; malheur aux faiseurs de traductions littérales, qui, en traduisant chaque parole, énervent le sens ! C'est bien là qu'on peut dire que la lettre tue, et que l'esprit vivifie. (Voltaire, « *Lettres philosophiques* – XVIIIe » [c1734], 1879 : XXII : 152)

2458. Que dire des doctes épaves qui jonchent l'écueil de la littéralité, ce contraire de l'exactitude ? (Pierre Leyris, 2007 : 33)

2459. Copier servilement les formes étrangères, c'est travestir à la fois sa propre langue et l'auteur que l'on interprète : ce n'est pas traduire, c'est calomnier. (Marie-Joseph Chénier, *Tableau historique…* [c1816], dans Chevrel, D'hulst et Lombez, 2012 : 52)

2460. C'est une Traduction exacte & vraiment fidèle que nous donnons ici ; c'est une copie ressemblante. [...] Elle n'est pas & ne doit pas être toujours rigoureusement littérale : ce seroit être infidèle à la vérité & trahir la gloire du Poëte. (Pierre Le Tourneur, 1776, I : cxxxv-cxxxvi)

2461. La traduction littérale, c'est l'agression la plus terrible qu'on puisse commettre contre un auteur que d'en faire un clown analphabète dans une autre langue. (Céline Zins, dans *Actes des deuxièmes Assises...*, 1986 : 52)

2462. La traduction littérale, c'est la suprême dérision de l'acte de traduire, une singerie grotesque. (Céline Zins, dans *Actes des deuxièmes Assises...*, 1986 : 52)

2463. La traduction littérale, c'est la porte ouverte à toutes les justifications, toutes les paresses, toutes les incompétences. » (Céline Zins, dans *Actes des deuxièmes Assises...*, 1986 : 52)

2464. Nulle bonne traduction en prose n'est jamais littérale : l'ordre des mots, la grammaire, la syntaxe, sans parler du tact du traducteur s'y opposent. (Marguerite Yourcenar, 1979 : 36)

2465. Le procédé littéral est le seul qui satisfasse aux besoins des lettrés, c'est le seul qui puisse produire une traduction définitive. (Frances Vernor Guille, 1950 : 182)

2466. *À propos de sa traduction d'*Eugène Onéguine *:* « J'ai tout sacrifié à mon idéal de littéralité : élégance, euphonie, clarté, bon goût, usage moderne et même la grammaire, soit tout ce qui, pour les subtils imitateurs, compte plus que la vérité. » (Vladimir Nabokov, 1975 [c1963], I : x. Traduction)

2467. Le Traducteur se souviendra qu'une traduction servilement littérale est presque toujours burlesque. (Pierre Desfontaines, 1967a [c1744], I : 223)

2468. Outre qu'une imitation trop servile rend souvent une Version barbare & presque inintelligible, il arrive même quelquefois qu'un attachement trop scrupuleux à la lettre fait perdre plus aisément le sens, lorsque les deux idiomes des deux langues ne se rapportent pas exactement l'un à l'autre. (Pierre-François Le Courayer, 1736 : xvii)

2469. Il faut se garder de croire que les similitudes de forme correspondent toujours à des similitudes de sens. (Jean Darbelnet, 1969 : 138)

2470. Il est injustifié le scrupule des traducteurs qui croient qu'il faut coller au texte pour être sûr de ne pas se tromper. (Jean Darbelnet, 1969 : 140)

2471. Le littéralisme défigure les mots, mutile les phrases, viole la langue et les images artistiques et déforme la réalité qui compose une œuvre d'art. (Korneï Tchoukovski, 1984 : 59. Traduction)

2472. Une copie précise et littérale d'une œuvre poétique est la plus imprécise et la plus erronée des traductions. Il en est de même pour la prose artistique. (Korneï Tchoukovski, 1984 : 48-49. Traduction)

2473. La traduction littérale me paraît toujours la meilleure : une traduction interlinéaire serait la perfection du genre, si on lui pouvait ôter ce qu'elle a de sauvage. (François René de Chateaubriand, « Avertissement », *Essai sur la littérature angloise* [c1804], 1863, VI : 5)

2474. C'est une traduction littérale dans toute la force du terme que j'ai entreprise, une traduction qu'un enfant et un poète pourront suivre sur le texte, ligne à ligne, mot à mot, comme un dictionnaire ouvert sous leurs yeux. (François René de Chateaubriand, « Remarques », *Le Paradis perdu* [c1804], 1863, VI : 329)

2475. J'ai calqué le poëme de Milton à la vitre. (François René de Chateaubriand, « Remarques », *Le Paradis perdu* [c1804], 1863, VI : 331)

2476. Une traduction littérale satisfait davantage les savants, mais c'est une traduction morte. (Edmond Cary, 1963b : 32)

2477. Hélas ! Combien de traducteurs, en étreignant à l'étouffer le texte des maîtres, les ont rendus presque inintelligibles ! (Hector Carbonneau, s. d.-2, CRCCF, fonds P 14/7/5 f.6)

2478. Une traduction littérale n'est pas littéraire. (Jorge Luis Borges, dans Alifano, 1994 : 80. Traduction)

2479. Si l'on traduisait servilement les répétitions d'Homère, l'œuvre cesserait d'être agréable comme la sienne – et ce serait la pire des infidélités. (Manuel Odorico Mendes, dans Campos, 1973 : 77. Traduction : Inès Oseki-Dépré)

2480. Ce n'est pas en le faisant parler « petit nègre » ni même en théorisant la sacralisation de sa grammaire ou de sa syntaxe qu'on aide un auteur à faire passer son écriture dans sa spécificité littéraire. (Céline Zins, dans *Actes des deuxièmes Assises…*, 1986 : 52)

2481. Maintenue dans la fidélité absolue, la traduction perd le bénéfice de l'indépendance. Elle reste une œuvre subalterne, contrôlée par des sceptiques qui doutent de son efficacité et ne reconnaissent comme règle que l'exacte conformité. (François Vermeulen, 1976 : 14)

2482. Quand ce qui a été écrit dans une langue est traduit dans une autre, et cela mot pour mot, il n'est point étonnant si l'on y trouve quelquefois de l'obscurité. (Saint Thomas d'Aquin, « Contre les erreurs des Grecs » [c1261], 1856, I : 3. Traduction : M. Bandel)

2483. Littéralité n'est pas fidélité, seulement incongruité. (Nikolaï Gavrilovitch Tchernychevski, dans « Quelques opinions russes… », 1979 : 57)

2484. Plus les langues sont en contact, plus il y a traduction littérale. (Danica Seleskovitch, 1975 : 55)

2485. Une traduction juxtalinéaire ne peut jamais être fidèle. Chaque langue a ses tournures, ses figures de rhétorique conventionnelles, ses expressions propres, qui ne peuvent être traduites en une autre langue par les mots correspondants. (Alexandre Pouchkine, 1958 : 698. Traduction : André Meynieux)

2486. L'attention minutieuse à traduire des mots tue le sens et mutile le génie. (Henri Ophellot de la Pause, 1771 : IX)

2487. Si la « précision absolue » aboutit parfois à cette allégorie évoquée par la phrase « la lettre tue l'esprit », une seule explication est alors possible : c'est que la lettre ou l'esprit de l'original sont défectueux, et cela ne concerne pas vraiment le traducteur. (Vladimir Nabokov, 1955b : 512. Traduction)

2488. J'entends par littéralisme une « précision absolue ». (Vladimir Nabokov, 1955b : 510. Traduction)

2489. L'expression « traduction littérale » est tautologique, car une traduction qui n'est pas littérale n'est pas une véritable traduction, mais une imitation, une adaptation ou une parodie. (Vladimir Nabokov, 1955b : 504. Traduction)

2490. Celui qui désire transposer un chef-d'œuvre dans une autre langue doit s'imposer comme unique tâche de reproduire avec une précision absolue le texte dans sa totalité, et rien d'autre que le texte. (Vladimir Nabokov, 1955b : 504. Traduction)

2491. La traduction littérale la plus maladroite est mille fois plus utile que la paraphrase la plus élégante. (Vladimir Nabokov, 1955b : 496. Traduction)

2492. L'expression « traduction libre » dégage une odeur de tricherie et de tyrannie. (Vladimir Nabokov, 1955b : 496. Traduction)

2493. La littéralité est le plus sûr garant de vérité. (Joseph Charles Mardrus, 1899 : v)

2494. *À propos de la traduction littérale :* « J'ai l'impression que ce fantasme de littéralité est un manuel pour navigateurs en chambre, pour gens qui traduisent peu ou pas ! » (Bernard Lortholary, dans *Actes des deuxièmes Assises…*, 1986 : 38)

2495. Il erre, ce bateau-école de la littéralité, sur les mers de la traduction. Il terrorise le traducteur. Mais finalement il n'aborde nulle part et ne facilite pas les échanges. (Bernard Lortholary, dans *Actes des deuxièmes Assises…*, 1986 : 37)

2496. La somme des éléments d'un composé n'est pas forcément égale au sens du composé lui-même, et par conséquent une fidélité trop littérale risque de trahir l'auteur. (Georges Kassaï, dans *Cinquièmes Assises…*, 1989 : 162)

2497. À force d'être trop scrupuleusement fidèle à la forme, on arrive à trahir le style poétique et la pensée. En imposant à notre langue les entraves d'une autre langue, on se fait un style étrange, tout factice, d'une lecture pénible et presque rebutante. (Pierre Larousse, 1866-1890, XV : 389)

2498. La prose seule est capable des traductions littérales. Jamais la tyrannie de la rime ne permettra de suivre les tours et les expressions d'un auteur aussi exactement que la prose le peut faire. (Antoine Houdar de La Motte, « Discours sur Homère » [c1714], 2002 : 227-228)

2499. *À propos de la manière de traduire en France au* XIXe *siècle :* « L'horreur de l'anachronisme, la passion de la couleur locale qui caractérisent la littérature et l'art de notre temps, ont inspiré aux traducteurs un amour salutaire de la littéralité. (Frédéric Hennebert, 1968 [c1861] : 259)

2500. La Traduction Litterale est une Traduction servile, qui par une fidelité trop scrupuleuse, devient tres infidelle, car pour conserver la lettre, elle ruine l'esprit, ce qui est l'ouvrage d'un froid & sterile genie. (Anne Dacier, 1970 [c1714] : 329)

2501. *Obscuram diligentiam*[25] dit bien le defaut de ces Traductions scrupuleuses, dont il faut lire l'Original pour entendre la Version ! (Nicolas Perrot d'Ablancourt, « À Monsieur Conrart », *Lucien* [c1664], dans Zuber, 1972 : 188)

2502. Pour l'ordinaire, si l'on veut traduire littéralement, on fait un galimatias inexplicable. (Paul-Jérémie Bitaubé, 1775, II : 474)

25. Obscure exactitude.

2503. Rien ne refroidit tant le génie qu'un respect superstitieux pour l'original. (Antoine Houdar de La Motte, « Discours sur la poésie » [c1707], 2002 : 100)

2504. Oui, comme on fait son lit, on se couche. Oui, comme on fait sa phrase, on s'écrit. C'est pourquoi il faut se garder des traductions serviles, trop dévotieusement attachées à la lettre. (Sylvie Durastanti, 2002 : 21)

2505. *À propos des traductions du* XIXe *siècle :* « Certaines traductions actuelles sont d'une littéralité si rigide qu'elles ressemblent à l'antique comme une momie ressemble à la vie. » (Abraham-Henri Becker, 1969 [c1896] : 81)

2506. *À propos de sa traduction de* Révélation magnétique *d'Edgar Poe :* « Il faut surtout bien s'attacher à suivre le texte littéral. Certaines choses seraient devenues bien autrement obscures, si j'avais voulu paraphraser mon auteur, au lieu de me tenir servilement attaché à la lettre. J'ai préféré faire du français pénible et parfois baroque, et donner dans toute sa vérité la technie philosophique d'Edgar Poe. » (Charles Baudelaire, 1961 [c1848] : 68-69)

2507. L'art de celui qui assume la fonction de traducteur doit tendre à montrer qu'il faut s'attacher à l'auteur à travers les mots qui sont les siens, comme dans un miroir ou sur un portrait, et à proscrire tout ornement rapporté. (Pierre Daniel Huet, 1661. Traduction : Bruno Garnier)

2508. La traduction littérale me paraît surtout faite pour être publiée en regard du texte ; elle est destinée à l'étude plutôt qu'à la lecture courante. (Henri Hauvette, dans Mounin, 1964b : 103-104)

2509. La traduction la plus littérale est sans doute la moins fidèle. C'est un exercice d'absurdité que de traduire mot à mot. (Jacques Olivier Grandjouan, 1971 : 222)

2510. Le souci de littéralité, excellent en soi, qui, de nos jours, tend à prendre le pas sur le reste, devient parfois néfaste. (André Gide, « Lettre à André Thérive » [c1928], 1931 : 194-195)

2511. Le traducteur doit toujours craindre par une précision excessive, de limiter l'essor de l'imagination. (André Gide, « *Journal*, 16 septembre 1942 », 1988 : 132)

2512. J'eus affaire parfois à certaines traductions si consciencieuses et si exactes, qu'elles étaient à réécrire complèment ; en raison de cette littéralité même, le français devenait incompréhensible, ou tout au moins perdait ses qualités propres. (André Gide, « Lettre à André Thérive » [c1928], 1931 : 195)

2513. Traducteur novice, j'ai préféré pécher par excès de scrupule que par excès de licence – c'est-à-dire paraître plutôt m'enliser dans les sables de la rive que de faire naufrage au milieu des flots – ; faute pour faute, j'ai préféré que les lettrés déplorent dans mon œuvre un manque d'éclat et d'ornements plutôt qu'un manque d'exactitude. (Didier Érasme, « Lettre à William Warham » [c1506], dans Gerlo et Foriers, 1967-1984, I : 396)

2514. Je ne veulx taire icy la follie d'aulcuns traducteurs : lesquelz au lieu de liberté se submettent à servitude. C'est asscavoir, qu'ilz sont si sots, qu'ilz s'efforcent de rendre ligne pour ligne, ou vers pour vers. Par laquelle erreur ilz depravent souvent le sens de l'autheur, qu'ilz traduisent, & n'expriment la grace, & parfection de l'une, & l'aultre langue. (Étienne Dolet, 1540 : 13)

2515. L'intérêt de conserver le sens n'entraîne aucunement l'exigence de la littéralité. (Walter Benjamin, 1971 [c1923] : 271. Traduction : Maurice de Gandillac)

2516. La fidélité dans la restitution de la forme rend difficile la restitution du sens. (Walter Benjamin, 1971 [c1923] : 271. Traduction : Maurice de Gandillac)

2517. En matière de traduction, plus on est littéral, plus on est littéraire. (Alexandre Beljame, dans Veslot et Banchet, 1928 : v)

2518. La littéralité absolue est la moindre des choses, mais elle reste elle-même inapte à conquérir l'identité. Les mêmes causes ne produisent plus les mêmes effets. (Étienne Barilier, 1990 : 17)

2519. La traduction littérale serait ce qu'est l'amour aux yeux de Marguerite Duras et de quelques autres : nécessaire mais impossible ? (Étienne Barilier, 1990 : 17)

2520. Il faut prendre garde qu'on ne fasse perde la grâce à son Auteur par trop de scrupule, et que de peur de luy manquer de foy en quelque chose, on ne luy soit infidele en tout : principalement quand on fait un ouvrage qui doit tenir lieu de l'original. (Nicolas Perrot d'Ablancourt, « Préface », *Annales* [c1640] de Tacite, dans Zuber, 1972 : 121)

2521. Ces Traducteurs scrupuleux, pour un corps vivant ne donnent qu'une caracasse, et font un monstre d'un miracle. (Nicolas Perrot d'Ablancourt, « Préface », *Thucydide* [c1662], dans Zuber, 1972 : 202-203)

Traduction mot à mot

2522. Les partisans du mot à mot devraient avoir honte… (Francis de Miomandre, 1955 : 7)

2523. Le plus souvent, une traduction mot à mot ne donne rien de bon. (David Bellos, 2012 : 113. Traduction : Daneil Loayza)

2524. Le mot à mot n'est ni une langue ni une traduction. (David Bellos, 2012 : 125. Traduction : Daneil Loayza)

2525. Faut-il traduire mot à mot ? Oui ; et non pas seulement mot à mot, mais encore, si cela se peut, son par son et lettre par lettre, à moins que cette exactitude ne défigurât les traits que l'on veut reproduire. (Joseph Joubert, 1938, I, « 25 février 1799 » : 195)

2526. Une traduction qui rend fidèlement chaque mot ne peut presque jamais restituer pleinement le sens qu'a le mot dans l'original. (Walter Benjamin, 1971 [c1923] : 271. Traduction : Maurice de Gandillac)

2527. C'est un grand défaut de ne pas traduire mot à mot quand on le peut, sans faire de contre sens & de mauvaises constructions.

(Jean-Baptiste Morvan de bellegarde, « Des règles de la traduction » [c1695], 1706 : 446)

2528. *Un traducteur du XVIIe siècle disait :* « Une traduction mot à mot est une belle à qui manque un œil. » (Anonyme, dans Batista, 2003 : 41)

2529. Traduire mot à mot Virgile, c'est vouloir faire accroire qu'il était un écrivain français du dernier ordre. (Pierre Baillargeon, 1942 : 15)

2530. La traduction d'une langue dans une autre, si elle est effectuée mot à mot, cache le sens ; c'est comme des herbes trop drues qui étoufferaient les semis. (Évagre le Pontique, dans Jérôme, 1953, III : 61. Traduction : Jérôme Labourt)

2531. Le mot à mot, quand il contrarie le tour naturel de notre langue, est la pire des traductions. (Abel-François Villemain, dans Larousse, 1866-1890, XV : 389)

2532. La traduction mot à mot est trop souvent celle de l'écolier, auquel on n'a peut-être pas suffisamment appris à lire son texte, à en tracer les grandes lignes ou à en déceler les contours avant de se plonger dans son dictionnaire. (Jean-Paul Vinay, « À la recherche d'une traduction », dans Vinay, 1952 : 53)

2533. Tout le monde est d'accord en paroles aujourd'hui pour condamner la traduction mot à mot ; le mot à mot souvent incorrect et presque toujours plat : le mot à mot qui trahit aussi sûrement le texte que les infidélités les plus désinvoltes. (Georges Mounin, 1994 [c1955] : 55)

2534. Il n'y a pas de traduction, si ce n'est la traduction mot à mot. (George Moore, 1986 [c1888] : 132. Traduction : Gérard-Georges Lemaire)

2535. Le mot à mot est ce qui tue l'esprit. (Pierre Daviault, 1936 : 2e cours)

2536. Gardez-vous bien du mot à mot,
Horace et le Goût le renie [*sic*].
(Ponce-Denis Écouchard, dit Le Brun, « Sur les traductions en vers », 1811, III : 176)

2537. Si l'on change quoi que ce soit du texte grec, ce n'est pas une version, mais une éversion ; d'autre part, traduire ces textes mot à mot n'est nullement le fait de qui voudrait conserver l'élégance du style. (Saint Jérôme, « Lettre – À Pammachius et à Océanus » [c400], 1953, IV : 139. Traduction : Jérôme Labourt)

2538. Ce qu'il vous plaît d'appeler exactitude de la traduction, les gens instruits l'appellent mauvais goût. (Saint Jérôme, « Lettre LVII – A Pammachius » [c395], 1953, III : 60. Traduction : Jérôme Labourt)

2539. À notre sens, il n'y a que le mot à mot de la traduction interlinéaire qui donne l'idée juste de l'œuvre poétique qu'on veut faire juger à ceux-là qui ne savent pas la langue dans laquelle cette œuvre a été pensée. (Jules Barbey d'Aurevilly, *Littérature étrangère* [c1890], dans Uzanne, 1908 : 336)

2540. Les Traduccions de mot a mot n'ont pas grace : non qu'eles soèt contre la loe de Traduccion : mes seulemant pour reson que deus langues ne sont james uniformes en frases. Les concepcions sont comunes aus antãdemans de tous hommes : mes les moz e manieres de parler sont particuliers aus nacions. (Jacques Peletier du Mans, *Art poëtique* [c1555], 1930 : 110)

2541. Outre qu'une imitation trop servile rend souvent une Version barbare & presque inintelligible, il arrive même quelquefois qu'un attachement trop scrupuleux à la lettre fait perdre plus aisément le sens, lorsque les idiomes des deux Langues ne se rapportent pas exactement l'un à l'autre. (Pierre-François Le Courayer, 1736)

2542. Si je l'eusse voulu scrupuleusement translater et quasi de mot à mot, à peine eussé-je esté entendu, et mais reputé trop religieux translateur. (Jean Lalemant, « Préface » [c1549], *Les quatre Philippiques* de Démosthène, dans Horguelin, 1981 : 59)

2543. Le traducteur n'a pas le droit de se laisser porter par son propre verbe, par le verbe qui est proprement le sien, il doit rendre mots pour mots, tels qu'ils lui sont donnés. (Franz Rosenzweig, « Jehuda Halévi » [c1924], 1998 : 166. Traduction : Jean-Luc Évard)

2544. La langue la plus riche et la plus aisée est celle-là même qui pourra venir à bout d'une traduction mot à mot et suivre l'original pas à pas. (Gottfried Wilhelm Leibniz, « Considérations inattendues sur l'usage… » [c1697], 2000 : 83. Traduction : Marc Crépon)

2545. Quand on a à traduire et à imiter des phrases remarquables de poèmes grecs, il ne faut pas toujours, dit-on, s'efforcer de traduire totalement tous les mots de la manière dont ils sont dits. Ils perdent en effet pour la plupart leur agrément quand ils sont transposés pour ainsi dire avec quelque violence malgré eux, sans leur consentement. (Aulu-Gelle, 1978 [c156], II : 125-126. Traduction : René Marache)

2546. Et tu ne t'appliqueras pas à rendre mot pour mot, tel un fidèle traducteur[26]. (Horace, *Art poétique* (an -14) : v. 134-135. Traduction : Roger Zuber, 1968 : 142)

2547. Généralement, lorsque l'on s'efforce de rendre fidèlement les mots, la force des idées se perd. (Saint Grégoire le Grand, « Lettre à Aristobule » [c590], dans Robinson, 1997 : 36. Traduction)

2548. Je n'ai pas à penser ni à éprouver des sentiments ; je dois traduire mot à mot sans me préoccuper du sens, de la beauté et du style. (Afanassi A. Fet, dans Tchoukovski, 1984 : 76. Traduction)

2549. J'ai bien peur de commettre l'erreur du traducteur fidèle lorsque je traduis chaque mot par un mot correspondant. (Boèce, dans Robinson, 1997 : 35. Traduction)

2550. Accroche-toi aux mots et tu traverseras la rivière à pied sec. (Claude Bleton, 2004 : 58)

26. *Nec verbum verbo curabis reddere fidus interpres.*

Traduction poétique

v. Poésie

Traduction théâtrale

2551. *À propos de la traduction théâtrale :* « Tant vaut une société, tant valent les traductions qu'elle accepte et qu'elle aime. » (Edmond Cary, 1956 : 99)

2552. Une traduction ne contient pas des *options* de mise en scène ; elle *permet* la mise en scène, elle est plus ou moins porteuse de jeu. Mais une traduction n'est pas déjà une mise en scène, sinon par métaphore. (Jean-Michel Déprats, dans *Sixièmes Assises...*, 1990 : 75)

2553. *À propos des pièces traduites :* « Il ne faut pas que les traductions soient incolores, insipides, transparentes ; il ne faut pas qu'elles coulent (comme on dit aussi du fromage). [...] Le théâtre doit être le lieu où travaille notre langue. » (Antoine Vitez, « La scène, les scènes, les formes... » [c1982], dans Sallenave et Banu, 1991 : 112)

2554. Une grande traduction, parce qu'elle est une œuvre littéraire véritable, contient déjà sa mise en scène. Idéalement, la traduction devrait commander la mise en scène, et non l'inverse. (Antoine Vitez, « Le devoir de traduire » [c1982], dans Sallenave et Banu, 1991 : 291)

2555. Le metteur en scène c'est le comble du traducteur. Ce que le traducteur, avec des mots écrits sur du papier [...] ne peut faire, le metteur en scène, enseignant aux acteurs la structure de leur texte, l'accomplit. (Antoine Vitez, « Journal, 6 juillet 1966 », dans Sallenave et Banu, 1991 : 329)

2556. *À propos de la traduction théâtrale :* « C'est une gymnastique mentale que j'aime. Parce que c'est un carcan que je me pose. C'est une chose qui existe déjà. La gymnastique la plus difficile mais la plus excitante, c'est le défi de respecter quelqu'un d'autre. Lorsqu'on écrit sa pièce, on est libre de faire ce qu'on veut. » (Michel Tremblay, entrevue à Radio-Canada, 8 juin 2001, dans Whitfield, 2005 : 56)

2557. On ne traduit pas du théâtre d'été comme on traduit du théâtre de répertoire. (Michel Tremblay, entrevue à Radio-Canada, 8 juin 2001, dans Whitfield, 2005 : 57)

2558. Traduire une pièce pour la faire jouer consiste moins à la mettre en une autre langue, qu'à la préparer à affronter un autre public. (François Vermeulen, 1976 : 80)

2559. On ne rit point dans une traduction. Si vous voulez connaître la comédie anglaise, il n'y a d'autre moyen pour cela que d'aller à Londres. (Voltaire, « *Lettres philosophiques* – XIXe » [c1734], 1879 : XXII : 161)

2560. Il n'y a pas moyen de traduire littéralement Shakspeare [*sic*] pour le théâtre, et si jamais il a été permis de résumer, d'extraire et d'expurger, c'est à l'égard de ce génie sauvage qui ne connaît pas de frein. (George Sand, « À Monsieur Régnier » [c1856], 1860, III : 104)

2561. S'il n'est pas d'auteur qui mérite plus d'être traduit que Shakespeare, il n'en est pas sans doute qui reste plus difficile à traduire, ni qu'une traduction risque plus de défigurer. (André Gide, 1959, I : xi)

2562. Tout metteur en scène novice est persuadé qu'il est autorisé à massacrer le texte d'une pièce de théâtre traduite. (Aloys Skoumal, 1970 : 74)

2563. La traduction n'est pas une explication de texte. Le jeu de l'acteur, une simple intonation, un mouvement sur le plateau, peuvent illuminer d'un coup ce que le texte manifeste d'obscur. (Éloi Recoing, « Antoine Vitez ou l'esprit de traduction », dans Déprats, 1996 : 96-97)

2564. Toute traduction est porteuse de l'occasion qui l'a suscitée, rejoignant par là le destin même de toute mise en scène. (Éloi Recoing, « Antoine Vitez ou l'esprit de traduction », dans Déprats, 1996 : 96)

2565. Théâtres et lecteurs ont grand besoin, et en permanence, de traductions simples et faciles à lire. Il n'est pas un traducteur qui ne se flatte d'avoir su, mieux que tout autre, satisfaire à cette exigence. Je n'échappe pas au lot commun. (Boris Pasternak, « Remarques sur les traductions de Shakespeare » [c1946], 1990 : 1361. Traduction : Hélène Henry)

2566. Il faut traduire ce qui est dit et son mensonge. Dans le théâtre prémoderne, un personnage était ce qu'il disait. Depuis Tchekhov, un personnage c'est l'espace entre ce qu'il dit et ce qu'il est. La traduction doit tenir compte de cet écart. (André Markowicz, dans Lefebvre, 2002 : 13)

2567. On ne peut représenter en France une traduction fidele d'une tragédie de Shakespeare. (Paul-Jérémie Bitaubé, 1775, I : 461)

2568. Les traductions continuent d'être, malgré tout, des *a parte* énigmatiques dans le théâtre que nous nommons littérature nationale. (Cesare Greppi, dans *Treizièmes Assises…*, 1997 : 49)

2569. Le pire défaut du texte des traductions que je consulte est d'être ininterprétable, irrespirable, cacophonique, privé de rythme, d'élan, de vie, parfois incompréhensible. (André Gide, « Lettre-préface à Shakespeare » [c1928], 1947 : 202)

2570. La traduction théâtrale relève de la scénographie plus que de la calligraphie. (Bernard Faivre d'Arcier, dans *Sixièmes Assises…*, 1990 : 16)

2571. La traduction pour le théâtre est d'emblée et indissociablement une adaptation. Plus que le décalque d'une syntaxe, elle est la projection d'un espace – celui du texte – dans un autre – celui de la scène. (Bernard Faivre d'Arcier, dans *Sixièmes Assises…*, 1990 : 15-16)

2572. Il y a beaucoup de traductions françaises de *Hamlet*. Il n'y en a pas deux qui puissent se superposer exactement. C'est dans cette variété presque infinie d'interprétations possibles que réside la liberté du traducteur, le lieu de son inspiration personnelle. (Jean-Louis Curtis, 1990 : 27)

2573. Traduire un texte pour le théâtre, c'est le traduire en vue d'une « vocalité », d'une corporalité, d'une respiration qui seraient présentes dans le texte d'origine. (Anne-Françoise Benhamou, dans *Sixièmes Assises…*, 1990 : 72)

2574. Les Français qui connaissent suffisamment notre langue pour traduire Shakespeare savent très bien qu'ils lui rendent un très mauvais service en le traduisant. (Sir Max Beerbohm, « Hamlet, Prince of Denmark » [c1899], 1930, I : 46. Traduction)

2575. Mettre en scène est comme traduire : c'est régler les procédures d'équivalences et prévoir les points matériels où le sens prend appui. (Georges Banu et Danièle Sallenave, « De la traduction généralisée », dans Sallenave et Banu, 1991 : 586)

2576. Il est de très bonnes traductions des comédies de Shakespeare, j'en connais peu qui puissent *passer par la bouche* d'un acteur. Voilà ce qui m'avait frappé, en homme de théâtre. Elles sont exactes, fort bien écrites et pour la plupart *imprononçables*. (Jean Anouilh, « Préface » [c1952], 1975 : 8)

2577. La plupart des traducteurs se rêvent en écrivains ; moi je traduis en comédien, pour le jeu. (Jean-Michel Déprats, 2005 : 3)

2578. Les metteurs en scène considèrent souvent le texte traduit comme un matériau brut et le traducteur comme son fournisseur, voire son simple livreur. Il faut se défendre, et surtout défendre le texte. (Bernard Lortholary, 2001 : 6)

Traduction transparente

2579. Le traducteur s'est rendu invisible, il s'est changé en un verre si transparent qu'on croie qu'il n'y a pas de verre. (Nicolas Gogol, « Lettre à V. A. Joukovski, 28 février 1850 », 1940-1952, XIV : 170. Traduction)

2580. Une bonne traduction est comme la vitre d'un carreau : on la remarque uniquement si elle comporte de légères imperfections. (Norman R. Shapiro, dans Venuti, 1995 : 1. Traduction)

2581. Une traduction est d'autant meilleure qu'elle ne paraît pas en être une, mais un texte original, coulant de source. (Ivan Sergueievitch Tourgueniev, dans « Quelques opinions russes… », 1979 : 57)

2582. Les origines de la traduction fluide remontent à diverses formes de domination et d'exclusion culturelles. (Lawrence Venuti, 1995 : 40. Traduction)

2583. La vraie traduction est transparente, elle ne cache pas l'original, elle ne se met pas devant sa lumière. (Walter Benjamin, 1971 [c1923] : 272. Traduction : Maurice de Gandillac)

2584. La traduction, peut et doit faire connaître l'*Autre comme le Même*. Donner à la langue étrangère la transparence de la langue maternelle. Et non pas transformer les vitres en murs. (Étienne Barilier, 1990 : 12-13)

2585. Traduire, pour moi, c'est tenter de produire un texte si transparent qu'il ne semble pas avoir été traduit. (Norman R. Shapiro, dans Venuti, 1995 : 1. Traduction)

2586. La notion de transparence – avec son corollaire moralisé, la « modestie » du traducteur qui s'« efface » – appartient à l'opinion, comme ignorance théorique et méconnaissance propre à l'idéologie qui ne se connaît pas elle-même. (Henri Meschonnic, 1973 : 307)

2587. La traduction doit parler sans que le lecteur ait à se dépayser pour l'entendre. (Jean Grosjean, 1987 : 15)

2588. La traduction n'a pas à souligner les archaïsmes ou les étrangetés, à décalquer l'ordre des mots ou les lettres des noms, à s'enliser dans des étymologies intransposables quand le texte ne cherche d'autre saveur que celle d'un langage usuel. (Jean Grosjean, 1987 : 15)

Traduire au féminin

2589. Traduire au féminin est une activité politique et un acte de solidarité entre femmes. (Susanne de Lotbinière-Harwood, 1991 : 65)

2590. La traduction comme pratique de réécriture au féminin ne cache pas son jeu. Elle vise ouvertement à subvertir l'ordre patriarcal qui réduit les femmes au silence, et elle le fait en inventant des stratégies langagières inspirées du féminisme qui, par l'entremise du féminin, contribuent à rendre les femmes visibles dans la langue et par le fait même dans le social. (Susanne de Lotbinière-Harwood, 1991 : 28)

2591. Les traductrices féministes utilisent les mots de manière particulière, subversive. Elles brisent la linéarité du discours conventionnel, déconstruisent la grammaire, sabotent le symbolisme patriarcal, dépouillent les mots de leur signification usuelle et libèrent la langue pour qu'elle puisse dire l'inexprimé et l'inexprimable dans la langue du patriarcat. (Howard Scott, 1989 : 6. Traduction)

2592. Loin d'être neutre, l'acte de traduire constitue une prise de parole pleine de conséquences. En plus d'être une voie de passage d'une langue à une autre, la traduction est aussi un lieu de pouvoir. Pour les traductrices féministes, elle représente un espace à investir, un pouvoir à exercer. (Susanne de Lotbinière-Harwood, 1991 : 12)

2593. Traduire c'est inventer, créer et souvent trahir le texte source. C'est un acte audacieux qui exige courage et confiance en soi. Les écrivaines sont particulièrement sensibles à l'écriture en tant que traduction. (Kathy Mezei, 1989 : 9. Traduction)

2594. Les écrivaines doivent non seulement traduire le *texte source*, mais aussi décider si elles vont le réexprimer dans le discours dominant, le discours patriarcal admis, l'*androlecte*, ou, si elles vont plutôt chercher à inventer une nouvelle langue au fur et à mesure que progresse leur traduction. (Kathy Mezei, 1989 : 9. Traduction)

2595. En se posant comme sujet de la traduction, les traductrices féministes contredisent le discours mâle qui a habituellement assimilé le rapport auteur-traducteur à celui de maître-esclave, et font des rapports avec l'auteure un travail de collaboration entre co-créatrices. (Susanne de Lotbinière-Harwood, 1991 : 22-23)

2596. Si les « belles » du XVIIe étaient « infidèles » aux œuvres d'origine au profit de leurs propres priorités, les « re-belles » du XXe sont infidèles à la loi du langage patriarcal en ce qu'il nous interdit, nous, les femmes. (Susanne de Lotbinière-Harwood, 1991 : 21)

2597. Le corps sexué apparaît de façon plus explicite dans les traductions par des femmes qui semblent insister sur l'aspect duratif du plaisir. (Evelyne Voldeng, 1984 : 157)

2598. Les traductions de femmes montrent une recherche beaucoup plus systématique de mot concret, en particulier au niveau biophysiologique. (Evelyne Voldeng, 1984 : 156)

2599. Les traducteurs masculins ont subverti, atténué ou déformé les écrits des femmes, en particulier les références à leur subjectivité, à leur corps et à leurs fonctions corporelles. Il s'agit de traductions-trahison, d'une autre variante du *traduttore, traditore*. (Kathy Mezei, dans Homel et Simon, 1988 : 47. Traduction)

2600. La créativité, les fantaisies verbales, la subversion sont autant de ressources qu'exploitent les traductrices et les écrivaines féministes. (Kathy Mezei, 1989 : 10. Traduction)

2601. Pour une traductrice féministe, la question qui se pose est : jusqu'où être infidèle ? La réponse, c'est que le degré d'infidélité varie selon le contexte, et le contexte détermine les stratégies. (Susanne de Lotbinière-Harwood, 1991 : 30)

2602. Traduire, c'est d'abord lire. La question du genre a donc sa place dans toute réflexion sur la traduction. (Susanne de Lotbinière-Harwood, 1991 : 18)

2603. Comme l'écriture au féminin, dont elle est tributaire, la traduction au féminin se présente comme une activité politique visant à faire apparaître et vivre les femmes dans la langue et dans le monde. (Susanne de Lotbinière-Harwood, 1991 : 11)

2604. La traduction comme pratique de réécriture au féminin met cartes sur table dès le départ. Son projet est de faire entrer la conscience féministe dans l'activité traductive. (Susanne de Lotbinière-Harwood, 1991 : 11)

2605. La complicité est à la base de la relation entre une traductrice et l'écrivaine lorsque la traduction féministe est non seulement création, mais aussi subversion. (Barbara Godard, 1982 : 35-36)

2606. Plus que le traducteur, la traductrice appartient au règne de l'ombre. S'il est vrai qu'il y a moins de documents historiques sur les femmes que sur les hommes – et c'est assurément là une des limites de l'histoire –, tout comme il y a eu dans l'histoire moins de traductrices que de traducteurs, il n'empêche que des documents existent sur les traductrices et que ce riche gisement attend d'être mis en valeur. (Jean Delisle, 2002a : 8)

Traduisibilité

2607. La traduction est l'art du possible. (Joseph Brodsky, dans Graf, 1998 : 122. Traduction : Ursulla Gaillard)

2608. Une traduction poétique à la fois *belle* et *fidèle* n'est pas si rare qu'on le pense. Il est *possible* de réaliser ce tour de force. Notre tâche est de *tenter* d'y arriver et non pas de baisser les bras avant même d'avoir commencé. (Guy Daniels, 1970 : 173-174. Traduction)

2609. Il n'y a pas d'œuvres intraduisibles. Il n'y a que des œuvres non encore traduites pour des raisons objectives ou subjectives. Ce qui nous paraît impossible aujourd'hui peut devenir possible demain. (Pavel Toper, 1979 : 8)

2610. Ce qui n'est pas traduisible à un moment de l'évolution, le devient ensuite. (Léon Robel, 1973 : 9)

2611. La traduisibilité est la pierre de touche de la qualité. (Ezra Pound, dans *Traduire,* 1979, 98 : 1)

2612. Il n'y a pas de traduction impossible. Il y en a de très difficiles, ce qui n'est pas du tout la même chose. (Francis de Miomandre, 1955 : 7)

2613. Que la littérature soit intraduisible, et la littérature d'un auteur d'une certaine façon incommunicable, je ne le crois pas : s'il n'y a pas de communication, il n'y a pas de littérature. (Mario Vargas Llosa, dans *Actes des quatrièmes Assises…*, 1988 : 53)

2614. Tout ne va pas de soi en traduction, tous les textes ne se laissent pas traduire n'importe quand. Chaque texte a un temps pour être traduit. (Inês Oseki-Dépré, 1999 : 16)

2615. Quels que soient les obstacles, les difficultés, les souffrances qui s'y rattachent, traduire est *toujours* possible. (Michel Orcel, 2001 : 161)

2616. Tout ce qui peut être dit dans une langue peut l'être dans une autre, à moins que la forme soit un élément essentiel du message. (Eugene A. Nida, 1969 : 4. Traduction)

2617. Nous ne devons jamais conclure, du fait qu'une tournure est ignorée par notre langue, à l'impossibilité de la traduire. (Georges Mounin, 1994 [c1955] : 37)

2618. La poésie est ce qu'il y a de plus traduisible. (Henri Meschonnic, 1999 : 127)

2619. Les grandes œuvres peuvent être traduites, car elles sont déjà étranges. (François Vaucluse, 2001 : n. p.)

2620. Que *traduire* soit possible, c'est l'évidence même pour qui prête attention au fait, apparemment simple, que parler est « naturel ». (Claude Roy, 1974 : 156-157)

2621. On peut traduire parce que, en toute langue, potentiellement, toute autre langue est contenue ; on a le droit de traduire quand on peut réaliser cette potentialité moyennant défrichage de ces jachères de la langue. (Franz Rosenzweig, « Jehuda Halévi » [c1924], 1998 : 157. Traduction : Jean-Luc Évard)

2622. C'est l'obstination du traducteur à produire le même par-delà le différent qui fait que l'intraduisible rend souvent les armes et que ses frontières sont constamment repoussées. (Maurice Pergnier, « Le quadrilatère conceptuel », dans Awaiss, 2002 : 318)

2623. Rien n'arrête la traduction dans son patient grignotage des terres de l'intraduisible. Malgré les apparences, le combat n'est pas inégal ni perdu d'avance. (Maurice Pergnier, « Le quadrilatère conceptuel », dans Awaiss, 2002 : 319)

2624. Si l'on croit devoir fustiger les mauvais traducteurs, c'est qu'il y en a de bons, *ergo* la traduction est possible. (Jean-René Ladmiral, 1979 : 93)

2625. C'est peu à peu et par degrés que le modelé des traductions finit par s'ajuster sur les originaux. (Victor Hugo, 1973 [c1864] : 436)

2626. Il vient pour les traductions comme pour les religions un moment où le vrai absolu est possible. (Victor Hugo, 1973 [c1864] : 428)

2627. Je n'hésite pas à lire les bons livres en traduction. Tout ce qui fait la valeur d'un bon ouvrage est traduisible, qu'il s'agisse d'idées nouvelles ou de grands sentiments humains. (Ralph Waldo, 1877. Traduction)

2628. Toutes les grandes écritures, mais au plus haut point l'Écriture sainte, contiennent entre les lignes leur traduction virtuelle. (Walter Benjamin, 1971 [c1923] : 275. Traduction : Maurice de Gandillac)

2629. Plus une formule, plus une expression singulière apparaît originale, irréductible, *plus elle est traduisible* – moins elle sera trahie par une traduction libre. Je reviens à cette affirmation qui n'est pas une provocation : rien ne se traduit mieux que la poésie. (Étienne Barilier, 1990 : 32)

2630. Un texte est traduisible à proportion même de sa richesse et de sa « littérarité », pour cette raison lumineuse qu'il est alors plus chargé du silence originel ou ultime. *Le comble du traduisible, c'est la poésie.* (Étienne Barilier, 1990 : 25)

Traître, trahison

2631. Traducteur, traître. [*Traduttore, traditore*]. (Anonyme)

2632. *Traduttore, traditore*. Le vieil adage est certainement bien plus qu'un jeu de mots gratuit. Le traducteur provoque la méfiance. C'est, au mieux, un transfuge. (Edmond Cary, 1962 : 121)

2633. « Le traducteur est un traître » affirme sans détours l'adage italien. Il serait plus juste de dire que c'est un apatride. (Levi Robert Lind, 1949 : 371. Traduction)

2634. Traduire, c'est toujours trahir, par la raison que l'imitation est toujours inférieure au modèle. (Jean-Claude Noël, 1969 : 173)

2635. On devrait cesser de répéter sans plus que les traducteurs trahissent. Oui, cela arrive. Mais pourquoi jugerait-on d'un art – la traduction est un art – par ses praticiens incompétents plutôt que par ses maîtres ? (Robert Melançon, « Éloge de la diversité », dans Beaudet, 1999 : 115)

2636. Le traducteur ne « trahit » que pour mieux servir, ou servir au mieux, à la fois son public et l'auteur original. Plus que saint Jérôme, son patron est Arlequin : famélique, goinfre, et volontiers libidineux. (Bernard Lortholary, 1993 : 13)

2637. Traduire, ce n'est pas tant trahir que *se* trahir. (Jean Delisle, 1981 : 69)

2638. Trahisons méticuleuses, ressemblances traîtresses : aux deux extrémités de la courbe, le désastre. (Isabelle di Natale, 1991 : 95)

2639. Traduction infidèle ! Tromperie sur la marchandise ! La matière même du livre est falsifiée. Et déjà l'on ramasse une pierre pour la jeter au traducteur-traître. (François Vermeulen, 1976 : 28)

2640. En traduction, il y a ceux qui trahissent et ceux qui transfigurent. Les transfigurations, ces versions qui surpassent les originaux, sont sans doute les trahisons qui subsistent le plus longtemps. (George Steiner, 1970 : 29. Traduction)

2641. La trahison commence dès le moment où l'on prend un texte pour original. (Dominique Grandmont, dans *Seizièmes Assises…*, 2000 : 146)

2642. Le monde de la traduction se prête à merveille au mensonge, à la trahison, à la déformation et à la fraude. Un monde de confusion, comme l'amour. (Douglas Glover, 2003 : 96. Traduction : Lori Saint-Martin et Paul Gagné)

2643. Souvent fidélité inconsidérée s'avère trahison. (Valéri Brioussov, dans « Quelques opinions russes… », 1979 : 57)

2644. Tout discours est littéraire dans la mesure où sa probabilité de sens demeure multiple, non close, non définitive. Pareil texte appelle précisément la « trahison ». Nontraduire, c'est fidélité qui aspire à l'infidélité. (Jacques Brault, 1975 : 34)

2645. *Traître*, la traduction l'est de par son essence duelle : elle est *agent double*. (Antoine Berman, 1986 : 104)

2646. Seule la fatigue (ou l'abêtissement) délivre parfois le traducteur de la peur de trahir. (Carlos Batista, 2003 : 50)

2647. La plus grande trahison des traducteurs, c'est de ne pas être *contaminés* par la beauté de ce qu'ils traduisent. (Carlos Batista, 2003 : 37)

Universalité, littérature mondiale

2648. Avec leur langue, les auteurs créent de la littérature nationale. La littérature mondiale est faite par les traducteurs. (Jose Saramago, dans Capèle, 1998 : n. p. En ligne)

2649. La littérature universelle n'existerait pas sans les traductions. (Milan Kundera, dans *Traduire*, 1989, 141 : 1)

2650. Quant à la traduction, elle est le vaste champ si peu connu, si mal défriché, de l'expansion de notre littérature, dans l'univers entier, par les langues étrangères. (Émile Zola, dans Duhamel, 2003 : 156)

2651. La traduction est l'un des instruments de la constitution de l'universalité. (Antoine Berman, 1984 : 29)

2652. Le temps doit venir où l'on considérera comme littérature de rang mondial celles qui ont rendu accessibles dans leur propre langue le plus grand nombre de chefs-d'œuvre de toutes les autres littératures. (György Somlyó, dans « On Translation », 1979 : 244)

2653. Il est impossible de concevoir la bibliothèque universelle en tant que mémoire des connaissances du monde, sans tenir compte du rôle crucial de la traduction. (Scott L. Montgomery, 2000 : 13. Traduction)

2654. Ce ne sont pas les auteurs qui font la littérature mondiale, c'est la traduction ; c'est par la traduction que se développe la littérature mondiale. (Hartmut Fähndrich, dans *Vingtièmes Assises…*, 2004 : 96)

2655. Les traducteurs ont ce pouvoir de vaincre le temps et l'espace. Grâce à eux, certaines œuvres fortes, scientifiques, philosophiques ou littéraires, acquièrent une dimension universelle. (Jean-François Joly, 2014 : XIX)

2656. Les traducteurs ouvrent des horizons nouveaux, élargissent notre vision de la réalité à l'échelle mondiale en pratiquant des brèches dans le mur des langues. (Jean-François Joly, 2014 : XIX)

2657. Quoi qu'on puisse dire concernant l'insuffisance des traductions, la traduction est et restera une des activitées les plus importantes et les plus dignes dans l'échange mondial universel. (Johann Wolfgang von Goethe, compte rendu de *German Romance* [c1828], 1983 : 263. Traduction : Jean-Marie Schaeffer)

2658. L'histoire littéraire telle qu'elle est envisagée ordinairement empêche de comprendre le rôle réel et central joué par les traducteurs dans l'univers littéraire mondial. (Pascale Casanova, 1999 : 200)

2659. Sur le grand échiquier de la culture universelle, plus question de renoncer à la place que j'avais si durement conquise, celle qui revenait de droit au traducteur, la première. (Claude Bleton, 2004 : 104-105)

2660. Le monde moderne apparaît comme une immense machine à traduire. (Edmond Cary, 1956 : 62)

2661. Sans les critiques littéraires, ces donneurs de sens, une littérature ne peut prendre corps. Sans les traducteurs, ces passeurs de sens, la littérature universelle ne saurait exister et voyager, chaque œuvre restant prisonnière de sa langue. (Jean Delisle, 2016a : 367)

Utilité, rôles, fonctions des traductions

2662. La traduction est une nécessité absolue de l'histoire de l'humanité. Mieux, elle fonde l'humain. (Albert Bensoussan, 1995 : 30)

2663. Sans les traducteurs, l'humanité serait beaucoup plus près de l'âge de pierre que de l'âge spatial. (Jean Delisle)

2664. Un écrivain assez médiocre dans son pays, peut voyager à l'étranger en toute quiétude et être couvert de lauriers, simplement parce que l'entremise d'un traducteur a facilité les choses. (Gilles Barbedette, 1991 : 211)

2665. C'est peut-être par les traductions, qu'on peut étudier le mieux les mérites respectifs des langues. (Pierre Baillargeon, 1956, 8 février, n. p.)

2666. Si la traduction crée l'original, elle l'empêche, avec le temps, de devenir lettre morte. (Dominique Grandmont, 1997 : 103-104)

2667. Les traductions peuvent aider une littérature nationale, accrochée à des ornières profondes, à retrouver plus de liberté de recouvrement. (Fernand Baldensperger, dans « L'enquête des *Cahiers du Sud* », 1927 : 245)

2668. Le plus sûr moyen effectivement pour connoître un Auteur à fond, c'est de le traduire. L'attention continuelle, qu'on est obligé d'apporter pour en bien prendre le sens, y fait découvrir mille finesses, qui échapperoient dans toute autre étude qu'on en pourroit faire. (Guillaume Massieu, « Préface de l'éditeur », dans Tourreil, 1721, I : xx-xxi)

2669. Les langues qui ne sont pas faites de traductions disparaissent. (François Vaucluse, 2001 : n. p.)

2670. Un pays où il n'y a pas de traducteurs est un pays qui s'asphyxie avec ses propres vérités. (Wilson Orozco, 2004 [c2000] : 647. Traduction : Jean Delisle et Anna Maria Salvetti)

2671. La Traduction est sans doute un des moyens le plus court & le plus facile pour apprendre les Langues. (Gaspard de Tende, 1660 : ii)

2672. La technique de la traduction fait connaître tout particulièrement la pensée et le style d'un auteur. La méthode analytique très spéciale du traducteur fait ressortir d'un texte les traits caractéristiques de l'écrivain. (Frances Vernor Guille, 1950 : 189)

2673. La traduction met à nue une œuvre littéraire. Un auteur peut ne pas voir ses défauts dans sa propre langue, mais ils lui crèvent les yeux dans une autre langue. La traduction révèle la vérité crue, fait tomber les masques. (Isaac Bashevis Singer, 1970 : 111. Traduction)

2674. Collaborer avec un traducteur est doublement profitable : la traduction y gagne en qualité tout autant que l'original. (Isaac Bashevis Singer, 1970 : 111. Traduction)

2675. Une langue vit plus longtemps par ses traductions que par sa diffusion à l'intérieur de ses frontières linguistiques. (Olivier Rolin, « Écriture et traduction », dans Awaiss, 2002 : 53)

2676. Le destin ou la survie d'une œuvre se joue dans le nombre et la qualité de ses traductions. (Olivier Rolin, « Écriture et traduction », dans Awaiss, 2002 : 53)

2677. La traduction est la grande pollinisatrice de la science. (Henry Fischbach, 1992 : 202)

2678. La traduction révèle les possibilités cachées d'une langue. (Chaïm Rabin, 1958 : 139. Traduction)

2679. Un auteur, même s'il est théoriquement déjà connu et renommé, n'existe de fait qu'à partir du moment où il est traduit. (Fabio Pusterla, « Quatre lettres sur la traduction », dans Graf, 1998 : 81. Traduction : Adrien Pasquali)

2680. La traduction ouvre l'esprit, forme le goût. (Pline le Jeune, 1850 : 630. Traduction : Louis de Sacy)

2681. La fonction première de la traduction est d'être la grande médiatrice de la diversité, à la fois contre et pour Babel. (Michaël Oustinoff, 2003 : 124)

2682. En sciences, la traduction est présente à tous les niveaux dans le circuit de production et de diffusion des connaissances. Mais pour le critique ou le lecteur, elle est toujours une abstraction. (Scott L. Montgomery, 2000 : IX-X. Traduction)

2683. La traduction est un révélateur des problèmes du texte. (Henri Meschonnic, 1999 : 351)

2684. La traduction apparaît comme l'une des clés du dialogue entre les nations. (Amadou-Mahtar M'bow, dans *La traduction littéraire…*, 1987 : 50)

2685. Les traductions sont produites par des personnes qui n'en ont pas besoin pour des personnes incapables de lire les originaux. (André Lefevere, 1992a : 1. Traduction)

2686. Si vous n'êtes pas en mesure de créer, alors, traduisez au moins, mais traduisez comme il faut traduire, sinon c'est une honte. (Ljuben Karavelov, 1871. Traducteur anonyme)

2687. Une traduction, quand elle est de qualité, peut devenir une élucidation critique du texte initial, en même temps qu'une équivalence. (Northrop Frye, « Préface », dans Hébert et Scott, 1970 : 20. Traduction : Jean Simard)

2688. Les Français manquent de goût ; il n'y a que le goût ancien qui puisse former parmi nous des auteurs et des connaisseurs ; et de bonnes traductions donneraient ce goût précieux à ceux qui ne seraient pas en état de lire les originaux. (Paul Pellisson-Fontanier, 1858 [c1743], II)

2689. Traduire est en fait le but propre de l'esprit. Ce n'est que lorsqu'une œuvre est traduite qu'elle se fait vraiment entendre et s'inscrit d'une façon indélébile dans le monde. (Frank Rosenzweig, « lettre datée de 1917 », dans Gross, 2003 : 172. Traduction : Jean-Luc Évard)

2690. Certains textes paraissent d'une qualité presque inépuisable. À l'incurable faiblesse de leurs meilleures traductions le seul remède en notre pouvoir est de les multiplier. [...] L'œuvre en sa plénitude sera mieux sauvegardée grâce à cette pluralité de visages. (Jacques Perret, 1975 : 25)

2691. La traduction aide une langue à vivre, voire même à naître ; elle est maintenant l'une des conditions pour la survie des langues. (Jean-René Ladmiral, 1979 : 104)

2692. Les traductions peuvent servir à nous faire comprendre, à travers les œuvres littéraires acceptées par les diverses nations, ces « génies » nationaux si difficiles à saisir sur le vif. (Fernand Baldensperger, dans « L'enquête des *Cahiers du Sud* », 1927 : 245)

2693. Les traductions avouées par l'Académie, en même temps qu'elles seroient lues comme des modèles pour bien écrire, serviroient aussi de modèles pour bien penser, et rendroient le goût de la bonne antiquité familier à ceux qui ne sont pas en état de lire les originaux. (Nicolas Boileau, « Des travaux dont l'Académie françoise devroit s'occuper » [c1709], 1860 : 283)

2694. La traduction a été et reste au service des hommes. Elle n'existe qu'en fonction d'un service à rendre. (Edmond Cary, 1985 [c1958] : 85)

2695. La partie de la nation qui ne peut elle-même lire les Anciens apprend à les connaître mieux par une pluralité de traductions que par une seule. Ce sont comme autant d'images du même esprit. (Wilhelm von Humboldt, « Sur la traduction… » [c1816], 2000 : 47)

2696. La traduction est cette sorte de représentation dont j'ai besoin pour mieux voir et mieux comprendre (dans) ma propre langue. (Emmanuel Hocquard, 1991 : 10)

2697. La meilleure façon de connaître la poésie d'un poète, c'est de le traduire. Chaque nuance de son langage permet de découvrir les plis de son monde intérieur. (Elsa Cross, dans *Treizièmes Assises…*, 1997 : 61)

2698. Ce qu'on découvre en traduisant, c'est la qualité de l'œuvre : celle de son architecture, comment rien n'est laissé au hasard, les répétitions même créant un motif qui contribue au sens. (Nicole Côté, 2000 : 89)

2699. La traduction n'est pas moins nécessaire aux œuvres que la critique. (Antoine Berman, 1995 : 40)

2700. L'œuvre au noir du dernier des traducteurs participera toujours de cette magie : faire parler l'auteur dans toutes les langues de Babel. (Albert Bensoussan, 1995 : 86)

2701. Grâce à la traduction, plus d'un original perdu continue loyalement de briller comme la lumière d'une étoile éteinte. (Carlos Batista, 2003 : 45)

2702. La personne qui profite le plus d'une traduction est le traducteur. (Ernest Stuart Bates, 1936 : 143. Traduction)

2703. Le principal profit que le traducteur tire de son travail n'est pas tant, par exemple, de rimer Virgile que de le comprendre à fond. On pourrait regretter de ne pas avoir à traduire les classiques français, tellement cet exercice est profitable à la lecture. (Pierre Baillargeon, 1947a : 179)

Vanité du traducteur

2704. *Propos d'un traducteur français du XVIIe siècle :* « Voici mon auteur lui-même, que dis-je ? voici mon auteur bien heureux d'être passé par mes habiles mains qui l'ont embelli. » (Anonyme, dans Hennebert 1968 [c1861] : 241)

2705. Je vous présente la plus belle copie du plus bel original. (Pierre Perrin, 1648 : n. p.)

2706. Si toute vanité est ridicule, il n'y en a pas qui le soit davantage que la vanité d'un traducteur. (Jean-François de Laharpe, dans Larousse, 1866-1890, XV : 389)

2707. [Je ne rends pas l'Autheur] comme il est dans l'original, mais comme je crois qu'il y devroit estre, et pour réüssir en cela je cherche toute la grace et toutes les délicatesses des expressions. [...] Je ne suis jamais bien content de mon travail que je ne rencherisse sur l'Autheur. (Chevalier de Méré, « *Lettres de Monsieur le Chevalier de Méré* » XXXIV, dans Zuber, 1968 : 101)

2708. *Au sujet de sa traduction de* La Stratonice *de Luca Assarino :* « La traduction ne dément point l'original, et si l'autheur la voyait, il avoüeroit qu'il doit beaucoup à son Interprete, et qu'il gaigne en cette version ce que perdent la plus-part des excellents écrivains en celle qui se fait de leurs ouvrages. » (Claude de Malleville, 1640 : II. En ligne)

2709. Tous les traducteurs, même excellents, sont d'affreux petits traîtres prétentieux. Ils veulent faire croire que l'auteur, dans sa langue d'origine, est nettement inférieur à leur version. (Gilles Barbedette, 1991 : 211)

2710. *À propos des traducteurs :* « Ils ont encore un autre défaut de domestiques, c'est de se croire aussi grands seigneurs que leurs maîtres, surtout quand ce maître est fort ancien & du premier rang. » (Madame de Sévigné, dans Jaucourt, 1765, XVI : 510)

2711. Après avoir traduit un grand auteur, un assez bon traducteur, appliqué et reconnu comme tel, s'imagine parfois qu'il est, à son tour, devenu grand grâce à cette traduction. Il croit aussi qu'il suffit d'avoir traduit ce grand auteur, et que la manière dont il l'a traduit importe peu. (Aloys Skoumal, 1970 : 79)

2712. Vanité que la traduction. Jeter une violette dans un creuset pour découvrir l'origine de sa couleur et de son odeur est une tentative aussi vaine que d'essayer de transposer les créations d'un poète d'une langue à une autre. Toute plante doit renaître de sa propre semence, sans quoi elle ne portera aucune fleur. (Percy Bysshe Shelley, 1965. Traduction)

2713. Ce seroit un peu trop de vanité de prétendre à surmonter les auteurs anciens dans une Version. Après tout, ce n'est toujours qu'une Version : et ceux qui travaillent à ces sortes d'Ouvrages, bien qu'il y faille souvent inventer des tours agreables et beaucoup de belles façons de parler, ne peuvent pretendre neanmoins à la gloire de l'invention. (Michel de Marolles, 1659, I : 11)

2714. *À propos des traducteurs du XVIIe siècle :* « Il fallait un étrange parti pris, ou une singulière ignorance, pour déclarer leurs œuvres identiques à leurs modèles. » (Vincent Joguet, 1841 : 516)

2715. Celui-là se croit Kant parce qu'il l'a traduit. (Delphine de Girardin, 1839 : 32)

Vers/prose

2716. Si traduire la prose est souvent un pieux devoir, traduire la poésie est toujours un acte d'amour. (Benito Pelegrin, dans *Actes des deuxièmes Assises...*, 1986 : 126)

2717. Les poëtes traduits en vers cessent d'estre poëtes. (Anne Dacier, « Préface », *L'Illiade* [c1699], 1719, I : XL)

2718. La fidélité d'une traduction de vers en prose est toujours très infidèle. (Jacques Delille, *Les Géorgiques,* « Discours préliminaire » [c1770], 1997 : 328)

2719. Une Traduction en vers faite par équivalents, est un monstre, & non pas une Traduction. (Anne Dacier, 1970 [c1714] : 346)

2720. Il est certain qu'une prose soustenue & composée avec art approchera plus de la poësie qu'une traduction en vers. (Anne Dacier, « Préface », *L'Illiade* [c1699], 1719, I : XLII)

2721. La permission d'abréger se donne davantage au traducteur en vers qu'au traducteur en prose. (Marguerite Yourcenar, 1979 : 39)

2722. Qui, de nos jours, traduit en vers risque chez nous de passer pour un retardataire ou un fantaisiste. (Marguerite Yourcenar, 1979 : 37)

2723. Il est certain qu'on ne devrait traduire les poëtes qu'en vers. Le contraire n'a été soutenu que par ceux qui, n'ayant pas le talent, tâchaient de le décrier ; vain et malheureux artifice d'un orgueil impuissant. J'avoue qu'il n'y a qu'un grand poëte qui soit capable d'un tel travail. (Voltaire, « Traductions » [c1749], 1879 : XXIII : 420)

2724. Les traductions en vers ont mauvaise réputation : ou bien elles conservent la forme et altèrent complètement le sens ; ou bien elles conservent le sens et envoient au diable la forme. Les deux méthodes sont également défectueuses. (Marcel Schwob, 1927, I : 85)

2725. Toutes ces traductions de Vers en Prose, qu'on nomme fidèles, sont au contraire très-infidèles, puisque l'Auteur qu'on y cherche y est défiguré. (Antoine de La Fosse, dans Yourcenar, 1979 : 35)

2726. Un Poète, à qui l'on se contente, en le traduisant, de laisser ses pensées toutes seules destituées de l'harmonie ou du Feu des Vers, n'est plus un poète, c'est le cadavre d'un Poète. (Antoine de La Fosse, dans Yourcenar, 1979 : 35)

2727. Le souci de l'exactitude est et doit rester majeur, et il ne peut s'exercer suffisamment quand le traducteur se lie les mains de la chaîne d'or de la rime. (Louis Cazamian, 1947 : XXI)

2728. On ne peut jamais, quelque soin et quelque habileté qu'on y apporte, redonner aux livres en vers l'aspect qu'ils ont dans l'original. (Miguel de Cervantès, 1962 [c1605-1615], I : 49. Traduction : Francis de Miomandre)

Version/thème

2729. L'art de la *traduction* suppose nécessairement celui de la *version*. (Nicolas Beauzée, 1765 : 512)

2730. La version ébauche un ouvrage que la traduction achève en le revêtant de toutes les couleurs du style. (Jean-L. Ferri de Saint-Constant, 1811 [c1808], II : 198)

2731. La *version* est plus littérale, plus attachée aux procédés propres de la langue originale, & plus asservie dans ses moyens aux vûes de la construction analytique. (Nicolas Beauzée, 1765 : 511)

2732. Les traducteurs *littéraires* clament leur aversion pour la *version* universitaire, plus sensible à l'impertinence de l'exactitude ponctuelle qu'aux *pertinences* d'ensemble, plus attentive au mot qu'à la phrase et plus à la proposition qu'au propos général. (Benito Pelegrin, dans *Actes des deuxièmes Assises…*, 1986 : 125)

2733. Traduire sa langue maternelle en un idiome que l'on sait assez mal, c'est se livrer sans doute à une acrobatie cent fois plus périlleuse que la gymnastique inverse. (Henri Veslot, 1928 : VII)

2734. Une grande part des difficultés que rencontrent les débutants dans l'étude des langues anciennes est due à ceci : on veut en même temps apprendre la langue et apprendre à traduire. Traduire est toujours difficulté quand la connaissance de la langue est encore trop fragmentaire ! (Alain Frontier, dans *Traduire*, 1982, 110 : 1)

Vieillissement des traductions

2735. Les traductions vieillissent plus vite que les textes originaux. C'est un fait. Comme si elles étaient un moulage, dans une matière moins noble et moins résistante que l'œuvre première. Les années passant, elles ternissent, se craquèlent, révèlent des défauts – alors que l'original n'a pas pris une ride ! (Bernard Lortholary, « Éditer la littérature allemande en France », dans Graf, 1998 : 208)

2736. Je ne sais rien de plus émouvant que cette jeunesse éternelle d'un chef-d'œuvre qui voit mourir ses traductions, l'une après l'autre, de vieillesse. (Sacha Guitry, 1947 : 93)

2737. La vie d'une traduction excède rarement cent ans. (John Michael Cohen, 1962 : 47. Traduction)

2738. Je crains que nos Traductions ne se transmettent à nos survivans, ains meurent avec nostre vulgaire, qui se change de cent en cent ans. (Estienne Pasquier, « A Monsieur Tournebu », 1723, II : 293)

2739. Le traducteur est toujours condamné à ne travailler que pour un public, en fonction d'un public. Il sait par avance que son œuvre est éphémère : ce sont les originaux qui ne vicillissent pas, alors que les meilleures traductions passent et se supplantent tour à tour. (Edmond Cary, 1963b : 120)

2740. Les meilleures et les plus littérales des traductions modernes apparaîtront farcies d'anachronismes dès que nos coutumes et expressions auront vieilli à leur tour. (Edmond Cary, 1963b : 20)

2741. On ne traduit pas « en soi », mais on traduit *dans le temps*. Que la temporalité soit un élément de sens constitutif à une traduction, cela devait être tenu en compte par les théories de la traduction, et explique le pseudo-phénomène de la « mort des traductions ». (Charles Le Blanc, 2009 : 54, n. 1)

2742. Combien de traductions vieillissent vite pour finalement fixer l'original comme une momie. (Carlos Batista, 2003 : 61)

2743. Les belles traductions vieillissent, comme les œuvres, au sens où elles continuent à être actives, à être lues. Même après que l'état de la langue où elles ont été écrites a vieilli : les *Mille et une nuits* de Galland. (Henri Meschonnic, 1999 : 22)

2744. Les textes vieillissent. C'est-à-dire qu'ils durent. Les traductions, elles, sont seulement caduques. Oubliées. Du moins le plus grand nombre. Mais pas celles qui ont « réussi ». Et qui vieillissent, comme les textes. (Henri Meschonnic, 1986b : 77)

2745. Plus une traduction révèle une tendance propre au traducteur ou à un courant littéraire inscrit dans une période donnée, plus elle court le risque de dater rapidement. (Mathilde Vischer, 2003 : 56)

2746. Je ne crois pas aux traductions écrites pour l'éternité, tout simplement parce que la traduction n'est pas de l'écriture. On ne réécrit pas Euripide. (Heinz Schwarzinger, dans *Sixièmes Assises…*, 1990 : 64)

2747. La traduction ne vieillit pas quand elle rend la sensation que donne l'original. (Nathalie Sarraute, dans *Cinquièmes Assises…*, 1989 : 112)

2748. La plus belle traduction n'a qu'un temps ; il y a une sorte d'usure de la traduction, d'historicité, de perte, de qualité non définitive dans le travail du traducteur. (Jacqueline Risset, dans *Cinquièmes Assises…*, 1989 : 20)

2749. Toute traduction tend à s'historiciser et à vieillir immédiatement. (Massimo Raffaeli, « Quatre lettres sur la traduction », dans Graf, 1998 : 84. Traduction : Adrien Pasquali)

2750. Les traductions vieillissent parce qu'elles sont des œuvres secondes, et que toutes les œuvres secondes et toutes les interprétations vieillissent. On pardonne à l'œuvre d'être liée à une époque et l'on trouve cela tout à fait normal, mais on attend toujours de la traduction qu'elle soit de notre époque. (Gilbert Musy, dans Lenschen 1993 : 48)

2751. Les traductions, comme les performances, sont éphémères. Les œuvres littéraires originales durent alors que leurs traductions se démodent. (Susanne de Lotbinière-Harwood, 1991 : 48)

2752. Si les traductions vieillissent, c'est parce qu'elles sont vivantes. Car ne vieillissent pas les textes qui sont dans le marbre. Il y a ce que les êtres humains portent avec eux. Le traducteur traduit, avec sa culture, avec sa subjectivité, cette langue incorporée dans sa vie. (Jacques Lacarrière, dans *Actes des deuxièmes Assises…*, 1986 : 159)

2753. Quand l'auteur écrit (quelle que soit sa nationalité), il écrit dans une langue qui est définitivement la sienne. La traduction, elle, est toujours assujettie à un certain phénomène de mode. Ce n'est pas une langue. (Jean-Paul Manganaro, 1997 : n. p. En ligne)

2754. Une traduction qui a joué son rôle cesse de fonctionner en tant que traduction au bout de, disons, cent ans. Mais elle reste un monument de la culture. (Irina Mavrodin, dans *Septièmes Assises…*, 1991 : 76)

BIBLIOGRAPHIE

ABOU FADEL, Gina et Henri AWAISS (codir.) (2005), *Pour dissiper le flou. Réflexion plurielle,* Beyrouth, École de traducteurs et d'interprètes de Beyrouth, 183 p.

Actes des deuxièmes Assises de la traduction littéraire (Arles 1985), 1986, Arles, Actes Sud, 213 p.

Actes des premières Assises de la traduction littéraire (Arles 1984), 1985, Arles, Actes Sud, 169 p.

Actes des quatrièmes Assises de la traduction littéraire (Arles 1987), 1988, Arles, Actes Sud, 157 p.

Actes des troisièmes Assises de la traduction littéraire (Arles 1986), 1987, Arles, Actes Sud, 159 p.

AGORNI, Mirella (1998), « The Voice of the "Translatress" : From Aphra Behn to Elizabeth Carter », dans *The Yearbook of English Studies,* vol. 28, p. 181-195.

AITKEN, Anne-Marie (2001), « La Bible au risque de la traduction. Entrevue avec Jacques Brault et André Myre », *Relations,* n° 673, p. 28-31.

ALEMBERT, Jean d' (1754), article « Dictionnaire », dans Denis Diderot *et al, Encyclopédie ou Dictionnaire raisonné des sciences, des arts et des métiers,* Neufchastel, Chez Samuel Faulche, t. IV, p. 954-957.

ALEMBERT, Jean d' (1967), *Œuvres de d'Alembert,* Genève, Slatkine Reprints, 5 v.

ALIFANO, Roberto (1994), *Ultimas conversaciones con Borges,* Buenos Aires, Torres Agüero, 206 p.

AMELOT DE LA HOUSSAIE, Abraham Nicolas (1683), « Préface », dans Paolo Sarpi, *Histoire du Concile de Trente,* Amsterdam, G.-P. & J. Blaeu, p. I-XXXV.

AMELOT DE LA HOUSSAIE, Abraham Nicolas (1686), « Discours critique », dans *La Morale de Tacite : De la flaterie,* Paris, Chez la veuve E. Martin et Jean Boudot, p. XIV-XLVI.

AMYOT, Jacques (1971), *Les Œuvres morales & meslees de Plutarque, translatées du grec en françois par Jacques Amyot* [c1572], La Haie, Mouton Éditeur, 2 v.

ANCET, Jacques (1995), « Entretien avec Jacques Ancet », *Revue Prétexte,* n° 4. En ligne.

ANDRIĆ, Ivo (1967), « L'auteur et la traduction de son œuvre », dans I. J. Citroen (dir.), *Dix années de traduction,* Oxford, Pergamon Press, p. 61-65.

ANDRONIKOF, Constantin (1956), « Allocution de M. C. Andronikof », *L'Interprète*, vol. 11, nº 1, p. 2-5.

ANDRONIKOF, Constantin (1962), « Servitudes et grandeur de l'interprète », *L'Interprète*, vol. 8, nº 1, p. 8-12.

ANOUILH, Jean (1975), « Préface » [c1952], dans Shakespeare, *Trois Comédies*, Paris, Gallimard, coll. « Le Livre de Poche », nºs 485-486, p. 7-9.

ARNOLD, Matthew (1865), « On Translating Homer », dans *Essays in Criticism*, Boston, Ticknor and Fields, p. 284-484.

ARNOTHY, Christine (1980), *Toutes les chances plus une*, Paris, Grasset, 441 p.

ARSENAULT, Michel (2002), « Dostoïevsky : version 2002 », *L'Actualité*, mai, p. 55-56.

ASSOULINE, Pierre (2011), *Le Monde*, blogue du 4 octobre. En ligne.

ATTAL, Jean-Pierre (2000), *La tribune internationale des langues vivantes*, nº 28, p. 3.

ATWOOD, Margaret (1988), « Polyphonie dénaturante », *Langue et société*, nº 23, p. 32.

AUGUSTIN, Saint (1684), « Lettre LXXXII » [c405], dans *Les lettres de Saint Augustin*, trad. par Sieur Du Bois de la Grugere, Paris, Jean Baptiste Coignard, t. I, p. 377-407.

AULU-GELLE (1978), *Les nuits attiques* [c156], trad. par René Marache, Paris, Les Belles Lettres, 4 v.

AUSTIN, Sarah (1836), « Translator's Preface », dans Frederick von Raumer, *England in 1835 ; Being a Series of Letters Written to Friends in Germany, During a Residence in London and Excursions into the Provinces*, trad. par Sarah Austin et H. E. Lloyd, Philadelphie, Carey, Lea, and Blanchard, 512 p.

AVALLON, Cousin d'(1825), *Nouveau dictionnaire d'anecdotes*, Paris, Corbet Aîné, libraire, 544 p.

AWAISS, Henri *et al.* (dir.) (2002), *Du pareil au même : l'auteur face à son traducteur*, Beyrouth, École de traducteurs et d'interprètes de Beyrouth, XVII-322 p.

BACHET DE MÉZIRIAC, Claude-Gaspar (1998), dans M. Ballard (dir.), *De la traduction* [c1635], Ottawa, Les Presses de l'Université d'Ottawa/Arras, Artois Presses Université, LVIII-50 p. Fac-similé.

BACKÈS, Jean-Louis (1997), « Poétique de la traduction », *Revue d'histoire littéraire de la France*, nº 3, p. 437-447.

BAIGORRI-JALÓN, Jesús (1999), « Conference Interpreting : from Modern Times to Space Technology », *Interpreting*, vol. 4, nº 1, p. 29-40.

BAIGORRI-JALÓN, Jesús et Kayoko TAKEDA (codir.) (2016), *New Insights in the History of Interpreting*, Amsterdam, John Benjamins, XVI-278 p.

BAILLARGEON, Pierre (1942), « Épigrammes », *Amérique française*, vol. 1, nº 7, p. 12-15.

BAILLARGEON, Pierre (1944), « La carrière des lettres », *Amérique française*, vol. 4, nº 21, p. 48-56.

BAILLARGEON, Pierre (1947a), *Commerce*, Montréal, Les Éditions Variétés, 189 p.

BAILLARGEON, Pierre (1947b), « Paradoxes sur la traduction », *La Patrie*, 19 octobre, p. 68 et 104.

BAILLARGEON, Pierre (1948), *La neige et le feu*, Montréal, Les Éditions Variétés, 205 p.

BAILLARGEON, Pierre (1951a), « Au commencement est la traduction », *Le Petit Journal*, 25 février, p. 50.

BAILLARGEON, Pierre (1951b), « La traduction », *Le Petit Journal*, 4 mars, p. 52.

BAILLARGEON, Pierre (1956), *Journal (1939-1967)*, copie inédite dactylographiée faite à partir des carnets originaux, n. p.

BAILLARGEON, Pierre (1962), *Le scandale est nécessaire*, Montréal, Les Éditions du Jour, 154 p.

BAILLARGEON, Pierre (1973), *Les médisances de Claude Perrin*, Montréal, Les Éditions du Jour, 197 p.

BALLARD, Michel (1995), *De Cicéron à Benjamin. Traducteurs, traductions, réflexions* [c1992], 2e éd., Lille, Presses universitaires de Lille, 301 p.

BALLARD, Michel (2003), *Versus : la version réfléchie*, Paris, Ophrys, 283 p.

BALLIU, Christian (1994), « L'enseignement de la traduction médicale, pour une nouvelle pragmatique », *Meta*, vol. 39, nº 1, p. 15-25.

BALLIU, Christian (2002), *Les traducteurs transparents*, Bruxelles, les Éditions du Hasard, 239 p.

BARBEDETTE, Gilles (1991), *Baltimore*, Paris, Gallimard, 294 p.

BARILIER, Étienne (1990), *Les belles fidèles*, Lausanne, CTL, publication nº 9, 53 p.

BASNAGE DE BEAUVAL, Henri (1687-1709), *Histoire des Ouvrages des Sçavants*, Rotterdam, Reinier Leers, 3 v.

BASSNETT, Susan (2002), *Translation Studies*, 3e éd., Londres, Routledge, XII-176 p.

BATAILLON, Laure (1991), *Traduire, écrire*, Saint-Nazaire, Arcane 17, 123 p.

BATES, Ernest Stuart (1936), *Modern Translation*, Londres, Oxford University Press, 162 p.

BATISTA, Carlos (1998), « Entretien avec Carlos Batista », dans *Revue Prétexte*, nos 18-19. En ligne.

BATISTA, Carlos (2003), *Bréviaire d'un traducteur*, Paris, Arléa, 98 p.

BATTEUX, Charles (1748), *Cours de belles-lettres distribué par exercices*, Paris, Desaint & Saillant, 4 v.

BAUDELAIRE, Charles (1948), « Lettre à Théophile Tauré, vers le 20 juin 1864 », dans *Œuvres complètes de Charles Baudelaire. Correspondance générale*, Paris, édition Louis Conard, 6 v.

BAUDELAIRE, Charles (1961), « Présentation de "Révélation magnétique" » [c1848], dans *Critique littéraire et musicale*, Paris, Armand Colin, p. 67-69.

BEATTIE, Christopher, Jean DÉSY et Stephen LONGSTAFF (1972), « La carrière du traducteur : un certain refuge », dans *Commission sur le bilinguisme et le biculturalisme*, Ottawa, Information Canada, nº 11, p. 357-376.

BEAUDET, Albert (1970), « Promotion du français », *Le Droit*, 3 octobre, p. 5 ; 17 octobre, p. 9.

BEAUDET, Albert (1971), « La traduction peut-elle s'enseigner et s'apprendre ? », *Le Droit*, 7 août, p. 4.

BEAUDET, Marie-Andrée (dir.) (1999), *Échanges culturels entre les deux solitudes*, Québec, Les Presses de l'Université Laval, 222 p.

BEAUZÉE, Nicolas (1765), article « Traduction, Version », dans Denis Diderot *et al.*. *Encyclopédie ou Dictionnaire raisonné des sciences, des arts et des métiers*, Neufchastel, Chez Samuel Faulche, t. XVI, p. 511-512.

BECKER, Abraham-Henri (1969), *Un humaniste au XVIe siècle : Loys Le Roy* [c1896], Genève, Slatkine Reprints, 409 p.

BEDNARSKI, Betty (1989), *Autour de Ferron*, Toronto, Éditions du GREF, 153 p.

BEERBOHM, Sir Max (1930), « Hamlet, Prince of Denmark » [c1899], *Around Theaters*, New York, Alfred A. Knopf, t. I, p. 46-49.

BÉGUIN, Louis-Paul (1985), « La Bruyère. Portrait d'un traducteur », dans *Poèmes et pastiches, 1965-1985*, Montréal, Éditions Janus, p. 134-135.

BÉLAIR, Michel (2002), « Le cas Markowicz », *Le Devoir*, 27-28 avril, p. C-3.

BELLAY, Joachim du (1966), *La deffence et illustration de la langue francoyse* [c1549], édition critique publiée par Henri Chamard, Paris, Librairie Marcel Didier, XV-206 p.

BELLEGARDE, Jean-Baptiste Morvan de (1706), « Des règles de la traduction », dans *Reflexions sur l'elegance et la politesse du stile* [c1695], Amsterdam, Henri Schelte, p. 433-455.

BELLOC, Hilaire (1931), « On Translation », *The Bookman*, vol. 74, p. 32-39 ; 179-185.

BELLOS, David (2012), *Le poisson et le bananier. Une histoire fabuleuse de la traduction*, trad. par Daniel Loayza, Paris, Flammarion, 394 p.

BEN-ARI, Nitsa (1998), « The Ambivalent Case of Repetitions in Literary Translation. Avoiding Repetitions : A "Universal" of Translation ? », *Meta*, vol. 43, nº 1, p. 68-78.

BENJAMIN, Walter (1971), « La tâche du traducteur » [c1923], dans *Œuvre I, Mythe et violence*, trad. par Maurice de Gandillac, Paris, Denoël, p. 261-275.

BENOÎT, Pierre (1981), *À l'ombre du mancenillier*, Montréal, Éditions Bergeron, 281 p.

BENSIMON, Paul (1990), « Présentation », *Palimpsestes*, nº 4, p. IX-XIII.

BENSIMON, Paul (1998), « Présentation », *Palimpsestes*, nº 11, p. 9-14.

BENSIMON, Paul (2002), « Traducteurs au travail », propos recueillis par Michel Volkovitch, *TransLittérature*, nº 24, p. 11-19.

BENSOUSSAN, Albert (1995), *Confessions d'un traître*, Rennes, Presses universitaires de Rennes, 131 p.

BENSOUSSAN, Albert (2005), *J'avoue que j'ai trahi. Essai libre sur la traduction,* Paris, L'Harmattan, 207 p.

BEREAUD, Jacques G. A. (1971), « La traduction en France à l'époque romantique », *Comparative Literature Studies,* vol. 7, n° 3, p. 224-244.

BERMAN, Antoine (1984), *L'épreuve de l'étranger,* Paris, Gallimard, 311 p.

BERMAN, Antoine (1986), « Critique, commentaire et traduction », *Po & sie,* n° 37, p. 88-106.

BERMAN, Antoine (1987), « Les systèmes d'aide publique à la traduction en Europe », *Encrages,* n° 17, p. 12-22.

BERMAN, Antoine (1990), « La retraduction comme espace de traduction », *Palimpsestes,* n° 4, p. 1-8.

BERMAN, Antoine (1995), *Pour une critique des traductions : John Donne,* Paris, Gallimard, 275 p.

BERMAN, Antoine (1999), *La traduction et la lettre ou l'auberge du lointain* [c1985], Paris, Seuil, 141 p.

BERNATCHEZ, Raymond (1985), « Michel Tremblay : Gogol au Québec », *La Presse,* 26 octobre, p. D-1 ; D-4.

BERNER, Christian (1999), « Le penchant à traduire », dans F. Schleiermacher, *Des différentes méthodes du traduire,* trad. par C. Berner, Paris, Seuil, p. 12-26.

BIERCE, Ambrose (1987), *Le dictionnaire du diable* [c1911], trad. par Jacques Papy, Paris, Néo, 301 p.

BIRON, Monique (1977), « K. Spicer : les traducteurs jouent dans notre pays un rôle vital », *2001,* Ottawa, Secrétariat d'État, p. 1

BITAUBÉ, Paul-Jérémie (1775), « Du gout national considéré dans son influence sur la traduction », dans *Nouveaux Mémoires de l'Académie royale de Sciences et Belles-Lettres de Berlin,* Berlin, Voss, vol. I et II. En ligne.

BITAUBÉ, Paul-Jérémie (1779), « Du gout national considéré par rapport à la traduction », dans *Nouveaux Mémoires de l'Académie royale de Sciences et Belles-Lettres de Berlin,* Berlin, George Jacques Decker, vol. III. En ligne.

BLAKE, William (1978), *William Blake's Writings,* publ. sous la dir. de G. E. Bentley, Jr., Oxford, Clarendon Press, 2 v.

BLAKE, William Hume (1924), « Translator's Note », dans Adjutor Rivard, *Chez nous (Our Old Quebec Home),* Toronto, McClelland & Stewart, p. 11-16.

BLANCHOT, Maurice (1971), « Traduire », dans *L'Amitié,* Paris, Gallimard, p. 69-73.

BLANCHOT, Maurice (1972), « Traduit de... », dans *La part du feu,* Paris, Gallimard, p. 173-187.

BLETON, Claude (2004), *Les nègres du traducteur,* Paris, Métailié, 124 p.

BOGAERT, Pierre-Maurice (1991), *Les Bibles en français,* Paris, Brepols, 279 p.

BOCQUET, Catherine (2000), *L'art de la traduction selon Martin Luther ou lorsque le traducteur se fait missionnaire*, Arras, Artois Presses Université, 286 p.
BOILEAU, Nicolas (1674), *Œuvres diverses du Sieur D*** avec le Traité du sublime, traduit du grec de Longin*, Paris, Denys Thierry, II-178 + 102 p.
BOILEAU, Nicolas (1860), *Œuvres complètes*, publ. sous la dir. de Paul Chéron, Paris, Garnier, xx-543 p.
BONE, Gavin (1943), *Anglo-Saxon Poetry*, Oxford, Clarendon Press, 79 p.
BONNEFON, Paul (1967), « Introduction », dans *Œuvres complètes d'Estienne de la Boétie* [c1892], Genève, Slatkine Reprints, p. XI-LXXXV.
BONNEFOY, Yves (1998), *Théâtre et poésie : Shakespeare et Yeats*, Paris, Mercure de France, 253 p.
BONNEFOY, Yves (2000), *La communauté des traducteurs*, Strasbourg, Presses universitaires de Strasbourg, 147 p.
BONOT, Jean (1947), *Dictionnaire humoristique des Lettres et des Arts*, Paris, Éditions de la Tournelle, 153 p.
BORGES, Jorge Luis (1993), *Œuvres complètes*, publ. sous la dir. de Jean Pierre Bernès, trad. par Paul Bénichou *et al.*, Paris, Gallimard, LXXXV-1752 p.
BORROW, George (1948), *Lavengro*, Londres, L. M. Dent & Sons, 550 p.
BOSWELL, James (1971), *Boswell's Life of Johnson* [c1791], publ. sous la dir. de George Birkbeck Hill, Oxford, Clarendon Press, 6 v.
BOURGAULT, Pierre (1975), causerie inédite prononcée le 25 septembre à l'hôtel Château Champlain, à Montréal, devant les membres de la Société des traducteurs du Québec.
BOURJEA, Michelle (1996), « Traduire ou l'art de voyager », *Meta*, vol. 31, n° 3, p. 231-232.
BOUTHILLIER, Guy et Jean MEYNAUD (1972), *Le Choc des langues au Québec, 1760-1970*, Montréal, Presses de l'Université du Québec, 767 p.
BOYER, Frédéric (2001), « Introduction », dans *La Bible. Nouvelle traduction*, Paris, Bayard/Montréal, Médiaspaul, p. 20-25.
BOYER, Frédéric (2002), *La Bible notre exil*, Paris, P. O. L., 124 p.
BOWEN, David et Margareta BOWEN (1985), « The Nuremberg Trials », *Meta*, vol. 30, n° 1, p. 74-77.
BRAUDE, Jacob M. (1962), *Lifetime Speaker's Encyclopedia*, Englewoods Cliffs (N. J.), Prentice-Hall, 2 v.
BRAULT, Jacques (1975), *Poèmes des quatre côtés*, Chambly, Éditions du Noroît, 95 p.
BRAULT, Jacques (1977), « Remarques sur la traduction de la poésie », *Ellipse*, n° 21, p. 10-35.
BRISSET, Annie (1986), « Ceci n'est pas une trahison », *Spirale*, juin, p. 12-13.
BRISSET, Annie (2003), « Retraduire ou le corps changeant de la connaissance. Sur l'histoire de la traduction », *Palimpsestes*, n° 15, p. 34-67.
BROSSARD, Nicole (1984), *Journal intime*, Montréal, Les Herbes Rouges, 94 p.

BRUNET, Michel (1969), *Les Canadiens après la Conquête 1759-1775 : de la révolution canadienne à la révolution américaine*, Montréal, Fides, 313 p.

BRUNI, Leonardo (2008), « De la traduction parfaite » [c1424/1426], trad. par Charles Le Blanc, Ottawa, Les Presses de l'Université d'Ottawa, 132 p.

BRUSSELL, Eugene E. (1970), *Dictionary of Quotable Definition*, Englewood Cliffs (N. J.), Prentice-Hall, XL-627 p.

BUDBERG, Moura (1970), « On Translating from Russian », dans *The World of Translation*, New York, PEN American Center, p. 145-153.

BUISSERET, Irène de (1975), *Deux langues, six idiomes*, Ottawa, Carlton-Green, 480 p.

BURKE, Peter (2005), *Lost (and Found) in Translation : A Cultural History of Translators and Translating in Early Modern Europe*, Netherlands Institute for Advanced Study, 20 p. En ligne.

BURNOUF, Jean-Louis (1933), « Introduction », dans Tacite, *Histoires*, trad. par Henri Bornecque, Paris, Garnier, p. III-XXII.

BURTON, Raffel (1971), *The Forked Tongue. A Study of the Translation Process*, La Haie, Mouton, 181 p.

BURTON, Richard Francis (1934), « The Translator's Foreword » [c1885], dans *The Book of the Thousand Nights and a Night*, trad. par Richard F. Burton, s. l., The Burton (édition. privée), p. VII-XXI.

BUTLER, Samuel (1924), *Nouveaux voyages en Erewhon accomplis vingt ans après la découverte du pays, par le premier explorateur et par son fils* [c1901], 4e éd., trad. par Valery Larbaud, Paris, Éditions de la *Nouvelle Revue française*, 308 p.

BUTTIENS, Michel (1989), « Partie de cache-cache », *Circuit*, nº 27, p. 40.

BUZELIN, Hélène (2005), « Charlotte Melançon : traduire pour comprendre », dans Agnès Whitfield (dir.), *Le métier du double. Portraits de traductrices et traducteurs littéraires*, Montréal, Fides, p. 219-241.

CAILLÉ, Pierre-François (1979), « Roger Caillois, 1913-1978 », *Babel*, vol. 25, nº 1, p. 43.

CAMPOS, Haroldo de (1973), « De la traduction comme création et comme critique », trad. par Inès Oseki-Dépré, *Collectif Change*, nº 14, « Transformer traduire », p. 71-84.

CAPÈLE, Jean-Claude (1998), « Le traducteur est un passeur ». En ligne.

CAPÈLE, Jean-Claude (1999), « Question à un traducteur ». En ligne.

CARBONNEAU, Hector (s. d.-1), « La besogne du traducteur », conférence inédite, Centre de recherche en civilisation canadienne-française (CRCCF), Université d'Ottawa, Fonds P 14/7/6.

CARBONNEAU, Hector (s. d.-2), « Observations sur la traduction », conférence inédite, Centre de recherche en civilisation canadienne-française (CRCCF), Université d'Ottawa, Fonds P 14/7/5.

CARBONNEAU, Hector (1987), « Souvenirs d'un traducteur et lexicographe » [c1962], *Cultures du Canada français*, nº 4, p. 71-82.

CARY, Edmond (1949), « Défense et illustration de l'art de traduire », *La Nouvelle critique*, Paris, juin, p. 82-93.

CARY, Edmond (1956), *La traduction dans le monde moderne*, Genève, Georg, 196 p.

CARY, Edmond (1958), « La traduction dans le monde moderne », *Le Courrier de l'UNESCO*, p. 9-10.

CARY, Edmond (1962), « Pour une théorie de la traduction » [Partie I], *Journal des traducteurs*, vol. 7, nº 4, p. 118-127.

CARY, Edmond (1963a), « Pour une théorie de la traduction » [Partie II], *Journal des traducteurs*, vol. 8, nº 1, p. 3-11.

CARY, Edmond (1963b), *Les grands traducteurs français*, Genève, Librairie de l'Université, 133 p.

CARY, Edmond (1985), *Comment faut-il traduire ?* [c1958], publ. sous la dir. de Michel Ballard, Lille, Presses universitaires de Lille, 95 p.

CASANOVA, Pascale (1999), *La république mondiale des lettres*, Paris, Seuil, 492 p.

CASANOVA, Pascale (2015), *La langue mondiale. Traduction et domination*, Paris, Seuil, 137 p.

CAYRON, Claire (s. d.), « Entretien avec Claire Cayron ». En ligne

CAZAMIAN, Louis (1947), « Introduction », dans *Anthologie de la poésie anglaise*, Paris, Stock, p. IX-XXIX.

CERVANTÈS, Miguel de (1962), *Don Quichotte de la Manche* [c1605-1615], trad. par Francis de Miomandre, Paris, coll. « Livre de Poche », 2 v.

CHAPELAIN, Jean (1639), « Au lecteur » [c1619], dans Mateo Alemán, *Le gueux, ou La vie de Guzman d'Alfarache*, Lyon, Simon Rigaud, 2 v.

CHARBONNEAU, Robert (1947), *La France et nous. Journal d'une querelle*, Montréal, Éditions de l'Arbre, 77 p.

CHATEAUBRIAND, François René de (1863), *Œuvres complètes*, Paris, Furne, 12 v.

CHAVY, Paul (1984), « Valeur heuristique et pédagogique de l'histoire des traductions », dans A. Thomas et J. Flamand (codir.), *La traduction : l'universitaire et le praticien*, Ottawa, Les Presses de l'Université d'Ottawa, p. 113-120.

CHAVY, Paul (1988), *Traducteurs d'autrefois. Moyen âge et Renaissance*, Paris, Champion, Genève, Slatkine, 2 v.

CHÉNETIER, Marc (1995), « Entretien avec Marc Chénetier », *Revue Prétexte*, nº 3. En ligne.

CHEVREL, Yves (1997), « Les traductions : un patrimoine littéraire ? », *Revue d'histoire littéraire de la France*, nº 3, p. 355-358.

CHEVREL, Yves, Lieven D'HULST et Christine LOMBEZ (codir.) (2012), *Histoire des traductions en langue française. XIXe siècle (1815-1914)*, Lagrasse, Verdier, 1369 p.

CHOURAQUI, André (1990), *L'amour fort comme la mort*, Paris, Robert Laffont, 516 p.

CHOURAQUI, André (2002), « Traduire la Bible et le Coran au XXIe siècle », *Circuit*, n° 77, p. 6-9.

CHRISTENSEN, Andrée et Jacques FLAMAND (2003), « L'artiste-poète, le traducteur ou *l'art du seuil* », dans Virgil Burnett, *Leonora*, trad. par A. Christensen et J. Flamand, Ottawa, Vermillon, p. 13-15.

CHUKOVSKY, Kornei v. Tchoukovski, Korneï

CHUTE, Beatrice Joy (1970), « The Necessity of Translation », dans *The World of Translation*, New York, PEN American Center, p. 65-74.

CICÉRON (1964), *L'orateur. Du meilleur genre d'orateurs* [c-46], trad. par Albert Yon, Paris, Les Belles Lettres, 2 v.

Cinquièmes Assises de la traduction littéraire (Arles 1988), 1989, Arles, Actes Sud, 235 p.

CIORAN, Emil Michel (1997), *Cahiers, 1957-1972*, Paris, Gallimard, 998 p.

CLAS, André (2002), « Préface », dans Christian Balliu, *Les traducteurs transparents*, Bruxelles, Les Éditions du Hasard, p. 11-15.

CLAUDEL, Paul (1966), « Paul Claudel répond les psaumes », dans *Psaumes. Traductions 1918-1953*, Paris, Desclées de Brouwer, 278 p.

COCTEAU, Jean (1953), « Des traducteurs », dans *Journal d'un inconnu*, Paris, Grasset, p. 121-129.

COHEN, John Michael (1962), *English Translators and Translations*, Londres, Longmans, Green & Co., 56 p.

COINDREAU, Maurice-Edgar (1974), *Mémoires d'un traducteur*, Paris, Gallimard, 138 p.

COLLOMBAT, Isabelle (2005), « Ivan Steenhout ou le dilettante éclairé », dans Agnès Whitfield (dir.), *Le métier du double. Portraits de traductrices et traducteurs littéraires*, Montréal, Fides, p. 265-288.

CONSTANTINESCU, Muguraş (2013), *Pour une lecture critique des traductions*, Paris, L'Harmattan, 277 p.

CORDONNIER, Jean-Louis (1995), *Traduction et culture*, Paris, Didier, 236 p.

COURNUT, Bérengère (2007), « Préface », dans Pierre Leyris, *La chambre du traducteur*, textes réunis par B. Cournut, Paris, José Corti, p. 9-14.

COSTE, Pierre (1972), « Avertissement du traducteur » et « Avis sur la quatrième édition », dans John Locke, sous la dir. d'É. Naert, *Essai philosophique concernant l'entendement humain* [c1755], Paris, Librairie philosophique J. Vrin, p. VII-XVI et XVII-XVIII.

CÔTÉ, Nicole (2000), « Littérature et trait d'union », *Québec français*, n° 117, p. 87-89.

CÔTÉ, Nicole (2005), « *Si je voyage vers toi mal rafistolé* : Brault le "non-traducteur" », dans Agnès Whitfield (dir.), *Le métier du double. Portraits de traductrices et traducteurs littéraires*, Montréal, Fides, p. 65-96.

CÔTÉ, Roch (1992), « Ne tirez pas sur le traducteur », *Le Devoir*, 28 novembre, p. D-1.

CÔTÉ, Sébastien (2004), « *Le monde de Barney* ou comment ne pas traduire pour la francophonie », *Spirale*, n° 197, p. 15-16.

COUNE, Dom Michel (1976), « Préface », dans François Vemeulen, *Le paradoxe du traducteur*, Bruges, Zevenkerken, p. 5-8.

COURNUT, Bérengère (2007), « Préface », dans Pierre Leyris, *La chambre du traducteur*, textes réunis par B. Cournut, Paris, José Corti, p.9-14.

COUSTEL, Pierre (1687), *Les règles de l'éducation des enfants…*, Paris, E. Michallet, 398 p.

CRÉMAZIE, Octave (1882), « Lettre à M. l'abbé Casgrain, 29 janvier 1867 », dans *Œuvres complètes*, Montréal, Beauchemin, 543 p.

CROCE, Benedetto (1973), *La letteratura della nuova Italia*, Vori, G. Laterza, 6 v.

CRONIN, Michael (1995), « Shoring up the Fragments of the Translator's Discourse : Complexity, Incompleteness and Integration », *Meta*, vol. 40, n° 3, p. 359-366.

CURTIS, Jean-Louis (1990), « Shakespeare et ses traducteurs français », dans Michel Ballard (dir.), *La traduction plurielle*, Lille, Presses universitaires de Lille, p. 19-31.

DACIER, Anne (1719), « Préface », *L'Illiade d'Homère traduite en françois avec des remarques par Madame Dacier* [c1699], 2e éd., Paris, Rigaud, vol. 1, p. III-LXXIV.

DACIER, Anne (1970), *Des causes de la corruption du goust* [c1714], Genève, Slatkine Reprints, 614 p.

DANAHER, Paul (1992), « Deaf and Blind-but Not Dumb : Translation Theorists », *Language International*, vol. 4, n° 2, p. 15-16.

DANIELS, Guy (1970), « The Lot of the Translator », dans *The World of Translation*, New York, PEN American Center, p. 167-174.

Dante Alighieri Inferno (2000), trad. par Jean et Robert Hollander, New York, Doubleday, XXXIII-634 p.

DARBELNET, Jean (1952), « Stylistique et traduction », dans *Traductions. Mélanges offerts en mémoire de Georges Panneton*, Montréal, Institut de traduction, p. 105-115.

DARBELNET, Jean (1969), « La traduction raisonnée », *Meta*, vol. 14, n° 3, p. 135-140.

DARBELNET, Jean (1981), « Trois approches de la formation du traducteur », dans A. Kopczynski *et al.* (codir.), *La mission du traducteur aujourd'hui et demain*, actes du IXe Congrès mondial de la FIT (Varsovie, 6-13 mai 1981), Varsovie, Interpres, p. 264-266.

DAVENPORT, Guy (1981), *The Geography of the Imagination*, San Francisco, North Point Press, 384 p.

DAVIAULT, Jérôme (1987), « En toutes lettres », émission diffusée sur les ondes de Radio-Canada le 13 octobre 1987.

DAVIAULT, Pierre (1933), « Avant-propos », *Questions de langage*, Montréal, A. Lévesque, p. 7-10.

DAVIAULT, Pierre, (1936), *Cours de traduction*, Université d'Ottawa, École de traduction et d'interprétation ; pagination discontinue. Inédit.

DAVIAULT, Pierre (1938), « Langue et traduction », dans *Mémoires. Deuxième congrès de langue français au Canada* [c1937], t. I, p. 431-438.

DAVIAULT, Pierre (1944), « Traducteurs et traduction au Canada », dans *Mémoires de la Société royale du Canada,* 3e série, t. XXXVIII, section I, p. 67-87.

DAVIAULT, Pierre (1955), « Conclusions du congrès », dans *Premier Congrès général des traducteurs canadiens,* Montréal, Association canadienne des traducteurs diplômés, 5 novembre, album-souvenir, p. 33-34.

DAVIAULT, Pierre (1957), « Sommes-nous asservis par la traduction ? », *Le Devoir,* 22 juin, p. 19.

DAVIS, Lydia (1981), « A Note on the Translation », dans Maurice Blanchot, *The Gaze of Orpheus, and Other Literary Essays,* trad. par L. Davis, Barrytown, Station Hill Press, p. XII-XV.

DE CLERCQ, Danielle (2001), « Avant-propos », dans Tite-Live, *Histoire de Rome depuis sa fondation,* Livre I, traduction nouvelle, Bruxelles, coll. « Bibliotheca Classica Selecta ». En ligne.

DEGUY, Michel (2000), « Traduire », dans *La raison poétique,* Paris, Galilée, p. 103-115.

DEIMIER, Pierre (1610), *L'Académie de l'art poétique,* Paris, J. de Bordeaux, 606 p.

DELCOURT, Marie (1925), *Étude sur les traductions des tragiques grecs et latins en France depuis la Renaissance,* Bruxelles, Maurice Lamertin, 282 p.

DELILLE, Jacques (1997), *Les Géorgiques,* « Discours préliminaire » [c1770], dans Virgile, *Bucoliques. Géorgiques,* Paris, Gallimard, p. 315-335.

DELISLE, Jean (1980), *L'analyse du discours comme méthode de traduction,* Ottawa, Les Presses de l'Université d'Ottawa, 282 p.

DELISLE, Jean (1981), « La compréhension des textes et le processus cognitif de la traduction », dans J. Barbizet, M. Pergnier et D. Seleskovitch (codir.), *Actes du colloque international et multidisciplinaire sur la compréhension du langage* (Créteil, 25-27 septembre 1980), Paris, Didier Érudition, p. 68-70.

DELISLE, Jean (1983), *Les obsédés textuels,* Hull, Les Éditions Asticou, 197 p.

DELISLE, Jean (1990a), *Les alchimistes des langues,* Ottawa, Les Presses de l'Université d'Ottawa, 446 p.

DELISLE, Jean (1990b), « Le froment du sens, la paille des mots », dans Marianne Lederer (dir.), *Études traductologique,* Paris, Minard, p. 61-73.

DELISLE, Jean (1997-1998), « Réflexions sur l'historiographie de la traduction et ses exigences scientifiques », *Équivalences,* vol. 26, no 2 ; vol. 27, no 1, p. 21-43.

DELISLE, Jean (dir.) (1999), *Portraits de traducteurs,* Ottawa, Les Presses de l'Université d'Ottawa, 305 p.

DELISLE, Jean (2001), « L'évaluation des traductions par l'historien », *Meta,* vol. 46, no 2, p. 209-226.

DELISLE, Jean (2002a), « Présentation », dans J. Delisle (dir.), *Portraits de traductrices*, Ottawa, Les Presses de l'Université d'Ottawa, p. 1-11.

DELISLE, Jean (2002b), « Albertine Necker de Saussure, traductrice de transition, sourcière du romantisme », dans J. Delisle, *Portraits de traductrices*, Ottawa, Les Presses de l'Université d'Ottawa, p. 117-171.

DELISLE, Jean (2005), « Les nouvelles règles de traduction du Vatican », *Meta*, vol. 50, n° 3, p. 831-850.

DELISLE, Jean (2013), *La traduction raisonnée*, 3e éd., Ottawa, Les Presses de l'Université d'Ottawa, 716 p. [Coauteur : Marco Fiola et plusieurs collaborateurs]

DELISLE, Jean (2016a), *Les douaniers des langues. Grandeur et misère de la traduction à Ottawa, 1867-1967*, Québec, Les Presses de l'Université Laval, 485 p.

DELISLE, Jean (2016b), « L'onction du favoritisme et les attributs d'une profession », *Circuit*, n° 131. En ligne.

DEMARCQ, Jacques (1983), « Préface », dans E. E. Cummings, *95 Poèmes*, Paris, Flammarion, p. 5-18.

DÉPRATS, Jean-Michel (dir.) (1996), *Antoine Vitez, le devoir de traduire*, Montpellier, Éditions Climats et Maison Antoine Vitez, 99 p.

DÉPRATS, Jean-Michel (2005), « Traducteurs au travail », propos recueillis par Michel Volkovitch, *TransLittérature*, n° 29, p. 2-11.

DERASPE, Anne-Marie (2007), « Distiller le sens : l'alchimie de la traduction littéraire », *Tabaret*, p. 8, 9, 11.

DERRIDA, Jacques (1996), *Le monolinguisme de l'autre ou la prothèse d'origine*, Paris, Galilée, 135 p.

DERRIDA, Jacques (1998), « Des tours de Babel » [c1985], dans *Psychée : inventions de l'autre*, Paris, Galilée, p. 203-235.

DESFONTAINES, Pierre (1765), *Les Œuvres de Virgile, traduites en françois*, Amsterdam, La Compagnie des libraires, 2 v.

DESFONTAINES, Pierre (1967a), *Jugemens sur quelques ouvrages nouveaux*, [c1744-1746], Genève, Slatkine Reprints, XI t. en 2 v.

DESFONTAINES, Pierre (1967b), *Observations sur les écrits modernes* [c1735-1743], Genève, Slatkine Reprints, XXXIV t., en 4 v.

DESMOND, William (2004), « Traducteurs au travail », propos recueillis par Michel Volkovitch, *TransLittérature*, n° 27, p. 3-11.

DESMOND, William (2005), *Paroles de traducteur. De la traduction comme activité jubilatoire*, Louvain-la-Neuve, Peeters, x-135 p.

DESPRÉS, Ronald (1974), lettre (Ottawa, 29 avril) à Jacques Poisson (Rosemère).

D'HULST, Lieven (1990), *Cent ans de théorie française de la traduction*, Lille, Presses universitaires de Lille, 256 p.

D'HULST, Lieven (2002), « Présentation », dans *Le « Faust » de Goethe traduit par Gérard de Nerval*, Paris, Fayard, p. 11-47.

DIDEROT, Denis (1975-1984), Œuvres complètes de Diderot, Paris, Hermann, 25 v.

DI MEO, Philippe (1997), « Entretien avec Philippe Di Meo », *Revue Prétexte*, n° 14-15, été-automne. En ligne.

D'ISRAELI, Isaac (1971), *Curiosities of Literature* [c1791], Londres, J. Murray, 2 v.

DJWA, Sandra (1987), *The Politics of the Imagination : A Life of F. R. Scott*, Toronto, Douglas & McIntyre, 528 p.

Dixièmes Assises de la traduction littéraire (Arles 1993), 1994, Arles, Actes Sud, 222 p.

Dix-neuvièmes Assises de la traduction littéraire (Arles 2002), 2003, Arles, Actes Sud, 207 p.

Dix-septièmes Assises de la traduction littéraire (Arles 2000), 2001, Arles, Actes Sud, 191 p.

DOLET, Étienne (1540), *La maniere de bien traduire d'une langue en aultre*, Paris, Obsidiane, 1990, n. p. Fac-similé.

Douzièmes Assises de la traduction littéraire (Arles 1995), 1996, Arles, Actes Sud, 202 p.

DRAPEAU, Renée-Berthe (1988), *N'entendre qu'un son*, Montréal, l'Hexagone, 108 p.

DROLET, Antonio (1971), « Le premier journal bilingue en Amérique du Nord », *Columbia*, mars, p. 41-43.

DRYDEN, John (1961), *Essays of John Dryden*, W. P. Ker (dir.), New York, Russell & Russell, 2 v.

DUFF, Alan (1981), *The Third Language*, Oxford/Toronto, Pergamon Press, 138 p.

DUHAMEL, Jérôme (2003), *La passion des livres : quand les écrivains parlent de la littérature, de l'art d'écrire et de la lecture*, Paris, Albin Michel, 647 p.

DUMONT, Étienne (s. d.), *Sur l'art d'écrire*, Bibliothèque publique et universitaire de Genève, Département des manuscrits, Fonds Étienne Dumont, ms. fr. 67.

DURANTI, Francesca (1988), *La maison sur le lac de la lune* [c1984], trad. par Gisèle Toulouzan et Elisabeth Lesne, Paris, Belfond, 228 p.

DURASTANTI, Sylvie (2002), *Éloge de la trahison. Notes du traducteur*, Paris, Le passage, 135 p.

DURIN, Corinne (1996), « Entretien avec Marie Josée Thériault », *Spirale*, n° 147, p. 16-17.

ECO, Umberto (1993), conférence prononcée aux Assises de la traduction littéraire en Arles, 14 novembre.

ECO, Umberto (2001), *Experiences in Translation*, trad. par Alastair McEwen, Toronto, University of Toronto Press, 135 p.

ECO, Umberto (2003), *Dire presque la même chose. Expériences de traduction*, Paris, Grasset, 664 p.

EGGER, Émile (1846), « Revue des traductions françaises d'Homère », *Nouvelle revue encyclopédique*, Paris, Firmin Didot Frères, p. 518-534.

ELDER, Jo-Anne (2004), « Traduire la poésie : les lauréat.e.s et finalistes du prix du Gouverneur général, 2003 », trad. par Patrick Imbert, *Ellipse*, n° 72, p. 12-16.

ELLMANN, Richard (1982), *James Joyce*, New York, Oxford University Press, XVIII-887 p.

« Enquête de la FIT sur la qualité des traductions » (1959), *Babel*, vol. 5, n° 2, p. 61-106.

« L'enquête des *Cahiers du Sud* » (1927), menée par Marcel Brion et Marcel Sauvage, *Les Cahiers du Sud*, n° 89, avril, p. 241-324.

ESAR, Evan (1968), *20,000 Quips and Quotes*, Garden City (N. Y.), Doubleday, LXXVI-908 p.

ÉTIEMBLE, René et Jeannine ÉTIEMBLE (1970), *L'art d'écrire*, Paris, Seghers, 638 p.

ETKIND, Efim (1963), *Poésie et traduction*, Moscou/Léningrad, Soveckij Pisatel, 269 p.

ETKIND, Efim (1977), *Dissident malgré lui*, trad. par Monique Slodzian, Paris, Albin Michel, 315 p.

FAUCHEREAU, Serge (1980), « Traduire en collaboration », *Encrages*, n°s 4-5, p. 35-37.

FÉNELON, François de Salignac de la Mothe (1874), *Lettre à l'Académie française sur la grammaire, la rhétorique, la poétique et l'histoire, suivie du mémoire sur les occupations de l'Académie, du discours de réception et de la correspondance entre la Motte et Fénelon sur les anciens*, publ. sous la dir. d'Adolphe Mazure, Paris, E. Belin, 143 p.

FERRI DE SAINT-CONSTANT, Jean-L. (1811), « Des qualités générales de la traduction », dans *Rudimens de la traduction, ou l'art de traduire le latin en français : ouvrage élémentaire, précédé d'une notice sur les traductions des auteurs latins* [c1808], 2e éd., Paris, Chez Aug. Delalain/Angers, Chez Fourier-Mame, t. II, p. 187-272.

FISCHMAN, Sheila (1999), « Translation Matters/En guise de traduction », allocution inédite prononcée à l'Université d'Ottawa, 6 juin. En ligne.

FOLKART, Barbara (1991), *Le conflit des énonciations*, Montréal, Les Éditions Balzac, 481 p.

FONTAINE, Nicolas (1970), *Mémoires pour servir à l'histoire de Port-Royal* [c1736], Utrecht, Genève, Slatkine Reprints, 296 p.

FORTIER, D'Iberville (1985), « Du réalisme et de la politique linguistique », dans *Les services linguistiques au Canada : bilan et prospective*, actes du Colloque national sur les services linguistiques (Ottawa, 9-12 octobre 1985), Ottawa, ministère des Approvisionnements et Services, p. 31-41.

FOSCOLO, Ugo (1985), *Poèmes*, trad. par Jean Bruno, Paris, Noël Blandin Éditeur, 88 p.

FRANCE, Anatole (1923), *Le lys rouge*, Paris, Calmann-Lévy, 409 p.

FRAYN, Michael (1999), « A Serious Kind of Joker », *The Guardian*, 14 août. En ligne.

FRÉRON, Élie (1966), *Lettres sur quelques écrits de ce temps* [c1749-1754], Genève, Slatkine Reprints, 2 v.

FULLER, Thomas (1662), *Worthies of England*, Londres, J.G.W.L. et W.G., 1027 p.

GAGNIÈRE, Claude (1996), *Pour tout l'or des mots*, Paris, Robert Laffont, 1066 p.

GAGNIÈRE, Claude (2000), *Le bouquin des citations : 10 000 citations de A à Z*, Paris, Robert Laffont, XI-621 p.

GALLANT, Christel (1985), « L'Acadie, berceau de la traduction officielle au Canada », *Cultures du Canada français*, Ottawa, Les Presses de l'Université d'Ottawa, nº 2, p. 71-78.

GALLANT, Mavis (1997), « Limpid Pessimist : Marguerite Yourcenar » [c1985], dans *Paris Notebooks*, Toronto, Stoddart, 249 p.

GARNIER, Bruno (1999), *Pour une poétique de la traduction. l'*Hécube *d'Euripide en France de la traduction humaniste à la tragédie classique*, Paris, L'Harmattan, 1999, 271 p.

GAUTHIER, François (2010), *Objectif clients. Un guide pour traducteurs et autres travailleurs autonomes du domaine langagier*, Montréal, Linguatech, 110 p.

GAUTHIER, François (2016a), lettre (Belœil, 11 mai) à Jean Delisle (Gatineau).

GAUTHIER, François (2016b), lettre (Belœil, 20 juin) à Jean Delisle (Gatineau).

GENETTE, Gérard (1982), *Palimpsestes. La littérature au second degré*, Paris, Seuil, 467 p.

GENTZ, Friedrich von (1999), *Journal* [c1814], cité dans Ruth A. Roland, *Interpreters as Diplomats*, Ottawa, Les Presses de l'Université d'Ottawa, 209 p.

GERFAUT, Philippe (1885), *Pensées d'un sceptique*, Paris, P. Ollendorff, 304 p.

GERLO, Aloïs et Paul FORIERS (1967-1984), *La correspondance d'Érasme*, traduite et annotée sous la direction d'A. Gerlo et de P. Foriers d'après l'*Opus epistolarum* de P. S. Allen *et al.*, Bruxelles, Presses académiques européennes, 12 v.

GIDE, André (1931), « Lettre à André Thérive » [c1928], dans *Divers*, Paris, Gallimard, p. 188-198.

GIDE, André (1947), « Lettre-préface à Shakespeare » [c1928], dans *Le théâtre complet d'André Gide*, Neuchatel et Paris, Ides et Calendes, t. VII, *Hamlet*, p. 191-196.

GIDE, André (1952), *Correspondance Rilke-Gide* [c1914], Paris, Corrêa, 268 p.

GIDE, André (1959), « Avant-propos », dans Shakespeare, *Œuvres complètes*, Paris, Gallimard, t. I, p. XI-XIV.

GIDE, André (1988), *Journal 1939-1949. Souvenirs* [c1954], Paris, Gallimard, 1280 p.

GIRARDIN, Delphine de (1839), *L'école des journalistes*, comédie en cinq actes, Paris, Dumont, XIV-187 p.

GLASSCO, John (1961), « Lettre à A. J. M. Smith, 29 juin », Montréal, Université McGill, Bibliothèque MacLennan, salle des livres rares, fonds John-Glassco.

GLISSANT, Édouard (1995), *Introduction à une poétique du divers*, Montréal, Presses de l'Université de Montréal, 106 p.

GLOVER, Douglas (2003), *Le pas de l'ourse*, trad. par Lori Saint-Martin et Paul Gagné, Montréal, Boréal, 265 p.

GODARD, Barbara (1982), « The Translator as Ventriloquist », *Prism International*, vol. 20, nº 3, p. 35-36.

GODARD, Barbara (1986), « Préface », dans Nicole Brossard, *Lovhers*, Montréal, Guernica Editions, p. 7-12.

GODBOUT, Patricia (2004a), *Traduction littéraire et sociabilité interculturelle au Canada 1950-1960*, Ottawa, Les Presses de l'Université d'Ottawa, 276 p.

GODBOUT, Patricia (2004b), « Pseudonymes, traductionymes et pseudo-traductions », *Voix et images*, vol. 30, nº 1, p. 93-103.

GODBOUT, Patricia (2005), « La traduction littéraire au Québec : de la pratique à la théorie », *Documentation et Bibliothèques*, vol. 51, nº 2, p. 89-96.

GODOY, Armand (1961), *Traductions poétiques*, Paris, Grasset, 243 p.

GOETHE, Johann Wolfgang von (1823), *Des hommes célèbres de France au XVIIIe siècle, et de l'état de la littérature et des arts à la même époque*, trad. par Joseph-Henri de Saur et Léonce de Saint-Geniès, Paris, A.-A. Renouard, 298 p.

GOETHE, Johann Wolfgang von (1983), *Écrits sur l'art*, textes choisis, traduits et annotés par Jean-Marie Schaeffer et présentés par Tzvetan Todorov, Paris, Klincksieck, 290 p.

GOGOL, Nicolas (1966), *Œuvres complètes*, Gustave Aucouturier (dir.), Paris, Éditions Denoël, Desclés de Brouwer et Gallimard, 1953 p.

GOGOL, Nicolas (1940-1952), *Polnoe sobranie sochinenii* [*Œuvres complètes*], Moskva, Izd-vo Akademii nausk SSSR, 14 v.

GOLDSCHMIDT, Georges-Arthur (1995), « Traducteurs au travail », propos recueillis par Sacha Marounian et Michel Volkovitch, *TransLittérature*, nº 10, p. 9-16.

GOLDSCHMIDT, Georges-Arthur (2013), *La joie du passeur*, Paris, CNRS Éditions, 189 p.

GOUIN, Jacques (1955), « Valery et l'art de traduire », *Bulletin de l'Association technologique de langue française d'Ottawa*, vol. 5, nº 4, p. 6-13.

GOURNAY, Marie de (1641), *Les advis ou les presens de la demoiselle de Gournay*, Paris, Jean Du Bray, 995 p.

GOVAERT, Marcel (1971), « Critères de la traduction », *Interlinguistica*, K.-R. Bausch et H.-M. Gauger (codir.), Tübingen, Max Niemeyer Verlag, p. 425-437.

GRAF, Marion (dir.) (1998), *L'écrivain et son traducteur en Suisse et en Europe*, Genève, Éditions Zoé, 293 p.

GRAF, Marion (2000), « Pour moi, une traduction n'est jamais finie », propos recueillis par Isabelle Martin, *Feux croisés*, n° 3. En ligne.

GRAND'COMBE, Félix de (1951), « Réflexions sur la traduction », *French Studies*, vol. 4, p. 253-263.

GRANDJOUAN, Jacques Olivier (1971), *Les linguicides*, Paris, Didier, 318 p.

GRANDMONT, Dominique (1997), *Le voyage de traduire*, Creil, Bernard Dumerchez, 140 p.

GRAVIER, Maurice (1973), « La traduction des textes dramatiques », *Études de linguistique appliquée*, n° 12, p. 39-50.

GREEN, Julien (1972), *Œuvres complètes*, textes établis, présentés et annotés par Jacques Petit, Paris, Gallimard, 8 v.

GREEN, Julien (1982), *La terre est si belle. Journal, 1976-1978*, t. XI, Paris, Seuil, 329 p.

GREEN, Julien (1987), *Le langage et son double*, Paris, Seuil, 403 p.

GRESS, Elsa (1970), « The Art of Translating », dans *The World of Translation*, New York, PEN American Center, p. 53-64.

GRESSET, Michel (1975), « Faulkner en français », dans *Problèmes de la traduction littéraire*, Louvain, Bibliothèque de l'Université/Leiden, E. J. Brill, p. 65-85.

GRESSET, Michel (1996), « Traducteurs au travail », propos recueillis par Michel Volkovitch, *TransLittérature*, n° 12, p. 10-17.

GROSJEAN, Jean (1987), « Note du traducteur », dans *Genèse*, trad. par J. Grosjean, Paris, Gallimard, p. 15-16.

GROSS, Benjamin (2003), *L'aventure du langage. L'alliance de la parole dans la pensée juive*, Paris, Albin Michel, 312 p.

GUITRY, Sacha (1947), *Toutes réflexions faites*, Paris, Éditions de l'élan, 141 p.

HAGÈGE, Claude (1985), *L'homme de paroles*, Paris, Fayard, 314 p.

HAGÈGE, Claude (1987), *Le français et les siècles*, Paris, Éditions Odile Jacob, 314 p.

HAZARD, Paul (1921), « L'invasion des littératures du Nord dans l'Italie du XVIIIe siècle », *La Revue de littérature comparée*, vol. 1, p. 30-67.

HEANEY, Seamus (2000), *Beowulf. A New Verse Translation*, New York, Farrar, Straus and Giroux, XXXI-213 p.

HÉBERT, Anne et Frank SCOTT (1970), *Dialogue sur la traduction à propos du Tombeau des rois*, Montréal, HMH, 109 p.

HENDRY, James F. (1969), *Your Future in Translating and Interpreting*, New York, Richards Rosen Press, 128 p.

HENNEBERT, Frédéric (1968), *Histoire des traductions françaises d'auteurs grecs et latins pendant le XVIe et le XVIIe siècles* [c1861], Amsterdam, B. R. Grüner, 261 p.

HOCQUARD, Emmanuel (1991), « Présentation », dans *49 + 1 nouveaux poètes américains*, choisis par Emmanuel Hocquard et Claude Rouyet-Journoud, Paris, Royaumont, 340 p.

HOMEL, David (1993), « Dans les deux sens. La traduction littéraire au Canada », trad. par Marie-Andrée Lamontagne, *Liberté*, vol. 35, n° 1, p. 132-138.

HOMEL, David et Sherry SIMON (codir.) (1988), *Mapping Literature : The Art and Politics of Translation*, Montréal, Véhicule Press, 127 p.

HORGUELIN, Paul A. (1981), *Anthologie de la manière de traduire, Domaine français*, Montréal, Linguatech, 230 p.

HUET, Pierre Daniel (1661), *De interpretatione libri duo : quorum prior est de optimo genere interpretandi ; alter, de claris interpretibus*, Paris, S. Cramoisy, 186 p.

HUGO, Victor (1961), *Œuvres complètes* [c1942], réunies et présentées par Francis Bouvet, Paris, Jean-Jacques Pauvert, 4 v.

HUGO, Victor (1973), *William Shakespeare* [c1864], Paris, Flammarion, 574 p.

Huitièmes Assises de la traduction littéraire (Arles 1991), 1992, Arles, Actes Sud, 174 p.

HUMBLÉ, Philippe (2010), « Dictionnaires et traductologie : le paradoxe d'une lointaine proximité », *Meta*, vol. 55, n° 2, p. 329-337.

HUMBOLDT, Wilhelm von (2000), « Sur la traduction. Introduction à l'*Agamemnon* » [c1816], dans *Sur le caractère national des langues*, trad. par Denis Thouard, Paris, Seuil, p. 32-47.

HURTADO ALBIR, Amparo (1990), *La notion de fidélité en traduction*, Paris, Didier Érudition, 236 p.

HYMES, Dell H. (1960), « Discussion of the Symposium on Translation between Language and Culture », *Anthropological Linguistics*, vol. 2, n° 2, p. 81-84.

IBSEN, Henrik (1964), « Letter to Frederik Gjertsen, March 21, 1872 », dans *Letters and speeches*, New York, Hill and Wang, p. 116-118.

JACCOTTET, Philippe (1971), *Poésie 1946-1967*, Paris, Gallimard, 190 p.

JACCOTTET, Philippe (1982), « Postface », dans Homère, *L'Odyssée*, trad. par P. Jaccottet, Paris, Édition La Découverte, p. 401-412.

JACCOTTET, Philippe (1997a), *D'une lyre à cinq cordes*, Paris, Gallimard, 204 p.

JACCOTTET, Philippe (1997b), entretien avec Marion Graf, « Samedi Littéraire », *Journal de Genève*, 18 janvier, p. 30.

JAKOBSON, Roman (1966), « On Linguistic Aspects of Translation » [c1959], dans Reuben A. Brower (dir.), *On Translation*, New York, Oxford University Press, p. 232-239.

JAUCOURT, Louis, Chevalier de (1765), article « Traducteur », dans Denis Diderot *et al.*, *Encyclopédie ou Dictionnaire raisonné des sciences, des arts et des métiers*, New York, Readex Microprint Corporation (1969), 17 v.

JÉRÔME, Saint (1953), *Lettres*, texte établi et trad. par Jérôme Labourt, Paris, Les Belles Lettres, 8 v.

JOGUET, Vincent (1841), article « Traduction », dans P. Leroux et J. Reynaud (codir.), *Encyclopédie nouvelle. Dictionnaire philosophique, scientifique, littéraire et industriel*, Paris, Charles Gosselin, t. VIII, p. 513-517.

JOLICŒUR, Louis (1995), *La sirène et le pendule : attirance et esthétique en traduction littéraire*, Québec, Les Éditions de l'instant même, 171 p.

JOLY, Jean-François (2014), « Préface », dans J. Delisle et J. Woodsworth (codir.), *Les traducteurs dans l'histoire* (c1995), Québec, Les Presses de l'Université Laval, p. XIX-XXII.

JONES, Douglas Gordon (1977), « Raisons d'être de la traduction », trad. par Joseph Bonenfant, *Ellipse*, n° 21, p. 58-91.

JOUBERT, Joseph (1842), *Pensées, essai et maximes*, Paris, Charles Gosselin, 2 v.

JOUBERT, Joseph (1938), *Carnets de Joseph Joubert*, textes recueillis par André Beaunier, Paris, Gallimard, 2 v.

Journal encyclopédique ou universel, [recension de la traduction d'*Hécube* par J. N. Belin de Ballu], 15 juin 1783, t. IV, Partie III, Paris, A. Bouillon, p. 463-470.

KAKUZÔ, Okakura (1996), *Le livre du thé*, trad. de l'anglais par Corinne Atlan et Zéno Bianu, Arles, Éditions Philippe Picquier, 163 p.

KALINOWSKI, Isabelle (2002), « La vocation au travail de traduction », *Actes de la recherche en sciences sociales*, n° 144, p. 47-54.

KARAVELOV, Ljuben (1871), *Svoboda*, vol. 2, nos 3-4, janvier.

KATTAN, Naïm (1974), « Translation », *Scholarly Publishing*, octobre, p. 27-32.

KELLETT-BETSOS, Kathleen (2005), « Marie José Thériault : la passion des mots », dans Agnès Whitfield (dir.), *Le métier du double. Portraits de traductrices et traducteurs littéraires*, Montréal, Fides, p. 289-320.

KELLY, Louis G. (1979), *The True Interpreter*, Oxford, Basil Blackwell, 282 p.

KELLY, Nataly (2011-2012), *The Interpreter's Launch Pad* (blog). En ligne.

KLEIN-LATAUD, Christine (2004), « Madame la mort est venue, hommage de sa traductrice à Miriam Waddington », *Transmission*. En ligne.

KOMISSAROV, Vilen (1985), « The Practical Value of Translation Theory », *Babel*, vol. 31, n° 4, p. 208-213.

KRAUS, Karl (1998), *Aphorismes*, trad. par Roger Lewinter, Paris, Éditions Mille et une Nuits, n° 198, 101 p.

KUNDERA, Milan (1993), *Les testaments trahis*, Paris, Gallimard, 325 p.

LADMIRAL, Jean-René (1979), *Traduire : théorèmes pour la traduction*, Paris, Payot, 276 p.

LADMIRAL, Jean-René (1998), « Le prisme interculturel de la traduction », *Palimpsestes*, n° 11, p. 15-30.

LADMIRAL, Jean-René (2004-2005), « Entre Babel et Logos », *Le Nouvel Observateur*, spécial 40 ans, hors-série, décembre-janvier, p. 8-12.

LAMARTINE, Alphonse de (1835), *Souvenirs, impressions, pensées et paysages, pendant un voyage en Orient, 1832-1833*, Bruxelles, Wahlen, t. II, 319 p.

LAMBERT, José (1993a), « La traduction dans les littératures. Propositions pour une historiographie des traductions », dans J. Lambert et A. Lefevere (codir.), *La traduction dans le développement des littératures*, actes du XIe congrès de l'Association internationale de littérature comparée (Paris, 20-24 août 1985), Berne, Peter Lang, 247 p.

LAMBERT, José (1993b), « History, Historiography and the Discipline. A Programme », dans Y. Gambier et J. Tommola (codir.), *Translation & Knowledge*, Turku, Centre for Translation and Interpreting, p. 3-25

LA MESNARDIÈRE, Jules Pilet de (1638), « Préface », dans *Traduction de Pline le Jeune. Panégyrique de Trajan*, Paris, A. De Sommaville, p. III-XIV.

LA MESNARDIÈRE, Hippolyte Jules Pilet de (1643), « Avertissement », dans *Les Lettres de Pline Consul*, Paris, A. De Sommaville et A. Courbé, 323 p.

LA MOTTE, Antoine Houdar de (2002), *Textes critiques. Les raisons du sentiments*, édition critique avec introduction et notes, dirigée par Françoise Gevrey et Béatrice Guion, Paris, Honoré Champion Éditeur, 850 p.

LANE-MERCIER, Gillian (2005), « Jean Simard, "l'impeccable ouvrier d'une seule chose bien faite" », dans Agnès Whitfield (dir.), *Le métier du double. Portraits de traductrices et traducteurs littéraires*, Montréal, Fides, p. 127-158.

LANSON, Gustave (1952), *Histoire de la littérature française* [c1894], Paris, Hachette, 1441 p.

LARANJEIRA, Mário (1996), « Sens et signifiance dans la traduction poétique », *Meta*, vol. 41, nº 2, p. 217-222.

LARBAUD, Valery (1934), « Préface », Olivier Patru, *La vie de Monsieur d'Ablancourt* suivie des *Lettres de M. d'Ablancourt à Monsieur Patru*, Maestricht, A. A. M. Stols, p. V-VIII.

LARBAUD, Valery (1946), *Sous l'invocation de Saint Jérôme*, Paris, Gallimard, 341 p.

LAROUSSE, Pierre (1866-1890), *Grand dictionnaire universel du XIXe siècle, français, historique, géographique, mythologique, bibliographique, littéraire, artistique, scientifique, etc.*, Paris, Larousse et Boyer, 17 v.

LARSON, Mildred L. (1991), « Editor's Note : The Interdependence of Theory and Practice », dans *Translation : Theory and Practice. Tension and Interdependence*, ATA Scholarly Monograph Series, vol. 5, University of New York at Binghampton, p. 1-4.

LATTIMORE, Richmond (1966), « Practical Notes on Translating Greek Poetry », dans Reuben A. Brower (dir.), *On Translation*, New York, Oxford University Press, p. 48-56.

LAUDUN D'AIGALIERS, Pierre de (1971), *L'art poëtique françois* [c1598], Genève, Slatkine Reprints, 296 p.

LAUNAY, Marc de (2004), « Traducteurs au travail », propos recueillis par Jacqueline Carnaud et Michel Volkovitch, *TransLittérature*, nº 27, p. 11-18.

LAVALLÉE, Guillaume (1974), *Citations de choix*, Trois-Rivières, Éditions du Bien public, 387 p.

LE BIDOIS, Robert (1961), « Préface », dans Pierre Daviault, *Langage et traduction*, Ottawa, Bureau de la traduction, Secrétariat d'État, p. 5-8.

LE BLANC, Charles (2008), « Introduction », Leonardo Bruni, *De interpretatione recta/De la traduction parfaite*, Ottawa, Les Presses de l'Université d'Ottawa, p. 1-23.

LE BLANC, Charles (2009), *Le complexe d'Hermès*, Ottawa, Les Presses de l'Université d'Ottawa, 155 p.

LE BLANC, Charles (2013), « Rhétorique et traduction à Renaissance : la place de l'histoire en traductologie », *Des mots aux actes*, n° 5, p. 263-284

LE BLANC, Charles (2015), « Philosophie, traduction, histoire », dans C. Le Blanc et L. Simonutti (codir.), *Le masque de l'écriture*, Genève, Librairie Droz, p. 3-12.

LE BRUN, Ponce-Denis Écouchard dit (1811), *Œuvres*, Paris, G. Warée, 4 v.

LE COURAYER, Pierre-François (1736), « Préface », dans Paolo Sarpi, *Histoire du Concile de Trente*, Amsterdam, J. Wetstein et G. Smith, p. I-XXIX. En ligne.

LEDERER, Marianne (1984a), « Transcoder ou réexprimer ? » [c1973], sous le titre « La traduction : transcoder ou réexprimer ? », dans D. Seleskovitch et M. Lederer, *Interpréter pour traduire*, Paris, Didier Érudition, p. 15-36.

LEDERER, Marianne (1984b), « Implicite et explicite » [c1976], sous le titre « Synecdoque et traduction », dans D. Seleskovitch et M. Lederer, *Interpréter pour traduire*, Paris, Didier Érudition, p. 37-71.

LEDERER, Marianne (2004), « Quelques considérations théoriques sur les limites de la traduction du culturel », *Forum*, vol. 2, n° 2, p. 73-94.

LEETH, Jack (1989), cité dans Alain L. Sanders *et al.*, « Law : Libertad and Justicia for All », *Time*, 29 mai 1989, vol. 133, p. 405. En ligne.

LEFEBVRE, Jean-Pierre (2007), « Traducteurs au travail », propos recueillis par Michel Volkovitch, *TransLittérature*, n° 33, p. 3-10.

LEFEBVRE, Oliver (1955), « Le rôle du traducteur », dans *Premier Congrès général des traducteurs canadiens*, album-souvenir, Montréal, Association canadienne des traducteurs diplômés, p. 9-11.

LEFEBVRE, Paul (2002), « La traduction selon Markowicz », *Les Cahiers du théâtre français*, Ottawa, Centre national des arts, vol. 1, n° 2, janvier.

LEFEVERE, André (1990), « Translation : Its Genealogy in the West », dans S. Bassnett et A. Lefevere (codir.), *Translation, History and Culture*, Londres/New York, Pinter Publishers, p. 14-18.

LEFEVERE, André (1992a), *Translation, History, Culture. A Source book*, Londres, Routledge, 1982 p.

LEFEVERE, André (1992b), *Translation, Rewriting and the Manipulation of Literary Fame*, Londres, Routledge, 176 p.

LÉGER, Jean-Marc (1962), « L'état de la langue, miroir de la nation », *Journal des traducteurs*, vol. 7, n° 2, p. 39-51.

LEIBNIZ, Gottfried Wilhelm (2000), « Considérations inattendues sur l'usage et l'amélioration de la langue allemande » [c1697], dans *L'Harmonie des langues*, trad. par Marc Crépon, Paris, Seuil, p. 39-115.

LEMERRE, Alphonse (1866), « Avertissement », dans Homère, *Iliade*, trad. par Charles-Marie Leconte de Lisle, Paris, Alphonse Lemerre, p. VII-VIII.

LE MONNIER, Pierre-Charles (1771), « Préface », *Satires de Perse*, traduction nouvelle, par M. l'abbé Le Monnier, Paris, C.-A. Jombert père, XXVIII-226 p.

LENSCHEN, Walter (dir.) (1993), *Troisième prix lémanique de la traduction*, Lausanne, CTL, 74 p.

LEOPARDI, Giacomo (2004), *Zibaldone* [c1817-1832], trad. par Bertrand Schefer, Paris, Éditions Allia, XXXIII-2396 p.

LÉPINETTE, Brigitte (1993), « Réflexions sur un numéro spécial », *Meta*, vol. 38, nº 4, p. 597-602.

LE ROY, Louis (1575), *De la Vicissitude ou concurrence des armes et des lettres chez les premières et plus illustres nations du monde par Louis Le Roy, dit Regius*, Paris, Chez Pierre l'Huilier, 118 p.

LESSARD, Valérie (2014a), « Traduire, une question d'équilibre », *Le Droit*, 4 octobre, p. A-11.

LESSARD, Valérie (2014b), « Un exemple de patience et de persévérance », *Le Droit*, 24 novembre, p. 16.

LESSARD, Valérie (2011), « Traduire : Des cœurs qui battent à l'unisson », *Le Droit*, 7 mai, p. A-2.

LE TOURNEUR, Pierre (1770), « Discours préliminaire », *Les Nuits d'Young*, 3e éd., trad. par M. Le Tourneur, Paris, Chez Jean Mossy, t. I, p. X-LXXXIX.

LE TOURNEUR, Pierre (1776), « Avis sur cette traduction », dans *Shakespeare traduit de l'Anglois*, Paris, Yves Duchesne, t. I, p. CXXXV-CXL.

LEVINE, Suzanne Jill (1991), *The Subversive Scribe. Translating Latin American Fiction*, Saint Paul, Graywolf Press, xv-196 p.

LEVINSON, Leonard Louis (1971), *Bartlett's Unfamiliar Quotations*, Chicago, Cowles Book, 341 p.

LEYRIS, Pierre (1962), « Quelques mots sur la traduction littéraire considérée tantôt comme une fin en soi, tantôt comme un instrument pédagogique », *Babel*, vol. 8, nº 3, p. 121-122.

LEYRIS, Pierre (1974), « Entretien avec Pierre Leyris », *Le Monde*, 12 juillet, p. 16.

LEYRIS, Pierre (2007), *La chambre du traducteur*, textes réunis par Bérengère Cournut, Paris, José Corti, 288 p.

LICHTENBERG, Georg Christoph (1908), *The Reflections of Lichtenberg* [c1799], trad. par Norman Alliston, Londres, Swan Sonmenschein, 168 p.

LICHTENBERG, Georg Christoph (1968), *Schriften und Briefe* [c1765-1799] Munich, Carl Hanser, 2 v.

LICHTENBERG, Georg Christoph (1980), *Aphorismes* [c1764-1799], trad. par Marthe Robert, Paris, Les Presses d'aujourd'hui, 269 p.

LICHTENBERG, Georg Christoph (1997), *Le miroir de l'âme* [c1765-1799], trad. par Charles Le Blanc, Paris, José Corti, 619 p.

LILOVA, Anna (1981), « *In memoriam* Pierre-François Caillé (1907-1979) », dans *La traduction et la coopération culturelle internationale*, colloque international de la FIT et de l'Union des traducteurs et interprètes bulgares organisé avec le concours de l'UNESCO (16-18 octobre 1979), Sofia, Sofia-Presse, p. 21-27.

LIND, Levi Robert (1949), « Traitorous Translators ? "Tradduttore [*sic*] Traditore" – The Great Ages of Translation », *Classical Journal*, n° 44, p. 371-377.

LONGFELLOW, Henry Wadsworth (1982), dans Andrew Hilen (dir.), *The Letters of Henry Wadsworth Longfellow*, vol. 5, 1866-1874, Cambridge, Massachusetts, Belknap Press of Harvard University Press, 825 p.

LORRAIN, Léon (1936), *Les étrangers dans la cité*, Montréal, Les Presses du Mercure, 140 p.

LORTHOLARY, Bernard (1993), *Le Bulletin Gallimard*, NRF, n° 398, n. p.

LORTHOLARY, Bernard (2001), « Traducteurs au travail », propos recueillis par Michel Volkovitch, *TransLittérature*, n° 22, p. 2-10.

LOTBINIÈRE-HARWOOD, Susanne de (1991), *Re-belle et infidèle*, Montréal, Les Éditions du remue-ménage, 174 p.

LOTMAN, Iouri (1973), « Problème de la traduction poétique », trad. par Léon Robel, *Collectif Change*, n° 14, « Transformer traduire », p. 14-18.

LOWE-PORTER, Helen Tracy (1973), « Translator's Note », dans Thomas Mann, *Buddenbrooks* trad. par Helen Tracy Lowe-Porter et *Lübeck as a Way of Life and Thought*, trad. par Richard et Clara Winston, New York, Alfred A. Knopf, xxv-604 p.

MACSHANE, Frank (1970), « The Teaching of Translation », dans *The World of Translation*, New York, PEN American Center, p. 231-240.

MALENA, Anne (2005), « Hélène Filion : traduire "la couleur du texte" », dans Agnès Whitfield (dir.), *Le métier du double. Portraits de traductrices et traducteurs littéraires*, Montréal, Fides, p. 161-188.

MALHERBE, François de (1862), dans L. Lalanne (dir.), *Œuvres de Malherbe*, Paris, Hachette, 5 v.

MALLARMÉ, Stéphane (1871), *Correspondance* [1862-1892], textes recueillis par Henri Mondor, Paris, Gallimard, 1959-1985, 12 v.

MALLET, Robert (1949), *Paul Claudel et André Gide, Correspondance 1899-1926*, Paris, Gallimard, 399 p.

MALLEVILLE, Claude de (1640), « Au lecteur », dans Luca Assarino, *La Stratonice*, trad. par Claude de Malleville, Paris, Augustin Courbé, p. I-X.

MALRAUX, Clara (1970), « Translation and Complicity », dans *The World of Translation*, New York, PEN American Center, p. 195-202.

MALROUX, Claire (1998), « Traducteurs au travail », propos recueillis par Sacha Marounian et Michel Volkovitch, *TransLittérature*, n° 15, p. 12-20.

MANDIARGUES, André Pieyre de (1969), « Préface », dans *Poèmes élisabéthains*, trad. par Philippe de Rothschild, Paris, Seghers, p. 11-13.

MANGANARO, Jean-Paul (1997), « Entretien avec Jean-Paul Manganaro », *Revue Prétexte*, n° 14-15, n. p. En ligne.

MANGUEL, Alberto (1998), *Une histoire de la lecture*, trad. par Christine Le Bœuf, Arles, Actes Sud/Montréal, Leméac, 428 p.

MARCEL, Jean (1990), *Jérôme ou de la traduction*, Montréal, Leméac, 241 p.

MARCOTTE, Gilles (1962), « Introduction », dans Saint-Denys Garneau, *Journal*, trad. par John Glassco, Toronto, McClelland & Stewart, p. 9-15.

MARDRUS, Joseph Charles (1899), « Un mot du traducteur à ses amis », dans *Le livre des mille et une nuits*, trad. par Joseph Charles Mardrus, Bruxelles, Éditions « La Boétie », p. V-VIII.

MARDRUS, Joseph Charles (1926), *Le Koran qui est la guidance et le différenciateur*, Paris, Eugène Fasquelle, 311 p.

MARKOWICZ, André (1991), « Note du traducteur », dans Fiodor Dostoïevski, *Le joueur*, trad. par André Markowicz, Arles, Actes Sud, p. 211-214.

MARKOWICZ, André (1993), « Un entretien avec André Markowicz, qui propose une nouvelle version de l'*Idiot* », *Le Monde*, 12 novembre, p. 24.

MARMONTEL, Jean-François (1751), article « Traduction » dans Denis Diderot *et al.*, *Supplément à l'Encyclopédie, ou Dictionnaire raisonné des sciences, des arts et des métiers*, Amsterdam, Rey, 4 v.

MAROLLES, Michel de (1659), *Les tragedies de Seneque en latin et en françois. De la traduction de Michel de Mariolles, abbé de Villeloin*, Paris, Pierre Lamy, 2 v. En ligne.

MAROLLES, Michel de (1662), *Traité du pœme épique*, Paris, Guillaume de Luyne, 123 p.

MAROUZEAU, Jules (1947), *Introduction à son édition des œuvres de Térence*, Paris, Les Belles Lettres, 3 v.

MASSON, Jean-Yves (1990), « Territoire de Babel, Aphorismes », *Corps écrit*, n° 36, Paris, Presses universitaires de France, p. 157-160.

MASSON, Jean-Yves (1997), « Entretien avec Jean-Yves Masson », *Revue Prétexte*, n° 14-15, n. p. En ligne.

MEDINA ESTÉVEZ, Jorge A. (2001), « Congrégation pour le culte divin et la discipline des sacrements », dans *Liturgiam authenticam*. En ligne.

MELANÇON, Charlotte (2000), « Avant-propos », numéro spécial « La traduction littéraire au Canada », *Meta*, vol. 45, n° 1, p. 3-6.

MÉNAGE, Gilles (1694-1696), *Menagiana ; ou, Bons mots, rencontres agréables, pensées judicieuses, et observations curieuses, de M. Menage*, 2e éd., Paris, Delaulne, 4 v.

MÉNARD, Louis (1867), *Hermès Trismégiste*, 2e éd., Paris, Didier, 302 p.

MESCHONNIC, Henri (1973), *Pour la poétique II*, Paris, Gallimard, 457 p.

MESCHONNIC, Henri (1985), *Les états de la poétique*, Paris, Presses universitaires de France, 284 p.

MESCHONNIC, Henri (1986a), « Pour une poétique de la traduction », dans *Les Cinq rouleaux* [c1970], Paris, Gallimard, p. 9-18.

MESCHONNIC, Henri (1986b), « Alors la traduction chantera », *Revue d'esthétique*, n° 12, p. 75-90.

MESCHONNIC, Henri (1987), « Le texte comme mouvement et sa traduction comme mouvement », dans R. Laufer (dir.), *Le texte en mouvement*, Saint-Denis, Presses universitaires de Vincennes, p. 23-38.

MESCHONNIC, Henri (1996), « Traduire, c'est mettre en scène comme Antoine Vitez dans la *Mouette* de Tchékov », dans J.-M. Déprats (dir.), *Antoine Vitez. Le devoir de traduire*, Montpellier, Climats & Maison Antoine Vitez, p. 58-94.

MESCHONNIC, Henri (1999), *Poétique du traduire*, Lagrasse, Verdier, 468 p.

MESCHONNIC, Henri (2001), *Gloires. Traduction des psaumes*, Paris, Desclée de Brouwer, 557 p.

MESCHONNIC, Henri (2004a), *Un coup de Bible dans la philosophie*, Paris, Bayard, 294 p.

MESCHONNIC, Henri (2004b), « Sourcier, cibliste, c'est pareil, si c'est en plein dans le mille », *Transversalités*, n° 92, p. 7-20.

MESCHONNIC, Henri (2007), « Traduire : écrire ou désécrire », *Atelier de traduction : pour une poétique du texte traduit* (Suceava, Roumanie), n° 7 (hors série), 2007, p. 19-30.

MEZEI, Kathy (1989), « Traverse/Traversée », *Tessera*, « La traduction au féminin/Translating Women », n° 6, p. 9-12.

MICHAUD, Charles (1945), « Traduction : matière et forme », dans *Mémoires et comptes rendus de la Société Royale du Canada*, 3e série, t. XXXIX, p. 127-141.

MICHAUD, Ginette (dir.) (1995), *L'autre Ferron*, Montréal, Fides-CETUQ, 466 p.

MIHALACHE, Iulia (2002), « Les modèles traductifs dans "la traduction et le 'champ des écritures'" de Julien Green », *Meta*, vol. 47, n° 3, p. 359-369.

MIOMANDRE, Francis de (1955), « Oui, l'on peut tout traduire », *Les nouvelles littéraires*, 28 juillet, p. 4.

MIREMADI, Seyyed Ali (2003), *Theories of Translation and Interpretation* [c1999], Tehran, The Center for Studying and Compiling University Books in Humanities, 246 p.

MONTAIGNE, Michel de (1962), *Essais* [c1580], dans *Œuvres complètes*, texte établi par Albert Thibaudet et Maurice Rat, Paris, Gallimard, 1791 p.

MONTESQUIEU, Charles de (1975), « Lettre 128 de Rica à Usbek » [c1721], dans *Lettres persanes*, Paris, Garnier Frères, 419 p.

MONTGOMERY, Scott L. (2000), *Science in Translation*, Chicago/Londres, University of Chicago Press, 325 p.

MONTHERLANT, Henry de (1957), *Carnets. 1930-1944*. Paris, Gallimard, 396 p.

MOORE, George (1986), *Confessions d'un jeune Anglais* [c1888], trad. par Gérard-Georges Lemaire, Paris, Christian Bourgois éditeur, 307 p.

MOSLEY, Charlotte (dir.) (1996), *The Letters of Nancy Mitford and Evelyn Waugh*, New York, Houghton Mifflin Company, 527 p.

MOSS, John (1975), « Introduction », *The Plouffe Family* [c1950] de Roger Lemelin, trad. par Mary Finch, Toronto, McClelland and Steward, p. I-XIII.

MOUNIN, Georges (1962), « Le traducteur entre les mots et les choses », *Le Courrier de l'UNESCO*, p. 25-28.

MOUNIN, Georges (1963), *Les problèmes théoriques de la traduction*, Paris, Gallimard, 296 p.

MOUNIN, Georges (1964a), « L'intraduisibilité comme notion statistique », *Babel*, vol. 10, n° 3, p. 122-124.

MOUNIN, Georges (1964b), « La traduction de Dante », dans *Lyrisme de Dante*, Paris, Presses universitaires de France, p. 85-104.

MOUNIN, Georges (1994), *Les belles infidèles* [c1955], Lille, Les Presses universitaires de Lille, 109 p.

MOUNIN, Georges (2003), « Qu'est-ce qu'un chercheur ? » [c1986], dans *Louis Leboucher dit Georges Mounin*, textes inédits rassemblés par Christian Balliu, Bruxelles, Les Éditions du Hasard, p. 49-62.

NABOKOV, Vladimir (1955a), « On Translating "Eugene Onegine" », *The New Yorker*, vol. 30, n° 47, janvier, p. 34.

NABOKOV, Vladimir (1955b), « Problems of Translation : "Onegin" in English », *Partisan Review*, vol. 22, n° 4, p. 493-512.

NABOKOV, Vladimir (1975), « Foreword » [c1963], dans A. Pushkin, *Eugene Onegin : A Novel in Verse*, trad. par V. Nabokov, Princeton (N. J.), Princeton University Press, vol. 1, p. VII-XII.

NATALE, Isabelle di (1991), « Les belles infidèles », *Autrement*, n° 1, série Morale, p. 92-105.

NECKER DE SAUSSURE, Albertine (1971), « Préface », dans August Wilhelm von Schlegel, *Cours de littérature dramatique* [c1814], Genève, Slatkine Reprints, p. XV-XVII.

NERVAL, Gérard de (1947), « Préface de la quatrième édition » [c1853], dans Johann Wolfgang von Goethe, *Faust*, Paris, Joseph Gibert, p. 25-27.

Neuvièmes Assises de la traduction littéraire (Arles 1992), 1993, Arles, Actes Sud, 191 p.

NEWMARK, Peter (1982), *Approaches to Translation*, Oxford, Pergamon Press, 200 p.

NEWMARK, Peter (1988), *A Textbook of Translation*, Londres/New York, Prentice Hall, 292 p.

NICAISE, Édouard (1999), *Nouveau dictionnaire des citations*, Paris, Alleur (Belgique), Marabout, 508 p.

NIDA, Eugene A. (1969), *The Theory and Practice of Translation*, Leiden, E. J. Brill, 200 p.

NIDA, Eugene A. (1981), « Translators are Born not Made », *The Bible Translators*, vol. 32, n° 4, p. 401-405.

NIETZSCHE, Friedrich (1950), *Le gai savoir* [c1883-1887], trad. par Alexandre Vialatte, Paris, Gallimard, 384 p.

NIETZSCHE, Friedrich (1968), *Humain, trop humain. Un livre pour esprits libres*, fragments posthumes, 1876-1879, trad. par Robert Rovini, Paris, Gallimard, 2 v.

NIETZSCHE, Friedrich (1978), *Par-delà le Bien et le Mal* [c1886], trad. par Geneviève Bianquis, Paris, Aubier, 418 p.

NODIER, Charles (1834), « Du mouvement intellectuel dans la littérature et dans les arts sous le Directoire et le Consulat », *Revue de Paris*, t. XI, p. 245-260.

NOËL, Jean-Claude (1969), « L'art de la traduction chez Schwob et chez Gide à partir de leur traduction de l'*Hamlet* de Shakespeare », *Revue de l'Université d'Ottawa*, vol. 39, nº 2, p. 173-211.

NORTON, Glyn P. (1984), *The Ideology and Language of Translation in Renaissance France and their Humanist Antecedents*, Genève, Librairie Droz, 361 p.

NOUSS, Alexis (1991), « Note du traducteur », *TTR*, vol. 4, nº 2, p. 21-23.

NOUSS, Alexis (1996), « Dans la ruine de Babel : poésie et traduction chez Paul Celan », *TTR*, vol. 9, nº 1, p. 15-24.

NOUSS, Alexis (2001), « Éloge de la trahison », *TTR*, vol. 14, nº 2, p. 167-179.

NYSSEN, Hubert (1992), « La traduction et les traducteurs. Le point de vue d'un éditeur », dans Françoise Barret-Ducrocq (dir.), *Traduire l'Europe*, Paris, Payot, p. 134-139.

NYSSEN, Hubert (1997), *Éloge de la lecture*, Saint-Laurent, Fides, 40 p.

« On Translation » (1979), *Babel*, vol. 25, nº 4, p. 243-246.

Onzièmes Assises de la traduction littéraire (Arles 1994), 1995, Arles, Actes Sud, 209 p.

OPHELLOT DE LA PAUSE, Henri (1771), « Préface », dans Suétone, *Histoire des douze Césars, avec des mélanges philosophiques & des notes*, Paris, Saillant & Nyon, p. IX-XIV.

ORCEL, Michel (2001), *Les larmes du traducteur*, Paris, Grasset et Fasquelle, 194 p.

OROZCO, Wilson (2004), « La traduction en Colombie au XIXe siècle » [c2000], trad. par Jean Delisle et Anna Maria Salvetti, *Meta*, vol. 49, nº 3, p. 646-655.

ORSENNA, Erik (1997), *Deux étés*, Paris, Fayard, 199 p.

ORTEGA Y GASSET, José (2013), *Misère et splendeur de la traduction* [c1937], trad. par François Géal, Paris, Les Belles Lettres, 121 p.

OSEKI-DÉPRÉ, Inês (1999), *Théories et pratiques de la traduction littéraire*, Paris, Armand Colin, 283 p.

OUSTINOFF, Michaël (2003), *La traduction*, Paris, Presses universitaires de France, coll. « Que sais-je », nº 3688, 127 p.

OUSTINOFF, Michaël (dir.) (2011), *Traduction et mondialisation*, Paris, Éditions du CNRS, 172 p.

OZANAM, Anne-Marie (2001), « Note sur la traduction », dans Plutarque, *Vies parallèles*, Paris, Gallimard, p. 51-56.

PANNETON, Georges (1945), *La transposition, principe de la traduction*, thèse inédite, présentée à la Faculté des lettres de l'Université de Montréal, III-90 p.

PASQUIER, Estienne (1723), *Les Œuvres d'Estienne Pasquier*, Amsterdam, Compagnie des libraires associés, 2 v.

PASTERNAK, Boris (1990), *Œuvres*, Paris, Gallimard, 1829 p.

PAUL, André (1982), « Sur les traductions de la Bible », *Esprit*, nº 69 (9), p. 79-86.

PAUTASSO, Sergio (1967), *Elio Vittorini*, Turin, Borla, 281 p.

PAYOT, Marianne (1997), « Les îliens et le traducteur », entretien avec Érik Orsenna, *Lire*, nº 256. p. 12-13.

PAZ, Octavio (1986), « Traduction » (c1975), *Le Courrier de l'UNESCO*, p. 2.

PELETIER DU MANS, Jacques (1930), *Art poëtique* [c1555], publié par André Boulanger, dans *L'art poëtique de Jacques Peletier du Mans*, Paris, Les Belles Lettres, VI-240 p.

PELETIER DU MANS, Jacques (1970), « Sonnet introductif à la traduction de Douze sonnets de Pétrarque » [c1547], dans *Œuvres Poëtiques*, Genève, Slatkine Reprints, 194 p.

PELLISSON-FONTANIER, Paul (1858), *Histoire de l'Académie française*, [c1743], Paris, Didier, 2 v.

PÉREZ MUNTANER, Jaume (1993), « La traduction comme création littéraire », *Meta*, vol. 38, nº 4, p. 637-642.

PERGNIER, Maurice (1973), « Traduction et théorie linguistique », *Études de linguistique appliquée*, nº 12, p. 27-38.

PERRET, Jacques (1975), « Traduction et parole », dans *Problèmes de la traduction littéraire*, Louvain, Bibliothèque de l'Université/Leiden, E. J. Brill, p. 9-27.

PERRIN, Pierre (1648), « Au Lecteur », dans *L'Éneide de Virgile traduite en vers françois*, Paris, P. Moreau, n. p.

PÉTRIN, Léa (1961), *Tuez le traducteur*, Montréal, Libraire Déom, 211 p.

PÉZARD, André (1965), « Avertissement », dans Dante, *Œuvres complètes*, trad. par André Pézard, Paris, Gallimard, p. XI-XIV.

PIE XII [Eugenio Pacelli] (1956), « Le traducteur – médiateur entre les cultures », *Babel*, vol. 2, nº 2, p. 51-53.

PLACIAL, Claire (2012), « Car la traduction est un miroir », dans *Espaces réflexifs*, 18 août, n. p. En ligne.

PLINE LE JEUNE, (1850), *Lettres*, Livre VII, lettre 9, trad. par Louis de Sacy, dans M. Nisard (dir.), *Quintilien et Pline le Jeune. Œuvres complètes*, Paris, J. J. Dubochet, Le Chevalier, éditeurs, p. 630-632.

POE, Edgar Allan (1983), *Marginalia* [c1844-1849], trad. par Jean-Marie Maguin et Claude Richard, Aix-en-Provence, Alinea, 168 p.

POISSON, Jacques (1968), « À la recherche du français », *Le Devoir*, 30 janvier, p. 4.

POISSON, Jacques *et al.* (1975), « Table ronde sur l'évolution de la traduction », *Meta*, vol. 20, nº 1, p. 58-70.

POLIQUIN, Jean-Marc (1955), « Le porche de la littérature », *Bulletin de l'Association technologique de langue française d'Ottawa*, [Partie I] vol. 5, nº 2, p. 18-21 ; [Partie II] vol. 5, nº 3, p. 28-32.

POPE, Alexander (1711), *An Essay on Criticism*, Londres, W. Lewis, 43 p.

POTTER, Stephen (1954), *The Sense of Humour*, New York, Holt, 271 p.

POUCHKINE, Alexandre (1958), *Œuvres complètes*, publ. sous la dir. d'André Meynieux, Paris, André Bonne éditeur, XL-791 p.

POUJOULAT, Jean-Joseph-François (1868), *Souvenirs d'histoire et de littérature*, Paris/Lille, Librairie de J. Lefort, 368 p.

POULIN, Jacques (2006), *La traduction est une histoire d'amour*, Montréal, Leméac/Arles, Actes Sud, 133 p.

POULIOT, Jean-François (1951), *Débats de la Chambre des communes*, Parlement du Canada, 30 novembre, p. 1581.

POUPY, Jean (1580), « Le Libraire au Lecteur », dans *Les Institutes impériales de Justinien [...]*, trad. par Guy de La Roche Advocat, Paris, Chez Jean Poupy, n. p.

POUND, Ezra (1935), « Notes on Elizabethan Classicists », dans *Make It New*, New Haven, Yale University Press, p. 95-121.

PRÉVOST, l'abbé (1978), « Introduction dans Samuel Richardson, *Lettres anglaises ou Histoire de Miss Clarisse Harlove* » [c1751], trad. par l'abbé Prévost, dans *Œuvres de Prévost*, Grenoble, Presses universitaires de Grenoble, vol. 7, p. 370-371.

PROUST, Marcel (1987), *Le temps retrouvé* [c1927], publ. sous la dir. de Jean-Yves Tadié, Paris, Gallimard, t. IV, p. 273-625.

PRUDENT, Lambert Félix (2003), « Avant-dire », dans Axel Gauvin, *Petit traité de traduction créole réunionais-français*, Saint-Denis, Université de La Réunion, p. 10-18.

PYM, Anthony (1992), « Shortcomings in the Historiography of Translation », *Babel*, vol. 38, nº 4, p. 221-225.

PYM, Anthony (1997), *Pour une éthique du traducteur*, Ottawa, Les Presses de l'Université d'Ottawa, 144 p.

Quatorzièmes Assises de la traduction littéraire (Arles 1997), 1998, Arles, Actes Sud, 220 p.

« Quelques opinions russes sur la traduction » (1979), *Babel*, vol. 25, nº 1, p. 57.

QUINTILIEN (1975), *Institution oratoire* [c95], trad. par Jean Cousin, Paris, Les Belles lettres, 7 v.

Quinzièmes Assises de la traduction littéraire (Arles 1998), 1999, Arles, Actes Sud, 245 p.

RABAU, Sophie (2002), *L'intertextualité*, Paris, Flammarion, 254 p.

RABIN, Chaïm (1958), « The Linguistics of Translation », dans *Aspects of Translation*, Londres, Secker and Warburg, 145 p.

RABIN, Chaïm (1972), « Cultural Aspects of Bible Translations », *Babel*, vol. 28, nº 3, p. 11-20.

RAO, Sathya (2005), « Peut-on envisager l'avenir de la traduction sans plaisir ? Pour une érotique du traduire », *Meta*, vol. 50, nº 4. En ligne.

RASMUSSEN, Elizabeth S., (2002), *Translation and Cultural Influence in Norway, c. 1100-1600*, thèse de doctorat inédite présentée à l'Université Concordia, 986 p.

RATISBONNE, Louis (1865), « Préface », dans *La Divine Comédie de Dante, Le Paradis*, trad. par Louis Ratisbonne, Paris, Michel Levy frères, p. v-xiv.

« Réflexions sur la traduction » (1987), dans *La traduction littéraire – Pratique et perspectives*, table ronde organisée par la FIT avec le concours de l'UNESCO (Paris, 24-25 novembre 1986), Sofia, Union bulgare des traducteurs, p. 69-87.

REGNARD, Jean-François (1870), « Le tombeau de M. B*** D*** », dans *Œuvres complètes*, publ. sous la dir. de M. Garnier, Paris, E. A. Lequien, 6 v.

RENAN, Ernest (1878), « L'Espagne musulmane » [c1853], dans *Mélanges d'histoire et de voyage*, Paris, Calmann-Lévy, p. 279-280.

RENAN, Ernest (1990), « Préface », *Cantique des cantiques* [c1860], trad. par E. Renan, Paris, Arléa, p. 9-14.

RENAN, Ernest (1991), « Préface », *Livre de Job* [c1858], trad. par E. Renan, Paris, Arléa, p. 7-14.

RENARD, Jules (1990), *Journal 1887-1910*, Paris, Robert Laffont, lxxxviii-1032 p.

RENKEN, Arno (2002), *La représentation de l'étranger. Une réflexion herméneutique sur la notion de traduction*, Lausanne, CTL, publication nº 42, 109 p.

REY, Alain (1993), « Avant-propos », dans *Dictionnaire de citations du monde entier*, publ. sous la dir. de F. Montreynaud et J. Matignon, Paris, Dictionnaire *Le Robert*, p. v-viii.

RICHARDS, Ivor Armstrong (1976), « Toward a Theory of Translating » [c1953], dans A. F. Wright (dir.), *Studies in Chinese Thought*, Chigago, The University of Chicago Press, p. 247-262.

RICŒUR, Paul (1975), *La métaphore vive*, Paris, Seuil, 413 p.

RICŒUR, Paul (1999), « Le paradigme de la traduction », *Esprit*, nº 253, p. 8-19.

RICŒUR, Paul (2004), *Sur la traduction*, Paris, Bayard, 68 p.

RIEU, Josiane (1995), *L'esthétique de Du Bellay*, Paris, SEDES, 279 p.

RIOUX, Hélène (1992), *Chambre avec baignoire*, Montréal, Québec/Amérique, 283 p.

RIOUX, Hélène (1995), *Traductrice de sentiments*, Montréal, XYZ éditeur, 209 p.

RIOUX, Hélène (2001), « Témoignage. La musique avant toute chose », dans *Traductions d'Anne Hébert*, Centre Anne Hébert, Université de Sherbrooke, 185 p.

RIVAROL, Antoine de (1785), « De la traduction », précédant *L'Enfer, Poème de Dante, traduction nouvelle,* Paris, Pierre-François Didot, p. XXXIV-XXXVI.

RIVAROL, Antoine de (1966), *Discours sur l'universalité de la langue française* [c1784], édition présentée par Hubert Juin, Paris, Éditions Pierre Belfond, 265 p.

ROBEL, Léon (1973), « Translatives », *Collectif Change,* n° 14, « Transformer traduire », p. 5-12.

ROBIN, Armand (1992), *Fragments,* publ. sous la dir. de Françoise Morvan, Paris, Gallimard, 252 p.

ROBINSON, Douglas (1997), *Western Translation Theory from Herodotus to Nietzsche,* Manchester, St. Jerome Publishing, 337 p.

Romanciers au travail (1967), trad. par Jean René Major, Paris, Gallimard, XVIII-264 p.

ROMER, Thérèse (1969), *Conference Interpretation in Canada,* Commission royale d'enquête sur le bilinguisme et le biculturalisme, document n° 2, Ottawa, Imprimeur de la Reine, VII-75 p.

ROMER, Thérèse (1985), « Le métier d'interprète d'hier à demain », *Meta,* vol. 30, n° 1, p. 101-105.

ROREM, Ned (1967), *Music from Inside Out,* New York, G. Braziller, 144 p.

ROSENZWEIG, Franz (1998), *L'écriture, le verbe et autres essais,* trad. par Jean-Luc Évard, Paris, Presses universitaires de France, 176 p.

ROSSETTI, Dante Gabriel (1902), *Dante and His Circle, with the Italian Poets Preceding Him* [c1861], trad. par D. G. Rossetti, Londres, Ellis and Elvey, XL-403 p.

ROTHSCHILD, Philippe de (1969), « Mots sur moi », dans *Poèmes élizabéthains,* trad. par Philippe de Rothschild, Paris, Seghers, 415 p.

ROY, Claude (1974), « Le vain travail de traduire la poésie chinoise », *Collectif Change,* n° 19, « La traduction en jeu », Paris, Laffont, 156-181.

ROYER, Clémence (1862), « Préface du traducteur », dans Charles Darwin, *L'origine des espèces par sélection naturelle, ou des lois du progrès chez les êtres organisés,* trad. par Clémence Royer, Paris, Guillaumin, p. V-LXIV.

RUSHDIE, Salman (1993), *Patries imaginaires : essais et critiques, 1981-1991* [c1991], trad. par Aline Chatelin, Paris, C. Bourgois, 459 p.

RUSSELL-BITTING, Alexandra (2001), « The Joys and Vexations of the Translator's Craft ». En ligne.

SABATIER, Robert (1991), *Le livre de la déraison souriante,* Paris, Albin Michel, 349 p.

SAINT-ANGE, Ange-François de (1775), « Préface du traducteur », dans Henry Mackenzie, *L'homme sensible,* Amsterdam/Paris, Pissot, p. III-VIII.

SAINT-MARTIN, Lori (1991), *Lettre imaginaire à la femme de mon amant,* Montréal, l'Hexagone, 133 p.

SAINT-RÉAL, César Vichard de (1740), « Préface », *Lettres de Cicéron à Atticus* [c1691], dans *Œuvres de M. l'abbé de Saint-Réal*, Amsterdam, F. L'Honoré et fils, t. V, XIV-351 p.

SAINT-SIMON, Maximilien-Henri de (1771), « Préface », dans *Essai de traduction littérale et énergique*, Harlem, Imprimerie Jean Enschede, vol. 1, p. V-XVIII.

SALLENAVE, Danièle et Georges BANU (codir.) (1991), *Antoine Vitez. Le théâtre des idées*, Paris, Gallimard, 608 p.

SAND, George (1860), « À Monsieur Régnier » [c1856], dans *Théâtre de George Sand*, Paris, Michel Lévy/Leipzig, Alphonse Durr, t. III, p. 97-109.

SAND, George (1971), *Œuvres autobiographiques*, Paris, Gallimard, 2 v.

SASTRY, Jonnalagada Venkateswara (dir.) (1994), *Art and Science of Translation*, Hyderabad, Centre of Advanced Study in Linguistics and Booklinks Corporation, 167 p.

SAUDEK, Erik A. (1971), « Endeavours for Fidelity », *Babel*, vol. 17, nº 1, p. 12-13.

SAUMONT, Annie (1993), « Traducteurs au travail », propos recueillis par Jacqueline Carnaud et Michel Volkovitch, *TransLittérature*, nº 6, p. 15-23.

SAVIGNAC, Jean-Paul (1990), « Préface », dans Pindare, *Œuvres complètes*, trad. par J.-P. Savignac, Paris, Éditions de la Différence, p. 7-39.

SAVORY, Theodore (1968), *The Art of Translation* [c1957], Boston, The Writer, 191 p.

SCHLEIERMACHER, Friedrich (1999), *Des différentes méthodes du traduire* [c1813], trad. par Antoine Berman, Paris, Seuil, 156 p.

SCHLUMBERGER, Jean (1920), « Lettre à un historien », *La Nouvelle Revue française*, nº 82, p. 41-55.

SCHULTE, Rainer (1990-1991), « Translation and the Publishing World », *Translation Review*, nºs 34-35, p. 1-2.

SCHULTE, Rainer et John BIGUENET (codir.) (1992), *Theories of Translation. An Anthology of Essays from Dryden to Derrida*, Chicago, University of Chicago Press, 254 p.

SCHWOB, Marcel (1927), « Avant-propos à une traduction de Catulle en vers marotiques », dans *Œuvres complètes*, Paris, François Bernouard, 10 v.

SCOTT, Frank R. (1954), *Lettre à Anne Hébert*, 15 février, Archives de l'Université McGill, Montréal.

SCOTT, Frank R. (1959), « Confrontation », *Le Devoir*, supplément, 28 novembre, p. 9 ; 18-19.

SCOTT, Frank R. (1977), *Poems of French Canada*, Burnaby (B. C.), Blackfish Press, 59 p.

SCOTT, Howard (1989), « Translator's Introduction », dans Madeleine Gagnon, *Lair*, Toronto, Coach House Press, p. 5-10.

SCUDÉRY, Georges de (1651) « Au lecteur » dans Jean-Baptiste Manzani, *Les harangues ou discours académiques* [c1642], Lyon, Chez Guichard Jullieron, p. 2-5.

SECONDAT, Jean Baptiste de (1786), « Courtes réflexions sur l'éloquence, le stile [*sic*], les traductions », dans *Nouveaux Mémoires de l'Académie Royale des Sciences et Belles-Lettres – 1784*, Berlin, Decker, p. 399-404

Seizièmes Assises de la traduction littéraire (Arles 1999), 2000, Arles, Actes Sud, 211 p.

SELESKOVITCH, Danica (1968), *L'interprète dans les conférences internationales*, Paris, Minard, 253 p.

SELESKOVITCH, Danica (1975), *Langage, langues et mémoire : étude de la prise de notes en interprétation consécutive*, Paris, Minard, 272 p.

SELESKOVITCH, Danica et Marianne LEDERER (1989), *Pédagogie raisonnée de l'interprétation*, Paris, Didier, 281 p.

SENÉCAL, André (2004), « Traduttore ! », *Circuit*, n° 84, p. 19.

SENÉCAL, André (2016), *Le bruissement des matins clairs. Propos d'un traducteur*, préface par Jean-Yves Masson, Paris, Les Belles Lettres, XXI-157 p.

Septièmes Assises de la traduction littéraire (Arles 1990), 1991, Arles, Actes Sud, 168 p.

SHERMA, Dharma Dutta (1966), *Some Problems of Translation : A Linguistic Comparison of Texts in English and Hindi*, Edinburgh, University of Edinburgh.

SHEK, Ben-Zion (1977), « Quelques réflexions sur la traduction dans le contexte socio-culturel canado-québécois », *Ellipse*, n° 21, p. 111-117.

SHELLEY, Percy Bysshe (1965), *A Defence of Poetry*, publ. sous la dir. de John E. Jordan, Indianapolis, Bobbs-Merrill, 80 p.

SHERIDAN, Richard Brinsley (1963), *Le critique, ou Répétition d'une tragédie* [c1781], trad. par Germaine Landré-Augier, Paris, Aubier, Éditions Montaigne, 229 p.

SILHOUETTE, Étienne de (1737), « Réflexions préliminaires du traducteur sur le goût des traductions », dans Alexander Pope, *Essai sur la critique et sur l'homme* [c1711], Londres, G. Smith, p. 259-282.

SIMARD, Jean (1975), « Introduction », Mordecai Richler, *Mon père, ce héros*, Montréal, Cercle du Livre de France, p. 11-12.

SIMEONI, Daniel (2000), *Traduire les sciences sociales. Genèse d'un habitus sous surveillance : du texte-support au texte-source*, thèse inédite de doctorat, Paris, École des Hautes Études en Sciences Sociales, Centre de linguistique théorique, 459 p.

SIMON, Sherry (1989a), « Conflits de juridiction : la double signature du texte traduit », *Meta*, vol. 34, n° 2, p. 195-208.

SIMON, Sherry (1989b), *L'inscription sociale de la traduction au Québec*, Québec, Office de la langue française, 157 p.

SIMON, Sherry (1991), « La traduction et la traversée des savoirs », *TTR*, vol. 4, n° 2, p. 11-17.

SIMON, Sherry (1994), *Le trafic des langues. Traduction et culture dans la littérature québécoise*, Montréal, Boréal, 224 p.

SINGER, Isaac Bashevis (1970), « On Translating my Books », dans *The World of Translation*, New York, PEN American Center, p. 109-114.

Sixièmes Assises de la traduction littéraire (Arles 1989), 1990, Arles, Actes Sud, 186 p.

ŠKORECKÝ, Josef (1968), « Tribulations of Literary Translation in Czechoslovakia », *Babel*, vol. 14, n° 2, p. 83-85.

SKOUMAL, Aloys (1970), « Quelques remarques sur l'art de traduire », *Babel*, vol. 16, n° 2, p. 74 ; 79.

SMART, Patricia (1989), « Entre les deux cultures : la rédaction d'*Écrire dans la maison du Père* », *Langue et Société*, n° 28, p. 38.

SOREL, Charles (1664), *Bibliothèque française*, 2e éd., Paris, Compagnie des libraires du Palais, 461 p.

SOREL, Charles (1970), *Des traductions des livres grecs, latins, italiens et espagnols en françois et de la manière de les traduire* [c1667], Genève, Slatkine Reprints, 122 p.

SOTTSASS PIVANO, Fernanda (1970), « Modern Translations into Italian », dans *The World of Translation*, New York, PEN American Center, p. 321-334.

STAËL, Madame de (1821), « De l'esprit des traductions », dans *Œuvres complètes de Mme la baronne de Staël*, Paris, Treuttel et Würtz, 17 v.

STANKÉ, Alain (1988), *Le livre des livres*, Montéral, Stanké, 477 p.

STEINER, George (1970), *Poem into Poem : World Poetry in Modern Verse and Translation*, Baltimore, Penguin Books, 334 p.

STEINER, George (1978), *Après Babel. Une poétique du dire et de la traduction* [c1975], trad. par Lucienne Lotringer et Pierre-Emmanuel Dauzat, Paris, Albin Michel, 470 p.

STEINER, George (1991), *Réelles présences. Les arts du sens*, trad. par Michel R. de Pauw, Paris, Gallimard, 286 p.

STEINER, George (1998), *Errata. Récit d'une pensée* [c1997], trad. par Pierre-Emmanuel Dauzat, Paris, Gallimard, 231 p.

STEINER, T. R. (1975), *English Translation Theory, 1650-1800*, Assen/Amsterdam, Van Gorcum, 159 p.

ST-PIERRE, Paul (1990), « La traduction : histoire et théorie », *Meta*, vol. 35, n° 1, p. 119-125.

STRATFORD, Philip (1977), *Bibliographie de livres canadiens traduits de l'anglais au français et du français à l'anglais*, Ottawa, 2e éd., CCRH, 78 p.

STRATFORD, Philip, (1993), « L'écrivain clandestin », trad. par François Bilodeau, *Liberté*, n° 205, p. 120-131.

STRATFORD, Philip et Maureen NEWMAN (1975), *Bibliographie de livres canadiens traduits de l'anglais au français et du français à l'anglais*, Ottawa, CCRH, 57 p.

SWIFT, Jonathan (1963), « Lettre à l'abbé Desfontaines », [c1727], dans *Correspondence*, publ. sous la dir. de Harold Williams, Oxford, Clarendon Press, t. III, p. 226.

SYNGE, John Millington (1907), *The Aran Islands*, Dublin, Maunsel & co., 198 p.

TALENS, Jenaro (1993), « L'écriture qu'on appelle traduction », *Meta*, vol. 38, n° 4, p. 630-636.

TALLEMANT DES RÉAUX, Gédéon (1854-1860), *Historiettes*, 3e éd., publ. sous la dir. de MM. Monmerqué et Paulin, Paris, Chez J. Techener Libraire, 9 v.

TANCOCK, Leonard W. (1958), « Some Problems of Style in Translation form French », dans A.D. Booth *et al.*, *Aspects of Translation*, Londres, Secker & Warburg, p. 29-51.

TARDIF, Dominic (2016), « Le traducteur en eux », » *Le Devoir*, 19 mars, p. F1 ; F4.

TATILON, Claude (2003), « Traduction : une perspective fonctionnaliste », *La linguistique*, vol. 39, n° 1, p. 109-118.

TCHOUKOVSKI, Korneï (1984), *The Art of Translation : Kornei Chukovsy's A High Art*, trad. par Lauren G. Leighton, Knoxville, University of Tennessee Press, 294 p.

TENDE, Gaspard de (1660), *De la traduction, ou Règles pour apprendre à traduire la langue latine en langue françoise*, Paris, Damien Foucault, 386 p.

THÉRIAULT, Jacques (1975), « Pierre Bourgault vilipende les "joualisants" », *Le Devoir*, 26 septembre, p. 17.

THÉRY, Gustave (1855), article « Traduction », dans *Encyclopédie du dix-neuvième siècle*, Paris, Au bureau de l'encyclopédie du XIXe siècle, t. XXIV, p. 201-202.

THOMAS D'AQUIN, Saint (1856), « Contre les erreurs des Grecs » [c1261], dans *Opuscules de Saint Thomas d'Aquin*, trad. par M. Védrine, M. Bandel et M. Fournet, Paris, Libraire de Louis Vivès éditeur, t. I, p. 1-76.

TOLMER, Léon (1949), *Pierre-Daniel Huet (1630-1721), humaniste physicien*, Bayeux, Colas, 718p.

TOLSTOÏ, Léon (1979), *Journaux et Carnets*, trad. par Gustave Aucouturier, Paris, Gallimard, 3 v.

TOPER, Pavel (1979), « La traduction en tant qu'œuvre artistique », *Babel*, vol. 25, n° 1, p. 7-10.

TOURNIER, Michel (1977), *Le vent paraclet*, Paris, Gallimard, 293 p.

TOURREIL, Jacques de (1721), *Œuvres*, publ. sous la dir. de Guillaume Massieu, Paris, M. Brunet, 2 v.

La traduction dans l'enseignement des langues (1983), table ronde organisée par la FIT avec le concours de l'UNESCO (Paris, 17-19 mars), Sofia, Union bulgare des traducteurs, 127 p.

La traduction littéraire. Pratique et perspectives (1987), table ronde organisée par la FIT avec le concours de l'UNESCO (Paris, 24-25 novembre 1986), Sofia, Union bulgare des traducteurs, 88 p.

Traduire, Paris, revue de la Société française des traducteurs (SFT), n° 1, 1955- .

Treizièmes Assises de la traduction littéraire (Arles 1996), 1997, Arles, Actes Sud, 243 p.

TRIOLET, Elsa (1965), « L'art de traduire », dans *La poésie russe*, Paris, Seghers, p. 9-16.

TROYAT, Henri (1938), *L'araigne*, Paris, Plon, 285 p.

TURENNE, Augustin (1973), *Nous parlon* [*sic*] *francais* [*sic*], Montréal, Les Éditions La Presse, 95 p.

TWAIN, Mark (1880), *A Tramp Abroad*, Toronto, Dominion News, 410 p.

TWAIN, Mark (1920), *Moments with Mark Twain*, textes réunis par Albert Bigelow Paine, New York, Harper & Bros., 296 p.

TYTLER, Alexander Fraser (1907), *Essay on the Principles of Translation* [c1791], New York, Dutton, 239 p.

UNAMUNO, Miguel de (1962), *The Tragic Sense of Life* [c1912], trad. par J. E. Crawford Flitch, Londres, Macmillan, xxxv-332 p.

UNWIN, Sir Stanley (1950), *The Truth about Publishing*, Londres, George Allen & Unwin, 352 p.

UZANNE, Octave (1908), *L'esprit de J. Barbey d'Aurevilly : dictionnaire de pensées, traits, portraits et jugements tirés de son œuvre critique*, 2e éd., Paris, Société du Mercure de France, 354 p.

VALVERDE, José María (1993), « Mon expérience de traducteur », trad. par Brigitte Lépinette, *Meta*, vol. 38, nº 4, p. 603-614.

VAN DETH, Jean-Pierre (2003), « Traduction et métissage culturel », *Traduire*, nos 196-197, p. 9-24.

VAN HOOF, Henri (1957), « Peut-on tout traduire ? », *Le linguiste/De Taalkundige*, nº 1, p. 1-3.

VAN HOOF, Henri (1991), *Histoire de la traduction en Occident*, Paris/Louvain-la-Neuve, Duculot, 367 p.

VAN SCHENDEL, Michel (2004), « La traduction de poème : un art, un paradoxe », *Spirale*, nº 197, p. 13-14.

VARGAS LLOSA, Mario (1988), dans Eve Livet, « Mario Vargas Llosa : "Celui qui accepte de séduire une dame pour un ami" », *Le Monde de l'éducation*, nº 146, p. 35.

VAUCLUSE, François (2001), « L'art de traduire », inédit, n. p.

VENUTI, Lawrence (1995), *The Translator's Invisibility*, Londres, Routledge, 353 p.

VERMEULEN, François (1976), *Le paradoxe du traducteur*, Bruges, Zevenkerken, 117 p.

VERNOR GUILLE, Frances (1950), *François-Victor Hugo et son œuvre*, Paris, Librairie Nizet, 366 p.

VESLOT, Henri (1928), *Les épines du thème anglais*, Paris, Hachette, 214 p.

VESLOT, Henri et Jules BANCHET (1928), « Avant-propos », dans *Les traquenards de la version anglaise*, Paris, Hachette, p. III-VII.

VÉZINA, François (1950), « Mémoire de l'Institut de traduction » présenté à Québec devant la Commission royale d'Enquête sur l'avancement des arts, des lettres et des sciences au Canada, Université d'Ottawa, CRCCF, Fonds Institut de traduction, C 116-1/1/5, 6 p.

VIALLON, Marie (dir.) (2001), *La traduction à la Renaissance et à l'âge classique*, Saint-Étienne, Publications de l'Université de Saint-Étienne, 297 p. [Corpus de citations, p. 227-279.]

VILLARD, Jean-Jacques (1970), « Le pouvoir à l'imagination », *Le Monde*, 21 mars, p. v.

VILLON, Christine (1985), *Opération orchidée*, Montréal, Le Jour, 187 p.

VINAY, Jean-Paul (dir.) (1952), *Traductions. Mélanges offerts en mémoire de Georges Panneton*, Montréal, Institut de traduction, 180 p.

VINAY, Jean-Paul (1975), « The Theory of Translation : Myth or Reality ? », dans Michael S. Batts (dir.), *Translation and Interpretation : The Multi-Cultural Context. A Symposium*, Vancouver, CAUTG, p. 35-46.

VINAY, Jean-Paul (1991), « Translation in Theory and Practice », dans M. L. Larson (dir.), *Translation : Theory and Practice. Tension and Interdependence*, ATA Scholarly Monograph Series, vol. 5, New York, State University of New York at Binghampton, p. 157-171.

VINAY, Jean-Paul et Jean DARBELNET (1958), *Stylistique comparée du français et de l'anglais*, Paris, Didier/Montréal, Beauchemin, 331 p.

Vingtièmes Assises de la traduction littéraire (Arles 2003), 2004, Arles, Actes Sud, 192 p.

VIOLANTE, Isabel (2004-2005), « Penser, c'est traduire », *Le Nouvel Observateur*, spécial 40 ans, hors-série, décembre-janvier, p. 14-15.

VISCHER, Mathilde (2003), *Philippe Jaccottet traducteur et poète : une esthétique de l'effacement*, Lausanne, CTL, publication n° 43, 135 p.

VITEZ, Antoine (1959), « Ma traduction du *Don Paisible* », *Lettres françaises*, 18 juin.

VITEZ, Antoine (1983), « Incarner les fantômes », entretien avec Monique Le Roux, *Le Journal de Chaillot*, n° 10, p. 9-10.

VOLDENG, Evelyne (1984), « La traduction poétique. Duplication ou dérivation textuelle d'une langue à une autre ? », dans A. Thomas et J. Flamand (codir.), *La traduction : l'universitaire et le praticien*, Ottawa, Presses de l'Université d'Ottawa, p. 151-159.

VOLTAIRE (1879), *Œuvres complètes*, publ. sous la dir. de Louis Moland, Paris, Garnier Frères, 52 v.

VOSSLER, Karl (1926), *Jean Racine*, Buenos Aires, Espasa-Calpe, 151 p.

WANDRUSZKA, Mario (1973), « Vers une linguistique de la traduction », *Les Cahiers internationaux de symbolisme*, n°s 24-25, p. 65-85.

WEILL, Nicolas (2013), « L'odyssée des classiques », *Le Monde*, 9 mars. En ligne.

WEINBERG, Bernard (1970), *Critical Prefaces of the French Renaissance* [c1950], New York, AMS Press, xiv-290.

WEISSBORT, Daniel (2002), « The Unsung Heroes of Poetry », *The Guardian*, 23 novembre. En ligne.

WEST, Constance B. (1932), « La théorie de la traduction au XVIIIe siècle », *Revue de littérature comparée*, n° 12, p. 330-355.

WHITFIELD, Agnès (dir.) (2005), *Le métier du double. Portraits de traductrices et traducteurs littéraires*, Montréal, Fides, 387 p.

WOOLF, Virginia (1957), « On Not Knowing Greek », dans *The Common Reader*, Londres, The Hogarth Press, vol. 1, p. 39-59.

WUILMART, Françcoise (2013a), « Avant lire – Stefan Zweig ». En ligne.

WUILMART, Françoise (2013b), « Ma passion selon saint Jérôme ou les voix du destin ». En ligne.

YOURCENAR, Marguerite (1979), *La couronne et la lyre*, Paris, Gallimard, 481 p.

YOURCENAR, Marguerite (1980), *Les yeux ouverts*, Paris, Le Centurion, 336 p.

ZELLER, Beatriz (2000), « On Translation and Authorship », *Meta*, vol. 45, n° 1, p. 134-139.

ZUBER, Roger (1968), *Les « Belles infidèles » et la formation du goût classique*, Paris, A. Colin, 503 p.

ZUBER, Roger (1972), *Lettres et préfaces critiques*, de Nicolas Perrot d'Ablancourt, Paris, Librairie Marcel Didier, 290 p.

INDEX DES AUTEURS DES CITATIONS

A

ABLANCOURT, Nicolas Perrot d' (1606-1664), 82, 547, 608, 704, 710, 771, 1229, 1230, 1793, 1794, 2143, 2161, 2408, 2409, 2501, 2520, 2521
ADONIS (1930-), 315, 1826
AGORNI, Mirella (1965-), 871
ALAS, Leopoldo, dit Clarín (1852-1901), 937
ALBRIGHT, Madeleine (1937-), 1640
ALEMBERT, Jean d' (1717-1783), 81, 270, 445, 446, 551, 594, 611, 643, 678, 939, 1029, 1142, 1143, 1228, 1299, 1328, 1396, 1576, 1652, 1789, 1936, 2063, 2067, 2152, 2210
ALLAIN, Annie (xx^e s.), 520
AMBATZOGLOU, Petros (1931-), 1172
AMBERNI, Anny (19... -1998), 1227
AMELOT DE LA HOUSSAIE, Abraham Nicolas (1634-1706), 548, 598, 754, 1117, 2138
AMFREVILLE, Marc (1957-), 1720
AMYOT, Jacques (1513-1593), 80, 2225
ANCET, Jacques (1942-), 964, 1395
ANDRIĆ, Ivo (1892-1975), 75, 94, 2003
ANDRONIKOF, Constantin (1916-1997), 1623, 1952
ANONYME, 93, 175, 290, 679, 922, 1579, 1612, 2062, 2376, 2377, 2378, 2430, 2528, 2631, 2704
ANOUILH, Jean (1910-1987), 1, 4, 2576
ANTIN, Paul (1902-1980), 241
ANTOINE, Fabrice (1957-), 1186
ARNOLD, Matthew (1822-1888), 725
ARNOTHY, Christine (1930-), 1632
AROUT, Georges (1911-1970), 304
ASSOULINE, Pierre (1953-), 962, 1808
ATTAL, Jean-Pierre (1931-), 204, 1327
ATWOOD, Margaret (1939-), 554, 593
AUGUSTIN, Saint (354-430), 1264
AURY, Dominique (1907-1998), 6, 26,122, 379, 1700, 1885
AUSTIN, Sarah (1793-1867), 1601
AVALLON, Cousin d' (1769-1840), 84

B

BACHET de MÉZIRIAC, Claude-Gaspar (1581-1638), 1226, 1987
BACKÈS, Jean-Louis (1937-), 273, 1611
BAIGORRI-JALÓN, Jesús (1953-), 1634, 1641
BAILLARGEON, Pierre (1916-1967), 9, 25, 69, 147, 201, 303, 592, 688, 694, 969, 970, 1165-1167, 1696, 1697, 1788, 1825, 2082, 2374, 2375, 2452, 2529, 2665, 2703
BALDENSPERGER, Fernand (1871-1958), 2667, 2692
BALLARD, Michel (1942-2015), 109, 744, 858, 1731, 1766, 2273, 2316
BALLIU, Christian (1956-), 166, 1695, 2451
BANCHET, Jules (xxe s.), 2401,
BANU, Georges (1943-), 73, 79, 1694, 2575
BARBEDETTE, Gilles (1956-1992), 1096, 2664, 2709
BARBEY D'AUREVILLY, Jules (1808-1889), 132, 1809, 1829, 1830, 1954, 2026, 2539
BARILIER, Étienne (1947-), 68, 248, 378, 419, 466, 519, 591, 1028, 1133, 1151, 1196, 1394, 1693, 2002, 2246, 2383, 2518, 2519, 2584, 2629, 2630
BASSNETT, Susan (1945-), 837, 870
BATAILLON, Laure (1928-1990), 590, 794, 1050, 1572, 2110, 2245
BATES, Ernest Stuart (1876-1944), 259, 2328, 2702
BATISTA, Carlos (1968-), 67, 71, 121, 240, 257, 258, 409, 412, 417, 418, 539, 722, 782, 793, 933, 1004, 1024, 1095, 1132, 1150, 1164, 1225, 1237, 1321-1326, 1339, 1345, 1353, 1362, 1374-1376,

1382, 1385, 1568-1571, 1608, 1610, 1669, 1692, 1787, 2058-2061, 2068, 2106, 2149, 2150, 2180, 2261-2263, 2271, 2272, 2450, 2646, 2647, 2701, 2742
BATTEUX, Charles (1713-1780), 263, 451, 1134, 1760, 2422
BAUDELAIRE, Charles (1821-1867), 2057, 2506
BAUDOIN, Jean (1584-1650), 130, 131, 1607
BAZALGETTE, Léon (1873-1928), 2412
BEAUDET, Albert (1913-2010), 817, 1742, 1743, 2373
BEAUZÉE, Nicolas (1717-1789), 239, 1182, 2729, 2731
BECKER, Abraham-Henri (1861- ?), 124, 268, 588, 589, 828, 1482, 2505
BEDNARSKI, Betty (1943-), 365, 376, 377, 587, 648, 649, 652, 1106, 1121, 1144, 1786, 2372
BEERBOHM, Sir Max (1872-1956), 931, 2574
BÉGUIN, Louis-Paul (1923-), 454, 1236
BELIN DE BALLU, Jacques Nicolas (1753-1815), 701
BELJAME, Alexandre (1843?-1906), 2517
BELLEGARDE, Jean-Baptiste Morvan de (1648-1734), 595, 1481, 2153, 2527
BELLOC, Hilaire (1870-1953), 197, 256, 298
BELLOS, David (1945-), 125, 415, 711, 1040, 1581, 1582, 1656, 2523, 2524
BEN-ARI, Nitsa (1946-), 1224
BENHAMOU, Anne-Françoise (1957-), 2573
BENJAMIN, Walter (1892-1940), 1320, 1690, 1691, 2244, 2400, 2449, 2515, 2516, 2526, 2583, 2628
BENOÎT, Pierre (1906-1989), 1588
BENSIMON, Paul (xx^{e} s.), 276, 889, 2105, 2347,
BENSOUSSAN, Albert (1935-), 64-66, 120, 261, 282, 289, 374, 375, 527, 536, 537, 586, 667, 790-792, 1152, 1183-1185, 1331, 1480, 1517, 1564-1567, 1577, 1651, 1718, 1719, 1739, 1740, 1890, 2055, 2056, 2396, 2436, 2662, 2700
BENTLEY, Richard (1662-1742), 1785
BERMAN, Antoine (1942-1991), 20, 238, 320, 344, 348, 651, 708, 721, 753, 789, 815, 830, 867-869, 874, 1002, 1003, 1131, 1223, 1316-1319, 1335, 1479, 1598, 1750, 1824, 2092, 2095-2098, 2208, 2209, 2327, 2435, 2645, 2651, 2699
BERNER, Christian (1957-), 2065
BERNHARD, Thomas (1931-1989), 1478
BESSA LUIS, Augustina (1922-), 1477
BEYLE, Henri, v. STENDHAL
BIANCIOTTI, Hector (1930-2012), 1222
BIERCE, Ambrose (1842-1914), 930
BITAUBÉ, Paul-Jérémie (1732-1808), 460, 517, 518, 610, 880, 949, 1030, 1251-1253, 1429, 1430, 1562, 1732, 1859, 2075, 2392, 2444, 2502, 2567
BLAKE, William (1757-1827), 385
BLAKE, William Hume (1861-1924), 1767
BLANCHET, François (1707-1784), 1476
BLANCHOT, Maurice (1907-2003), 373, 585, 1093, 1156
BLETON, Claude (1942-), 408, 929, 2182, 2550, 2659
BLUHM, Heinz (1907-1993), 1347
BOÈCE (475?-524), 2549
BOILEAU, Nicolas (1636-1711), 397, 400, 407, 444, 575, 576, 1297, 1314, 1315, 1561, 2693
BOILLOT, Félix, v. Félix de GRAND'COMBE
BONE, Gavin (1907-1942), 1823
BONNEFOY, Yves (1923-), 237, 465, 516, 709, 1130, 1733, 1820-1822, 1876, 1899
BONOT, Jean (xxe s.), 928
BORGES, Jorge Luis (1899-1986), 583, 584, 752, 955, 2478
BOROVSKY, Cyrille, v. Edmond CARY
BORROW, George (1803-1881), 1784
BOSWELL, James (1740-1795), 1366
BOURGAULT, Pierre (1934-2003), 2370, 2371
BOURJEA, Michelle (xxe s.), 31, 1472-1475
BOUTHILLIER, Guy (1939-), 2350

BOYER, Frédéric (1961-), 174, 193, 236, 499, 1092, 1313, 1471, 1688, 1689, 2089
BRAULT, Jacques (1933-), 653, 666, 760, 836, 954, 1575, 1749, 1875, 1933, 2270, 2644
BRIDEL, Gaston (1895-1982), 2001
BRION, Marcel (1895-1984), 1072, 1073, 1170
BRIOUSSOV, Valéri (1873-1924), 1001, 2643
BRISSET, Annie (1945-), 2094, 2388
BRODSKY, Joseph (1940-1996), 2607
BROSSARD, Nicole (1943-), 515
BRUNET, Michel (1917-1985), 2369
BRUNI, Leonardo (1369-1444), 78, 707, 2128, 2148
BUDBERG, Moura (1891-1974), 1470, 1999, 2000
BUISSERET, Irène de (1918-1971), 607, 2078
BURGESS, Anthony (1917-1993), 999, 1000
BURKE, Edmund (1729-1797), 1254
BURKE, Peter (1937-), 306, 307, 831
BURNOUF, Jean-Louis (1775-1844), 235, 1141, 1949, 2207
BURTON, Raffel (1928-2015), 200, 1560
BURTON, Richard Francis (1821-1890), 1717
BUTLER, Samuel (1835-1902), 1129
BUTTIENS, Michel (xxe s.), 14

C

CAILLÉ, Pierre-François (1907-1979), 2243
CAILLOIS, Roger (1913-1978), 234, 1654
CALDWELL, Erskine Preston (1903-1987), 1917
CALVEYRA, Arnaldo (1929-2015), 1091, 1738, 2147
CAMARTIN, Iso (1944-), 288
CANAVAGGIA, Marie (1896-1976), 1616
CAPÈLE, Jean-Claude (1953-), 144, 343, 406, 514, 582, 1120, 1220, 1221, 1469, 1508, 1722, 2242
CARBONNEAU, Hector (1889-1962), 17, 405, 1650, 1737, 2368, 2477
CARTANO, Françoise (xx^e s.), 888, 1559
CARY, Edmond (1912-1966), 12, 63, 110, 267, 403, 581, 750, 751, 768-770, 873, 991, 1119, 1219, 1284, 1298, 1367, 1468, 1578, 1655, 1685-1687, 1874, 1929, 1998, 2076, 2083, 2088, 2241, 2317, 2326, 2448, 2476, 2551, 2632, 2660, 2694, 2739, 2740
CASANOVA, Pascale (1959-), 16, 155, 638, 1097, 1098, 1751, 2658,
CATEL, Jean (1891-1950), 1032
CAYRON, Claire (1935-2002), 233, 364, 692, 705, 706, 1467, 1704, 2079
CAZAMIAN, Louis (1877-1947), 2727
CERVANTÈS, Miguel de (1547-1616), 227, 553, 1466, 1606, 2728
CHAGNON, Louis-Joseph (1889-1947), 2367
CHAPELAIN, Jean (1595-1674), 380
CHAR, René (1907-1988), 1118
CHARBONNEAU, Robert (1911-1967), 1873
CHATEAUBRIAND, François René de (1768-1848), 62, 123, 788, 1368, 1997, 2473-2475
CHAVY, Paul (1914-2003), 767, 787, 866, 2318
CHÉNETIER, Marc (1946-), 1505, 2319
CHEVALLEY, Abel (1868-1936), 1464, 1465, 1736
CHEVREL, Yves (1939-), 1171, 1463
CHINAGLIA, Giorgio (xxe s.), 763
CHOURAQUI, André (1917-2007), 11, 119, 342, 535, 997, 1461, 1462, 2206
CHRISTENSEN, Andrée (1952-), 1023, 2240
CHUTE, Beatrice Joy (1913-1987), 1280, 1460, 1605, 1915, 1916
CICÉRON (-106-43), 1218
CIORAN, Emil Michel (1911-1995), 176, 387, 550, 819, 1268, 1272, 1273, 1330, 2154, 2158, 2221
CLARÍN, v. Leopoldo ALAS
CLAS, André (1933-), 363, 580, 886, 1431
CLAUDEL, Paul (1868-1955), 173, 192, 431, 1459
CLUNY, Claude-Michel (1930-2015), 2205

COCTEAU, Jean (1889-1963), 940, 958, 1329, 1333, 1369, 1370
COGHILL, Nevill (1899-1980), 1458
COHEN, John Michael (1903-1989), 2737
COINDREAU, Maurice-Edgar (1892-1990), 686, 755, 1558, 2004, 2017
COLARDEAU, Charles-Pierre (1732-1776), 33
COLLETET, Guillaume (1598-1659), 140, 141
CORDONNIER, Jean-Louis (xxe s.), 749
COUSIN, Charles Yves, v. Cousin d'AVALLON,
COSTE, Pierre (1668-1747), 1557
CÔTÉ, Nicole (1946-), 458, 512, 513, 2698
CÔTÉ, Roch (1941-), 1556
CÔTÉ, Sébastien (1974-), 687, 693
COUNE, Dom Michel (1933-), 996, 1516, 1996
COURIER, Paul-Louis (1772-1825), 1163
COUSTEL, Pierre (1624-1704), 1432
CRÉMAZIE, Octave (1827-1879), 541, 2366
CRÉMIEUX, Benjamin (1888-1944), 1207, 2445
CROCE, Benedetto (1866-1952), 1457, 1871
CRONIN, Michael (1960-), 927
CROSS, Elsa (1946-), 2697
CURTIS, Jean-Louis (1917-1995), 966, 2572

D

DACIER, Anne (1647-1720), 549, 762, 786, 1033, 1206, 1428, 1491, 1648, 1783, 1943, 2500, 2717, 2719, 2720
DANIELS, Guy (xxe s.), 2608
DARBELNET, Jean (1904-1994), 367-369, 464, 1735, 1947, 1948, 2324, 2325, 2469, 2470
DARDENNE DE LA GRANGERIE, Marguerite du Closel, v. Philippe GERFAUT
DAVENPORT, Guy (1927-2005), 1090
DAVIAULT, Jérôme (1934-2001), 1703
DAVIAULT, Pierre (1899-1964), 118, 402, 463, 534, 818, 1279, 1456, 2054, 2331, 2335, 2338-2346, 2365, 2535
DAVIS, Lydia (1947-), 467, 1501
DE CLERCQ, Danielle (xxe s.), 34
DE DECKER, Jacques (1945-), 1555
DEFAUCONPRET, Jean-Baptiste (1767-1843), 1792
DEGUY, Michel (1930-), 1108
DEIMIER, Pierre de (1580?-1618?), 606
DELAGE, Joseph (xx^e s.), 1250
DELCOURT, Marie (1891-1979), 2387
DELILLE, Jacques (1738-1813), 462, 605, 609, 619, 785, 1217, 1352, 1373, 2718
DELISLE, Jean (1947-), 15, 22, 61, 70, 128, 143, 149, 199, 321, 340, 362, 383, 504, 511, 528, 664, 665, 718, 743, 748, 814, 829, 832, 840, 864, 865, 879, 921, 926, 965, 1021, 1088, 1089, 1146, 1276-1278, 1312, 1371, 1455, 1545, 1554, 1583, 1589, 1590, 1622, 1734, 1746, 1903, 1935, 1946, 1995, 2077, 2080, 2086, 2093, 2104, 2146, 2177, 2202, 2203, 2214, 2380-2382, 2429, 2606, 2637, 2661, 2663
DEMARCQ, Jacques (1946-), 1510
DENHAM, John (1615-1669), 401, 1870
DÉPRATS, Jean-Michel (1949-), 1008, 1553, 2552, 2577
DERRIDA, Jacques (1930-2004), 52, 961, 1071, 1684
DESFONTAINES, Pierre (1685-1745), 245, 663, 677, 952, 953, 1139, 1140, 1311, 1454, 1795, 1994, 2053, 2467
DESMARESTS, Roland (1594-1653), 205,
DESMOND, William (1939-2013), 275, 1194, 1439
DESPRÉS, Ronald (1935-), 1246
D'HULST, Lieven (1954-), 862, 863, 1904
DICKNER, Nicolas (1972-), 74
DIDEROT, Denis (1713-1784), 899, 1216, 1869
DI MEO, Philippe (1953-), 2201
DINO, Güzine (1910-2013), 1507
D'ISRAELI, Isaac (1766-1848), 1544
DODERER, Heimito von (1896-1966), 232
DOLET, Étienne (1508-1546), 1070, 1427, 1894, 1942, 2514
DRAPEAU, Renée-Berthe (1959-), 676
DROLET, Antonio (1904-1970), 246

DRYDEN, John (1631-1700), 116, 117, 231, 266, 951, 1087, 1499, 2224, 2239, 2395
DU BELLAY, Joachim (1522-1560), 642, 1205, 1263, 1765, 1868
DUFF, Alan (1942-), 1262
DUMONT, Étienne (1759-1829), 2163, 2260
DURANTI, Francesca (1935-), 146, 291
DURAS, Marguerite (1914-1996), 618, 641, 1086, 2111
DURASTANTI, Sylvie (xxe s.), 24, 59, 60, 198, 230, 272, 302, 361, 500, 510, 526, 644, 1022, 1215, 1310, 1451-1453, 1498, 1549-1552, 1603, 1604, 1867, 1993, 2051, 2052, 2145, 2504
DU RYER, Pierre (1606-1658), 203
DUSSAULT, Jean Joseph (1769-1824), 40
DUTOURD, Jean (1920-2011), 301, 1309, 1991

E

ECO, Umberto (1932- 2016), 339, 414, 698, 712, 885, 1039, 1049, 1085, 1247, 1658, 1702, 1774, 2010, 2132, 2323, 2399
EGGER, Émile (1813-1885), 1990
ELDER, Jo-Anne (1957-), 1816, 1818, 1819
ENGLE, Paul (1908-1991), 1858, 1914
ÉRASME, Didier (1466-1536), 191, 813, 1214, 1759, 1961, 2087, 2513
ESAR, Evan (1899-1995), 973, 1828
ESTIENNE, Charles (1504-1564), 1764
ÉTIEMBLE, René (1909-2002), 77
ETKIND, Efim (1918-1999), 1815, 2322
ÉVAGRE le Pontique (346-399), 2530
ÉVARD, Jean-Luc (1949-), 226, 1986

F

FABULET, Louis (1862-1933), 525, 1985
FÄHNDRICH, Hartmut (1944-), 2654
FAIVRE D'ARCIER, Bernard (1944-), 2570, 2571
FAUCHEREAU, Serge (1939-), 2278
FERRI DE SAINT-CONSTANT, Jean-L. (1755-1830), 950, 1758, 2413, 2421, 2730
FERRON, Jacques (1921-1985), 925
FET, Afanassi A. (1820-1892), 938, 1497, 2548
FILLAUDEAU, Bertrand (xx[e] s.), 1048
FISCHBACH, Henry (1921-2008), 2677
FISCHMAN, Sheila (1930-), 1450
FLAMAND, Jacques (1935-), 1023, 2240
FOLKART, Barbara (1935-), 765, 766
FORTIER, D'Iberville (1926-2006), 156, 2363, 2364
FOSCOLO, Ugo (1778-1827), 1866
FOSTER, Leonard (xxe s.), 229
FRANCE, Anatole (1844-1924), 165
FRAYN, Michael (1933-), 1015
FRÉRON, Élie (1718-1776), 596, 1857, 2044
FREZZA, Luciana (1926-1992), 1989
FRIEDRICH, Hugo (1904-1979), 508, 509, 995
FRONTIER, Alain (1937-), 2734
FROST, Robert (1874-1963), 1804
FRYE, Northrop (1912-1991), 2687
FULLER, Thomas (1608-1661), 1496

G

GADDIS ROSE, Marilyn (1930-2015), 2321
GAGNÉ, Paul (xxe s.), 1006
GAGNIÈRE, Claude (1928-2003), 900, 901, 924
GALANTIÈRE, Lewis (1895-1977), 2223
GALLANT, Christel (1936-), 861
GALLANT, Mavis (1922-2014), 1753
GAMBARO, Griselda (1928-), 450
GARCÍA MÁRQUEZ, Gabriel (1928-2014), 115
GARY, Romain (1914-1980), 1275
GAUTHIER, François (1947-), 341, 356, 1615
GENETTE, Gérard (1930-), 1155
GENTZ, Friedrich von (1764-1832), 579
GERFAUT, Philippe (1847-19?), 1563
GIDE, André (1869-1951), 58, 603, 747, 906, 1261, 1308, 1488, 1591, 2129, 2269, 2510-2512, 2561, 2569
GIRARDIN, Delphine de (1804-1855), 2715
GLASSCO, John (1909-1981), 2200

GLISSANT, Édouard (1928-2011), 54, 57, 338, 640, 1084, 1449
GLOVER, Douglas (1948-), 2642
GNAEDIG, Alain (1964-), 2447
GODARD, Barbara (1941-2010), 860, 2605
GODBOUT, Patricia (1955-), 23, 404, 2362,
GODEAU, Antoine (1605-1672), 114, 399, 574, 578, 1213, 1960
GODEL, Armen (1941-), 1448
GODOY, Armand (1880-1964), 1865
GOERING, Hermann (1893-1946), 1631
GOETHE, Johann Wolfgang von (1749-1832), 18, 645, 994, 1162, 1212, 1447, 1495, 1945, 1953, 2657,
GOGOL, Nicolas (1809-1852), 573, 2579
GOLDSCHMIDT, Georges-Arthur (1928-), 833, 1041, 1660, 2006, 2329
GOMBAUD, Antoine, v. Chevalier de MÉRÉ
GOUIN, Jacques (1919-1987), 293
GOURNAY, Marie de (1565-1645), 1332
GOVAERT, Marcel (xxe s.), 993, 1701
GRADISNIK, Janez (1917-2009), 746
GRAF, Marion (1954-), 56, 254, 662, 1101, 1148
GRAND'COMBE, Félix de (1880-1961), 784
GRANDJOUAN, Jacques Olivier (xxe s.), 55, 337, 347, 398, 1034, 1081-1083, 1259, 1260, 1304-1307, 1493, 1494, 1580, 1757, 2509
GRANDMONT, Dominique (1941-), 37, 92, 426, 429, 443, 505-507, 764, 1080, 1154, 1441-1446, 1547, 1548, 2007, 2144, 2199, 2258, 2259, 2268, 2641, 2666
GRASSET, Bernard (1881-1955), 2049
GRAVIER, Maurice (1912-1992), 1303, 1649, 2048, 2127
GREEN, Julien (1900-1998), 188-190, 1267, 2119, 2428
GRÉGOIRE LE GRAND, Saint (540?-604), 2547
GREPPI, Cesare (1936-), 2568
GRESS, Elsa (1919-1988), 720, 1258, 1302, 2047, 2162
GRESSET, Michel (1938-2005), 1257, 1988
GRIEVE, James (1934-), 923
GRIMM, Jacob (1785-1863), 992
GROSJEAN, Jean (1912-2006), 1775, 2587, 2588
GROSS, Benjamin (1925-2015), 637, 2136
GUEST, Harry (1932-), 1773
GUITRY, Sacha (1885-1957), 336, 2736
GUITTON, Jean (1901-1999), 142
GÜNTHER, Horst (1945-), 1211, 1301, 1814
GÜRSEL, Nedim (1951-), 145

H

HAGÈGE, Claude (1936-), 1076, 1079
HAUVETTE, Henri (1865-1935), 2508
HAZARD, Paul (1878-1966), 2181
HEANEY, Seamus (1939-2013), 83
HELBLING, Hanno (1930-2005), 533, 1256, 2014, 2198, 2385
HENDRY, James F. (1912-1986), 1618, 1633
HENNEBERT, Frédéric (1800-1857), 572, 2015, 2016, 2398, 2499
HENRY, Hélène (xxe s.), 355,
HERBULOT, Florence (1935-2013), 1992
HERDER, Johann Gottfried (1744-1803), 2394, 2446
HESDIN, Simon de (?-1383), 287
HIGGINS, Ian (1941-), 1210
HOCQUARD, Emmanuel (1940-), 2696
HŒPFFNER, Bernard (1946-), 299, 300
HOFMANNSTHAL, Hugo von (1874-1929), 461, 1440
HOLLANDER, Jean (1928-), 963
HOLLANDER, Robert (1933-), 963
HOMEL, David (1952-), 2012
HORACE (-65-8), 2546
HUET, Pierre Daniel (1630-1721), 604, 1296, 1438, 1543, 2507
HUGNET, Georges (1906-1974), 113
HUGO, Victor (1802-1885), 32, 41, 42, 95, 112, 211, 244, 265, 269, 274, 322, 335, 612, 639, 661, 806, 941, 1047, 1105, 1235, 1255, 1436, 1437, 1492, 1500, 1724, 1802, 1896-1898, 2046, 2081, 2185, 2222, 2237, 2238, 2625, 2626
HUMBLÉ, Philippe (xxe s.), 413

HUMBOLDT, Wilhelm von (1767-1835), 660, 683, 684, 745, 783, 821, 960, 1078, 1209, 1300, 1944, 2236, 2420, 2695
HURTADO ALBIR, Amparo (1954-), 872, 881-884, 1895, 2137, 2184
HUYGHENS, Constantin (1596-1687), 1435
HYMES, Dell H. (1927-2009), 210

I

IBRAHIM, Sonallah (1937-), 2064
IBSEN, Henrik (1828-1906), 1813
INGOLD, Felix Philipp (1942-), 448, 1077, 1812
IVERNEL, Philippe (xxe s.), 260

J

JACCOTTET, Philippe (1925-), 521, 532, 1147, 1864, 2320
JAKOBSON, Roman (1896-1982), 1075
JAQUIER, Claire (xxe s.), 1781, 1782
JAUCOURT, Louis de (1704-1779), 1524
JAUJARD, François Xavier (1946-), 228, 1506, 1863, 2183
JENNINGS, Paul Francis (1918-1989), 905, 1745
JÉRÔME, Saint (342?-420), 111, 1173, 1174, 1187, 1602, 1934, 2537, 2538
JOGUET, Vincent (1815-1874), 442, 2714
JOLICŒUR, Louis (1957-), 1546
JOLY, Jean-François (1943-), 577, 668, 839, 859, 2655, 2656
JONES, Douglas Gordon (1929- 2016), 334, 1104, 1434, 1860, 1861, 2337
JOUBERT, Joseph (1754-1824), 36, 170, 672, 890, 1042, 1074, 1208, 1433, 1661, 2156, 2157, 2525
JOUKOVSKI, Vassili Andreïevitch (1783-1852), 360, 2045
JUDET DE LA COMBE, Pierre (1949-), 1334
JOYCE, James (1882-1941), 772
JULLIEN, Bernard (1798-1881), 757
JUN, Xu, (xx^e s.), 308,

K

KAAS, Marianne (xx^e s.), 91
KACHKINE, Ivan (1899-1963), 332, 2233
KAENIZOVA, Katerina (xx^e s.), 1363
KARAVELOV, Ljuben (1834-1879), 2686
KASSAÏ, Georges (xx^e s.), 2496
KATTAN, Naïm (1928-), 317, 430, 1361, 2361
KELLY, Louis G. (1935-), 316, 1064, 2274, 2310-2313,
KELLY, Nataly (xxe s.), 1624
KEMP, Friedhelm (1914-2011), 357
KESSLER, Jascha (1929-), 1852
KLEIN-LATAUD, Christine (1940-), 1137
KOMISSAROV, Vilen (1924-2005), 2309
KRAUS, Karl (1874-1936), 1360, 1426, 2257
KUNDERA, Milan (1929-), 920, 1233, 1891-1893, 2160, 2649

L

LA BOÉTIE, Estienne de (1530-1563), 126, 139
LABRUSSE, Hughes (1938-), 1681
LACARRIÈRE, Jacques (1925-2005), 2752
LACK, Léo [Éva Léonie] (1898-1988), 891
LADMIRAL, Jean-René (1942-), 331, 416, 1419, 1721, 1884, 1910, 2277, 2315, 2624, 2691
LA FAYETTE, Madame de (1634-1693), 1525
LA FOSSE, Antoine de (1653-1708), 2725, 2726
LAFOURCADE, Georges (xxe s.), 395
LAHARPE, Jean-François de (1739-1803), 2706
LALEMANT, Jean (xvie s.), 1418, 2542
LALOU, René (1889-1960), 780, 2197
LAMARTINE, Alphonse de (1790-1869), 76, 1295
LAMBERT, José (1941-), 330, 838, 855-857
LA MESNARDIÈRE, Jules Pilet de (1610-1663), 597, 781, 825, 2419
LA MOTTE, Antoine Houdar de (1672-1731), 264, 546, 742, 1204, 1541, 1542, 1796, 1797, 1801, 2043, 2411, 2498, 2503
LA MOTTE LE VAYER, François de (1588-1672), 1420

LANSON, Gustave (1857-1934), 620
LANZA DI TRABIA, Lorenzo (1903-1958), 1538
LARANJEIRA, Mario (xxe s.), 1851
LARBAUD, Valery (1881-1957), 28, 164, 354, 410, 424, 439, 440, 497, 523, 682, 1359, 1417, 1587, 2175, 2219, 2232, 2442
LAROUSSE, Pierre (1817-1875), 396, 1424, 1425, 2391, 2497
LARSON, Mildred L. (xxe s.), 2276
LATTIMORE, Richmond (1906-1984), 1886
LAUDUN D'AIGALIERS, Pierre de (1575-1629), 393, 394
LAUNAY, Marc de (1949-), 186, 242, 358, 913, 968
LE BIDOIS, Robert (1897-1971), 90, 195, 392, 1902
LE BLANC, Charles (1965-), 622, 758, 835, 1124-1126, 1138, 1372, 2091, 2131, 2151, 2249, 2288, 2741
LE BRUN, Ponce-Denis Écouchard, dit (1729-1807), 250, 1234, 2414, 2536
LE COURAYER, Pierre-François (1681-1776), 545, 2468, 2541,
LEDERER, Marianne (1934-), 800, 810
LEETH, Jack (xxe s.), 202
LEFEBVRE, Jean-Pierre (1943-), 277, 802, 1536, 1817, 2108
LEFEVERE, André (1945-1996), 171, 761, 1062, 1179, 2066, 2195, 2196, 2308, 2685
LÉGER, Jean-Marc (1927-2011), 2351, 2352
LEHMANN, John (1907-1989), 1415
LE MAISTRE, Antoine (1608-1658), 1416, 2074
LEMAISTRE DE SACY, Isaac-Louis (1613-1684), 1270
LEMERRE, Alphonse (1838-1912), 2384
LE MONNIER, Pierre-Charles (1715-1799), 1537
LEOPARDI, Giacomo (1798-1837), 1036
LÉPINETTE, Brigitte (xxe s.), 496
LEROUX, Catherine (1979-), 2009
LE ROY, Louis (1510?-1577), 544
LESFARGUES, Bernard (1924-), 1136, 1535, 1646
LE TOURNEUR, Pierre (1736-1788), 601, 1202, 1423, 1800, 2460
LEVINE, Suzanne Jill (xxe s.), 2204
LEVINSON, André (1887-1933), 1161
LEVINSON, Leonard Louis (1904-1974), 1343
LEVÝ, Jirí (1926-1967), 2307
LEYRIS, Pierre (1907-2001), 812, 834, 1153, 2458
LICHTENBERG, Georg Christoph (1742-1799), 893, 919, 1294, 2142
LIND, Levi Robert (1906-2008), 1597, 1600, 1668, 1699, 2633
LODOVICUS REGIUS, v. Louis LE ROY
LOLOUM, J. F. (xxe s.), 1958
LONGFELLOW, Henry Wadsworth (1807-1882), 1486
LORRAIN, Léon (1885- ?), 219, 2330, 2332
LORTHOLARY, Bernard (1936-), 243, 1157, 1342, 1490, 1534, 2109, 2252, 2494, 2495, 2578, 2636, 2735
LOTBINIÈRE-HARWOOD, Susanne de (xxe s.), 35, 495, 691, 1115, 1714, 1715, 2186, 2251, 2589, 2590, 2592, 2595, 2596, 2601-2604, 2751,
LOWE-PORTER, Helen Tracy (1876-1963), 2172
LUTHER, Martin (1483-1546), 107, 714, 715, 1201, 1982-1984, 2135

M

MACSHANE, Frank (1927-1998), 811
MALAPLATE, Jean (1923-), 1249
MALHERBE, François de (1555-1628), 1200
MALLARMÉ, Stéphane (1842-1898), 892
MALLEVILLE, Claude de (1597-1647), 600, 1337, 2708
MALRAUX, Clara (1897-1982), 1926, 1976
MALROUX, Claire (1935-), 46, 1110, 1111
MANDARÈS, Miguel (xxe s.), 1803
MANDELSTAM, Ossip (1891-1938), 154
MANDIARGUES, André Pieyre de (1909-1991), 1293, 1850

MANGANARO, Jean-Paul (1944-), 1599, 2753
MANGUEL, Alberto (1948-), 1748
MARCEL, Jean (1941-), 1414, 1925, 2025, 2037
MARCHAK, Samuel (1887-1964), 1413
MARCOTTE, Gilles (1925-2015), 2036
MARDRUS, Joseph Charles (1868-1949), 1712, 2493
MARKOWICZ, André (1960-), 987, 1035, 1113, 1412, 1680, 2035, 2141, 2231, 2426, 2427, 2566
MARMONTEL, Jean-François (1723-1799), 108, 599, 1178, 1240, 1525, 1941, 2013, 2159
MAROLLES, Michel de (1600-1681), 106, 567, 1231, 2418, 2713
MASSIEU, Guillaume (1665-1722), 1716, 1981, 2668
MASSON, Jean-Yves (1962-), 38, 503, 555, 702, 1020, 1245, 1533, 1780, 2254
MAUROIS, André (1885-1967), 89, 1849, 1975
MAVRODIN, Irina (1929-2012), 2754
MAYOUX, Jean-Jacques (1901-1987), 297, 1198, 1292, 1973, 1974
M'BOW, Amadou-Mahtar (1921-), 2684
MCLAUGHLIN, Jay (xxe s.), 1639
MEDDEB, Abdelwahab (1946-), 1411
MEDINA ESTÉVEZ, Jorge A. (1926-), 2085
MELANÇON, Charlotte (1946-), 524, 1531, 1532, 1653, 1657, 2194
MELANÇON, Robert (1947-), 634, 1046, 1772, 1847, 1848, 2267, 2635
MEMMI, Paul (xxe s.), 1530
MÉNAGE, Gilles (1613-1692), 158, 427, 428
MÉNARD, Louis (1822-1901), 391
MENDES, Manuel Odorico (1799-1864), 2479
MENDRAS, Henri (1927-2003), 2107
MERCIER, Louis-Sébastien (1740-1814), 1358
MÉRÉ, Chevalier de (1607-1684), 2707
MESCHONNIC, Henri (1932-2009), 10, 51, 162, 169, 182-185, 223, 252, 253, 278, 328, 329, 456, 459, 487-494, 538, 617, 633, 669, 681, 703, 795, 826, 827, 851-854, 877, 878, 986, 998, 1027, 1045, 1061, 1068, 1114, 1177, 1679, 1762, 1846, 1878-1882, 1940, 2084, 2090, 2118, 2125, 2126, 2192, 2193, 2266, 2302-2306, 2425, 2586, 2618, 2683, 2743, 2744
MEYNAUD, Jean (1914-1972), 2350
MEZEI, Kathy (1947-), 2593, 2594, 2599, 2600
MICHAUD, Charles (1895-1980), 1410, 1728, 2191, 2360
MICHELET, Jules (1798-1874), 946
MIHALACHE, Iulia (1976-), 849, 850
MILLER, Arthur (1915-2005), 1913
MILLER, Henry (1891-1980), 1244, 2034
MINKOWSKI, Anne Wade (xxe s.), 1128, 1489
MIOMANDRE, Francis de (1880-1959), 1051, 2522, 2612
MIQUEL, André (1929-), 1845
MITFORD, Nancy (1904-1973), 1012
MOHRT, Michel (1914-2011), 741
MONOD, Sylvère (1921-2006), 105, 1243, 1573, 2033, 2103
MONTAIGNE, Michel de (1533-1592), 571, 2171
MONTESQUIEU, Charles de (1689-1755), 390, 1409, 1574
MONTGOMERY, Scott L. (xxe s.), 1060, 2653, 2682,
MONTHERLANT, Henry de (1896-1972), 974
MONTOR, Artaud de (1772-1849), 7
MOORE, George (1852-1933), 1713, 1807, 2220, 2534
MORVAN, Annie (xx^e^ s.), 1678
MOSS, John Georges (1940-), 1408
MOUNIN, Georges (1910-1993), 44, 104, 366, 740, 983-985, 1044, 1059, 1291, 1939, 2170, 2253, 2301, 2533, 2617
MUGNIER, Arthur (1853-1944), 177
MUSY, Gilbert (1944-1999), 2750

N

NABOKOV, Vladimir (1899-1977), 425, 716, 904, 912, 1242, 1290, 1407, 1711, 2466, 2487-2492
NATALE, Isabelle di (xxe s.), 2638
NECKER DE SAUSSURE, Albertine (1766-1841), 956, 1706, 1709, 1710
NERVAL, Gérard de (1808-1855), 690
NEWMAN, Maureen (xxe s.), 2356
NEWMARK, Peter (1916-2011), 485, 1726, 1727, 1938, 2298-2300
NIDA, Eugene A. (1914-2011), 803, 1176, 1677, 1972, 2616
NIETZSCHE, Friedrich (1844-1900), 153, 181, 314, 616, 982, 1289, 2169
NIKOLOVA, Elena (1924-), 313, 1406
NODIER, Charles (1780-1844), 556
NOËL, Jean-Claude (xxe s.), 2218, 2230, 2634
NOSSACK, Hans Erich (1901-1977), 1405
NOUSS, Alexis (1955-), 801, 967, 990
NOVALIS (1772-1801), 359, 1843
NYSSEN, Hubert (1925-2011), 157, 484, 650, 1698, 2441

O

OATMILL, John P. (xxe s.), 911, 1596, 2379
O'BRIEN, Justin (1906-1968), 934
OLIVÉTAN, Pierre Robert, dit (1506-1538), 180
OPHELLOT DE LA PAUSE, Henri (1741-1816), 2486
ORCEL, Michel (1952-), 759, 1401-1404, 2615
OROZCO, Wilson (1973-), 658, 1595, 2670
ORSENNA, Erik (1947-), 30, 1398, 1400, 1483, 1502,
ORTEGA Y GASSET, José (1883-1955), 286, 989, 1026, 1168, 1271, 1647, 1683, 1790, 1928
OSEKI-DÉPRÉ, Inês (1943-), 632, 2614
OUSTINOFF, Michaël (xxe s.), 279, 483, 848, 1038, 2681
OZANAM, Anne-Marie (xxe s.), 353, 1058

P

PACELLI, Eugenio, v. PIE XII
PANCKOUCKE, Charles-Joseph (1736-1798), 103, 540, 1197
PANNETON, Georges (1883-1947), 327, 680, 981, 1399, 2229
PANNWITZ, Rudolf (1881-1969), 657
PAQUETTE, Jean-Marcel, v. Jean MARCEL
PASCHAL, Léon (xxe s.), 1241
PASQUIER, Estienne (1529-1615), 134, 2738
PASTERNAK, Boris (1890-1960), 326, 779, 975, 1135, 1761, 2120, 2168, 2217, 2405, 2565
PAUL, André (1933-), 168, 455
PAUL, Jean (1763-1825), 932
PAVESE, Cesare (1908-1950), 502
PAZ, Octavio (1914-1998), 102, 449, 482, 656, 713, 1676, 1842, 2247, 2275, 2423, 2455
PELEGRIN, Benito (1940-), 2297, 2716, 2732
PELETIER DU MANS, Jacques (1517-1582), 129, 138, 209, 566, 631, 945, 2540
PELLISSON-FONTANIER, Paul (1624-1693), 249, 2688
PÉREZ MUNTANER, Jaume (1938-), 486, 1844
PERGNIER, Maurice (1938-), 671, 675, 2296, 2622, 2623
PERRET, Jacques (1906-1992), 1160, 1485, 1980, 2235, 2690
PERRIN, Pierre (1620-1675), 2705
PÉTRIN, Léa (xxe s.), 384, 909, 910, 1971, 2359
PÉZARD, André (1893-1984), 1504, 1529, 1675
PHELAN, Mary (xxe s.), 1638
PIE XII (1876-1958), 1969, 1970
PI-ER-SONG (xe s.), 222
PLACIAL, Claire (xxe s.), 2178
PLINE LE JEUNE (61?-114?), 565, 2680
PLOURDE, Michel (1931-), 1528
POE, Edgar Allan (1809-1849), 1195
POINCARÉ, Henri (1854-1912), 1729
POISSON, Jacques (xxe s.), 352, 2353
POULIN, Jacques (1937-), 2005

POLIQUIN, Daniel (1953-), 436, 437, 447
POLIQUIN, Jean-Marc (1924-1982), 1357, 2440
PONTALIS, Jean-Bertrand (1924-), 1397
POPE, Alexander (1688-1744), 1288,
POUCHKINE, Alexandre (1799-1837), 1527, 2485
POUJOULAT, Jean-Joseph-François (1808-1880), 1930
POULENARD, Élie (1901-?), 5, 739
POULIOT, Jean-François (1890-1969), 382
POUND, Ezra (1885-1972), 2424, 2611
POUPY, Jean (XVIe s.), 1422
POWELL, Anthony (1905-2000), 1924
PRÉVOST, l'abbé (1697-1763), 1798
PROUST, Marcel (1871-1922), 2032
PRUDENT, Lambert Félix (XXe s.), 325
PUDNEY, John S. (1909-1977), 1856
PUSTERLA, Fabio (1957-), 630, 1515, 1725, 2679
PYM, Anthony (1956-), 13, 324, 351

Q

QUINTILIEN (35-100), 441, 947, 948, 1763

R

RABAU, Sophie (XXe s.), 2404
RABIN, Chaïm (1915-1996), 179, 1755, 2678
RADÓ, György (1912-1994), 1057
RAFFAELI, Massimo (1957-), 49, 738, 1393, 1526, 2749
RAGHAVAN, Venkatarama (1908-1979), 221
RAGUET, Christine (XXe s.), 2439
RAKUSA, Ilma (1946-), 43, 480, 481, 629, 797, 1901, 2117
RAO, Sathya (XXe s.), 27, 2130
RASMUSSEN, Elizabeth S. (1956-), 846, 847
RATISBONNE, Louis (1827-1900), 824
RAY, Lila (XXe s.), 1586
RECOING, Éloi (XXe s.), 48, 875, 1019, 2031, 2563, 2564
REGNARD, Jean-François (1655-1709), 1239
RENAN, Ernest (1823-1892), 1043, 1159, 1911, 2216
RENARD, Jules (1864-1910), 381, 972
RENKEN, Arno (1976-), 220, 627, 628, 655, 637, 1109, 1667, 1672-1674, 1744, 1909, 2190, 2215, 2248, 2265, 2294, 2295, 2403
REY, Alain (1928-), 1356
RICHARDS, Ivor Amstrong (1893-1979), 1666
RICHTER, Johann Paul Friedrich, v. Jean PAUL
RICŒUR, Paul (1913-2005), 646, 647, 654, 670, 736, 1018, 1067, 1102, 1169, 1392, 2101, 2102, 2228, 2293, 2397
RIEU, Josiane (1957-), 47
RILKE, Rainer-Maria (1875-1926), 1841
RIOUX, Hélène (1949-), 296, 1390, 1391, 1923, 2024, 2116
RISSET, Jacqueline (1936-), 1010, 1011, 2748
RIVAROL, Antoine de (1753-1801), 281, 438, 615, 1056, 1175
ROBEL, Léon (XXe s.), 310, 1112, 1840, 2140, 2291, 2292, 2610
ROBERT, Marthe (1914-1996), 980,
ROBERT, Pierre, v. OLIVÉTAN
ROBIN, Armand (1912-1961), 389, 2042
ROCHEFORT, Guillaume-Dubois de (1731-1788), 100, 101, 614
ROLIN, Olivier (1947-), 152, 1665, 2167, 2675, 2676
ROMER, Thérèse (1926-), 1617, 1620, 1625, 1635, 1636
RÓNAI, Paulo (1907-1992), 557
RONSARD, Pierre de (1524-1586), 570
ROREM, Ned (1923-), 194
ROSENZWEIG, Franz (1886-1929), 172, 187, 285, 411, 501, 531, 804, 805, 959, 988, 1066, 1855, 2406, 2543, 2621
ROSSETTI, Dante Gabriel (1828-1882), 602, 820, 1959
ROTHSCHILD, Philippe de (1902-1988), 133, 1664, 1839, 2023, 2124
ROUD, Gustave (1897-1976), 1968
ROY, Claude (1915-1997), 271, 435, 2620
ROYER, Clémence (1830-1902), 1389

RUSHDIE, Salman (1947-), 636

S

SABATIER, Robert (1923-2012), 971
SAER, Juan José (1937-2005), 700, 778, 2264,
SAINT-ANGE, Ange-François de (1747-1810), 1287
SAINT-MARTIN, Lori (1959-), 1628,
BERNARDIN DE SAINT-PIERRE, Jacques-Henri (1737-1814), 1805
SAINT-RÉAL, César Vichard de (1639-1692), 674
SAINT-SIMON, Maximilien-Henri de (1720-1799), 1193, 2417
SALAS SUBIRAT, José (1890-1975), 1099
SALEL, Hugues (1504-1553), 137
SALLENAVE, Danièle (1940-), 79, 1694, 2073, 2575
SANCHO LOPEZ, Isabel (1957-), 1388
SAND, George (1804-1876), 280, 1158, 2410, 2454, 2560
SANTSCHI, Madeleine (1916-2010), 2134, 2189
SARAMAGO, Jose (1922-2010), 2648
SAROTTE, Georges-Michel (1939-), 1708
SARRAUTE, Nathalie (1900-1999), 2747
SARRE, Allistair (xxe s.), 1637
SAUDEK, Erik A. (1904-1963), 1644
SAUMONT, Annie (1927-), 1007
SAVIGNAC, Jean-Paul (1939-), 613, 1806
SAVORY, Theodore (1896-1980), 88, 735, 756, 845, 1017, 1754, 1771, 1922, 2071, 2072, 2115, 2290
SCHLEGEL, August Wilhelm von (1767-1845), 479, 777, 1145, 1354, 1837, 1838
SCHLEIERMACHER, Friedrich (1768-1834), 196, 262, 734, 943, 1594, 1889
SCHLUMBERGER, Jean (1877-1968), 159
SCHOPENHAUER, Arthur (1788-1860), 673, 1350, 1351
SCHULMAN, Aline (1938-), 478, 543, 2166
SCHULTE, Rainer (1937-), 151
SCHWAAR, Peter (1947-), 206
SCHWANDER, Marcel (1929-2010), 733, 1663
SCHWARZINGER, Heinz (1945-), 2746
SCHWOB, Marcel (1867-1905), 1888, 2724
SCOTT, Frank R. (1899-1985), 477, 542, 626, 1180, 2358
SCOTT, Gail (1945-), 1055, 1779
SCOTT, Howard (1952-), 2591
SCUDÉRY, Georges de (1601-1667), 1799
SECONDAT, Jean-Baptiste de (1716-1796), 1977-1979
SELESKOVITCH, Danica (1921-2001), 800, 810, 1621, 1630, 1900, 2484
SEMENOFF, Marc (xxe s.), 1248
SENÉCAL, André (1953-), 148, 251, 816, 1025, 1613, 1614, 1643
SERGEEV, Marc (xxe s.), 2041
SÉVIGNÉ, Madame de (1626-1696), 1524, 2710
SHAPIRO, Norman R. (1930-), 2580, 2585
SHEK, Ben-Zion (1927-2011), 2333
SHELLEY, Percy Bysshe (1792-1822), 2712
SHERIDAN, Richard Brinsley (1751-1816), 908
SHERMA, Dharma Dutta (xxe s.), 1770
SILHOUETTE, Étienne de (1709-1767), 659, 2234, 2390, 2416
SIMEONI, Daniel (1948-2007), 719
SIMON, Sherry (1948-), 19, 21, 1116, 2040, 2133, 2357,
SINGER, Isaac Bashevis (1904-1991), 247, 283, 305, 350, 561-564, 894-897, 1232, 1349, 1585, 1957, 2673, 2674
ŠKORECKÝ, Josef (1924-2012), 1584
SKOUMAL, Aloys (1904-1988), 292, 372, 1016, 1348, 1593, 1956, 2289, 2562, 2711
SMART, Patricia (1940-), 434, 1387, 2438
SOMLYÓ, György (1920-2006), 1921, 2652
SORBIÈRE, Samuel (1615-1670), 99
SOREL, Charles (v. 1582-1674), 1386, 2100
SOTTSASS PIVANO, Fernanda (1917-2009), 732
SOUMAROKOV, Alexandre (1717-1777), 423, 1286, 1730
SOYSAL, Ahmet (1957-), 1009
SPICER, Keith (1934-), 2334
STABILE, Nadine (1959-), 1523, 1707

STAËL, Madame de (1766-1817), 625, 1811, 1912, 2389
STAROBINSKI, Jean (1920-), 1908
STEENHOUT, Ivan (1943-), 1336
STEINER, George (1929-), 87, 98, 218, 312, 333, 560, 624, 979, 1269, 1662, 1835, 1836, 2213, 2227, 2286, 2287, 2314, 2640
STENDHAL (1783-1842), 1887
STIEG, Gerald (1941-), 823
STOLBERG, Friedrich Leopold von (1750-1819), 918
ST-PIERRE, Paul (1945-), 843, 844, 2285
STRATFORD, Philip (1928-1999), 217, 345, 370, 371, 730, 731, 936, 1522, 1592, 2030, 2050, 2211, 2226, 2349, 2354, 2355, 2356
SWIFT, Jonathan (1667-1745), 1123
SYNGE, John Millington (1871-1909), 2114

T

TABERNIG, Elsa (xxe s.), 150
TALENS, Jenaro (1946-), 475, 476
TALLEMANT DES RÉAUX, Gédéon (1619-1692), 559, 568
TANCOCK, Leonard W. (xxe s.), 349, 1741, 1752, 2415
TARKOVSKI, Andrei A. (1932-1986), 136
TATILON, Claude (1938-2013), 498, 942, 1521, 2188
TCHERNYCHEVSKI, Nikolaï Gavrilovitch (1828-1889), 2483
TCHOUKOVSKI, Korneï (1882-1969), 45, 685, 807, 887, 1281-1283, 1872, 1967, 2164, 2165, 2471, 2472
TAKEDA, Kayoko (1958-), 1634
TENDE, Gaspard de (1618-1697), 225, 1192, 1937, 2671
THÉRIAULT, Marie José (1945-), 432, 457, 1487, 2011, 2432
THÉRIVE, André (1891-1967), 2443
THÉRY, Gustave (1871-1928), 978, 1927
THOMAS, Donald Michael (1935-), 1520
THOMAS D'AQUIN, Saint (1228-1274), 1191, 2482
THURBER, James (1894-1961), 903
TOLSTOÏ, Alekseï Konstantinovitch (1817-1875), 776, 1190
TOLSTOÏ, Léon (1828-1910), 433
TOPER, Pavel (1923-), 473, 474, 623, 1907, 1966, 2187, 2402, 2433, 2609
TORIKAI, Kumiko (1946-), 1626
TORRES, Jaime (1902-1974), 216, 1965
TOURGUENIEV, Ivan Sergueievitch (1818-1883), 1014, 2581
TOURNIER, Michel (1924-2016), 1031
TOURREIL, Jacques de (1656-1715), 127, 1509, 1756, 2407
TRADUCTEURS DE LA KJB (1611), 1384
TREDIAKOVSKI, Vassili Kirillovitch (1703-1769), 2021
TREMBLAY, Michel (1942-), 2, 3, 1005,1266, 2556, 2557
TRIOLET, Elsa (1896-1970), 1951
TROYAT, Henri (1911-2007), 388
TRUC, Gonzague (1877-1972), 295
TURGOT, Anne Robert Jacques (1727-1781), 1383
TWAIN, Mark (1835-1910), 902, 907
TYTLER, Alexander Fraser (1747-1813), 799, 1054, 1810, 1931, 1932, 2070

U

UNAMUNO, Miguel de (1864-1936), 1778
UNWIN, Stanley (1884-1968), 1963, 1964

V

VALVERDE, José María (1926-1996), 944, 2173
VAN DETH, Jean-Pierre (1936-), 323, 1519
VAN HOOF, Henri (1923-1992), 841, 842, 1877,
VAN SCHENDEL, Michel (1929-2005), 729
VARGAS LLOSA, Mario (1936-), 1642, 2613
VASSALLO-VILLANEAU, Rose-Marie (1946-), 1127
VAUCLUSE, François (1957-), 8, 163, 208, 224, 255, 284, 319, 635, 898, 914-917, 1122, 1149, 1199, 1355, 1364, 1365,

1421, 1539, 1540, 1682, 1705, 1854, 2038, 2039, 2255, 2256, 2619, 2669
VAULTIER, Marie-Claude-Frédéric (1772-1843), 86, 809, 935, 2069
VAUQUELIN DE LA FRESNAYE, Jean (1536-1608), 346, 1065
VENTURI, Marcello (1925-2008), 2123
VENUTI, Lawrence (1953-), 774, 775, 2386, 2582
VERMEULEN, François (xxe s.), 97, 422, 530, 558, 699, 726-728, 773, 876, 1238, 1381, 1484, 1518, 1645, 1747, 1777, 1833, 1834, 2022, 2179, 2437, 2481, 2558, 2639
VERNOR GUILLE, Frances (xxe s.), 212, 723, 2465, 2672
VERSCHAEVE, Cyriel (1874-1949), 72
VESLOT, Henri (xxe s.), 2401, 2733
VÉZINA, François (1897-1982), 318, 2336
VIALATTE, Pierre (xxe s.), 469
VIALLON, Marie (xxe s.), 822, 1671, 2139
VIAN, Boris (1920-1959), 808
VIAZEMSKI, Piotr (1792-1878), 2020
VIGÉE, Claude (1921-), 2113
VIGNY, Alfred de (1797-1863), 215, 724, 1379, 1380, 1906
VILAR, Jean (1912-1971), 2122
VILLARD, Jean-Jacques (xxe s.), 697
VILLEMAIN, Abel-François (1790-1870), 2531
VILLON, Christiane (1944-), 294, 421, 1627, 1629
VINAY, Jean-Paul (1910-1999), 367-369, 464, 2281-2284, 2532
VIOLANTE, Isabel (xx^e s.), 1053
VIRAGH, Christina (1953-), 53, 977, 2112
VISCHER, Mathilde (1974-), 214, 522, 529, 1100, 1905, 2029, 2099, 2745,
VITEZ, Antoine (1930-1990), 167, 178, 311, 695, 696, 976, 1094, 1514, 1919, 1920, 2453, 2553-2555
VITTORINI, Elio (1908-1966), 472
VIVIER, Robert (1894-1989), 1832
VOLDENG, Evelyne (1943-2002), 471, 2597, 2598
VOLKOVITCH, Michel (1930-), 1503, 1831
VOLTAIRE (1694-1778), 569, 717, 957, 1265, 1340, 1377, 1827, 2028, 2393, 2457, 2559, 2723
VOSSLER, Karl (1872-1949), 2121

W

WAILLY, Étienne-Augustin de (1770-1821), 135, 213, 1285
WANDRUSZKA, Mario (1911-2004), 420, 621, 1052
WANG, Yang-ming (1472-1529), 1378
WATIER, Maurice (1918-?), 2348
WAZYK, Adam (1905-1982), 1853
WEIJNEN, Toon [Antonius Angelus] (1909-2008), 798
WEINBERGER, Eliot (1949-), 29, 2008
WEISSBORT, Daniel (1935-2013), 552
WHITFIELD, Agnès (1951-), 1723, 2434
WILBUR, Richard (1921-), 1962
WITTGENSTEIN, Ludwig Josef (1889-1951), 1670
WOLTON, Dominique (1947-), 309, 1338
WOOLF, Virginia (1882-1941), 1274, 1776
WUILMART, Françoise (1942-), 39, 85, 452, 453, 796, 1103, 1107, 1513, 1659, 2027, 2174, 2250

Y

YOURCENAR, Marguerite (1903-1987), 689, 1341, 1512, 1769, 2464, 2721, 2722

Z

ZÁVADA, Vilém (1905-1982), 1918
ZELLER, Beatriz (xxe s.), 470
ZERMATTEN, Maurice (1910-2001), 1181, 1609
ZINS, Céline (1937-), 50, 96, 386, 468, 1189, 1346, 1511, 1955, 2019, 2212, 2456, 2461-2463, 2480
ZOLA, Émile (1840-1902), 2650
ZUBER, Roger (1931-), 160, 161, 207, 1768, 1950, 2280, 2431
ZWEIFEL, Stefan (1967-), 1013, 1188, 1344, 2279

Regards sur la traduction

sous la direction de Luise von Flotow

La collection *Regards sur la traduction* réunit des ouvrages qui explorent la traduction à partir d'un point de vue théorique ou pratique. Outre l'histoire, la méthodologie et la théorie de la traduction, cette collection aborde la lexicologie, la terminologie et l'interprétation.

Ont paru dans la même collection :

Nicole Nolette, *Jouer la traduction. Théâtre et hétérolinguisme au Canada francophone*, 2015.

María Sierra Córdoba Serrano, *Le Québec traduit en Espagne. Analyse sociologique de l'exportation d'une culture périphérique*, 2013.

Jean Quirion, Loïc Depecker et Louis-Jean Rousseau (dir.), *Dans tous les sens du terme*, 2013.

Jean Delisle, *L'enseignement pratique de la traduction* (coéd. ETIB, Beyrouth), 2005.

Federica Scarpa, *La traduction spécialisée. Une approche professionnelle à l'enseignement de la traduction*, traduit et adapté par Marco A. Fiola, 2010.

Naïma Dib, *D'un islam textuel vers un islam contextuel : la traduction du Coran et la construction de l'image de la femme*, 2009.

Mme G. M. de Rochmondet, *Études sur la traduction de l'anglais*, 2009.

Charles Le Blanc, *Le complexe d'Hermès : regards philosophiques sur la traduction*, 2009.

Salah Basalamah, *Le droit de traduire : une politique culturelle pour la mondialisation*, 2009.

Leonardo Bruni, *De la traduction parfaite* (traduction, introduction et notes par Charles Le Blanc), 2008.

Jane Koustas, *Les belles étrangères : Canadians in Paris*, 2008.

Marie-Claude L'Homme et Sylvie Vandaele (dir.), *Lexicographie et terminologie : comptabilité des modèles et des méthodes*, 2007.

Jean Delisle (codir.), *Les traducteurs dans l'histoire*, 1995.

Jean Delisle, *La traduction en citations*, 2007.

Patricia Godbout, *Traduction littéraire et sociabilité interculturelle au Canada (1950-1960)*, 2004.

Jesús Baigorri Jalón, *De Paris à Nuremberg : naissance de l'interprétation de conférence*, 2004.

Jean-Philippe Beaulieu, *D'une écriture à l'autre. Les femmes et la traduction sous l'Ancien Régime*, 2004.

Geneviève Mareschal *et al.* (codir.), *La formation à la traduction professionnelle*, 2003.

Jean-Claude Boulanger, *Les inventeurs de dictionnaires. De l'*eduba *des scribes mésopotamiens au* scriptorium *des moines médiévaux*, 2003.

Jean Delisle (dir. ; coéd. Artois Presses Université, Arras), *Portraits de traductrices*, 2002.

Jean Delisle (dir. ; coéd. Artois Presses Université, Arras), *Portraits de traducteurs*, 1999.

Michel Ballard (textes réunis par), *Europe et traduction* (coéd. Artois Presses Université, Arras), 1998.

Jean Delisle et Hannelore Lee-Jahnke (codir.), *Enseignement de la traduction et traduction dans l'enseignement*, 1998.

Clara Foz, *Le Traducteur, l'Église et le Roi*, 1998.

www.presses.uottawa.ca

Achevé d'imprimer
en mars deux mille dix-sept
sur les presses de l'imprimerie Gauvin,
Gatineau (Québec), Canada.